n. Wilh…

Der Autor

Prof. Dr. Gerd Hardach, geb. 1941 in Essen, studierte Wirtschafts- und Sozialwissenschaften an der Universität Münster, an der École Pratique des Hautes Études in Paris und an der Freien Universität Berlin. Von 1966 bis 1971 war er Wissenschaftlicher Assistent für Wirtschaftstheorie an der Technischen Universität Berlin und für Wirtschaftsgeschichte an der Universität Regensburg. Seit 1972 ist er Professor für Sozial- und Wirtschaftsgeschichte an der Universität Marburg, Fachbereich Geschichtswissenschaft. Veröffentlichungen zur Industriellen Revolution und zur neueren Wirtschaftsgeschichte.

Geschichte der Weltwirtschaft
im 20. Jahrhundert

Herausgegeben
von Wolfram Fischer

Band 2

Gerd Hardach:
Der Erste Weltkrieg
1914–1918

Deutscher
Taschenbuch
Verlag

Geschichte der Weltwirtschaft im 20. Jahrhundert
Herausgegeben von Wolfram Fischer

Band 1: Grundlagen und Entwicklung bis zum Ersten Weltkrieg
von Wolfram Fischer, Freie Universität Berlin
Band 2: Der Erste Weltkrieg
von Gerd Hardach, Universität Marburg
Band 3: Die zwanziger Jahre
von Derek H. Aldcroft, University of Leicester
Band 4: Die Weltwirtschaftskrise
von Charles P. Kindleberger, Massachusetts Institute of Technology
Band 5: Der Zweite Weltkrieg
von Alan S. Milward, University of Manchester
Band 6: Die Weltwirtschaft der Gegenwart
von Herman van der Wee, Universiteit Leuven

Originalausgabe
Oktober 1973

Umschlaggestaltung: Celestino Piatti
Gesamtherstellung: C. H. Beck'sche Buchdruckerei, Nördlingen
Printed in Germany · ISBN 3-423-04122-6

Inhalt

Vorwort

Du fond de son sac à malice
Mars va sans doute à l'occasion
En sortir un vrai délice
Qui me fera grosse impression.
En attendant je persévère
A dire que ma guerre favorite
Celle mon colon que je voudrais faire
C'est la guerre de quatorze dix huit.

Georges Brassens, *La Guerre de 14–18*

Zweifellos stellt der Erste Weltkrieg in der Wirtschaftsgeschichte eine wichtige Zäsur dar. Allerdings wird die Bedeutung dieser Zäsur unterschiedlich begründet. Es sind im wesentlichen vier Themen, die je nach der Perspektive des Beobachters die Priorität beanspruchen: der Zerfall der um Großbritannien und den Goldstandard gruppierten »klassischen« kapitalistischen Weltwirtschaft; die durch die zeitweilige wirtschaftliche Lähmung Europas bedingten Fortschritte der Industrialisierung in Übersee; langfristig wirksame wirtschaftliche Strukturveränderungen in den kriegführenden Industrieländern, insbesondere die Verschmelzung von Wirtschaft und Staatsapparat; schließlich die Entwicklung der internationalen Arbeiterbewegung vom Tiefpunkt im August 1914 zum Triumph in der russischen Oktoberrevolution.

Ich habe versucht, den verschiedenen Aspekten, so gut es ging, gerecht zu werden und sie in einen gemeinsamen Bezugsrahmen einzuordnen, der etwa als »Krise der kapitalistischen Weltwirtschaft« zu charakterisieren wäre; ob das gelungen ist, ist eine andere Frage. Ich möchte natürlich auch nicht annähernde Vollständigkeit bei der Erfassung der relevanten Literatur zu den einzelnen Themen beanspruchen. Daß das Schwergewicht der Untersuchung auf Europa liegt, zum Nachteil der überseeischen Entwicklung, ist beabsichtigt; der Weltkrieg war eine europäische Veranstaltung, und die als Folge des Weltkrieges auftretenden Strukturveränderungen der Weltwirtschaft hatten ihren Ursprung in Europa. Die an sich sehr interessante Frage, welche Bedeutung der Weltkrieg für die außereuropäische Industrialisierung hatte, ist nur aus dem Zusammenhang der langfristigen Entwicklung dieser Länder zu beantworten. Alles in allem hoffe ich, daß der Leser das Buch bei aller Unzulänglichkeit als eine nützliche Orientierungshilfe in dem bisher wenig bearbeiteten Gebiet der Weltwirtschaft 1914–1918 empfindet.

Bei jeder längeren Arbeit häufen sich erhebliche Dankesschulden an. Mehrere Kollegen haben mir durch Hinweise zu einzelnen Themen weitergeholfen. Professor Wolfram Fischer hat das Manuskript einer gründlichen und sehr hilfreichen Gesamtkritik unterzogen. An auswärtigen Bibliotheken habe ich der Bibliothèque de Documentation Internationale Contemporaine in Paris-Nanterre, der London School of Economics, dem Imperial War Museum und dem Kieler Institut für Weltwirtschaft für ihre Gastfreundschaft zu danken.

Marburg, Februar 1973 Gerd Hardach

1. Kapitel
Weltwirtschaft, Imperialismus, Krieg

Die Zeit von 1914 bis 1918 wird in der Wirtschaftsgeschichte häufig ausgespart[1], und in der Tat ist ja der Erste Weltkrieg für den Wirtschaftshistoriker eine undankbare Episode; denn ein zentrales Thema dieser Zeit ist die Zerstörung jener Weltwirtschaft, die gerne als die »gute alte Zeit« beschworen wird: »Welch eine ungewöhnliche Epoche in der wirtschaftlichen Entwicklung der Menschheit war doch jenes Zeitalter, das 1914 zu Ende ging!«[2] Zufrieden konnte der liberale Beobachter ein beachtliches wirtschaftliches Wachstum konstatieren, Freizügigkeit im internationalen Waren- und Kapitalverkehr, unbehindertes Reisen. Not und Unterdrückung betrafen den Bürger allenfalls am Rande; Militarismus und Imperialismus, rassische und kulturelle Rivalitäten, Monopole und Restriktionen waren für ihn »wenig mehr als der Unterhaltungsstoff seiner täglichen Zeitungen«[3]. Das Bild der multilateralen Weltwirtschaft ließe sich mit zahlreichen Belegen näher ausführen. Von 1870 bis 1914 nahm der Welthandel stetig zu, mit einer kurzen Unterbrechung in den achtziger und neunziger Jahren des 19. Jahrhunderts; die protektionistischen Bestrebungen haben den internationalen Handel nur vorübergehend behindert. Der Austausch von Industriewaren nahm mit größeren Schwankungen, insgesamt aber schneller zu als der Austausch von Rohstoffen und Lebensmitteln. Das heißt, wirtschaftliches Wachstum und industrielle Spezialisierung waren als Grundlage des internationalen Handels wichtiger als die Aufteilung der Welt in Industrieländer und nicht-industrialisierte Rohstoffländer. Der Goldstandard schloß die wichtigeren nationalen Währungen zu einer Art Weltwährung zusammen, so daß ein multilateraler Ausgleich der Zahlungsbilanzen auf keine technischen Schwierigkeiten stieß. Die Weltwirtschaft besaß

[1] Vgl. W. Ashworth, *A Short History of the International Economy since 1850.* 2. Aufl. Longmans, London 1962; P. T. Ellsworth, *The International Economy. Its Structure and Operation.* Macmillan, New York 1950; D. Landes, *Der entfesselte Prometheus. Technologischer Wandel und industrielle Entwicklung in Westeuropa von 1750 bis zur Gegenwart.* Kiepenheuer & Witsch, Köln 1973.

[2] J. M. Keynes, *The Economic Consequences of the Peace. In: Collected Writings*, Vol. 2. Macmillan, London 1971, S. 6.

[3] Ebd. S. 7.

ein leistungsfähiges Liquiditätszentrum in der Londoner City, deren Stellung wiederum auf der historisch gewachsenen, enormen internationalen Gläubigerposition Großbritanniens beruhte.

Die Bank of England konnte bei Bedarf durch kleine Änderungen des Diskontsatzes jederzeit britische Gelder repatriieren und ausländische Gelder heranziehen; die eigene Goldreserve der Bank war relativ klein. Die britische Zahlungsbilanz hatte im weltwirtschaftlichen Gleichgewicht eine ganz bestimmte Struktur: Importüberschüsse und Kapitalexport einerseits, Frachten, Versicherungseinnahmen und Zinsen andererseits hielten sich ungefähr die Waage, so daß die internationalen Goldbewegungen gering waren[4]. Die Bank of England hat weder ihre Reserven zu Lasten der übrigen Länder dauernd vermehrt, noch hat sie kontinuierlich Gold verloren. Dieses System beruhte auf einer komplizierten multilateralen Verflechtung. Großbritannien hatte Exportüberschüsse gegenüber Indien und einigen anderen überseeischen Ländern, die die im übrigen sehr großen Importüberschüsse zum Teil kompensierten; diese Länder wiederum hatten gegenüber der übrigen Welt erhebliche Exportüberschüsse. Einseitige Veränderungen in der Exportfähigkeit oder der Importneigung eines Landes konnten dieses System leicht stören, und ein solcher Störfaktor war nicht nur denkbar, sondern in der nachlassenden Exportfähigkeit der britischen Industrie tatsächlich vorhanden.

Aus Gründen, die man bis heute nicht recht erklären kann, verlor die britische Wirtschaft gegen Ende des 19. Jahrhunderts gegenüber den nächsten Konkurrenten, den USA und Deutschland, sichtlich an Dynamik. Anfang des 20. Jahrhunderts war Großbritannien längst nicht mehr der unbestrittene »workshop of the world«. In der Eisen- und Stahlindustrie und in den neuen, technisch fortschrittlichsten Industriezweigen (Chemie, Elektroindustrie und als jüngster Zweig die Autoindustrie) hatten die USA und Deutschland Großbritannien den Rang abgelaufen. In den Jahrzehnten vor dem Krieg ging der britische Anteil am Welthandel von 20 Prozent (1876–1880) auf 14 Prozent zurück, eine Tendenz, die zum Teil aus der Ausbreitung der Industrialisierung und der wirtschaftlichen Ent-

[4] Vgl. zum britischen Außenhandel A. H. Imlah, *Economic Elements in the Pax Britannica. Studies in British Foreign Trade in the Nineteenth Century*. Harvard UP, Cambridge, Mass. 1958; S. B. Saul, *Studies in British Overseas Trade, 1870–1914*. Liverpool UP 1960.

wicklung in Übersee zu erklären ist, die möglicherweise aber auch ein relatives Nachlassen der wirtschaftlichen Leistungsfähigkeit anzeigt[5]. Der letztlich doch noch positive Saldo der britischen Leistungsbilanz, der die Aufrechterhaltung und Ausdehnung der internationalen Gläubigerposition erlaubte, beruhte auf den hohen Erträgen aus Auslandsanlagen und auf den Schiffahrtseinnahmen. In den Jahren 1911–1913 konnte Großbritannien seinen Nettokapitalexport durchschnittlich zu 84 Prozent aus den Erträgen seiner Auslandsanlagen finanzieren; und die britische Handelsmarine machte rund ein Drittel der Welttonnage aus[6].

Dadurch, daß die Zeitgenossen die wirtschaftliche Entwicklung der einzelnen Länder aufmerksam beobachteten und verglichen, kam eine Art nationaler Rivalität in die Weltwirtschaft. Großbritanniens führende Rolle als Zentrum der Weltwirtschaft war nicht mehr unbestritten, obwohl in den Jahren vor dem Krieg noch nicht abzusehen war, welches andere Land diese Rolle hätte ausfüllen können. Die Zeitgenossen waren ebenso wie später die Historiker von der britisch-deutschen Rivalität fasziniert. Aber das Deutsche Reich hatte weder die umfassenden, weltweiten Handelsbeziehungen noch die starke Gläubigerposition, um ernsthaft eine Stellung als wirtschaftliche Weltmacht beanspruchen zu können. Der deutsche Außenhandel war zwar nicht wesentlich kleiner als der britische Außenhandel, konzentrierte sich aber ganz überwiegend auf Europa und stellte daher für den britischen Export in Übersee keine ernsthafte Konkurrenz dar. Der Mythos vom deutschen Handlungsreisenden, der überall in der Welt dem britischen Vertreter eine Nasenlänge voraus war, ist statistisch nicht zu erhärten. Die deutschen Auslandsanlagen werden für 1913 bis 1914 auf rd. 5,8 Mrd. Dollar geschätzt und machten damit nur knapp ein Drittel der britischen Auslandsanlagen aus. Vom Umfang und von der regionalen Verteilung ihres Außenhandels her qualifizierten sich am ehesten die USA als wirtschaftliche Weltmacht. Sie hatten 1913 noch eine beträchtliche Netto-Schuldnerposition inne, erzielten aber seit zwanzig Jahren Exportüberschüsse, so daß man in absehbarer Zeit eine Umkehrung der Situation erwarten konnte. Einen rationalen

[5] W. Ashworth, *An Economic History of England, 1870–1939*. Methuen, London 1960. Reprint 1969, S. 147.

[6] Ebd. S. 154; United Nations (Hrsg.), *International Capital Movements During the Inter-War Period*. Lake Success 1949, S. 15.

ökonomischen Kern hatte die Exportrivalität der Großmächte insofern, als die Exportnachfrage entscheidend für die Konjunktur war. Die Exportquoten nahmen in den Jahren vor dem Weltkrieg zu; in Großbritannien und Frankreich galten die Exporte als Schrittmacher der wirtschaftlichen Entwicklung und hatten daher größte Bedeutung für Einkommen und Beschäftigung[7]. Eine mehr oder minder erfolgreiche Außenwirtschaftspolitik konnte also erhebliche materielle Konsequenzen haben. Da eine auf die interne Nachfrage ausgerichtete Konjunkturpolitik wegen des internationalen Goldstandards nicht realisierbar war und im übrigen auch wegen der vorherrschenden liberalen Ideologie gar nicht erst gedacht wurde, waren die Regierungen mit einer gewissen Zwangsläufigkeit auf eine aggressive Außenwirtschaftspolitik verwiesen, als der damals einzig möglichen Art von Konjunkturpolitik[8].

Tabelle 1. Der Außenhandel der Großmächte 1913.

	Export		Import		Außenhandel	
	Mrd. Dollar	Anteil (Prozent)	Mrd. Dollar	Anteil (Prozent)	Mrd. Dollar	Anteil (Prozent)
Großbritannien	2,6	14	3,2	16	5,8	15
USA	2,4	13	1,8	9	4,2	11
Deutschland	2,4	13	2,6	13	5,0	13
Frankreich	1,3	7	1,6	8	3,0	8

Quelle: League of Nations (Hrsg.), *Memorandum on Balances of Payments and Foreign Trade Balances, 1910–1924.* 2 Bde. Genf 1925, Bd. 1, S. 90. – Die Anteile beziehen sich auf einen berichteten Welthandel von 37,8 Mrd. Dollar, der rund 93 Prozent des gesamten Welthandels ausmacht.

[7] Vgl. z. B. Ph. Deane und W. A. Cole, *British Economic Growth 1688–1959.* 2. Aufl. Cambridge UP 1967, S. 311f.; Ch. P. Kindleberger, *Economic Growth in France and Britain, 1851–1950.* Harvard UP, Cambridge, Mass. 1964, S. 264–87.

[8] Vgl. J. M. Keynes, *The General Theory of Employment, Interest and Money.* Macmillan, London 1951 (erstmals 1936), S. 381ff.

Tabelle 2. Regionale Verteilung des Außenhandels der Großmächte 1913 (Prozent).

	Export nach			Import aus		
	Europa	Nordamerika	anderen Kontinenten	Europa	Nordamerika	anderen Kontinenten
Großbritannien	35	10	55	44	24	32
USA	60	17	23	48	8	44
Deutschland	75	8	17	54	17	29
Frankreich	70	7	23	53	11	36

Quelle: League of Nations (Hrsg.), *Memorandum on Balances of Payments and Foreign Trade Balances, 1910–1924.* 2 Bde. Genf 1925, Bd. 1, S. 112f.

Tabelle 3. Die Auslandsanlagen am Vorabend des Ersten Weltkriegs (1913/14).

Gläubiger	Mrd. Dollar	Schuldner	Mrd. Dollar
Großbritannien	18,0	Europa	12,0
Frankreich	9,0	USA und Kanada	10,5
Deutschland	5,8	Lateinamerika	8,5
USA	3,5	Asien	6,0
Belgien, Niederlande, Schweiz	5,5	Afrika	4,7
Andere Länder	2,2	Australien	2,3
	44,0		44,0

Quelle: United Nations (Hrsg.), *International Capital Movements in the Inter-War Period.* Lake Success 1949, S. 2. – Die Zahlen sind jeweils brutto, die USA z. B. waren mit 3,5 Mrd. Dollar Gläubiger und mit 6,8 Mrd. Dollar Schuldner.

Die Exportrivalität der führenden Industriemächte zeigt, daß das äußerlich stabile und aus liberaler Sicht harmonische weltwirtschaftliche System erheblichen Spannungen ausgesetzt war. Ein Konfliktbereich von mindestens ebenso großer Bedeutung war die steigende Rivalität der Großmächte um die wirtschaftliche Ausbeutung der Welt, die ja mit dem Begriff des »Imperialismus« der ganzen Epoche den Namen gegeben hat[9]. Die nicht-industrialisierten »Primärländer« waren als Rohstoffquellen, als Absatzmärkte für Industriewaren und als Einflußsphäre für Kapitalexporte in die kapitalistische Weltwirtschaft integriert. Die wirtschaftliche »Erschließung« dieser Länder begann in der Regel mit politisch-militärischen Aktionen. Durch die Fixierung auf den primären Sektor wurde dann die wirtschaftliche und damit auch die politische Abhängigkeit dieser Länder fortgesetzt. Die weltwirtschaftliche Spezialisierung wird am Außenhandel der Industriemächte deutlich. Vom Außenhandel der führenden Industrieländer (Großbritannien, USA, Deutschland, Frankreich) entfielen im Durchschnitt der Jahre 1911 bis 1913 über 80 Prozent der Einfuhr auf Rohstoffe und Lebensmittel, umgekehrt betrugen Industriewaren 60 Prozent der Ausfuhr[10].

Die Investitionspolitik der Industrieländer in nicht-industrialisierten Gebieten hat deren einseitige Fixierung auf den Primärsektor noch unterstützt. Die Kapitalexporte konzentrierten sich auf die Infrastruktur (Eisenbahnen, Hafenanlagen, Versorgungsbetriebe), den Bergbau und die Landwirtschaft der Empfängerländer. Von den britischen Auslandsinvestitionen entfielen in den fünfzig Jahren von 1865 bis 1914 nahezu 70 Prozent auf die Infrastruktur, 12 Prozent auf Bergbau und Landwirtschaft und nur 4 Prozent auf den Industriesektor[11]. Es ging darum, die Exportfähigkeit schnell zu heben und damit die reale Verzinsung und Amortisation der Auslandskredite zu gewährleisten; dazu waren Investitionen in die Infrastruktur und in den Primärsektor am ehesten geeignet.

[9] Die »klassischen« zeitgenössischen Analysen sind J. A. Hobson, *Der Imperialismus.* 2. Aufl. Kiepenheuer & Witsch, Köln/Berlin 1970 (erstmals 1902) und W. I. Lenin, *Der Imperialismus als höchstes Stadium des Kapitalismus.* In: *Ausgewählte Werke in zwei Bänden.* Bd. 1. Dietz, Berlin 1960 (erstmals 1917).

[10] Berechnet nach League of Nations (Hrsg.), *Industrialization and Foreign Trade.* O. O. 1945, S. 158, 166.

[11] M. Simon, *The Pattern of New British Portfolio Foreign Investment, 1865–1914.* In: A. R. Hall (Hrsg.), *The Export of Capital from Britain 1870–1914.* Methuen, London 1968, S. 23ff.

Rückblickend galten derartige Investitionen daher auch als besonders erfolgreich[12]. Für den Aufbau eigener Industrien in Übersee waren die Kapitalexporte der Industrieländer freilich allenfalls mittelbar günstig.

Es ist ziemlich sicher, daß die Fixierung auf den primären Sektor für die überseeischen Länder ein Nachteil war. Ihnen entgingen die größeren Wachstumschancen im sekundären und tertiären Sektor, und außerdem verschoben sich die terms of trade langfristig zuungunsten der Rohstoffe und Lebensmittel exportierenden Länder; setzt man das Preisverhältnis von Rohstoffen und Lebensmitteln zu Industriewaren in den Jahren 1876–1880 gleich 100, dann ist der entsprechende Index für 1911–1913 gleich 93[13]. Keineswegs sicher ist dagegen, ob die Industrienationen mit der wirtschaftlichen und politischen Unterdrückung der nicht-industrialisierten Länder wenigstens im eigenen Interesse so zweckmäßig handelten, wie sie damals meinten. Zwar schuf die wirtschaftliche und politische Abhängigkeit der nicht-industrialisierten Länder die Voraussetzung für jenen bemerkenswerten ungleichen Austausch, der dazu führte, daß die armen Rohstoffländer die reichen Industriestaaten subventionierten. Aber die wirtschaftliche Leistungsfähigkeit der Rohstoffländer, und damit ihre Bedeutung für die Industrieländer, blieb bei diesem Austausch beschränkt, während auf der anderen Seite Industrialisierung und wirtschaftliches Wachstum geeignet waren, den Austausch auf eine intensivere Stufe zu heben, die auch im Interesse der Industrieländer liegen mußte[14]. Es war eine Struktur des Welthandels denkbar, bei der viele sich besserstehen würden und nur wenige verlieren würden, die also sicherlich vorzuziehen war. Aber diese Alternative lag außerhalb des zeitgenössischen Bewußtseins und widersprach auch unmittelbar jenen konkreten

[12] Vgl. D. North, *International Capital Movements in Historical Perspective.* In: R. F. Mikesell (Hrsg.), *U. S. Private and Government Investment Abroad.* University of Oregon Books, Eugene, Or. 1962, S. 32.

[13] United Nations (Hrsg.), *Relative Prices of Exports and Imports of Under-developed Countries.* Lake Success 1949, S. 22. Ferner: League of Nations (Hrsg.), *Industrialization and Foreign Trade.* O. O. 1945. – Die *terms of trade* eines Landes bezeichnen die Relation von Export- und Importpreisen. Sinkende *terms of trade* der Primärländer bedeuten, daß für gleiche Einfuhrmengen (z. B. Maschinen) mehr Rohstoffe und Lebensmittel geliefert werden müssen. Ein formales Modell der *terms of trade* entwickelt M. K. Atallah, *The Long-Term Movement of the Terms of Trade between Agricultural and Industrial Products.* Netherlands Economic Institute, Delft 1958.

[14] Vgl. dazu ausführlich League of Nations (Hrsg.), *Industrialization and Foreign Trade.*

Wirtschaftsinteressen, die von der Ausbeutung der abhängigen Gebiete direkt oder indirekt profitierten.

Bekannt ist Lenins These, »daß der Krieg von 1914 bis 1918 auf beiden Seiten ein imperialistischer Krieg (d. h. ein Eroberungskrieg, ein Raub- und Plünderungskrieg) war, ein Krieg um die Aufteilung der Welt, um die Teilung und Neuverteilung der Kolonien, der ›Einflußsphären‹ des Finanzkapitals usw.«[15] Lenin wies nach, daß die wirtschaftliche Vorgeschichte des Weltkrieges potentiell konflikterzeugend war. Das Deutsche Reich war erst relativ spät in den Wettlauf um die Aufteilung der Welt eingetreten und war daher, gemessen an seiner wirtschaftlichen Leistungsfähigkeit, unterrepräsentiert. Diese Diskrepanz wurde von den herrschenden Klassen durchaus empfunden, und man strebte nach Veränderung. Walther Rathenau etwa schrieb 1913: »Wir brauchen Land dieser Erde ... Von künftigen Aufteilungen muß uns so lange das Nötige zufallen, bis wir annähernd so wie unsere Nachbarn gesättigt sind.«[16] Lenins Problemstellung ist also für die historische Forschung unverändert aktuell: »Es fragt sich, welches andere Mittel konnte es auf dem Boden des Kapitalismus geben außer dem Krieg, um das Mißverhältnis zwischen der Entwicklung der Produktivkräfte und der Akkumulation des Kapitals einerseits, der Verteilung der Kolonien und der ›Einflußsphären‹ des Finanzkapitals andererseits zu beseitigen?«[17]

Eine Bestätigung hat Lenins Hypothese inzwischen insofern erfahren, als man nach der Erforschung der diplomatischen Vorgeschichte jetzt ziemlich einhellig die Auffassung vertritt, das Deutsche Reich sei im Sommer 1914 der eigentliche Angreifer gewesen[18]. Damit ist die Historiographie abgerückt von der beruhigenden älteren Behauptung, alle Mächte seien mit gleichmäßig verteilter Verantwortung in den Krieg »hineinge-

[15] W. I. Lenin, *Der Imperialismus als höchstes Stadium des Kapitalismus (Vorwort von 1920 zur französischen und deutschen Ausgabe)*. In: *Ausgewählte Werke in zwei Bänden*. Bd. 1, Dietz, Berlin 1960, S. 711f.

[16] W. Rathenau, *Deutsche Gefahren und neue Ziele*. In: Neue Freie Presse, 25. Dezember 1913. Abgedruckt in: *Gesammelte Schriften*. Bd. 1, Berlin 1918, S. 270. Zit. nach W. Gutsche, *Erst Europa – und dann die Welt. Probleme der Kriegszielpolitik des deutschen Imperialismus im Ersten Weltkrieg*. In: Zeitschrift für Geschichtswissenschaft 12 (1964).

[17] W. I. Lenin, *Der Imperialismus als höchstes Stadium des Kapitalismus*. In: *Ausgewählte Werke in zwei Bänden*. Bd. 1. Dietz, Berlin 1960, S. 790.

[18] Vgl. ausführlich die Dokumentation von I. Geiss, *Julikrise und Kriegsausbruch 1914. Eine Dokumentensammlung*. 2 Bde. Verlag für Literatur und Zeitgeschehen, Hannover 1963–64.

schlittert«. Fritz Fischer und einige marxistische Autoren, die die besondere deutsche Verantwortung für den Krieg betonen, haben dabei gleichzeitig auch begonnen, die ökonomischen Hintergründe der deutschen Weltmachtpolitik aufzudecken[19].

August 1914 war nicht nur eine Krise der kapitalistischen Weltwirtschaft, sondern zugleich eine Krise der internationalen Arbeiterbewegung. In den Jahren vor dem Weltkrieg hatten Arbeiterparteien und Gewerkschaften als Organisationen jener Klasse, die vom Industrialisierungsfortschritt weitgehend ausgeschlossen war[20], einen eindrucksvollen Aufstieg erlebt. Im Selbstverständnis der Zweiten Internationale war die Arbeiterbewegung kein systemimmanenter Interessenverband, sondern antikapitalistische Gegenmacht, eine Position, die sich insbesondere in dem Widerstand gegen Imperialismus und Krieg konkretisierte – letztlich noch auf dem außerordentlichen Kongreß von Basel 1912[21]. Aber in den entscheidenden Tagen des Juli und August erwiesen sich die sozialistischen Kräfte als zu schwach, einen wirksamen Widerstand gegen den Krieg zu organisieren. Nicht zufällig: Die Diskrepanz zwischen Programm und Realität der Zweiten Internationale, die mit der Zustimmung fast aller Arbeiterparteien und Gewerkschaften zur jeweiligen nationalen Kriegspolitik offenbar wurde, bestand nicht erst seit 1914.

Der politische Ablauf der »Julikrise« 1914 ist hinlänglich dokumentiert[22], so daß es genügt, die wichtigsten Daten zu referieren. Am 28. Juni 1914 fielen der österreichische Thronfolger und seine Frau dem Attentat von Sarajevo zum Opfer.

[19] Vgl. F. Fischer, Der Griff nach der Weltmacht. *Die Kriegszielpolitik des kaiserlichen Deutschland 1914/18.* 3. Aufl. Droste, Düsseldorf 1964; F. Fischer, *Weltmacht oder Niedergang. Deutschland im Ersten Weltkrieg.* Europäische Verlags-Anstalt, Frankfurt 1965; F. Fischer, *Krieg der Illusionen. Die deutsche Politik von 1911 bis 1914.* Droste, Düsseldorf 1969; W. Gutsche, *Erst Europa – und dann die Welt*; J. Kuczynski, *Darstellung der Lage der Arbeiter in Deutschland von 1900 bis 1917/18 (Die Geschichte der Lage der Arbeiter unter dem Kapitalismus, Bd. 4).* Akademie-Verlag, Berlin 1967.

[20] Die Baumwollindustrie war z. B. die Hauptstütze des britischen Exports, aber ihre Arbeiter lebten mit einem durchschnittlichen Wochenlohn von 20 Shilling unterhalb der »poverty line«, die Bowley mit 23 Shilling angibt; vgl. A. Bowley, *Prices and Wages in the United Kingdom 1914–1920.* Clarendon Press, Oxford 1921; A. Bowley, *Some Economic Consequences of the Great War.* Thornton Butterworth, London 1930, S. 162.

[21] Vgl. G. Haupt, *Der Kongreß fand nicht statt. Die sozialistische Internationale 1914.* Europa-Verlag, Wien/Frankfurt/Zürich 1967. Weitere Literatur im 7. Kapitel.

[22] Vgl. u. a. die ausführliche Dokumentation von I. Geiss, *Julikrise und Kriegsausbruch 1914.*

Regierung und Militär in Österreich sahen in dem Attentat die Gelegenheit zu einer Machtdemonstration gegenüber Serbien, sie wurden darin unterstützt von der deutschen Regierung und militärischen Führung, die in dieser Situation über den österreichisch-serbischen Konflikt hinaus den »Griff nach der Weltmacht« riskierten. Die österreichische Kriegserklärung an Serbien vom 28. Juli eröffnete den Mechanismus allgemeiner Mobilmachungen und Kriegserklärungen, und am 4. August marschierten deutsche Truppen in Belgien ein. Der europäische Krieg mobilisierte die Industrienationen Europas, dann der Welt, gegeneinander, mit weitreichenden Folgen auch für die Neutralen in Europa und Übersee.

2. Kapitel

Die alliierte Blockade der Mittelmächte

Vorkriegsplanung und Völkerrecht

Der Kriegsausbruch im August 1914 zerriß mit einem Schlag das komplizierte Netz weltwirtschaftlicher Beziehungen. Die Gesetzgebung der kriegführenden Staaten verbot den Handel mit dem Feinde. Darüber hinaus waren beide Parteien bestrebt, den Gegner durch einen offensiven Wirtschaftskrieg auch vom Welthandel abzuschneiden. Die Alliierten schlossen einen immer dichteren Blockadering um die Mittelmächte. Die deutsche Regierung versuchte umgekehrt, Großbritannien durch einen Handelskrieg mit U-Booten wirtschaftlich zu isolieren. Je länger der Krieg dauerte, um so größere Hoffnungen setzten beide Parteien auf den Wirtschaftskrieg. Der Weltkrieg, so heißt es, »war ebensosehr ein Krieg der Blockaden, über Wasser oder mit U-Booten, wie ein Krieg der Armeen. Hinter diesen Blockadelinien waren die Volkswirtschaften der beiden Bündnissysteme in einen tödlichen Existenzkampf verwickelt, und in manchen Phasen des Krieges schien es, als würde die wirtschaftliche Aushungerung jene Entscheidung herbeiführen, die weder die eingegrabenen Heere, noch die immobilisierten Schlachtflotten erzwingen konnten.«[1]

Bei Kriegsausbruch gab es völkerrechtliche Regeln für den Wirtschaftskrieg, die auf den Erfahrungen des 19. Jahrhunderts beruhten und einen Kompromiß darstellten zwischen den strategischen Interessen der Kriegsparteien und den Handelsinteressen der Neutralen[2]. Kodifiziert und international vereinbart

[1] J. A. Salter, *Allied Shipping Control. An Experiment in International Administration.* Clarendon Press, Oxford 1921, S. 1.

[2] Grundlegend zur alliierten Blockadepolitik sind die offiziellen Darstellungen: A. C. Bell, *A History of the Blockade of Germany, Austria-Hungary, Bulgaria, and Turkey 1914–1918.* H. M. Stationary Office, London 1937. Diese Geschichte der Blockade aus britischer Sicht wurde zunächst nur für den internen Gebrauch gedruckt und wurde erst 1961 allgemein zugänglich. Aus französischer Sicht L. Guichard, *Le Blocus Naval Economique (Travaux du Service Historique de l'Etat-Major Général de la Marine).* Vervielfältigtes Manuskript. O. O., o. J. (zugänglich u. a. in der Bibliothèque d'Histoire Contemporaire, Paris-Nanterre). Der wesentliche Inhalt dieser Darstellung ist veröffentlicht in L. Guichard, *Histoire du Blocus Naval (1914–1918).* Payot, Paris 1929. Die Blockade bis zum Kriegseintritt der USA wird untersucht in M. C. Siney, *The Allied Blockade of Germany 1914–1916.* University of Michigan Press, Ann Arbor

wurden solche Regeln erstmals in der Pariser Deklaration von 1856, im Anschluß an die Friedensverhandlungen nach dem Krimkrieg. Danach waren zwei »legitime« wirtschaftliche Kriegsmaßnahmen vorgesehen: die Blockade feindlicher Küsten oder Häfen und die Beschlagnahme feindlicher Waren oder Schiffe auf hoher See.

Auf der Zweiten Haager Friedenskonferenz 1907 wurde das Problem des Wirtschaftskrieges wieder aufgenommen. Als konkretes Ergebnis wurde noch 1907 ein internationales Prisengericht eingesetzt, eine Appellationsinstanz über den nationalen Prisengerichten. Die letzte Entscheidung in Streitfragen wurde damit den Kriegführenden genommen, deren Stellung als Richter und Interessent zugleich unbefriedigend gewesen war. Solange aber über die Regeln des Wirtschaftskrieges Divergenzen bestanden, fehlte dem internationalen Gericht die objektive Rechtsgrundlage. Diesem Mangel sollte eine Konferenz der interessierten Mächte (Großbritannien, Frankreich, Deutschland, USA, Österreich-Ungarn, Italien, Japan, Rußland, Spanien, Niederlande) abhelfen, die 1908 zusammentrat und sich auf die Londoner Deklaration von 1909 einigte.

Die Londoner Deklaration bestätigte im wesentlichen die in der Pariser Deklaration niedergelegten Regeln des Wirtschaftskrieges und suchte die strittigen Fragen durch nähere Bestimmungen zu klären. Das Recht zur Blockade wurde bekräftigt. Es kam weiterhin auf die Effektivität der Blockade an, d. h. auf die Fähigkeit des Blockierenden, eine Sperrlinie vor den feindlichen Häfen und Küsten aufrechtzuerhalten. Die Blockade neutraler Häfen und Küsten war nicht erlaubt. Als Grundlage der Prisenordnung auf hoher See wurden drei Warengruppen unterschieden:

1. Als »absolute Konterbande« galten Kriegswaren wie Waffen, Munition, militärische Ausrüstung. Im Kriegsfall konnte eine kriegführende Macht diese Liste durch einseitige Erklärung erweitern. Absolute Konterbande für neutrale Empfänger durfte nach dem Prinzip der »fortgesetzten Reise« beschlagnahmt werden, wenn ein entsprechender begründeter Verdacht vorlag.
2. Als »relative Konterbande« galten zivile Waren, die mög-

1957. Weiterhin lesenswert sind: M. W. W. P. Consett, *The Triumph of Unarmed Forces (1914–1918)*. Williams & Norgate, London 1923; M. Parmela, *Blockade and Sea Power. The Blockade 1914–1919, and its Significance for a World State*. Hutchinson, London o. J. (1924).

licherweise auch militärischen Zwecken dienen konnten, insbesondere Lebensmittel, Viehfutter, Feuerungsmaterial, Schmierstoffe, Bekleidung. Feindliche relative Konterbande durfte beschlagnahmt werden, wenn ein hinreichender Verdacht auf Kriegsverwendung bestand (dazu genügte es z.B., daß sie an eine feindliche Regierungsstelle gerichtet war), und natürlich aufgrund des Blockaderechts vor einem blokkierten feindlichen Hafen. Aber neutrale relative Konterbande war ausgenommen, für sie galt auch nicht das Prinzip der »fortgesetzten Reise«.

3. Es gab schließlich eine »Freie Liste« von Waren, die in keinem Fall zu Konterbande erklärt werden durften. Dazu gehörten vor allem Rohstoffe für Industrie und Landwirtschaft, wie Erz, Baumwolle, Düngemittel. Diese Waren durften also nur nach dem Blockaderecht vor einem feindlichen Hafen aufgebracht werden.

Nach der Unterzeichnung der Londoner Deklaration wartete man darauf, daß Großbritannien, auf das es ja in erster Linie ankam, sie ratifizieren würde; aber dazu ist es nie gekommen. Die Londoner Deklaration war also eine Rechtsgrundlage von zweifelhaftem Wert, ganz abgesehen davon, daß die Einhaltung von internationalen Vereinbarungen in Konfliktfällen ohnehin schwer zu erzwingen ist. Weder im italienisch-türkischen Krieg (1911/12), noch im Balkankrieg (1912/13) hielten die Kriegführenden sich an die Londoner Deklaration.

Die beschränkte Blockade

Die erste Phase der Blockade, die als beschränkte Blockade bezeichnet werden kann, weil sie sich im Kern noch an die internationalen Vereinbarungen der Vorkriegszeit hielt, dauerte vom August 1914 bis zum März 1915. Schon bald nach Kriegsausbruch wurden die militärischen Voraussetzungen für die alliierte Blockade geschaffen. Die deutschen Auslandskreuzer und Hilfskreuzer wurden von überlegenen alliierten Verfolgern gestellt und vernichtet. Zwischen den Schlachtflotten kam es zu dem bekannten unentschiedenen Drohzustand: Die Flotten blieben in den Häfen und verteidigten damit erfolgreich die jeweiligen Heimatgewässer, aber keine wollte einen Entscheidungskampf vor der gegnerischen Basis riskieren. Die unfreiwillig herbeigeführten Seeschlachten an der Doggerbank (Januar 1915) und beim Skagerrak (Mai 1916) bestärkten die Seestrategen auf beiden Seiten nur in diesem Entschluß. Durch dieses militärische Patt behielten die Alliierten im Wirtschaftskrieg die Oberhand: Die britische Admiralität konnte, ohne die Kampfkraft der Schlachtflotte zu beeinträchtigen, genügend Kreuzer und leichte Seestreitkräfte für die Fernblockade freistellen. Auch die Verteilung der Handelsflotten der Welt bot eine günstige Ausgangsbasis für die alliierte Blockadepolitik. Die gesamte Dampfertonnage der Welt betrug 1914 rd. 26 Mio. BRT. Davon besaßen die Alliierten 59 Prozent (Großbritannien mit dem Empire allein 48 Prozent), die Mittelmächte 15 Prozent (Deutschland 12 Prozent), die Neutralen 27 Prozent[3]. Die Handelsschiffe der Mittelmächte verschwanden in den ersten Kriegstagen von den Weltmeeren, so daß für den Außenhandel der Mittelmächte über See nur noch die neutralen Schiffe in Frage kamen, die aber auch von den Alliierten beschäftigt wurden.

Die Fernblockade, bei der alliierte Seestreitkräfte die Zugänge zur Nordsee und zum Mittelmeer kontrollierten, war keine Blockade im Sinne der Londoner Deklaration, und offiziell wurde der Begriff der Blockade auch sorgfältig vermieden. Das Ziel war, den Mittelmächten die Zufuhr von Konterbande zu sperren; Importwaren der »Freien Liste« und Exporte der Mittelmächte auf neutralen Schiffen blieben unbehindert. Die Alliierten hielten sich damit grundsätzlich an die Bestimmungen der Londoner Deklaration, es war eine Blockade »nach Prisenordnung«. Allerdings wurde die Absperrung durch weite Auslegung der Bestimmungen und einige formale Änderungen schärfer ausgeübt, als in der Londoner Deklaration vorgesehen. Dabei konzentrierten die Alliierten sich auf zwei Punkte: Verschärfung der Prisenbestimmungen mit Ausdehnung der Konterbandeliste und schärfere Kontrolle des neutralen Handels, nicht nur auf hoher See, sondern vor allem auch in den neutralen Ländern selbst.

Von den neutralen Nachbarn Deutschlands waren die Niederlande für den indirekten Außenhandel am wichtigsten[4]. Nach Kriegsausbruch hatten sie ebenso wie andere neutrale Länder infolge der allgemeinen Unterbrechung der internationalen Wirtschaftsbeziehungen Schwierigkeiten, ihre normalen

[3] Vgl. Siney, *The Allied Blockade of Germany*, S. 259.

[4] Vgl. Ch. van Manen, *De Nederlandsche Oversee Trustmaatschapij, Middelpunt van het Verkeer van onzijdig Nederland met het Buitenland tydens den Wereldoorlog, 1914–1918.* Nijhoff, Den Haag 1935.

Einfuhren zu sichern; die niederländische Wirtschaft hing vom Import von industriellen Rohstoffen, Düngemitteln und Futtermitteln ab. Schon am 1. August 1914 wurde ein Embargo erlassen, das für wichtige Güter die Ausfuhr zwar nicht ganz verbot, aber doch einschränkte. Die britische Regierung drängte bald auf eine Verschärfung des Embargos, vor allem, nachdem Lebensmittel und Viehfutter der »absoluten Konterbande« gleichgestellt und dem Prinzip der »fortgesetzten Reise« unterworfen worden waren. Die niederländische Regierung berief sich auf ihre Neutralität, konnte sich aber den britischen Wünschen nicht ohne weiteres widersetzen, da Großbritannien die Zufahrtswege für die lebensnotwendigen Importe kontrollierte. Auch hatte die holländische Wirtschaft ein Interesse daran, durch gegenseitige Vereinbarungen das Risiko willkürlicher Beschlagnahme seitens der Alliierten zu verhindern. Erste Verhandlungen wurden geführt zwischen der britischen Regierung einerseits und der niederländischen Regierung, der Holland-Amerika-Linie und der Commissie voor den Nederlandschen Handel, einer im September 1914 auf freiwilliger Basis eingerichteten zentralen Informations- und Verhandlungsstelle, andererseits. Im Ergebnis verpflichteten die Holland-Amerika-Linie und einige andere Schiffslinien sich, keine für die Mittelmächte bestimmte Konterbande zu befördern; dafür erleichterte die britische Regierung ihre Kontrollen. Diese Vereinbarungen wurden abgelöst durch die Gründung der Nederlandsche Oversee Trustmaatschapij im November 1914. Die N.O.T. war eine private Organisation; die niederländische Regierung förderte sie zwar, war aber ängstlich bemüht, keine legale Bindung einzugehen, um ihre Neutralität nicht zu gefährden. Die N.O.T. garantierte, daß die an sie gerichteten Waren und auch die etwa aus solchen Rohstoffen produzierten Fertigwaren nicht an die Mittelmächte weitergeleitet würden, und kontrollierte in diesem Sinne die ihr angeschlossenen Schiffslinien, Handelsfirmen und Produzenten. Die britische Regierung akzeptierte ihrerseits die Garantie der N.O.T. als hinreichenden Beweis für den neutralen Verbleib aller an die N.O.T. adressierten Waren. Die Alliierten gewannen mit diesem Kompromiß mehr Kontrolle über die holländischen Importe, umgekehrt sicherten die Niederlande sich die für den inländischen Verbrauch notwenigen Zufuhren aus Übersee. Die quantitative Bedeutung des Abkommens war zunächst gering. Es bezog sich überhaupt nur auf Konterbande, insbesondere Lebensmittel, Viehfutter und jene Rohstoffe, die die Alliierten nach und nach in die Konterbandeliste aufgenommen hatten. Die niederländischen Kaufleute konnten von der Abmachung Gebrauch machen, aber sie waren dazu nicht gezwungen; und sie wollten sich den einträglichen Zwischenhandel mit den Mittelmächten offensichtlich nicht so ohne weiteres aus der Hand nehmen lassen. Anfang 1915 machten die Einfuhren der N.O.T. erst etwa 2,5 Prozent der niederländischen Gesamteinfuhr aus. Aber mit der Einrichtung der N.O.T. war erstmals bekundet, daß der neutrale Handel unter dem wirtschaftlichen Druck der Alliierten zu einer vorsichtigen Kooperation bereit war. Im Verlauf des Krieges entwickelte sich die N.O.T. zu einer quasi-staatlichen Agentur, die den gesamten Außenhandel der Niederlande kontrollierte.

Die dänische Regierung erließ im August 1914 ein Embargo über verschiedene Waren im Interesse der Landesversorgung[5]. Im November wurde die Embargoliste erweitert und entsprach danach ungefähr der alliierten Konterbandeliste; eine volle Angleichung an die alliierte Konterbandeliste lehnte die dänische Regierung unter Berufung auf die Neutralität ab. Nach britischen Beschwerden über die Zunahme des Transithandels und nachfolgenden Drohungen, die dänischen Importe an Konterbande generell abzufangen, wurde im Januar 1915 das erste britisch-dänische Abkommen geschlossen. Danach verpflichtete die dänische Regierung sich, die eigenen Embargos strikt aufrechtzuhalten, und umgekehrt akzeptierte die britische Regierung die dänischen Embargos als ausreichende Garantie dafür, daß die importierten Waren im Lande bleiben würden. Gleichzeitig liefen Verhandlungen zwischen der britischen Regierung und privaten dänischen Stellen über die Einrichtung eines Treuhandsystems nach dem Muster der N.O.T. Bereits Ende 1914 hatte die britische Regierung ein Abkommen mit der größten dänischen Schiffahrtslinie, der Forenede Dampskipsselskab, geschlossen. Danach war die Reederei verpflichtet sich zu vergewissern, daß die von ihr transportierten Konterbandewaren nicht an die Mittelmächte weitergelangen würden; im Austausch wurde von der britischen Regierung eine Verkürzung der Kontrollen zugesagt. Anfang 1915 begannen entsprechende Verhandlungen zwischen der britischen Regie-

[5] Vgl. E. Cohn, *Danmark under den Store Krig*. Gad, Kopenhagen 1928. Rev. engl. Übersetzung in H. Westergaard (Hrsg.), *Sweden, Norway, Denmark and Iceland in the World War*. Yale UP, New Haven 1930.

rung und den Wirtschaftsverbänden des Handels (Grosserer Societat) und der Industrie (Industriraad). Das erste Abkommen, das ein freiwilliges Embargo für jene Konterbandewaren vorsah, die nicht auf der dänischen Embargoliste standen, kam im Februar 1915 zustande.

Die Niederlande und Dänemark waren zunächst die einzigen Länder, in denen das System der Treuhänder eingeführt wurde. Mit Schweden wurde Ende 1914 ein Abkommen getroffen, in dem die Regierung ein Embargo gegen die Wiederausfuhr von Konterbandewaren zusagte – mit gewissen Ausnahmen, z. B. war die Wiederausfuhr nach den anderen skandinavischen Ländern frei. Italien, Norwegen und die Schweiz sagten zu, importierte Konterbandewaren nicht wieder auszuführen, ohne darüber in ein formales Abkommen einzutreten. Gegenüber Italien und Norwegen übte die britische Regierung keinen nachhaltigen Druck aus, um die pro-alliierte Stimmung in diesen Ländern nicht zu beeinträchtigen. Der Schweiz sperrten die Alliierten alle Zufuhren über die Nordseehäfen, und über die französischen und italienischen Mittelmeerhäfen konnte die Schweiz infolge des überlasteten Transportsystems kaum den eigenen Bedarf decken, so daß die Gefahr eines übermäßigen Transithandels zu den Mittelmächten zunächst nicht groß zu sein schien. Verhandlungen und alliierte Nachforschungen waren noch im Gange, als im März 1915 die neue Phase der Blockadepolitik begann.

Im Februar 1915 hatte das System der beschränkten Blokkade einen gewissen Abschluß gefunden. Alle neutralen Nachbarländer hatten sich in mehr oder weniger verbindlicher Weise verpflichtet, den Zwischenhandel in Konterbandewaren abzustellen. Alle bestanden aber auch darauf, ihre eigenen Erzeugnisse frei nach den Mittelmächten zu exportieren; diese sollten also weiterhin holländische und dänische Lebensmittel, norwegische und schwedische Erze, schweizer Industriewaren erhalten.

Die Wirkung der beschränkten Blockadepolitik ist schwer zu bestimmen, denn die verschiedenen Maßnahmen wirkten mit einer gewissen Verzögerung und überschnitten sich mit den allgemeinen kriegsbedingten Störungen der internationalen Wirtschaftsbeziehungen, die auch ohne die gezielten Aktionen des Wirtschaftskrieges entstanden; vor allem fehlt es aber an Zahlen über den Außenhandel der Mittelmächte. Die Kontrollen der Schiffahrt an den Eingängen zur Nordsee und zum

Mittelmeer waren fast vollständig. Im ersten Halbjahr 1915 wurden von insgesamt 2466 Schiffen, die in die Nordsee einliefen, 2132 kontrolliert[6]. Im Durchschnitt wurden 1915 täglich an der nördlichen Einfahrt zwei, im Kanal zwölf Schiffe eingebracht[7]. Andererseits zeigt sich an den Außenhandelsziffern der neutralen Nachbarländer der Mittelmächte, daß trotz der ziemlich vollständigen Kontrolle der neutralen Schiffahrt die beschränkte Blockade in großem Stil umgangen wurde. Die Ausfuhr der nördlichen Neutralen, teils an eigenen Waren, teils an Transitwaren aus Übersee, lag in den ersten Kriegsmonaten und im Jahre 1915 real beträchtlich über dem Vorkriegsstand. Was die alliierten Blockadebehörden besonders beunruhigen mußte, war die Tatsache, daß ganz offensichtlich Großbritannien zum Umschlagplatz für Überseewaren wurde, die auf dem Umweg über die Niederlande und Skandinavien die Mittelmächte erreichten, und daß mit einiger Wahrscheinlichkeit auch britische Erzeugnisse auf diesem Weg zu den Mittelmächten gelangten. Der Anteil der nördlichen Neutralen (Niederlande, Dänemark, Norwegen, Schweden) an der Ausfuhr britischer Erzeugnisse hat sich in den ersten Kriegsmonaten gegenüber dem Vorkriegsstand verdoppelt, der Anteil an der britischen Wiederausfuhr sogar mehr als verdreifacht. Auffällig war insbesondere die enorme absolute Zunahme der britischen Wiederausfuhr nach den nördlichen Neutralen. Daß die Neutralen nach Kriegsausbruch ihre Importe aus Übersee zunehmend auf dem Umweg über England bezogen, lag nahe, weil britische Exporte nach neutralen Häfen nicht dem Risiko der Beschlagnahme unterlagen und überhaupt weniger behindert wurden als direkte Lieferungen zwischen neutralen Ländern. Gerade wegen der geringeren Überwachung der britischen Ausfuhr lag es aber auch für die Mittelmächte nahe, ihre im Sinne der Blockadepolitik »illegitimen« Importe auf diesem Weg zu beziehen. Mit einiger Wahrscheinlichkeit konnte man dies dann annehmen, wenn die Gesamtimporte der Neutralen in den entsprechenden Warengruppen zunahmen. Nach der offiziellen britischen Darstellung der Blockade war Großbritannien »nicht eine Rohrleitung oder ein Kanal, sondern ein offenes Schleusentor« für die Einfuhr der Mittelmächte an briti-

[6] R. Lank, *Der Wirtschaftskrieg und die Neutralen 1914–1918*. Junker & Dünnhaupt, Berlin 1940, S. 11f.

[7] Siney, *The Allied Blockade of Germany*, S. 124f.

Tabelle 4. Vereinigtes Königreich: Ausfuhr und Wiederausfuhr 1913–1915.

Quartal		Wiederausfuhr	Anteil der nördlichen Neutralen		Eigenausfuhr	Anteil der nördlichen Neutralen	
		Mio. £	Mio. £	Prozent	Mio. £	Mio. £	Prozent
1913	III.	20,1	1,7	8,5	84,2	8,6	10,2
	IV.	24,0	1,6	6,7	84,2	9,1	10,8
1914	I.	26,1	1,7	6,5	83,3	9,2	11,0
	II.	26,5	1,8	6,8	77,9	9,2	11,8
	III.	14,5	1,7	11,7	53,0	6,8	12,8
	IV.	16,1	5,3	32,9	44,5	8,1	18,2
1915	I.	19,1	6,6	34,6	50,7	9,9	19,5
	II.	26,7	7,1	26,6	62,2	10,5	16,9
	III.	21,0	4,6	21,9	58,9	9,4	16,0
	IV.	19,9	4,2	21,1	64,5	9,7	15,0

Quelle: M. Siney, *The Allied Blockade of Germany, 1914–1916*. University of Michigan Press, Ann Arbor 1957, S. 261 ff. – Zu den nördlichen Neutralen werden Dänemark, die Niederlande, Norwegen und Schweden gerechnet.

schem Zinn, an ägyptischer und indischer Baumwolle, an australischer Wolle, Fleisch und Getreide, an Öl und Leinsamen, Flachs, Tee und Kakao[8]. Innerhalb der britischen Regierung war die Einstellung gegenüber den steigenden Exporten bzw. Reexporten, die möglicherweise auf dem Weg über die Neutralen zu den Mittelmächten gelangten, geteilt. Gegen eine strikte Blockadepolitik war insbesondere das Wirtschaftsministerium (Board of Trade); es machte sich zum Sprecher jener Wirtschaftsinteressen, denen es in erster Linie darauf ankam, die britische Stellung auf dem Weltmarkt auszubauen und nach Möglichkeit in die vorher von Deutschland behaupteten Märkte einzudringen. Andererseits wurde während und nach dem Krieg bittere Kritik daran geübt, daß der britische Geschäftsmann gewissermaßen auf beiden Seiten der Front verdiente. Nach der Verschärfung des Wirtschaftskrieges im Sommer

[8] Bell, *A History of the Blockade*, S. 246.

1915 ging der Transithandel über England dann wieder zurück, vor allem aufgrund der »Rationierung« der neutralen Einfuhr.

Die unbeschränkte Blockade März 1915 bis März 1917

Im März 1915 begann eine neue Phase des Wirtschaftskrieges, die Eröffnung der unbeschränkten Blockadepolitik. Die Alliierten erklärten im März 1915 ihre Absicht, jeglichen Schiffsverkehr von und nach Häfen der Mittelmächte und jegliche Einfuhr und Ausfuhr der Mittelmächte über neutrale Häfen zu unterbinden. Die Verschärfung der Blockadepolitik wurde offiziell als Vergeltungsmaßnahme gegen die Eröffnung des unbeschränkten U-Boot-Krieges durch die deutsche Regierung deklariert; allerdings darf man vermuten, daß dies nicht mehr war als ein gelegener Anlaß, denn Bestrebungen zur Verschärfung des Wirtschaftskrieges waren bei den Alliierten schon vorher vorhanden.

Wirksam konnte die unbeschränkte Blockade nach Ansicht der Alliierten erst werden, wenn die Neutralen, wie vorher bei der beschränkten Blockade, unter mehr oder weniger massivem Druck mitwirkten. Der Zeitpunkt für die Verschärfung der Blockade war günstig gewählt, denn die Neutralen sahen den im Februar 1915 eröffneten unbeschränkten U-Boot-Krieg der Mittelmächte als eine wesentlich größere Gefahr für ihre Schiffahrt und ihren Handel an als die Blockade; die Reaktionen der USA und der neutralen Nachbarländer der Mittelmächte auf die alliierten Maßnahmen waren daher trotz formaler Proteste relativ milde.

Die ersten Verhandlungen über die Realisierung der unbeschränkten Blockade wurden mit den Niederlanden geführt, wo in der N.O.T. bereits die Voraussetzung für ein umfassendes Kontrollsystem bestand. Die Niederlande waren von der Ausdehnung des Wirtschaftskrieges auf die deutschen Exporte besonders betroffen, weil sie in erheblichem Umfang deutsche Erzeugnisse an die niederländischen Kolonien weiterlieferten. Diese Wiederausfuhr fiel seit März 1915 nach dem Prinzip der »fortgesetzten Reise« unter die alliierte Blockade. Als »deutschen Ursprungs« galten den Alliierten Waren, bei denen die deutschen Vorlieferungen mehr als 25 Prozent des Wertes ausmachten. Nach einem englisch-holländischen Abkommen vom April 1915 wurden für die Wiederausfuhr deutscher Waren nach den niederländischen Kolonien einige Ausnahmen zugelassen. Die Kontrolle über die Wiederausfuhr wurde der N.O.T. übertragen, die daraufhin einen erheblichen Teil des deutschen Exports vermittelte. Im Juli 1915 verpflichtete die N.O.T. sich, die Einfuhr aus allen Ländern nach Holland für jeden Artikel auf die Menge zu beschränken, die für den Inlandsverbrauch erforderlich war. Das war der erste Schritt zur Rationierung; bis Ende des Jahres wurden für wichtige Rohstoffe, Nahrungsmittel und Futtermittel vierteljährliche Importkontingente festgesetzt. Die Kontingente waren nur mit der N.O.T. ausgehandelt, aber die britische Seite machte sie für die Gesamteinfuhr verbindlich, indem sie kontingentierte Waren, die nicht für die N.O.T. bestimmt waren, abfing; der Anteil der N.O.T. an der holländischen Einfuhr stieg daraufhin bis Ende 1915 auf nahezu 40 Prozent.

In den Verhandlungen mit der Schweiz war ein längerer Weg zurückzulegen, denn die vorherige Verhandlungsrunde über die beschränkte Blockade hatte noch zu keinem konkreten Ergebnis geführt[9]. Die Schweizer Regierung hatte lediglich im Dezember 1914 eine Garantie gegeben, daß importierte Konterbande im Lande verbleiben würde, ohne daß darüber ein offizielles Abkommen geschlossen worden wäre. Die Hauptschwierigkeit bestand in den engen wirtschaftlichen Beziehungen zwischen der Schweiz und Deutschland; im Unterschied zu anderen neutralen Nachbarn exportierte die Schweiz in erheblichem Umfang industrielle Fertigwaren aus eigener Produktion nach Deutschland. Die Schweizer Behörden waren daher wenig geneigt, das Embargo gegen Konterbande auch auf Fertigwaren auszudehnen, in denen als Konterbande deklarierte Rohstoffe, wie z. B. Kupfer, enthalten waren; aber genau das wünschten die Alliierten. Trotz der schwierigen Ausgangsposition einigte man sich schon im April 1915 über die wesentlichen Punkte eines Abkommens. Es wurde eine Liste von Waren aufgestellt, die unabhängig von der Rohstoffbasis als »einheimische« Produkte galten und frei exportiert werden durften, z. B. Schokolade, kondensierte Milch, Seide, Bekleidung und Uhren. Die Importmengen wurden entsprechend

[9] Vgl. zur Blockadepolitik gegenüber der Schweiz neuerdings D. D. Driscoll, *Anglo-Swiss Relations 1914–1918. With Special Reference to the Allied Blockade of the Central Powers.* Diss. University of London 1968. H. Ochsenbein, *Die verlorene Wirtschaftsfreiheit 1914–1918. Methoden ausländischer Wirtschaftskontrollen über die Schweiz.* Stämpfli, Bern 1971.

den normalen Vorkriegsmengen kontingentiert. In geringem Umfang durften im Zuge des deutsch-schweizerischen Industriewarenaustausches auch Erzeugnisse exportiert werden, die Konterbande-Metalle enthielten; die dafür zugelassene Menge an Nichteisen-Metallen (Kupfer, Zink, Zinn, Blei, Nickel) war auf 850 t jährlich begrenzt. Nach holländischem Vorbild wurde in der Schweiz die Société de Surveillance Suisse als Treuhänder für alle kontrollierten Importe eingerichtet. Die Verhandlungen zogen sich dann unerwartet in die Länge, weil auf beiden Seiten – außerhalb der Verhandlungsdelegationen – politische Einwände erhoben wurden; aber im Oktober 1915 konnte der Vertrag endgültig geschlossen werden, im wesentlichen in Übereinstimmung mit dem Vertragsentwurf vom April.

Im August 1915 begannen Verhandlungen mit den dänischen Wirtschaftsverbänden, dem Industriraad und der Grosserer Societat, die im November 1915 zu einem Abkommen führten. Danach garantierte die britische Regierung die dänischen Importe für den Eigenverbrauch und für die Wiederausfuhr nach Schweden und Norwegen im Vorkriegsumfang. Fertigwarenexporte an die Mittelmächte wurden zugelassen, wenn die dafür importierten Vorprodukte nicht mehr als 20 Prozent vom Ausfuhrwert betrugen. In geringem Umfang wurden Ausnahmen vom Embargo für Kompensationsgeschäfte mit Deutschland freigegeben, damit Dänemark jene Waren importieren konnte, die Deutschland nur im Austausch gegen Konterbande liefern wollte, und die die Alliierten nicht liefern konnten. In Anbetracht der inzwischen verschärften Grundsätze der britischen Blockadepolitik war das Abkommen für Dänemark recht günstig. Die britische Regierung ging noch davon aus, daß eine effektive Blockadepolitik nur mit Kooperation der Neutralen möglich sei; aber es gab weite Kreise in England, die das Abkommen ablehnten und eine schärfere Blockadepolitik forderten. Das Abkommen vom November 1915 setzte noch keine Importkontingente fest, aber das Prinzip der Rationierung war im Verlauf der Verhandlungen diskutiert und von der dänischen Seite akzeptiert worden; bis Februar 1916 wurden Importkontingente für insgesamt 75 Artikel festgelegt. Wichtig für Dänemark war, daß Futtermittel bis Anfang 1917 nicht in die Importkontingentierung einbezogen wurden; denn die Einfuhr von Futtermitteln war eine notwendige Voraussetzung für den sehr erheblichen dänischen Fleisch- und Fettexport.

Mit Norwegen und Schweden kamen keine allgemeinen Rationierungsabkommen zustande. Im Sommer 1915 wurden individuelle Abkommen zwischen der britischen Regierung und einzelnen norwegischen Wirtschaftsverbänden aufgenommen[10]. Ein allgemeines Handelsabkommen, das die norwegische Regierung vorschlug, wurde von britischer Seite Ende 1915 abgelehnt; die britische Regierung hielt es nach den Erfahrungen mit dem dänischen Abkommen für zu schwierig, eine für Norwegen akzeptable Vereinbarung im eigenen Lande zu vertreten. Die Blockadepolitik gegenüber Norwegen beruhte daher auf einem Bündel individueller Vereinbarungen. Die Importkontingente für einzelne Waren wurden festgelegt in den sogenannten »branch agreements«, Abkommen mit den betroffenen Firmen bzw. ihren Verbänden. Die ersten Abkommen wurden getroffen über die Rationierung von Baumwolle (wirksam ab November 1915), von Petroleum und Schmierstoffen (wirksam ab Dezember 1915) und von Rohstoffen für die Margarineherstellung (wirksam ab März 1916). Zur Kontrolle der Importe, für die noch keine Kontingente vereinbart waren, wurden von Mai bis November 1915 »Treuhänderabkommen« nach dänischem und holländischem Vorbild mit den wichtigeren Reedereien getroffen. Zeitweilig schritt die britische Regierung zur einseitigen zwangsweisen Rationierung, weil die Importe zu hoch schienen.

Die Verhandlungen mit Schweden, die im Juli 1915 begannen, erwiesen sich als außerordentlich schwierig[11]. Das lag einmal an der Haltung der schwedischen Regierung; da die traditionellen Führungskreise mit den Mittelmächten sympathisierten, erhob die Regierung die Wahrung der neutralen Wirtschaftsinteressen zu einem Politikum ersten Ranges. Anders als in Holland, Dänemark und Norwegen war die schwedische Regierung daher zunächst entschlossen, die Verhandlungen selbst zu führen und keine separaten Absprachen mit einzelnen Firmen oder Verbänden zu dulden. Das war ein Nachteil für die britische Delegation, die es vorgezogen hätte, sich unter Umgehung der Regierung unmittelbar mit den Import- und

[10] Vgl. W. Keilhau, *Norge og Verdenskrigen*. Aschehoug, Oslo 1927. Rev. engl. Übersetzung in: Westergaard (Hrsg.), *Sweden, Norway, Denmark and Iceland in the World War*; O. Riste, *The Neutral Ally: Norway's Relations with Belligerent Powers in the First World War*. Universitetsforlaget, Oslo, und Allen & Unwin, London 1965.

[11] Vgl. E. Heckscher (Hrsg.), *Bidrag till Sveriges ekonomiska och sociala historia under och efter väldskriget*. Norstadt, Stockholm 1926. Rev. engl. Übersetzung in: Westergaard (Hrsg.), *Sweden, Norway, Denmark and Iceland in the World War*.

Schiffahrtsinteressenten zu verständigen; nach den Erfahrungen in den Niederlanden, Dänemark und Norwegen waren einzelne Unternehmer eher als ihre Regierungen geneigt, sich unter Zurückstellung politischer Bedenken mit der alliierten Blockadepolitik zu arrangieren. Gegenüber den alliierten wirtschaftlichen Pressionen setzte die schwedische Regierung auf die Tatsache, daß die alliierten Lieferungen an Rußland zu einem großen Teil über schwedisches Territorium gingen. Die russische Regierung drängte ihre Verbündeten immer wieder zur Vorsicht, weil sie eine Behinderung des Transits und eventuell sogar den Kriegseintritt Schwedens auf der Seite der Mittelmächte fürchtete. In Anbetracht der erfolgreichen Offensive der Mittelmächte gegen Rußland im Frühjahr und Sommer 1915 werden diese Befürchtungen nicht unverständlich. Unter diesen Umständen einigten sich beide Delegationen im August 1915 auf einen Vertragsentwurf, der wesentliche Zugeständnisse an die schwedische Regierung enthielt. Der Entwurf sah eine »Normalisierung« der Importe, und ein Embargo gegen die Wiederausfuhr aller wichtigen Einfuhrwaren vor, aber die effektive Festlegung der Importkontingente und die Durchführung des Embargos waren der schwedischen Seite überlassen, die dabei erfahrungsgemäß sehr großzügig vorgehen würde. Aber nachdem sich die Delegationen auf einen Vertragsentwurf geeinigt hatten, änderte sich die politische Situation. Die Offensive der Mittelmächte gegen Rußland lief im Oktober fest, so daß Rußland nicht mehr so extrem gefährdet war. Gleichzeitig nahm die Wahrscheinlichkeit ab, daß Schweden auf der Seite der Mittelmächte in den Krieg eintreten würde, paradoxerweise gerade wegen der russischen Niederlagen im Sommer 1915; die Kriegspartei konnte danach nicht mehr argumentieren, daß Schweden einer russischen Bedrohung zuvorkommen müsse. Die britische Regierung lehnte in dieser relativ günstigen Situation die Ratifizierung des Vertragsentwurfes ab und präsentierte einen Gegenvorschlag mit der üblichen Rationierungspolitik, der dann aber für die schwedische Seite nicht akzeptierbar war. Die Verhandlungen wurden abgebrochen; es hatte sich aber schon vorher herausgestellt, daß auf der Basis von Kompensationsgeschäften ein praktikabler Kompromiß auch ohne formales Abkommen möglich war. Die schwedische Regierung gewährte Lizenzen für Transitlieferungen nach Rußland im Austausch gegen die Genehmigung wichtiger Einfuhren nach Schweden (z. B. Kohle) durch die Alliierten. Zur Durchführung des Transitverkehrs nach Rußland wurde die formell private, tatsächlich unter alliierter Kontrolle stehende Aktiebolag Transito gegründet.

Um die Jahreswende 1915/16 hatten die Alliierten ein System von Verträgen und informellen Kompromissen mit den neutralen Anliegerstaaten der Mittelmächte aufgebaut, das ihnen eine effektive Rationierung der neutralen Importe ermöglichte. Die Rationierungspolitik beschränkte nicht nur den Transithandel, sondern auch die Ausfuhr eigener Erzeugnisse der neutralen Nachbarländer nach den Mittelmächten, soweit darin importierte Rohstoffe und Halbfabrikate enthalten waren; und das war bei industriellen Fertigwaren praktisch unvermeidlich. Produkte, die durch die Rationierungspolitik nicht unmittelbar erfaßt wurden und trotzdem einige Bedeutung für die Mittelmächte hatten, waren Agrarprodukte besonders aus Dänemark und Holland, der Fischfang der neutralen Länder und Erze aus Skandinavien. Hier sollten »Ankaufsverträge« so weit wie möglich den Exportüberschuß der Neutralen erfassen und von den Mittelmächten zu den Alliierten umleiten und gleichzeitig auch dafür sorgen, daß den Alliierten bestimmte Lieferungen aus den neutralen Ländern erhalten blieben, die sonst aufgrund des Preisgefälles zu den Mittelmächten gelangen könnten. Ein »freihändiger« Ankauf hätte die Alliierten in eine kostspielige Konkurrenz mit den Mittelmächten gedrängt; um das zu vermeiden, übten sie wirtschaftlichen Druck auf die neutralen Regierungen aus mit dem Ziel, sich vertraglich bestimmte Quoten am Export zu festen Preisen zu sichern.

Das Blockadesystem wurde vervollständigt durch Kontrolle des Postverkehrs, Kontrolle der britischen Lieferungen von Bunkerkohle an die neutrale Schiffahrt, sowie durch »Schwarze Listen« und »navicerting«, Maßnahmen, deren Effekt im einzelnen schwer abzuschätzen ist, die aber wenigstens kurz erwähnt werden sollen.

Firmen, die als Agenten für die Mittelmächte galten, wurden auf eine regelmäßig publizierte »Schwarze Liste« gesetzt, die erstmals im Februar 1916 erschien; wer mit solchen Firmen Beziehungen unterhielt, lief Gefahr, ebenfalls auf die »Schwarze Liste« gesetzt zu werden. Die »Schwarzen Listen« hatten den unmittelbaren Zweck, die Blockade zu verschärfen; z. B. hatten vorher die in Übersee ansässigen deutschen Firmen auf dem Umweg über die neutralen Anliegerstaaten den Mittelmächten Kaffee, Nitrate und Gummi aus Brasilien, Weizen aus Argentinien geliefert; durch die Einführung der »Schwarzen Listen« wurden die Geschäftsverbindungen dieser Firmen gestört. Ein Nebenzweck der »Schwarzen Listen« war, durch Beeinträchtigung der Geschäftsverbindungen die deutschen Wirtschaftsinteressen in Übersee langfristig zu schädigen.

Nach dem System des »navicerting« konnte der Exporteur seine Lieferung in einen der neutralen Anliegerstaaten der Mittelmächte vor der Verschiffung durch das britische Konsulat überprüfen lassen[12]. Wenn die Warenlieferung und der Empfänger nach britischer Auffassung unbedenklich waren, wurde eine Bescheinigung ausgestellt, welche garantierte, daß die Waren bei der Blockadekontrolle nicht festgehalten wurden *(navicert)*. Das Verfahren erleichterte den Alliierten die Kontrolle und nahm dem Exporteur das Risiko der Beschlagnahme seiner Waren. Es wurde 1916 hauptsächlich für US-amerikanische Exporteure eingeführt; ähnliche Abkommen waren schon vorher mit dänischen (November 1914) und mit norwegischen (1915) Schiffslinien vereinbart worden.

Ungefähr gleichzeitig mit der Durchsetzung der unbeschränkten Blockade in der Nordsee schloß sich der Blockadering gegenüber den Mittelmächten von Süden her. Britische Seestreitkräfte kontrollierten die Zugänge zum Mittelmeer am Suezkanal und bei Gibraltar, außerdem blockierten französische, später auch italienische Seestreitkräfte die österreichischen Häfen; dies war eine Nahblockade im Sinne der Londoner Deklaration.

Nach dem Kriegseintritt Bulgariens auf der Seite der Mittelmächte verhängten die Alliierten auch über die bulgarische Küste eine offizielle Blockade. Die Blockade im Mittelmeer wurde weitgehend unabhängig von der Nordseeblockade und nach eigenen Regeln, nämlich in Übereinstimmung mit der Londoner Deklaration, geführt. Im Gesamtzusammenhang der alliierten Blockadepolitik hatte das Mittelmeer allerdings nur die Bedeutung eines Nebenkriegsschauplatzes.

An der Jahreswende 1916/17 nahmen die Alliierten eine Bestandsaufnahme der Blockadepolitik vor. Das System der Importrationierung, zusammen mit den erwähnten Maßnahmen wie Bunkerkohlenkontrolle, »Schwarzen Listen« und »navicerting« schien die Zufuhren aus Übersee zu den Mittel-

[12] Vgl. die Monographie von H. Ritchie, *The »Navicert« System During the World War*. Carnegie Endowment for International Peace, Washington 1938.

mächten im wesentlichen unterbunden zu haben; im Januar 1917 billigte das britische Kriegskabinett ein von Lord Cecil vorgelegtes Memorandum, das mit dem Satz begann: »Alle verfügbaren Informationen zeigen, daß, von wenigen Ausnahmen abgesehen, keine überseeischen Waren mehr nach Deutschland gelangen.«[13] Aus der eigenen Produktion der neutralen Nachbarländer verblieben den Mittelmächten Zufuhren von unterschiedlicher Bedeutung. Schweden lieferte in erheblichem Umfang trotz der Blockade Eisenerz, Zellstoff und Lebensmittel. Die schwedische Lebensmittelausfuhr nach Deutschland wurde von den Alliierten unterschätzt; Zellstoff war wichtig, denn er ersetzte in der deutschen Pulver- und Sprengstoffindustrie Baumwolle. Norwegen lieferte Fisch, Kupfer, Schwefelkies und Nickel, aber diese Lieferungen waren durch die Abkommen vom Sommer 1916 stark reduziert worden. Dänemark und Holland lieferten vor allem jene landwirtschaftlichen Produkte, die wegen des desolaten Zustandes der deutschen Viehwirtschaft wichtig waren: Fleisch, Speck, Schinken, Käse und Eier. Über die tatsächlichen Mengen bestand Unklarheit; nach französischer Ansicht reichten sie aus, um die deutschen Armeen an der Westfront zu ernähren. Diese verbleibenden Importe der Mittelmächte waren nach Auffassung des britischen Blockadeministeriums kaum zu verhindern, auch nicht durch schärfere wirtschaftliche Pressionen. Als Richtlinie der Blockadepolitik galt daher die Durchführung der bereits bestehenden Abkommen, mit der Ergänzung, daß seit Anfang 1917 auf ein formelles Abkommen mit Schweden gedrängt wurde. Der zunächst recht praktikabel wirkende Kompensationsverkehr ohne formales Abkommen schien nach den Erfahrungen des Jahres 1916 im Sinne der Blockadepolitik doch nicht effektiv genug.

Allgemein beurteilten die Alliierten Ende 1916 die Bedeutung des Wirtschaftskrieges im Vergleich zu den hohen Erwartungen bei Eröffnung der unbeschränkten Blockade skeptischer. Anscheinend war die militärische Schlagkraft der Mittelmächte durch den Wirtschaftskrieg nicht beeinträchtigt worden. Vor allem wurde nach einhelliger Meinung der Experten durch die Niederlage Rumäniens, die den Mittelmächten unbeschränkten Zugang zum rumänischen Öl und Getreide eröffnete, eine empfindliche Lücke in das Blockadesystem ge-

[13] Bell, *A History of the Blockade*, S. 605.

rissen[14]. Lloyd George vertrat in einem Memorandum für die inter-alliierte Konferenz in Paris im November 1916 die pessimistische Ansicht, daß der Erfolg der Blockade durch die Niederlage Rumäniens zunichte gemacht worden sei[15]. Tatsächlich war die wirtschaftliche Lage der Mittelmächte aber weit ungünstiger, als die Alliierten vermuteten: Das ambitiöse Hindenburgprogramm vom August/September 1916, der Rückschlag in der Transport- und Kohlenkrise und in der Ernährungskrise des Winters 1916/17 zeigten an, daß die wirtschaftlichen Ressourcen nahezu erschöpft waren, wenn auch nicht unbedingt als Folge der Blockade.

Die Blockade nach dem Kriegseintritt der USA

Mit der Eröffnung des unbeschränkten U-Boot-Krieges durch das Deutsche Reich im Februar 1917 und dem Kriegseintritt der USA im April 1917 begann die dritte Phase der Blockadepolitik. Der unbeschränkte U-Boot-Krieg ließ die neutrale Schiffahrt sofort merklich zurückgehen. In den drei Monaten Februar bis April 1917 liefen insgesamt 313 Schiffe in den Häfen der neutralen Nachbarländer der Mittelmächte (Dänemark, Niederlande, Norwegen, Schweden) ein, in den gleichen Monaten 1915 waren es 1070 Schiffe gewesen. Die Einfuhrmengen der Neutralen sanken daher allein aufgrund der Transportsituation weit unter die mit den Alliierten ausgehandelten Importkontingente. Es ist anzunehmen, daß dadurch auch die Exporte der Neutralen nach den Mittelmächten litten, aber diese Annahme ist empirisch schwer zu überprüfen, weil bald darauf, im April 1917, die USA in den Krieg und damit auch in den Wirtschaftskrieg eintraten. Durch den Kriegseintritt der USA wurde der alliierte Blockadering um die Mittelmächte noch dichter. Nicht nur, daß fortan die wichtige, wenn auch nicht immer erfolgreiche Unterstützung der neutralen Handelsinteressen durch die USA entfiel; die USA ordneten alsbald mit gleicher Schärfe wie die anderen Alliierten ihren Außenhandel und ihre Schiffahrt dem Ziel der wirtschaftlichen Krieg-

[14] Vgl. zur wirtschaftlichen Ausbeutung Rumäniens durch die Mittelmächte G. Antipa, *L'occupation ennemie de la Roumane et ses conséquences économiques et sociales*. Presses Universitaires de France, Paris 1929. Zusammenfassend auch D. Mitrany, *The Effect of the War in South-Eastern Europe*. Yale UP, New Haven 1936.

[15] Vgl. D. Lloyd George, *War Memoirs*. 6 Bde., Nicholson & Watson, London 1933–36. Bd. 2, S. 914ff.

führung unter. Im Mai 1917 führten die USA das System der »Schwarzen Listen«, der Bunkerkontrolle und des »navicerting« ein, wenn auch mit einigen Reservaten im Hinblick auf ihre Wirtschaftsinteressen in Südamerika; ihre Seestreitkräfte wirkten nicht nur bei der Abwehr des U-Boot-Krieges, sondern auch bei der Kontrolle der neutralen Schiffahrt mit; und die USA beteiligten sich an der »Rationierung« der neutralen Importe. Das letztere war für die neutralen Nachbarn der Mittelmächte ganz entscheidend, denn ihre Einfuhren an Getreide, Fleisch, Futtermitteln, Öl und Metallen kamen zum großen Teil aus den USA.

Das erste Exportembargo der USA wurde im Juni 1917 vom Kongreß verabschiedet und im Juli in Kraft gesetzt. Der Hauptzweck des Embargos und der begleitenden Absichtserklärung war, eine neue Verhandlungsrunde mit den neutralen Nachbarn der Mittelmächte zu eröffnen, und sie zu einer Reduzierung ihrer Exporte nach den Mittelmächten zu veranlassen. Um die neutralen Regierungen an den Verhandlungstisch zu bringen, wurden die Exportbeschränkungen gegenüber diesen Ländern strikt durchgeführt. Im August wurden Textilien dem Exportembargo unterworfen, und die britische Regierung schloß sich dem amerikanischen Vorgehen an, indem sie Exporte nach Skandinavien, Holland und der Schweiz bis auf wenige Ausnahmen verbot.

Die Neutralen waren zunächst zu Verhandlungen wenig bereit. Zur Überraschung der britischen Blockadebehörden hatten trotz der Importrationierung Vorräte angesammelt werden können, die es den Neutralen erlaubten, dem Embargo einige Zeit zu trotzen. Außerdem intensivierten die skandinavischen Länder den Warenaustausch untereinander. Trotz der politischen Annäherung war der inter-skandinavische Warenaustausch nach Kriegsausbruch, infolge des verstärkten Austausches mit den kriegführenden Parteien, leicht zurückgegangen. Erst im Frühjahr 1917, als nach der Eröffnung des unbeschränkten U-Boot-Krieges die Zufuhren aus Übersee zum großen Teil ausblieben, wurde der Warenaustausch der skandinavischen Länder auf private Initiative hin intensiviert, und eine weitere Ausdehnung schien geeignet, die wirtschaftliche Widerstandsfähigkeit gegenüber dem alliierten Embargo zu erhöhen. Bei diesem Austausch lieferte Dänemark landwirtschaftliche Produkte und Futtermittel; Norwegen Fisch, Düngemittel und Erze; Schweden Eisen und Stahl, Holz und verschiedene Industriewaren[16]. In einigen wichtigen Produkten, insbesondere Getreide, Kohle und Öl, waren allerdings alle skandinavischen Länder vom Weltmarkt abhängig; auf die Dauer mußte also der alliierte Druck fühlbar werden.

Im Oktober 1917 traten die Neutralen in Verhandlungen ein, die je nach der Situation der einzelnen Länder mehr oder minder lange dauerten und unterschiedliche Ergebnisse brachten. Auf alliierter Seite waren nunmehr die USA durch eigene Vertreter an den Verhandlungen beteiligt. Zur besseren Koordinierung der Blockadepolitik wurde ein ständiges Alliied Blockade Committee gebildet, das erstmals im März 1918 in London zusammentrat. Mit der Schweiz trafen die Alliierten gemeinsam schon im Dezember 1917 ein Abkommen. Es bekräftigte im wesentlichen die bisherigen Vereinbarungen, auch die bisherigen Importkontingente. Die USA zogen auf Anraten der europäischen Alliierten, vor allem Frankreichs, ihre Forderung nach einer schärferen Kontrolle des schweizerischen Außenhandels zurück. Die französische Regierung hielt es für wichtig, auf politische Strömungen, die in dieser Zeit allmäh-

Tabelle 5. Das amerikanische Embargo. Exporte der USA zu den neutralen Nachbarländern der Mittelmächte (Mio. Dollar).

	Juni 1915 bis Juni 1916	Juni 1917 bis Juni 1918
Dänemark	55,9	5,0
Niederlande	97,5	6,4
Norwegen	53,6	25,2
Schweden	52,0	4,1
Schweiz	8,0	21,2

Quelle: A. C. Bell, *A History of the Blockade of Germany, Austria-Hungary, Bulgaria, and Turkey 1914–1918*. H. M. Stationary Office, London 1937, S. 668.

lich den Alliierten zuneigten, und auf die wirtschaftliche Bedeutung der Schweiz für die Alliierten Rücksicht zu nehmen. Die Verhandlungen zu diesem Abkommen waren sowohl durch die starke wirtschaftliche Abhängigkeit der Schweiz als auch

[16] Vgl. E. Heckscher, *Sweden*. In: Westergaard (Hrsg.), *Sweden, Norway, Denmark and Iceland in the World War*.

durch die relativ günstigen Bedingungen beschleunigt worden. Die Verhandlungen mit den nördlichen Neutralen zogen sich länger hin, einerseits, weil die Alliierten höhere Forderungen stellten, indem sie eine einschneidende Reduzierung der Exporte verlangten, andererseits, weil die Neutralen aus einer Reihe von Gründen weniger zum Nachgeben bereit waren. Im Dezember 1917 ließen die USA einige Lieferungen nach Holland und Skandinavien als »Weihnachtsgeschenke« frei, was nicht nur eine Geste guten Willens war, sondern überdies die Neutralen davon abhalten sollte, wirtschaftliche Unterstützung bei den Mittelmächten zu suchen. Die Handelsabkommen aber wurden nicht vor Frühjahr 1918 geschlossen – mit Norwegen im April, mit Schweden im Mai, mit Dänemark im September 1918. Die Verhandlungen mit den Niederlanden wurden bis Kriegsende überhaupt nicht mehr formell abgeschlossen; die USA lockerten das Embargo und ließen von Zeit zu Zeit wichtige Lieferungen nach Holland zu, aber die Mengen blieben weit unter den Importkontingenten des Rationierungssystems. Erst nach dem Waffenstillstand, am 25. November 1918, wurde ein allgemeines Handelsabkommen mit der Nederlandsche Overzee Trustmaatschapij geschlossen. Für den Wirtschaftskrieg war also vor allem das US-amerikanische Embargo von Bedeutung, es hat, wie man am Rückgang des Außenhandels der nördlichen Neutralen sehen kann, die Wirksamkeit der unbeschränkten Blockade erheblich verschärft. Die Handelsabkommen, die aufgrund des Embargos mit den nördlichen Neutralen geschlossen wurden, sperrten die Ausfuhr dieser Länder nach den Mittelmächten bis auf geringe Kontingente ganz ab, aber sie wurden erst zu einem Zeitpunkt wirksam, als nach der gescheiterten Frühjahrsoffensive 1918 die Niederlage der Mittelmächte besiegelt war.

Die Bedeutung der Blockade

In Deutschland wurde nach dem Krieg gerne behauptet, daß die Blockadepolitik Deutschland »ausgehungert« und zum Frieden gezwungen habe. Dadurch wurde suggeriert, der Gegner habe nur durch das »unfaire« Mittel der »Hungerblockade« siegen können, man lenkte so von der militärischen Niederlage ab – »im Felde unbesiegt«, wie es nach 1918 häufig hieß. Man glaubte sogar, auf dem Umweg über die höhere Sterblichkeitsrate unter der Zivilbevölkerung in den Kriegsjahren, genau berechnen zu können, wie viele Todesfälle die Blockadepolitik verursacht habe. Ausländische Autoren haben diese Berechnungen ebenso übernommen wie die Auffassung, die Blockade sei eine kriegsentscheidende Waffe gewesen[17]. Aber eine weiträumige Volkswirtschaft wie die der Mittelmächte ließ sich nur oberflächlich mit einer belagerten Burg vergleichen, die man zur Übergabe zwingen konnte, indem man ihr einfach die Zufuhren abschnitt.

Wirksam war die Blockade insofern, als sie die Mittelmächte von der internationalen Arbeitsteilung ausschloß. Es gab eine ganze Reihe von Rohstoffen, die als kriegswichtig galten und im Machtbereich der Mittelmächte entweder gar nicht oder in ungenügenden Mengen gewonnen wurden, z. B. Salpeter, Baumwolle und verschiedene Nichteisenmetalle. Die Mittelmächte, vor allem Deutschland als wirtschaftliche Führungsmacht in diesem Bündnissystem, haben sich durch eine z. T. sehr gründliche Umstellung der Wirtschaft an die Isolierung anzupassen versucht: Aufbau von Ersatzindustrien, intensive Nutzung der in ihrem Machtbereich liegenden Rohstoffvorkommen, Sparmaßnahmen und schließlich Rückgewinnung von Rohstoffen aus Abfällen und auch aus nicht-kriegswichtigen Anlagen[18]. Die synthetische Stickstoffgewinnung in Deutschland, technisch schon vor dem Krieg realisiert und nach der wirtschaftlichen Isolierung in großem Stil ausgebaut, war ein echter Durchbruch im Sinne einer Weiterentwicklung der Produktivkräfte. Andere Bemühungen waren wenig erfolgreich, so daß dem Begriff »Ersatz« ein negativer Beigeschmack blieb. Auch im günstigsten Fall wurden erhebliche Produktionsfaktoren beansprucht, im ungünstigsten Fall erhielt man trotz großen Aufwandes nur »Ersatzprodukte« minderer Qualität oder blieb überhaupt auf die vorhandenen Vorräte angewiesen.

[17] Vgl. Bell, *A History of the Blockade;* M. Olson, *The Economics of Wartime Shortage. A History of British Food Supply in the Napoleonic War and in World Wars I and II.* Duke UP, Durham 1963.

[18] Vgl. zur deutschen Rohstoffwirtschaft O. Goebel, *Deutschlands Rohstoffwirtschaft im Weltkrieg.* Deutsche Verlags-Anstalt, Stuttgart/Berlin/Leipzig 1930; A. Müller, *Die Kriegsrohstoffbewirtschaftung 1914–1918 im Dienste des deutschen Monopolkapitals.* Akademie-Verlag, Berlin 1955. Zu Österreich: R. Riedl, *Die Industrie Österreichs während des Krieges.* Hölder-Pichler-Tempsky, Wien 1932. Die kleineren Verbündeten hatten keine eigene Rüstungsindustrie, so daß Rohstoffprobleme dort am Rande blieben; vgl. G. T. Danaillow, *Les effets de la Guerre en Bulgarie.* Presses Universitaires de France, Paris 1932; A. Emin, *Turkey in the World War.* Yale UP, New Haven 1930.

Die Analogie mit der belagerten Festung stimmt deshalb nicht, weil bei einer großen Volkswirtschaft eine Außenhandelsbeschränkung nur einen geringen Teil der wirtschaftlichen Aktivität trifft. In den Jahren vor dem Krieg machten in Deutschland die Importe durchschnittlich 20 Prozent, die Exporte 18 Prozent des Nettosozialproduktes aus[19]. Im Krieg gingen die Importe bis auf vierzig Prozent des Vorkriegsstandes zurück, andererseits wurden aber durch den noch stärkeren Rückgang der Ausfuhr Kapazitäten für die Rüstung frei[20]; das wird bei einer Beurteilung der Blockade häufig übersehen. Per Saldo griffen die Mittelmächte während des Krieges stärker als je in Friedenszeiten auf die Ressourcen des Auslandes zurück. Deutschland erzielte von August 1914 bis Dezember 1918 Importüberschüsse von rund 12 Mrd. Goldmark, die Verbündeten Importüberschüsse von 4–5 Mrd. Goldmark[21]. Diese Entwicklung wird durch die Außenhandelsstatistik der Neutralen bestätigt. Norwegen z. B. hatte gegenüber Deutschland 1913 einen Importüberschuß von 110 Mio. Kronen, von 1915 bis 1918 dagegen Exportüberschüsse von durchschnittlich 23 Mio. Kronen im Jahr[22]. Neben dem kommerziellen Außenhandel sind noch die Zufuhren zu berücksichtigen, die die Mittelmächte durch die mehr oder minder offene Ausplünderung der besetzten Gebiete erhielten[23].

Da der reale wirtschaftliche Beitrag des Auslandes zur Kriegswirtschaftspolitik weniger in der Einfuhr als vielmehr in dem Einfuhrüberschuß besteht, wäre die Blockadepolitik nach diesen Daten nicht übermäßig erfolgreich gewesen. Die

[19] W. Hoffmann, F. Grumbach und H. Hesse, *Das Wachstum der deutschen Wirtschaft seit der Mitte des 19. Jahrhunderts.* Springer, Berlin/Heidelberg/New York 1965, S. 151.

[20] Der Rückgang bezieht sich auf Außenhandelswerte, umgerechnet in Goldmark; vgl. Kleine-Natrop, *Devisenpolitik in Deutschland vor dem Kriege und in der Kriegs- und Nachkriegszeit.* Preiss, Berlin 1922, S. 11. – Für die Kriegsjahre wurden keine offiziellen Außenhandelszahlen veröffentlicht. Kleine-Natrop nennt keine Quelle; möglicherweise hat er, da er Reichsbankrat war, internes Material der Reichsbank benutzt.

[21] Kleine-Natrop, *Devisenpolitik*, S. 11. – Nach Angaben der Reichskreditgesellschaft stiegen die österreich-ungarischen Importüberschüsse in laufenden Preisen von 0,8 Mrd. Kronen 1914 auf 3,2 Mrd. Kronen 1917; insgesamt betrugen sie von 1914 bis 1917 11 Mrd. Kronen. Vgl. W. A. Brown, *The International Gold Standard Reinterpreted, 1914–1934.* 2 Bde. Ams Press, New York 1940. Bd. 1, S. 53.

[22] Vgl. Riste, *The Neutral Ally*, S. 236.

[23] Mengenangaben über die aus den neutralen Nachbarländern und aus den besetzten Gebieten eingeführten Lebensmittelmengen enthält H. Loewenfeld-Russ, *Die Regelung der Volksernährung im Kriege.* Hölder-Pichler-Tempsky, Wien 1926, S. 361–403.

Einfuhrüberschüsse der Mittelmächte fanden auch ihre Beschränkung nicht nur in der alliierten Blockade, sondern ebenso in der Kreditbereitschaft der Neutralen. Wie es scheint, hat Deutschland seinen Kreditspielraum im neutralen Ausland mit der Finanzierung der tatsächlichen Einfuhrüberschüsse weitgehend ausgeschöpft. Für eine nennenswerte Steigerung des Importsaldos standen weder entsprechend große Goldreserven

Tabelle 6. Deutsches Reich: Außenhandel 1913–1918 (Mrd. Goldmark).

	Außenhandel in lfd. Preisen			Außenhandel in Goldmark			Goldmark-Index (1913=100)	
	Import	Export	Saldo	Import	Export	Saldo	Imp.	Exp.
1913	10,8	10,1	0,7	10,8	10,1	0,7	100	100
Jan.–Juli 1914	6,4	6,0	0,4	6,4	6,0	0,4	79	74
Aug.–Dez 1914	2,1	1,4	0,7	2,1	1,5	0,6		
1915	7,1	3,1	4,1	5,9	2,5	3,4	55	25
1916	8,4	3,8	4,5	6,4	2,9	3,5	59	29
1917	7,1	3,5	3,6	4,2	2,0	2,2	39	20
1918	7,1	4,7	2,4	4,2	2,8	1,4	39	28
Aug. 1914 bis Dez. 1918	31,8	16,5	15,3	22,8	11,7	11,1	—	—

Quelle: Außenhandel 1913 (Warenhandel) nach W. Hoffmann, F. Grumbach, H. Hesse, *Das Wachstum der deutschen Wirtschaft seit der Mitte des 19. Jahrhunderts*. Springer, Berlin/Heidelberg/New York 1965, S. 817. Außenhandel 1914–1918 nach Kleine-Natrop, *Devisenpolitik in Deutschland vor dem Kriege und in der Kriegs- und Nachkriegszeit*. Preiss, Berlin 1922, S. 11.

oder leicht liquidierbare Auslandsanlagen zur Verfügung, noch dürften die neutralen Geschäftsleute und Regierungen zu einer wesentlich höheren Kreditgewährung bereit gewesen sein[24].

[24] Vgl. aus deutscher Sicht Kleine-Natrop, *Devisenpolitik*. Die neutralen Geld- und Kapitalmärkte waren mit Mark- und Valutaforderungen gegenüber Deutschland

Die Blockade hat die Kriegswirtschaftspolitik der Mittelmächte vor einige Probleme gestellt, und die notwendigen Anpassungsprozesse haben die Wirtschaft der Mittelmächte, insbesondere Deutschlands, belastet. Aber der enorme wirtschaftliche Niedergang der Mittelmächte von 1914 bis 1918 lag weniger an der Blockade, als vielmehr an der Überforderung der Wirtschaft durch den Krieg. Die Blockade hat auch die Wirtschaft der europäischen Neutralen erheblich getroffen; trotz der anfänglichen Kriegskonjunktur und der hohen Profite vor allem für Schiffahrt und Handel waren die wirtschaftlichen Konsequenzen des Krieges für die europäischen Neutralen eindeutig negativ.

offensichtlich ziemlich überfüttert; in Schweden wurden z. B. verschiedene Maßnahmen diskutiert und ausprobiert, um den hohen Kapitalimporten zu begegnen. Vgl. zu Skandinavien: Westergaard (Hrsg.), *Sweden, Norway, Denmark and Iceland in the World War*. Zu Holland: G. Vissering und J. Westerman Holstijn, *The Effect of the War upon Banking and Currency*. In: H. B. Greven (Hrsg.), *The Netherlands and the World War. Studies in the War History of a Neutral*. Bd. 4. Yale UP, New Haven 1928.

3. Kapitel
Der Handelskrieg mit U-Booten

In der deutschen Seekriegsplanung vor 1914 spielte der Handelskrieg nur eine untergeordnete Rolle[1]. Der Großadmiral Tirpitz erwähnte in einer Denkschrift von 1907 den Handelskrieg als eine mögliche Vergeltungsmaßnahme gegen eine englische Fernblockade, aber eine entsprechende Planung wurde nicht ausgearbeitet. Im Winter 1913/14 wurde der Handelskrieg mit Auslandskreuzern und Hilfskreuzern als Admiralstabsaufgabe bearbeitet. Die Studie stellte die Aussichten, England durch einen Handelskrieg empfindlich zu treffen, als recht günstig hin, beruhte aber auf unsicheren statistischen Angaben und vernachlässigte vor allem das Nachschubproblem der im Handelskrieg einzusetzenden Einheiten. Seit Anfang 1914 wurde von U-Boot-Offizieren die Auffassung vertreten, daß der Handelskrieg die geeignetste Kriegsaufgabe für die neue U-Boot-Waffe sei. Die technischen Voraussetzungen waren dafür gegeben, seit ab 1910 hochseefähige U-Boote in Dienst gestellt wurden; die älteren Boote waren nur für Operationen in Küstennähe geeignet. Im Juni 1914 wurde Tirpitz ein Vorschlag über den Handelskrieg mit U-Booten unterbreitet, der aber keine weiteren Maßnahmen nach sich zog.

Nach Kriegsausbruch stellte sich bald heraus, daß die Mit-

[1] Vgl. zur Vorkriegsplanung, und allgemein zum U-Boot-Krieg aus deutscher Sicht: A. Spindler, *Der Handelskrieg mit U-Booten (Der Krieg zur See 1914–1918, hrsg. vom Marine-Archiv)*. 5 Bde., Mittler, Berlin/Frankfurt 1932–66; ferner B. Stegemann, *Die deutsche Marinepolitik 1916–1918*. Duncker & Humblot, Berlin 1970. – Aus britischer Sicht liegen umfangreiche offizielle Darstellungen vor im Rahmen der *History of the Great War, by Direction of the Historical Section of the Committee of Imperial Defence:* C. E. Fayle, *Seaborne Trade*. 3 Bde. Murray, London 1920–24; A. Hurd, *The Merchant Navy*. 3 Bde. Murray, London 1921–29; H. Newbolt, *Naval Operations*. Bd. 4 u. 5. Longmans, London 1928–31; ferner in der von der Carnegie-Stiftung herausgegebenen Wirtschafts- und Sozialgeschichte des Weltkrieges: C. E. Fayle, *The War and the Shipping Industry*. Oxford UP 1927; J. A. Salter, *Allied Shipping Control. An Experiment in International Administration*. Clarendon Press, Oxford 1921. Die offizielle französische Darstellung ist A. Laurens, *La guerre sousmarine* (Travaux du service historique de l'Etat-Major de la Marine). Vervielfältigtes Manuskript, o. O., o. J. (zugänglich u. a. in der Bibliothèque d'Histoire Contemporaire, Paris-Nanterre). Veröffentlicht hat der gleiche Verfasser: *Le blocus et la guerre sous-marine, 1914–1918*. Colin, Paris 1924; *Histoire de la guerre sous-marine allemande (1914–1918)*. Société d'Editions Géographiques, Maritimes et Coloniales, Paris 1930.

telmächte einen wirksamen Handelskrieg mit Überwasserstreitkräften tatsächlich nicht führen konnten wegen der alliierten Seeüberlegenheit und der fehlenden logistischen Basis. Die Aktionen der wenigen deutschen Auslandskreuzer und Hilfskreuzer waren wirtschaftlich nicht relevant. Dafür bekam aber der Gedanke eines Handelskrieges mit U-Booten allgemeinen Auftrieb, als im September 1914 zwei deutsche U-Boote überraschend einige englische Kriegsschiffe versenkten; diese unerwarteten Erfolge führten zu einer beträchtlichen Überschätzung der U-Boot-Flotte bei offiziellen Stellen und in der Öffentlichkeit. Im allgemeinen konnten die U-Boote, nachdem der Überraschungseffekt vorbei war, wegen ihrer geringen Geschwindigkeit gegen feindliche Kriegsschiffe wenig ausrichten. Stattdessen begannen ab Oktober 1914 einzelne U-Boot-Kommandanten, zum Teil aus eigenem Entschluß, mit Angriffen auf Handelsschiffe. Soweit als möglich versuchten sie, sich an die Regeln der Londoner Deklaration zu halten. Gleichzeitig mit diesen improvisierten Anfängen begann die grundsätzliche Diskussion um den Handelskrieg mit U-Booten auf höchster Ebene innerhalb der deutschen Führungsspitze.

Der U-Boot-Krieg gegen Handelsschiffe stellte eine völlig neue Form des Seekriegs dar und war daher unter die bestehenden völkerrechtlichen Regeln schwer zu subsumieren. Eine strikte Befolgung der Regeln der Londoner Deklaration war kaum möglich. Das U-Boot konnte weder beschlagnahmte Konterbande an Bord nehmen noch aufgegriffene Schiffe in einen Hafen abführen. Im U-Boot-Krieg mußte die Versenkung von Handelsschiffen, die nach der Londoner Deklaration und auch nach der deutschen Prisenordnung für den Handelskrieg nur ausnahmsweise gestattet war, zur Regel werden; überdies waren die U-Boote nicht in der Lage, die Besatzungen versenkter Schiffe zu übernehmen. Der U-Boot-Krieg »nach Prisenordnung« bedeutete daher schon ein sehr abgekürztes Verfahren; er reduzierte sich darauf, daß der U-Boot-Kommandant sich durch Prisenkommandos der Nationalität eines angehaltenen Schiffes und der feindlichen Bestimmung der Waren vergewisserte und im Falle einer Versenkung der Besatzung Gelegenheit gab, in die Rettungsboote zu flüchten. Dabei setzte sich das aufgetauchte U-Boot immer noch der Gefahr aus, vom Gegner gerammt oder mit überlegener Feuerkraft angegriffen zu werden. Dieses »abgekürzte« Verfahren in Anlehnung an die Prisenordnung wurde aber, wie die Erfahrung später zeigte, von den Alliierten und Neutralen noch als völkerrechtlich zulässig akzeptiert.

Im Unterschied dazu vertrat die Marineleitung seit November 1914 das Konzept des »warnungslosen«, des »unbeschränkten« U-Boot-Kriegs. Danach sollte innerhalb einer breiten Sperrzone vor den britischen und französischen Küsten jedes Schiff, gleich welcher Nationalität, ohne Warnung angegriffen und versenkt werden. Dieses Verfahren stand klar im Gegensatz zum geltenden Völkerrecht. Das gleiche galt allerdings auch für die »unbeschränkte« Blockade der Mittelmächte durch die Alliierten vom März 1915 an, und in Deutschland war es im und nach dem Krieg üblich, Blockade und U-Boot-Krieg völkerrechtlich gegeneinander aufzurechnen. Aber außerhalb Deutschlands sah alle Welt doch einen beträchtlichen Unterschied zwischen der Beschlagnahme von Waren und der warnungslosen Versenkung von Schiffen mit wehrlosen Besatzungen und Passagieren.

Bei der Auseinandersetzung innerhalb Deutschlands, die im wesentlichen eine Auseinandersetzung zwischen militärischer und politischer Führung war, ging es nicht um die völkerrechtliche Zulässigkeit. Die zivilen Stellen haben ebenso wie die Militärs den unbeschränkten U-Boot-Krieg stets als zulässige Vergeltungsmaßnahme gegen vorangegangene alliierte Verletzungen des Seekriegsrechts interpretiert; der parlamentarische Untersuchungsausschuß der Weimarer Nationalversammlung schloß sich später dieser Interpretation an[2]. Die Regierung befürchtete aber, daß der unbeschränkte U-Boot-Krieg die Neutralen, insbesondere die USA, zu Reaktionen gegen die Mittelmächte veranlassen werde, und hielt diese Nachteile zeitweilig für größer als die eventuellen Vorteile. Es war also stets, wenn man so will, eine »technokratische« Diskussion um die Erfolgsaussichten des U-Boot-Krieges einerseits, das Risiko und die Bedeutung von Nachteilen bis hin zum Kriegseintritt der USA andererseits. Darüber hinaus gilt aber die Auseinandersetzung um den unbeschränkten U-Boot-Krieg als ein Modellfall für das politische Kräfteverhältnis im Deutschen Reich[3]. Unter politischem Aspekt kann man drei »U-Boot-

[2] Vgl. Spindler, *Der Handelskrieg*. Bd. 1, S. 42ff.; ferner *Völkerrecht im Weltkrieg 1914–1918. Dritte Reihe im Werk des Parlamentarischen Untersuchungsausschusses*. 4 Bde. Deutsche Verlagsgesellschaft für Politik und Geschichte, Berlin 1927.

[3] Vgl. G. Ritter, *Staatskunst und Kriegshandwerk. Das Problem des Militarismus in Deutschland*. 4 Bde. Oldenbourg, München 1960–68. Bd. 3, S. 145; B. Kaulisch, *Die*

Krisen« unterscheiden, die 1914/15, 1915/16 und 1916/17, jeweils im Winter, entstanden. Unter wirtschaftlichem Aspekt wird der U-Boot-Krieg eigentlich erst nach der dritten »U-Boot-Krise«, ab Februar 1917, interessant; aber die Entwicklung bis dahin kurz zu verfolgen, kann dem besseren Verständnis dieser Periode, in der der U-Boot-Krieg erstmals zur Blockade wurde, dienen.

Die treibende Kraft für den unbeschränkten U-Boot-Krieg war seit November 1914 der Admiralstabschef Pohl. Innerhalb der Marineleitung waren die Meinungen zunächst geteilt. Der Admiralstab nahm, im Gegensatz zu seinem Chef, eine abwartende Haltung ein; er empfahl der Regierung, den unbeschränkten U-Boot-Krieg erst zu beginnen, wenn überzeugende Erfolge im Landkrieg erreicht wären; die Stellung gegenüber den Neutralen würde dann stärker sein. Tirpitz warnte ebenfalls vor einer Eröffnung des unbeschränkten U-Boot-Krieges, weil die verfügbaren Kräfte zu gering seien für einen entscheidenden Schlag; den Anspruch, man könne zu diesem Zeitpunkt eine wirksame U-Boot-Blockade über England verhängen, bezeichnete er als Bluff. Im Januar 1915 änderte sich die Konstellation, weil der Admiralstab sich nunmehr hinter Pohl stellte und Tirpitz, wenn er weiterhin Bedenken hatte, diese jedenfalls nicht mehr äußerte. Die Regierung sah sich nunmehr einer entschlossenen Marineleitung gegenüber, die ihrer Forderung mit übertriebenen Angaben über die Wirksamkeit des U-Boot-Krieges Nachdruck verlieh. Die Marineleitung selbst stand offenbar unter dem Eindruck, daß die Zeit nunmehr dränge, weil im Februar die Verschiffung der argentinischen Weizenernte nach England begann. Die Oberste Heeresleitung, vorher eher skeptisch, erklärte sich jetzt auch für den unbeschränkten U-Boot-Krieg, zumal Admiralstabschef Pohl versicherte, die U-Boote könnten die alliierten militärischen Transporte im Kanal nachhaltig stören. Außerdem gab es noch, nach entsprechender propagandistischer Vorbereitung, den Druck der »öffentlichen Meinung« für den U-Boot-Krieg. In der entscheidenden Besprechung am 1. Februar 1915 gab daher der Reichskanzler sein Einverständnis zum unbeschränkten U-Boot-Krieg.

Am 4. Februar 1915 erklärte die deutsche Regierung die Ge-

Auseinandersetzung über den uneingeschränkten U-Boot-Krieg innerhalb der herrschenden Klassen im zweiten Halbjahr 1916 und seine Eröffnung im Februar 1917. In: F. Klein (Hrsg.), *Politik im Krieg 1914–1918.* Akademie-Verlag, Berlin 1964.

wässer um Großbritannien und Irland einschließlich des Kanals zum Kriegsgebiet, kündigte die warnungslose Versenkung aller dort nach dem 18. Februar befindlichen feindlichen Handelsschiffe an und wies auf die Gefahren hin, die auch der neutralen Schiffahrt durch Verwechslungen und andere Zufälligkeiten drohten. Die Proklamation wurde notdürftig als Vergeltung gegen völkerrechtswidrige Aktionen der Alliierten – die Erklärung der Nordsee zum Kriegsgebiet im November 1914 – gerechtfertigt. Ein Vermittlungsvorschlag der USA vom 20. Februar 1915, nach dem Deutschland auf den unbeschränkten U-Boot-Krieg verzichten und Großbritannien dafür die Einfuhr von Lebensmitteln für die deutsche Zivilbevölkerung unter amerikanischer Kontrolle zulassen sollte, wurde von beiden Kriegsparteien abgelehnt[4]. Die deutsche Regierung forderte die unbeschränkte Zufuhr nicht nur von Lebensmitteln, sondern auch von sämtlichen industriellen Rohstoffen, also eine völlige Aufhebung der alliierten Blockade. Auf der anderen Seite waren die Alliierten gerade dabei, die Blockade als kriegsentscheidende Waffe zu entdecken und auszubauen, und schätzten die U-Boot-Gefahr offensichtlich geringer ein – zum damaligen Zeitpunkt nicht zu Unrecht.

Diese erste U-Boot-Kampagne gilt, ganz abgesehen von moralischen Bedenken, allgemein als großer Mißerfolg. Taktisch war das nicht unbedingt der Fall: Die Verluste der alliierten und neutralen Schiffahrt durch Kriegseinwirkung stiegen von durchschnittlich 61 000 BRT monatlich in den ersten sechs Kriegsmonaten auf nahezu das Doppelte (116 000 BRT) im Durchschnitt der sechs Monate März bis August 1915[5]. Aber die Erwartung, die britische Wirtschaft dadurch empfindlich zu schädigen, erwies sich als Illusion. Weder wurde die zivile Versorgung Englands beeinträchtigt, noch gar die Rüstungsproduktion, die überhaupt erst im Sommer 1915 in großem Stil begann.

Im Grunde waren die Erwartungen der deutschen Führung schon deshalb zu hoch, weil die Kampagne mit bescheidenen Mitteln eröffnet wurde. Am 10. Februar 1915 verfügte die Marine über insgesamt 27 U-Boote. Der größere Teil davon waren ältere, nur für das Küstengebiet taugliche Boote; bei

[4] Vgl. Ritter, *Staatskunst*, Bd. 3, S. 157f., und M. C. Siney, *The Allied Blockade of Germany, 1914–1916*. University of Michigan Press, Ann Arbor 1957, S. 65.

[5] Versenkungsziffern, auch im Folgenden, nach Salter, *Allied Shipping Control*, S. 355ff.

den hochseetüchtigen Booten waren Reparaturzeiten und die langen An- und Abmarschwege – rund zwei Drittel der normalen Einsatzdauer von 17 Tagen – in Rechnung zu stellen. Im Durchschnitt konnten nur drei »Blockadestationen« vor der englischen Westküste mit jeweils einem U-Boot aufrechterhalten werden. An eine wirksame Blockade der Küste oder auch nur einzelner Häfen hat anscheinend auch die Marineleitung nicht gedacht, obwohl sie offenbar die Schlagkraft der U-Boote selbst überschätzte und erst recht bei der Regierung und in der Öffentlichkeit ganz irrige Vorstellungen erweckte. Man hat aber erwartet, daß schon einzelne spektakuläre Versenkungen eine »Schockwirkung« erzielen und dadurch die Neutralen vom Handelsverkehr mit England abhalten würden, was sich dann als Fehlspekulation erwies.

International hatte die erste U-Boot-Kampagne unerwartet große Konsequenzen. Die Alliierten antworteten unverzüglich mit einer verschärften Blockade der Mittelmächte. Vermutlich wollten die Alliierten die Blockade ohnehin verschärfen, aber die U-Boot-Kampagne bot einen günstigen Anlaß, diese Maßnahme als Vergeltung zu deklarieren. Vor allem aber hatte die deutsche Führung den Widerstand der Neutralen unterschätzt; die USA reagierten besonders scharf. Höhepunkt des Konflikts war die warnungslose Versenkung des britischen Passagierdampfers »Lusitania« am 7. Mai 1915, bei der über tausend Menschen, darunter auch viele amerikanische Staatsbürger, umkamen. Der Angriff war keineswegs ein Versehen, im Gegenteil: Die Marineleitung versprach sich von der Versenkung von Passagierdampfern eine besondere Abschreckungswirkung, und die deutsche Presse feierte die Lusitania-Katastrophe als »Erfolg«. Erst die Welle der Empörung in den USA veranlaßte die Regierung, die Marineleitung zu einer Mäßigung des U-Boot-Krieges zu drängen, um den offenen Bruch mit den USA zu vermeiden. Nachdem bei der Versenkung der »Arabic« am 19. August 1915 wieder amerikanische Staatsbürger ums Leben kamen, wurden warnungslose Angriffe auf Passagierdampfer ausdrücklich untersagt. Im September 1915 wurde der U-Boot-Krieg auf einen Handelskrieg »nach Prisenordnung« eingeschränkt und die Operationen an der britischen Westküste ganz eingestellt.

Der diplomatische Konflikt mit den USA war damit zunächst beigelegt, keineswegs aber der Streit innerhalb der deutschen Führung. Die Marineleitung hatte notgedrungen den Politikern nachgegeben, hielt den unbeschränkten U-Boot-Krieg aber weiterhin für zweckmäßig. Die nächste politische U-Boot-Krise im Winter 1915/16 kam daher fast zwangsläufig, nachdem die Oberste Heeresleitung den unbeschränkten U-Boot-Krieg zur Unterstützung der geplanten Verdun-Offensive verlangte. Mit Zustimmung des Kaisers, aber unter Umgehung des Kanzlers eröffnete die Marine am 12. Februar 1916 einen »verschärften« U-Boot-Krieg, der sich formell nur gegen die bewaffneten Handelsschiffe der Alliierten richtete, aber in der Praxis kaum vom »unbeschränkten« U-Boot-Krieg zu unterscheiden war. Die Versenkungsziffern stiegen im April 1916 auf 183 000 BRT, gegenüber 120 000 BRT im Durchschnitt der fünf Monate des beschränkten U-Boot-Krieges vom September 1915 bis Januar 1916; diese Steigerung ist aber weniger auf die warnungslosen Versenkungen zurückzuführen als vielmehr darauf, daß die Marineleitung den U-Boot-Krieg jetzt allgemein intensivierte. Infolge der warnungslosen Versenkungen gab es jedoch wieder jene »Zwischenfälle«, darunter die Torpedierung des französischen Passagierdampfers »Sussex«, die den Konflikt mit den USA neu aufflammen ließen. Vor dem offenen Bruch mit den USA scheute der Kaiser, bedrängt von der politischen Führung, auch dieses Mal zurück; im Mai 1916 wurden die warnungslosen Versenkungen aufgegeben, gleichzeitig reduzierte die Marine auch den beschränkten U-Boot-Krieg.

Mit der Einsetzung der Dritten Obersten Heeresleitung Hindenburg-Ludendorff im August 1916 verschob sich die Entscheidung über den U-Boot-Krieg endgültig zugunsten der Militärs. Im Oktober 1916 intensivierte die Marineleitung den beschränkten U-Boot-Krieg »nach Prisenordnung«. Das galt als rein militärische Maßnahme, bei der die Reichsregierung nicht konsultiert zu werden brauchte, die also außerhalb des Streites um die »warnungslosen« Versenkungen lag. Die verstärkte Aktivität im beschränkten U-Boot-Krieg genügte schon, um die monatlichen Versenkungsziffern auf über 300 000 BRT steigen zu lassen, eine vorher nie erreichte Höhe. Die U-Boot-Gefahr löste jetzt in England erstmals ernste Besorgnis aus. Diese taktischen Erfolge der U-Boote und die relativ günstige politische Situation der Mittelmächte nach der Niederlage Rumäniens veranlaßten die deutschen Militärs dann im Dezember 1916, erneut die Wiederaufnahme der warnungslosen Versenkungen zu fordern. Im Januar 1917 wurde im kaiserlichen Hauptquartier beschlossen, den unbeschränkten U-Boot-Krieg zum 1. Februar 1917 zu eröffnen. Man kann die Entscheidung freilich nicht allein den Militärs zuschreiben; der Reichskanzler hat sie schließlich gebilligt, und sie fand weite Unterstützung in Wirtschaftskreisen.

Der Entschluß beruhte auf einer Denkschrift der Marineleitung vom Dezember 1916. Darin wurde als erreichbare Versenkungsziffer, wie schon in der zweiten »U-Boot-Krise« Anfang 1916, 600000 BRT monatlich angenommen. Bei solchen Verlusten würde nach Auffassung des Admiralstabes, der sich dabei auf Gutachten aus der Wirtschaft stützte, die wirtschaftliche Situation Großbritanniens binnen fünf Monaten unhaltbar und die britische Regierung dadurch zum Frieden gezwungen werden. Wörtlich hieß es in der Denkschrift des Admiralstabschefs Holtzendorff: »Ich stehe nicht an zu erklären, daß wir, wie die Verhältnisse jetzt liegen, mit uneingeschränktem U-Boot-Krieg in fünf Monaten England zum Frieden zwingen können.«[6] Wirksame Abwehrmöglichkeiten gegen die U-Boote gab es nach Ansicht des Admiralstabes nicht. Insbesondere galt das Konvoi-System, bei dem Handelsschiffe durch Zerstörer oder andere Kriegsschiffe eskortiert wurden, aus marinetechnischen und wirtschaftlichen Gründen für nicht durchführbar; wie man noch sehen wird, befanden die deutschen Seelords sich mit dieser Meinung in bemerkenswerter Übereinstimmung mit ihren britischen Kollegen. Die Denkschrift ging auch auf die voraussichtlichen militärischen und wirtschaftlichen Folgen eines Kriegseintritts der USA ein, versuchte aber, diese zu bagatellisieren. Es wurde unterstellt, daß der Mangel an Frachtraum sowohl eine Erhöhung der amerikanischen Lieferungen an Kriegsmaterial ausschließen als auch die Entsendung eines amerikanischen Heeres verhindern würde.

Anfang Februar 1917 wurde der unbeschränkte U-Boot-Krieg mit einer Flotte von 110 U-Booten eröffnet. Die erwarteten Versenkungsziffern wurden bald erreicht und übertroffen: Im April 1917 verloren die Alliierten und Neutralen 866000 BRT, davon Großbritannien samt Empire allein 526000 BRT. Eines von je vier Schiffen, die das Vereinigte Königreich in diesem Monat nach einem überseeischen Bestimmungshafen verließen, kehrte nicht zurück. Nicht wenige Stimmen in England erwarteten eine Niederlage in wenigen Monaten, wenn nicht bald eine wirksame Gegenwehr gefunden

[6] Zit. nach B. Kaulisch, *Die Auseinandersetzung*, S. 111.

würde. Nach einem Gutachten vom April 1917 würde der unbeschränkte U-Boot-Krieg bei anhaltenden Versenkungsziffern die britische Handelsflotte bis Ende des Jahres von rund 8,4 Mio. BRT auf 4,8 Mio. BRT reduzieren. Die Transportkapazität dieser verbleibenden Restflotte wurde auf 1,6 bis 2,0 Mio. t monatlich geschätzt, und davon würden allein 1,4 Mio. t für die Lebensmittelversorgung benötigt[7]. Die Lage mußte um so düsterer erscheinen, als die Marineexperten sich ratlos zeigten. Admiral Jellicoe, der Ende 1916 an die Spitze der Admiralität geholt worden war mit dem expliziten Auftrag, die U-Boot-Gefahr abzuwenden, wußte keine Gegenwehr. Trotzdem waren die Alliierten nach fünf Monaten, am 1. Juli 1917, noch im Krieg, und etwas mehr als ein Jahr später hatten sie ihn gewonnen.

Zur Abwehr der U-Boot-Gefahr haben mehrere Maßnahmen beigetragen. Unmittelbare Gegenmaßnahmen waren das Konvoi-System, um die Verluste zu reduzieren, und die verstärkte Schiffsbauaktivität, um die Lücken zu schließen. Daneben aber gab es wirtschaftliche Gegenmaßnahmen von weitreichender Wirkung, von der zentralen Bewirtschaftung der verfügbaren alliierten und neutralen Handelsschiffahrt über die Bewirtschaftung der Importe bis zu einer völligen Umstrukturierung von Produktion und Verbrauch im Inland. Unterstützt wurden die Maßnahmen gegen den unbeschränkten U-Boot-Krieg durch den neuen Verbündeten: Die USA brachen im Februar 1917 die diplomatischen Beziehungen zum Deutschen Reich ab und traten im April in den Krieg ein.

1. Die Geschichte von der Einführung des Konvoi-Systems liest sich seltsam, weil diese Methode, die im Prinzip ja eine altehrwürdige Tradition in der Marinegeschichte hatte und die sich schließlich als die einzig wirksame Abwehr gegen U-Boot-Angriffe erwies, von der Marineleitung lange abgelehnt wurde[8]. Es hieß, daß die Seestreitkräfte zur Eskortierung nicht ausreichen würden, daß Handelsschiffskapitäne nicht in der Lage seien, im geschlossenen Verband zu manövrieren, daß das System schließlich auch unwirtschaftlich sei, weil der ganze Konvoi sich nach dem langsamsten Schiff richten müsse – Argumente, die nicht ganz unlogisch waren, die aber durch die Erfahrung widerlegt wurden. Propagiert wurde das Konvoi-

[7] Newbolt, *Naval Operations*. Bd. 4, S. 385.

[8] Vgl. H. Newbolt, *Naval Operations*. Bd. 4 u. 5; D. Lloyd George, *War Memoirs*. 6 Bde. Nicholson & Watson, London 1933–36. Bd. 3.

System seit Ende 1916 von jüngeren Seeoffizieren, zu denen später auch die »Technokraten« des neu eingerichteten Schiffahrtsministeriums stießen, und von einigen Politikern, insbesondere Lloyd George, der seinen ganzen Einfluß dafür einsetzte. Ab Februar 1917 wurden die Kohletransporte nach Frankreich eskortiert in sogenannten »controlled sailings«, und dieses Experiment erwies sich als voller Erfolg. Von insgesamt rund 4000 Schiffen, die in den drei Monaten März, April und Mai 1917 über den Kanal eskortiert wurden, gingen nur neun verloren. Im April 1917, auf dem Höhepunkt des U-Boot-Krieges, wurde der Admiralität die versuchsweise Einführung des Konvoi-Systems über längere Entfernungen förmlich aufgezwungen. Im Mai 1917 kamen die ersten überseeischen Geleitzüge von Gibraltar mit 16 Schiffen und von Hampton Roads (USA) mit 12 Schiffen. Die Zahl der Geleitzüge nahm schnell zu, und ab August fuhren auch die auslaufenden Schiffe regelmäßig im Konvoi. Bei Beginn des U-Boot-Krieges ging eines von zehn Schiffen, die nach oder von England unterwegs waren, verloren, im April 1917 sogar eines von vier Schiffen; nach Einführung des Konvoi-Systems sanken die Verluste unter 1 Prozent. Die absoluten Verluste der alliierten und neutralen Handelsschiffahrt sanken von durchschnittlich 630000 BRT monatlich in den ersten sechs Monaten des unbeschränkten U-Boot-Krieges auf durchschnittlich 296000 BRT monatlich in den fünfzehn Monaten August 1917 bis Oktober 1918. Die Schiffahrt war also keineswegs sicher; aber die Verluste waren auf ein wirtschaftlich tragbares Maß reduziert worden.

2. Parallel zu der Reduzierung der Verluste nahmen die alliierten und neutralen Neubauten von Schiffen beträchtlich zu. 1914 wurden in der ganzen Welt, ohne die Mittelmächte, monatlich im Durchschnitt 201 000 BRT Schiffsraum fertiggestellt, davon mehr als zwei Drittel in Großbritannien und den Dominions. In den ersten beiden Kriegsjahren ging die britische Produktion auf weniger als zwei Fünftel des Standes von 1914 zurück, offensichtlich wegen der kriegsbedingten Beschränkung der Produktionskapazität, denn die Gewinnaussichten der Schiffahrt waren ausgezeichnet. In Reaktion auf den U-Boot-Krieg wurde der Schiffbau dann 1917 intensiv gefördert durch bevorzugte Stahlzuteilung, durch Zurückstellung der Werftarbeiter vom Militärdienst und durch rigorose Rationalisierung der Produktion; gegen Ende des Krieges wurden

76 Prozent der Neubauten als »Standardschiffe« nach einheitlichen Plänen gebaut. Die Neubauten erreichten daraufhin beinahe wieder den Stand von 1914, und in den letzten Monaten vor dem Waffenstillstand wurden die monatlichen Verluste der britischen Handelsmarine durch Neubauten überkompensiert. Den größten Beitrag zur Erweiterung der alliierten Handelsflotte leisteten aber die USA, die als stärkste Schiffbaunation aus dem Krieg hervorgingen. Im Jahre 1914 bauten die USA 17000 BRT monatlich, wenig mehr als ein Zehntel der britischen Produktion. Bis 1916 stieg infolge der großen Nachfrage nach Schiffsraum die durchschnittliche Monatsproduktion der USA auf 42000 BRT. Im gleichen Jahr wurde das staatliche Shipping Board eingerichtet, das den weiteren Ausbau der Handelsflotte fördern sollte; und nach dem Kriegseintritt der USA nahm das Schiffbauprogramm einen enormen Aufschwung. Der amerikanische Schiffbau konnte als neue Industrie konsequent alle Vorteile der Rationalisierung nutzen; Schiffe wurden nicht mehr »gebaut«, sondern aus standardisierten Fertigteilen »produziert«, die auf den Werften nur mehr zusammengesetzt zu werden brauchten. 1918 produzierten die USA 253000 BRT monatlich, mehr als die Hälfte der gesamten alliierten und neutralen Produktion. Im Jahre 1917 verloren die alliierten und neutralen Handelsflotten durch Kriegseinwirkung 6,1 Mio. BRT, und 2,9 Mio. BRT wurden neu gebaut.

Tabelle 7. Neubauten von Handelsschiffen (ab 100 BRT) im Krieg.

	Monatsdurchschnitt (1000 BRT)	Anteile			
		Großbritannien und Dominions		USA	
		1000 BRT	Prozent	1000 BRT	Prozent
1914	201	142	71	17	8
1915	99	55	56	15	15
1916	140	53	38	42	30
1917	243	102	42	83	34
1918	450	132	29	253	56

Quelle: J. A. Salter, *Allied Shipping Control. An Experiment in International Administration.* Clarendon Press, Oxford 1921, S. 361.

Tabelle 8. Vereinigtes Königreich: Handelsflotte und Außenhandel, 1913–1918.

	Handelsflotte (Mio. BRT)	Einfuhr (Mio. t)	Brit. Anteil an den einlaufenden Schiffen (Prozent)
1913	18,6	54,5	66
1914	19,1	46,4	67
1915	19,2	46,6	68
1916	18,2	44,3	67
1917	15,9	37,3	81
1918	15,7	35,2	85

Quelle: C. E. Fayle, *The War and the Shipping Industry*. Oxford University Press 1927, S. 415, 425. C. E. Fayle, *Seaborne Trade*. 3 Bde. Murray, London 1920–24. Bd. 3, S. 477. – Zur Handelsflotte sind hier nur Dampf- und Motorschiffe erfaßt. Die Anteile an den in britischen Häfen einlaufenden Schiffen beziehen sich nicht auf die Zahl, sondern auf die Tonnage.

1918 betrugen die Kriegsverluste 2,5 Mio. BRT, und 5,4 Mio. BRT wurden neu gebaut. Der Nettoverlust von 3,2 Mio. BRT war umgeschlagen in einen Nettozuwachs von 2,9 Mio. BRT.

3. Seit Kriegsausbruch requirierte die britische Admiralität Handelsschiffe für kriegswichtige Zwecke. Die Eigner wurden, soweit die Admiralität die Schiffe nicht überhaupt in eigenen Betrieb übernahm, nach festgesetzten Raten, den »blue book rates«, bezahlt, die zwar weit unter den schnell steigenden Frachtraten des freien Marktes lagen, den Eignern aber immer noch beträchtliche Profite ließen. Seit Ende 1915 wurden nach den »blue book rates« Schiffe für zivile Getreideimporte requiriert. Zunächst war das Ziel der Intervention aber noch nicht die Bewirtschaftung des gesamten Schiffsraumes nach kriegswirtschaftlichen Prioritäten, sondern nur eine Kontrolle der Frachtraten, deren starker Anstieg die Importe, besonders Lebensmittel, verteuerte und in der Öffentlichkeit Unmut über die enormen Profite der Schiffseigner weckte. Die einfachen statistischen Fakten waren, nach Stamp, daß Schiffe im Wert von 200 Mio. Pfund im Jahre 1913 20 Mio. Pfund Gewinn einbrachten, und 1916 250 Mio. Pfund; der Mann auf der Straße

fragte sich, wer diese Frachten wohl bezahlte[9]. Gegen Ende des Jahres 1916 ging es dann nicht mehr allein um eine Kontrolle der Frachtraten für wichtige Importe, sondern die wirtschaftliche Lage wurde insgesamt bedrohlich, unter anderem durch die schlechte Ernte von 1916 und durch die steigenden Verluste im U-Boot-Krieg nach Prisenordnung. Maßnahmen zur zentralen Bewirtschaftung wurden noch unter Asquith vorbereitet und nach dem Regierungswechsel alsbald durchgeführt: Lloyd George richtete im Dezember 1916 ein neues Schiffahrtsministerium ein, in dem vor allem das bisherige Transport Department der Admiralität aufging, und erklärte vor dem Parlament, die Schiffahrt werde »im wahren Sinne des Wortes nationalisiert werden«[10]. Der konkrete Inhalt blieb zunächst unklar, schon deshalb, weil Lord Maclay als Schiffahrtsminister bestellt wurde, ein führender Schiffseigner, der die positiven Wirkungen der marktwirtschaftlichen Organisation hervorhob. Am Ende reduzierte sich die Nationalisierung darauf, daß Anfang 1917 die Requisitionen nach den »blue book rates« auf die gesamte Schiffahrt ausgedehnt wurden. Das Hauptproblem bestand darin, daß seit Anfang 1917 allein der kriegswichtige Einfuhrbedarf der verschiedenen staatlichen Instanzen (Kriegsministerium, Rüstungsministerium, Board of Trade, und Ernährungsministerium) die verfügbare Transportkapazität überstieg, von der privaten Nachfrage ganz abgesehen. Die verschiedenen Bedarfsmeldungen wurden daher zunächst in einem gemeinsamen Komitee der betroffenen Instanzen (Tonnage Priority Committee) auf das verfügbare Transportvolumen reduziert, bevor das Schiffahrtsministerium die einzelnen Transporte organisierte. Wenn einzelne Schiffe nicht ganz ausgelastet waren, boten die Schiffahrtsgesellschaften den verbleibenden Frachtraum im Auftrage der Regierung auf dem freien Markt an. Insgesamt war die britische Handelsflotte 1917 ungefähr wie folgt zugeteilt[11]: 100 Schiffe als Hilfsschiffe und weitere 300 Schiffe als Transportschiffe für die Kriegsmarine (17 Prozent); 70 Schiffe für den Truppentransport und weitere 335 für den Nachschub der Landstreitkräfte (17 Prozent); 350 Schiffe für die Rohstoffimporte der Rüstungsindustrie (15 Prozent); 750 Schiffe für lebenswichtige zivile Importe (31 Pro-

[9] J. Stamp, *Taxation During the War*. Oxford UP, 1932, S. 120.

[10] Lloyd George, *War Memoirs*. Bd. 3, S. 1230. Ausführlich zur Schiffahrtskontrolle Fayle, *The War and the Shipping Industry*, S. 191–221.

[11] Salter, *Allied Shipping Control*, S. 77.

zent) und 500 Schiffe für die Verbündeten (21 Prozent). Trotz der eigenen Bedrängnis durch den U-Boot-Krieg mußte Großbritannien im Interesse der gemeinsamen Kriegsanstrengung den Verbündeten Transportraum überlassen. Dies geschah in den ersten Kriegsjahren in der Art einer informellen »Aushilfe«, überwiegend auf kommerzieller Basis. Erst Ende 1917 begann eine wirksame interalliierte Bewirtschaftung der Handelsschiffahrt und der Einfuhren; zu diesem Zeitpunkt war der U-Boot-Krieg schon entschieden. Tatsächlich ging es bei der interalliierten Administration in erster Linie nicht mehr um die Abwendung der U-Boot-Gefahr, sondern darum, den Transport des amerikanischen Heeres mit der Versorgung der Verbündeten abzustimmen.

4. Die Bewirtschaftung der Schiffahrt bedeutete zugleich eine Bewirtschaftung der Importe nach kriegswirtschaftlichen Kriterien. Im Jahre 1913 betrug die britische Einfuhr mengenmäßig 55 Mio. t; 1917 wurden 37 Mio. t eingeführt, das waren nurmehr zwei Drittel des Vorkriegsstandes[12]. Im einzelnen ging – jeweils gegenüber dem Vorkriegsstand – die Einfuhr von Lebensmitteln um 5,6 Mio. t oder 28 Prozent zurück, die Einfuhr von industriellen Rohstoffen und Fertigwaren, darunter auch Waffen und Munition, um 12,8 Mio. t oder 39 Prozent. 1918 ließ zwar die U-Boot-Gefahr nach, aber dafür beanspruchten die amerikanischen Truppen- und Nachschubtransporte erheblichen Schiffsraum. Die britische Einfuhr war daher 1918 im Durchschnitt nicht höher als 1917. Eine solche Reduktion mußte weitreichende Folgen haben für die Ernährung und die Industrieproduktion des Landes. Eine Krise war nur dadurch zu vermeiden, daß die Einfuhr strikt auf jene Waren beschränkt wurde, die für die Ernährung und die Rüstungsproduktion unmittelbar wichtig waren. Die Rationierung der Importe erfolgte durch die Zuteilung von Schiffsraum, wobei das bereits erwähnte Tonnage Priority Committee, in dem die verschiedenen Ministerien vertreten waren, die Prioritäten festsetzte. Die einzelnen Ministerien stellten jeweils für ihren Zuständigkeitsbereich Einfuhrprogramme auf und übernahmen dann auch die Verteilung der Importe; rund 90 Prozent der Einfuhr gingen durch diesen staatlichen Apparat. Besondere Bedeutung gewann dabei das Ende 1916 eingerichtete Ernährungsministerium, in dem die älteren, vorher selbständigen

[12] Salter, *Allied Shipping Control*, S. 352; C. E. Fayle, *Seaborne Trade*. 3 Bde. Murray, London 1920 24. Bd. 3, S. 477.

Bewirtschaftungsstellen für Zucker und für Getreide aufgingen. In den letzten Kriegsmonaten, ab März 1918, wurde eine interalliierte Organisation aufgebaut, die die Importprogramme der einzelnen Verbündeten koordinieren sollte. Wirksam wurde diese interalliierte Bewirtschaftung für Getreide, in den übrigen Bereichen wurde die Planung durch den Waffenstillstand überholt.

Nicht nur die einzelnen Einfuhrmengen wurden festgelegt, sondern es wurde auch der gesamte Außenhandel unter dem Gesichtspunkt möglichst kurzer Transportwege umstrukturiert. Daraus ergab sich eine Konzentration des Außenhandels auf den Nordatlantik: Die USA wurden der Hauptlieferant, ihr Anteil an der britischen Einfuhr stieg von 25 Prozent 1914 auf 43 Prozent 1917 und 49 Prozent 1918; dafür ging die Bedeutung der traditionellen Handelsverbindungen nach Australien, Ostasien und Südamerika zurück[13]. Tendenziell würde diese Verlagerung wohl in jedem Fall eingetreten sein, denn durch die enorm hohen Frachtraten mußte sich die Struktur des Welthandels gegenüber den Produktions- und Transportbedingungen der Vorkriegszeit zwangsläufig verändern; aber die staatliche Intervention hat den Prozeß beschleunigt.

Eine dritte Konsequenz der Importbewirtschaftung war der Rückgang der Ausfuhr, nicht weil die Exporte mit den Importen um Frachtraum konkurriert hätten, sondern weil die Rohstoffeinfuhr für die Exportindustrie gebremst wurde. Man sieht diese Entwicklung deutlich an der Baumwollindustrie, die in den ersten Kriegsjahren zu den kriegswichtigen Industrien zählte, weil sie wichtige Devisen hereinbrachte. Als dann der Transportraum insgesamt knapp wurde, schienen Kriegsmaterial und Lebensmittel wichtiger als Rohbaumwolle; gleichzeitig trat das Devisenproblem 1917 in den Hintergrund, weil die amerikanische Regierung die erforderlichen Dollarkredite gewährte. Der Verbrauch an Rohbaumwolle, der 1916 noch 90 Prozent des Vorkriegsstandes betrug, ging bis 1918 auf 68 Prozent des Vorkriegsstandes zurück. Der Export nahm zwar wertmäßig wegen der steigenden Preise zu, aber mengenmäßig ging er bis 1918 bei Baumwollgarn auf 49 Prozent, bei Baumwolltuch auf 52 Prozent des Vorkriegsstandes zurück[14]. Diese

[13] Fayle, *Seaborne Trade*, Bd. 3, Appendix. Ferner M. Olson, *The Economics of the Wartime Shortage. A History of British Food Supply in the Napoleonic War and in World Wars I and II*. Duke UP, Durham 1963, S. 87f.

[14] H. D. Henderson, *The Cotton Control Board*. Clarendon Press, Oxford 1922, S. 75.

bewußte Zurückstellung der Exporte hatte weitreichende wirtschaftliche Konsequenzen: Die britische Regierung finanzierte den zunehmenden Importüberschuß mit Auslandskrediten, deren Rückzahlung die Nachkriegsjahre belastete, und die britische Industrie verlor Exportmärkte, die nach dem Krieg schwer wieder zu gewinnen waren.

5. Eine Antwort auf den U-Boot-Krieg war schließlich auch die weitreichende Umstrukturierung der Volkswirtschaft. Einige Kontrollen waren schon unter der Regierung Asquith eingeleitet worden; die Regierung Lloyd George begann nach dem Regierungswechsel vom Dezember 1916 sofort damit, einen umfangreichen Apparat der Staatsintervention aufzubauen. Der U-Boot-Krieg hat die Dinge dann beschleunigt. Das wichtigste, unmittelbare Problem war die Verteilung der knappen Importe, die man nicht mehr dem Markt überlassen wollte und konnte. An erster Stelle ist die Lebensmittelbewirtschaftung zu nennen, die in wenigen Monaten nahezu alles erfaßte, was 40 Millionen Menschen zu essen und zu trinken hatten[15]. Aber es gab auch andere Bereiche; erwähnt wurde schon die Baumwollindustrie: Die Verfügbarkeit von Rohbaumwolle entschied über den Beschäftigungsgrad der Betriebe, damit über die Lage der Arbeiter und die Gewinne der Unternehmer. Auch diese Entscheidungen überließ man nicht dem Markt, sie wurde im Juni 1917 einem neuen, von Unternehmerverbänden, Gewerkschaften und Staat besetzten Cotton Control Board übertragen[16]. Ein anderes, weiterreichendes Problem war die Umstellung der Inlandsproduktion unter dem Gesichtspunkt, Importe einzusparen. Am eindrucksvollsten war die Umstellung in der Landwirtschaft: Binnen zweier Jahre, von 1916 bis 1918, wurden nahezu 3 Mio. Hektar Grasland zu Ackerland umgepflügt; das waren ungefähr drei Viertel der Ackerbaufläche, die in den fünfzig Jahren vor dem Krieg zugunsten von Grasland aufgegeben worden waren[17]. Die Produktion von Getreide und Kartoffeln stieg gegenüber dem Vorkriegsstand um 40 Prozent. Unter Berücksichtigung der Produktionseinbußen der Viehwirtschaft ergab sich, gemessen am Kaloriengehalt, immer noch eine Gesamtsteigerung der Lebensmittelproduktion um 24 Prozent. In der Industrie be-

[15] W. Beveridge, *British Food Control.* Oxford UP, 1928, S. 2.

[16] Vgl. Henderson, *The Cotton Control Board.*

[17] Vgl. T. H. Middleton, *Food Production in War.* Clarendon Press, Oxford 1923, S. 207–57; Olson, *The Economics of the Wartime Shortage*, S. 98ff.

deutete die Umstellung vor allem eine Einschränkung der Investitionstätigkeit.

Abschließend seien noch einmal Planung und Ergebnis der U-Boot-Blockade verglichen. Nach der Denkschrift des deutschen Admiralstabes vom Dezember 1916 sollte die britische Regierung durch den unbeschränkten U-Boot-Krieg binnen fünf Monaten zum Frieden gezwungen werden. Der Plan beruhte auf der Annahme, daß die deutschen U-Boote 600000 BRT monatlich versenken würden. Am Ende hat das Konvoi-System diese Versenkziffern unmöglich gemacht, aber innerhalb der vom Admiralstab gesetzten Frist haben die Versenkungsziffern die erwartete Höhe erreicht und sogar übertroffen; in den fünf Monaten vom Februar bis Juni 1917 einschließlich betrugen die Versenkungsziffern durchschnittlich 647000 BRT monatlich. Als im Juli 1917 die regelmäßigen Konvois eingerichtet wurden, sollte die Schlacht nach den deutschen Vorstellungen schon entschieden sein. Nicht erfüllt hat sich die Erwartung des Admiralstabes, neutrale und vielleicht auch alliierte Schiffseigner und Besatzungen würden aus Furcht vor den warnungslosen Versenkungen die gefährdeten Gebiete meiden; im Gegenteil: mehr als vorher wurden die alliierten und die verfügbaren neutralen Schiffe auf die gefährdeten Routen zur Versorgung Englands, Frankreichs und Italiens konzentriert. Der eigentliche Fehler der deutschen Führung lag also weniger in der marinetechnischen Planung, als in der Überschätzung der wirtschaftlichen Konsequenzen des U-Boot-Kriegs. Die Erwartung, eine Industrienation in wenigen Monaten »aushungern« zu können, war falsch; es drängt sich hier der Vergleich auf mit der alliierten Blockade der Mittelmächte, die ja bei den Alliierten auch regelmäßig überschätzt wurde. Ob der unbeschränkte U-Boot-Krieg kriegsentscheidend war oder, in der Formulierung Gerhard Ritters, »Deutschlands Schicksal entscheidend und endgültig zum Verderben gewendet hat«[18], ist eher eine politische als eine wirtschaftliche Frage. Die Behauptung beruht auf der Hypothese, daß die deutsche Niederlage an Amerikas Kriegseintritt, und dieser wiederum am unbeschränkten U-Boot-Krieg gelegen habe. Es wird demgegenüber aber auch die Meinung vertreten, die USA wären so oder so in den Krieg eingetreten, und wirtschaftlich war die Niederlage der Mittelmächte unabhängig vom amerikanischen Kriegseintritt natürlich schon im August 1914 entschieden.

[18] Ritter, *Staatskunst*, Bd. 3, S. 145.

Ein fundamentaler Irrtum sowohl bei der alliierten Blockade als auch beim deutschen U-Boot-Krieg war, daß man auf beiden Seiten die Abhängigkeit der Industrieländer vom Außenhandel überschätzt hatte. Man hatte in der Zunahme der weltwirtschaftlichen Verflechtung, wie sie vor 1914 zu beobachten war, eine notwendige Begleiterscheinung der Industrialisierung gesehen. Tatsächlich war aber nicht die Industrialisierung, sondern die liberal-kapitalistische Wirtschaftsverfassung der entscheidende Punkt. Es gehört zu den neuen Erfahrungen der Kriegs- und Nachkriegszeit, daß Industrieländer bei einer staatsmonopolistischen ebenso wie bei einer sozialistischen Wirtschaftsverfassung ziemlich autark sein können.

4. Kapitel
Rüstungspolitik

Das Ziel der Kriegswirtschaftspolitik hat Bertrand Russell sehr einprägsam gegenüber John Maynard Keynes formuliert, als dieser während des Ersten Weltkrieges eine Stelle im Schatzamt erhielt: »maximum slaughter at minimum expense«[1]. Technisch stellte sich die Kriegswirtschaftspolitik dar als ein Optimierungsproblem, bei dem es darum ging, die verfügbaren Ressourcen eines Landes möglichst geschickt auf die Streitkräfte, die Rüstungsindustrie, die Investitionsgüterproduktion und die Versorgung der Bevölkerung zu verteilen mit dem Endziel, dem Gegner möglichst großen Schaden zuzufügen. In den europäischen Kriegen des 19. Jahrhunderts wurde die Wirtschaft der kriegführenden Länder selten ganz mobilisiert, so daß man sich daran gewöhnte, Kriegswirtschaftspolitik weitgehend mit Kriegsfinanzpolitik zu identifizieren. Erst im Verlauf des Weltkrieges wurde (wieder) deutlich, daß es bei der wirtschaftlichen Kriegführung in der Hauptsache um reale Ressourcen ging, um Arbeitskräfte, Rohstoffe und Produktionskapazitäten.

Die Kriegsrüstung bedeutete in zweifacher Hinsicht eine Zerstörung der Weltwirtschaft. Die Rüstungsindustrie ist, nach der Formulierung von Kenneth Boulding, in erster Linie Bestandteil eines internationalen Droh- und Kampfsystems, im Unterschied zu allen anderen Industrien, die in einem internationalen Austausch stehen[2]. Jeder Faktoreinsatz in die Machtkonkurrenz war also ein Schritt weg von der Weltwirtschaft. Der europäische Krieg zehrte in einem vorher nicht dagewesenen Ausmaß an den Ressourcen der europäischen Industriemächte und höhlte damit zugleich die Weltwirtschaft aus, die in jener Zeit zu zwei Dritteln und mehr mit der europäischen Wirtschaft identifiziert werden konnte. Und noch in einem abstrakten Sinn zerstörte der Krieg die kapitalistische Weltwirtschaft, indem er nämlich ihre Existenzberechtigung sichtbar in Frage stellte. Die historische Rechtfertigung des

[1] Zit. nach W. K. Hancock, *Four Studies of War and Peace in this Century*. Cambridge UP 1961, S. 18.

[2] Vgl. K. Boulding, *The Role of the War Industry in International Conflict*. In: The Journal of Social Issues 23 (1967).

kapitalistischen Systems lag in der ungeheuren Entfaltung der Produktivkräfte, wie sie schon Marx und Engels im ›Manifest der Kommunistischen Partei‹ beschrieben haben[3]. Darin sahen Liberale wie z. B. Keynes auch die soziale Rechtfertigung des kapitalistischen Systems mit all seinen Ungleichheiten und Ungerechtigkeiten: Die Vermögenskonzentration war die Voraussetzung für eine schnelle Kapitalakkumulation, die letztlich wieder vielen zugute kommen mochte, weil der neue, höhere Stand der Produktivkräfte ein besseres Leben für alle ermöglichte. Der Weltkrieg, der die Früchte jahrelanger Akkumulation vernichtete, machte diese Argumentation zunichte. Er zeigte, daß die Produktionsverhältnisse, d. h. die gesellschaftlichen Bedingungen der Produktion, in Widerspruch gerieten zu den Produktivkräften. Dieser Effekt des Weltkrieges war nicht nur den sozialistischen Kritikern des Systems bewußt, sondern ebensosehr jenen nachdenklichen Liberalen, deren Sorge der langfristigen Stabilität des kapitalistischen Systems galt. Keynes brachte das sehr deutlich zum Ausdruck: »Es war keineswegs selbstverständlich, daß eine Bevölkerung, von der so wenige die Annehmlichkeiten des Lebens genießen konnten, so enorm akkumulierte. Der Krieg hat allen die Möglichkeit des Konsums vor Augen geführt, und vielen die Vergeblichkeit des Konsumverzichtes. So wurde der große Bluff entlarvt; die arbeitenden Klassen werden sich nicht mehr auf die Zukunft vertrösten lassen; die Wohlhabenden werden geneigt sein, ihre Konsummöglichkeiten ausgiebiger zu nutzen, so lange sie noch dauern, und mögen dadurch nur um so schneller die Stunde ihrer Enteignung herbeiführen.«[4]

Die Mittelmächte

Die deutsche Regierung hat den Krieg offenbar von langer Hand geplant und vorbereitet[5]. Trotzdem erwies sich die wirtschaftliche Kriegsbereitschaft, abgesehen von einigen vorbereiteten Währungsgesetzen, nach dem Kriegsausbruch als höchst unzureichend[6]. Die Probleme der wirtschaftlichen

[3] Vgl. K. Marx und F. Engels, *Manifest der Kommunistischen Partei*. In: *Werke*. Bd. 4. Dietz, Berlin 1969, S. 467.

[4] J. M. Keynes, *The Economic Consequences of the Peace*. In: *Collected Writings*. Vol. 2. Macmillan, London 1971, S. 13.

[5] Vgl. F. Fischer, *Krieg der Illusionen. Die deutsche Politik von 1911 bis 1914*. Droste, Düsseldorf 1969.

[6] Vgl. zur deutschen wirtschaftlichen Kriegsvorbereitung L. Burchardt, *Friedens-*

Kriegführung in einem Krieg mit »industriellem« Charakter waren nicht annähernd antizipiert worden. Für die konservative Kriegsvorbereitung lassen sich eine Reihe von Gründen finden, der wichtigste war wohl, daß man – übrigens nicht nur auf deutscher Seite – stets am Konzept eines kurzen Krieges festhielt. Nach Meinung des Generalstabchefs Schlieffen war ein längerer Krieg zwischen Industrienationen gar nicht vorstellbar, eine Auffassung, die er auch nach dem russisch-japanischen Krieg, der in mancher Hinsicht den zermürbenden Stellungskampf des Weltkrieges vorweg zeigt, nicht revidierte: »Hinten in der Mandschurei mag man monatelang in uneinnehmbaren Stellungen sich gegenüberliegen. Im westlichen Europa kann man sich den Luxus einer solchen Kriegführung nicht erlauben. Die Maschine mit ihren tausend Rädern, von der Millionen ihren Unterhalt finden, kann nicht lange stillstehen ... Wir müssen suchen, den Feind schnell niederzuwerfen und zu vernichten.«[7]

Nach seinem Rücktritt hat Schlieffen diesen Punkt noch einmal betont: »Solche Kriege (von langer Dauer, G. H.) sind aber zu einer Zeit unmöglich, wo die Existenz der Nation auf einen ununterbrochenen Fortgang des Handels und der Industrie begründet ist und durch eine rasche Entscheidung das zum Stillstand gebrachte Räderwerk wieder in Lauf gebracht werden muß. Eine Ermattungsstrategie läßt sich nicht treiben, wenn der Unterhalt von Millionen den Aufwand von Milliarden erfordert ...«[8] Schlieffens Konzept der schnellen Entscheidung hat die Vorstellungen über die voraussichtliche Kriegsdauer im Generalstab und in den zivilen Ressorts entscheidend beeinflußt. Von Schlieffens Nachfolger Moltke liegen verschiedene Stellungnahmen vor. Er scheint die Aussicht auf einen schnellen Sieg insgesamt weniger optimistisch beurteilt zu haben als sein Vorgänger und schloß jedenfalls die Möglichkeit eines »langen« Krieges von maximal zwei Jahren Dauer nicht ganz aus. Auch der Generalstab nahm 1914, vermutlich unter dem Einfluß von Moltke, zwei Jahre als maximale Kriegsdauer an; aber das war immer die äußerste, nicht die wahrscheinliche

wirtschaft und Kriegsvorsorge. Deutschlands wirtschaftliche Rüstungsbestrebungen vor 1914. Boldt, Boppard 1968.

[7] Zit. nach: Reichsarchiv (Hrsg.), *Kriegsrüstung und Kriegswirtschaft.* Erster Band: *Die militärische, wirtschaftliche und finanzielle Rüstung Deutschlands von der Reichsgründung bis zum Ausbruch des Weltkrieges.* Mittler, Berlin 1930, S. 327f.

[8] Zit. nach Reichsarchiv (Hrsg.), *Kriegsrüstung*, S. 328.

Kriegsdauer. Die zivilen Ressorts, und auch das preußische Kriegsministerium, nahmen bei ihren kriegswirtschaftlichen Überlegungen eine Kriegsdauer von neun Monaten an.

Unter dieser Prämisse gab es für eine kriegswirtschaftliche Planung, die die Mobilisierung großer Teile der Volkswirtschaft ins Auge gefaßt hätte, keine Veranlassung. Hinzu kam dann noch, daß die militärischen Experten den voraussichtlichen Materialverbrauch weit unterschätzten. Im Frieden wurde ein Bestand an Waffen, Munition, Geräten und Bekleidung eingelagert, der für die Mobilmachung ausreichte. Die wirtschaftliche Planung für den Kriegsfall sah vor, das zerstörte Material zu ersetzen, aber es war keineswegs an einen ständig steigenden Materialeinsatz mit einer entsprechend hohen Rüstungsproduktion gedacht. Infolgedessen war auch nicht vorgesehen, Betriebe außerhalb der eigentlichen Rüstungsindustrie im Kriegsfall auf die Produktion von Waffen, Munition und anderem Kriegsgerät umzustellen; man glaubte vielmehr, daß die im Frieden vorhandenen Rüstungskapazitäten ausreichen würden.

Die Rüstungsindustrie war teils staatlich, teils privat. Den staatlichen Sektor bildeten die »Heereswerkstätten« der größeren Bundesstaaten Preußen, Bayern und Sachsen, die nicht nur der Entwicklung und Prüfung, sondern auch der Serienfabrikation von Kriegsmaterial (Gewehre, Granaten, Infanteriemunition, Pulver und Sprengstoff, blanke Waffen) dienten. Die preußischen Heereswerkstätten beschäftigten vor dem Krieg rund 16000 Arbeiter; wertmäßig lieferten die staatlichen Rüstungsfabriken rund 40 Prozent des Kriegsmaterials. Der größere Teil der Aufträge ging also an die private Rüstungsindustrie. Keine der privaten Firmen produzierte ausschließlich Kriegsmaterial, aber durch die engen Beziehungen zum Militär erhielten einige Firmen doch den Charakter von spezialisierten »Waffenschmieden«. Die Rüstungsindustrie exportierte erheblich und war zum Teil auch kapitalmäßig international verflochten. Ein bekanntes Beispiel für die internationale Verflechtung war der deutsch-englische Nobel-Trust mit Tochtergesellschaften in vielen Staaten, der erst im August 1915 unter dem Druck der öffentlichen Meinung aufgelöst wurde[9].

Nach Kriegsausbruch erwies sich die Rüstungsplanung der letzten Friedensjahre schnell als unzulänglich, ganz abgesehen

[9] Vgl. W. J. Reader, *Imperial Chemical Industries: A History. Vol. I: The Forerunners, 1870–1926.* Oxford UP 1970.

davon, daß das letzte große Rüstungsprogramm von 1912 erst teilweise erfüllt war. Die Militärverwaltung wurde von einem Materialverbrauch überrascht, dem sie organisatorisch nicht gewachsen war. Die verschiedenen Beschaffungsstellen überschütteten die Rüstungsindustrie mit Aufträgen, überboten sich gegenseitig bei potentiellen Lieferanten und trieben damit die Preise der Kriegslieferungen in die Höhe. In Erwartung eines kurzen Feldzuges wurde bei den Streitkräften an Material nicht gespart; es heißt, daß die Artillerie auf dem Höhepunkt der Marneschlacht Anfang September mehr Munition verschoß als im ganzen Krieg von 1870/71. Im Oktober 1914 waren die Vorräte an Waffen und Munition aufgebraucht, so daß die Versorgung der Streitkräfte von der laufenden Produktion abhing; man sprach von einer »Munitionskrise«[10].

Der erste Bereich, in dem staatliche Kontrollen eingeführt wurden, war in Deutschland die Rohstoffwirtschaft[11]. Die deutsche Wirtschaft hatte vor 1914 die für Industrieländer typische Außenhandelsverflechtung, sie führte Rohstoffe und Lebensmittel ein im Austausch gegen Industriewaren. In den letzten Jahren vor dem Krieg (1910–1913) entfielen 43 Prozent der Einfuhr auf Rohstoffe[12]. Deutschlands Rohstoffversorgung im Kriegsfall war vor 1914 in verschiedenen Behörden gelegentlich diskutiert worden, aber es waren keine Vorbereitun-

[10] Die gründlichste Untersuchung zur deutschen Rüstungspolitik ist derzeit G. Feldman, *Army, Industry and Labor in Germany 1914–1918*. Princeton UP 1966. Die Herausbildung des staatsmonopolistischen Kapitalismus ist das zentrale Thema mehrerer marxistischer Untersuchungen; zu nennen sind vor allem K. Gossweiler, *Großbanken, Industriemonopole, Staat. Ökonomie und Politik des staatsmonopolistischen Kapitalismus in Deutschland 1914–1932*. Deutscher Verlag der Wissenschaften, Berlin 1971; J. Kuczynski, *Zur Frühgeschichte des deutschen Monopolkapitals und des staatsmonopolistischen Kapitalismus* (*Die Geschichte der Lage der Arbeiter unter dem Kapitalismus*, Bd. 14). Akademie-Verlag, Berlin 1962; A. Schröter, *Krieg – Staat – Monopol 1914–1918. Die Zusammenhänge von imperialistischer Kriegswirtschaft, Militarisierung der Volkswirtschaft und staatsmonopolistischem Kapitalismus in Deutschland während des ersten Weltkrieges*. Berlin 1965. Neuerdings zusammenfassend F. Klein (Hrsg.), *Deutschland im Ersten Weltkrieg*. 3 Bde. Akademie-Verlag, Berlin 1970. – Interessant ist auch, mit dem Schwerpunkt auf dem Hindenburg-Programm, R. B. Armeson, *Total Warfare and Compulsory Labor*. Nijhoff, Den Haag 1964. Statistische Angaben bei R. Wagenführ, *Die Industriewirtschaft*. Hobbing, Berlin 1933, S. 21ff.

[11] Vgl. A. Müller, *Die Rohstoffbewirtschaftung 1914–1918 im Dienste des deutschen Monopolkapitals*. Akademie-Verlag, Berlin 1955. Rein deskriptiv ist O. Goebel, *Deutschlands Rohstoffwirtschaft im Weltkrieg*. Deutsche Verlags-Anstalt, Stuttgart/Berlin/Leipzig 1930.

[12] W. Hoffmann, F. Grumbach und H. Hesse, *Das Wachstum der deutschen Wirtschaft seit der Mitte des 19. Jahrhunderts*. Springer, Berlin/Heidelberg/New York 1965, S. 160.

gen getroffen worden, hauptsächlich wieder, weil man mit einem kurzen Krieg rechnete.

Die Initiative zur Rohstoffbewirtschaftung ging von der Privatwirtschaft aus, und zwar schon in den ersten Kriegstagen. Um die Prioritätsfrage hat es einen langen Prestigestreit gegeben, der aber inzwischen entschieden ist. Mehrere Industrielle, darunter auch Rathenau, wurden beim Staat vorstellig, um eine zentrale Verteilung einiger Rohstoffe und insbesondere der zu erwartenden belgischen Beute zu erreichen. Dagegen geht die Idee zu einer langfristigen Planung der Rohstoffversorgung, bei der im Unterschied zum offiziellen Optimismus auch die Möglichkeit eines längeren Krieges berücksichtigt wurde, offensichtlich auf Wichard von Moellendorf zurück, einen leitenden Angestellten der AEG. Rathenau hat diesen Plan aufgegriffen, konnte ihn natürlich aufgrund seiner politischen Beziehungen sehr viel effizienter vertreten als irgendein Privatmann und hat dann bald die Urheberschaft für sich beansprucht. Im Grunde war die Zurückdrängung Moellendorfs schon symptomatisch, denn dessen Rohstoff-Plan war eingebaut in die umfassendere Vorstellung einer modifizierten Wirtschaftsverfassung, in der das Profitstreben zugunsten einer »gemeinwirtschaftlichen« Orientierung zurücktreten sollte. Rathenau und andere später in der Rohstoffbewirtschaftung tätige Unternehmer haben dagegen am »Recht der Industrie auf Verdienen« keinen Zweifel gelassen[13].

Am 13. August 1914 wurde die »Kriegsrohstoffabteilung« (KRA) im preußischen Kriegsministerium eingerichtet, die nach der Zustimmung der anderen bundesstaatlichen Kriegsministerien die Zuständigkeit für die Rohstoffbewirtschaftung in ganz Deutschland erhielt. Die Kriegsrohstoffabteilung hatte als Behörde im wesentlichen Verwaltungs- und Kontrollaufgaben: Nachprüfung und Genehmigung des von den Beschaffungsstellen angemeldeten Bedarfs, Erfassung und Zuweisung der Rohstoffe, Maßnahmen zur Ausdehnung der Rohstoffbasis (Ersatzstoffindustrien) und die mit der Rohstoffbewirtschaftung verknüpften allgemeinen wirtschaftlichen Aufgaben. Innerhalb der KRA gab es zahlreiche Sektionen (insgesamt rund 25), die jeweils für einzelne Rohstoffe zuständig waren. Der Grundgedanke der Rohstoffbewirtschaftung war, daß zentrale Instanzen die knappen Rohstoffe kaufen, lagern und nach

[13] Vgl. L. Burchardt, *Walther Rathenau und die Anfänge der deutschen Rohstoffbewirtschaftung im Ersten Weltkrieg*. In: Tradition 15 (1970).

kriegswirtschaftlichen Prioritäten wieder verkaufen sollten. Für diese technisch-kaufmännische Durchführung der Rohstoffbewirtschaftung wurden »Kriegsrohstoffgesellschaften« gegründet: Schon im September 1914 die Kriegschemikalien AG, die Kriegsmetall AG, die Kriegswollbedarf AG; im Oktober 1914 die Kammwoll AG; im November 1914 die Kriegsleder AG; die meisten anderen folgten in den ersten Monaten des Jahres 1915. Anfang 1918 unterstanden der Kriegsrohstoffabteilung 25 solcher Kriegsrohstoffgesellschaften. Sie waren private Unternehmen, meist in der Rechtsform der Aktiengesellschaft oder GmbH, im Besitz und unter Kontrolle der Rohstoffverbraucher. Gleichzeitig galten sie aber auch als Treuhänder der Kriegsrohstoffabteilung und nahmen öffentliche Aufgaben wahr.

Zur zentralen Bewirtschaftung waren zunächst nur einige Rohchemikalien, Textilfasern (Baumwolle) und Buntmetalle (Kupfer) vorgesehen, Rohstoffe also, die fast ausschließlich importiert wurden und dabei kriegswichtige Bedeutung hatten. Als bekanntestes Beispiel für die Zusammenarbeit zwischen Staat und Industrie wird denn auch meist auf die synthetische Stickstoffgewinnung in der chemischen Industrie verwiesen. Die industrielle Herstellung von synthetischem Ammoniak auf der Basis des Luftstickstoffs existierte erst seit 1913 und wegen der hohen Produktionskosten nur in geringem Umfang[14]. Als nach dem Kriegsausbruch die Importe von Chilesalpeter aufhörten, wurde die Stickstoffversorgung zu einem zentralen Problem sowohl für die Munitionsherstellung, als auch für die Ernährung. Die synthetische Produktion wurde daraufhin mit staatlichen Mitteln in kurzer Frist gewaltig ausgebaut, so daß vom Sommer 1915 an die Pulver- und Sprengstoffproduktion kontinuierlich gesteigert werden konnte und außerdem die Landwirtschaft weiterhin Stickstoffdünger, wenn auch in reduzierten Mengen, erhielt. Ohne den Ausbau der synthetischen Stickstoffgewinnung wäre die deutsche Kriegsmaschine vermutlich Anfang 1915 aus Munitionsmangel zum Stillstand gekommen. Ungefähr gleichzeitig mit Stickstoff wurden Nichteisenmetalle und Textilrohstoffe in die zentrale Bewirtschaftung einbezogen. Später kamen nach und nach alle irgendwie relevanten Rohstoffe hinzu. Während zu Anfang die

[14] Es handelte sich um die Anlage der Badischen Anilin- & Sodafabrik in Oppau bei Ludwigshafen, die seit September 1913 in Betrieb war; vgl. H. Mauersberg, *Deutsche Industrien im Zeitgeschehen eines Jahrhunderts*. Fischer, Stuttgart 1966, S. 322.

Absperrung der Einfuhren durch die alliierte Blockade den Anstoß zur Rohstoffbewirtschaftung gegeben hatte, trat im Verlauf des Krieges immer mehr der allgemeine Mangel in den Vordergrund, der letztlich auf den Mangel an Produktionsfaktoren zurückzuführen war. Ab 1916 wurden Stahl und Kohle, die Basis der deutschen Industrieproduktion, zentral erfaßt und verteilt.

Bei rückblickender Betrachtung interessiert die deutsche Kriegsrohstoffwirtschaft vor allem als ein »Modellfall« der Kooperation von Staat und Wirtschaft. Obwohl man häufig von einer grundsätzlichen Systemänderung sprach, wurden die kapitalistischen Produktionsverhältnisse durchaus nicht verlassen; es ging vielmehr darum, daß einzelne Interessenten durch enge Verflechtung mit dem staatlichen Apparat eine privilegierte Stellung gegenüber dem Rest der Wirtschaft erhielten. Die Kriegsrohstoffgesellschaften wurden zwar als gemeinnützige Gesellschaften gegründet, sie durften keine Gewinne erzielen. Aber das hinderte nicht, daß sie den Eigentümern und Interessenten durch die Verteilung der Rohstoffe, durch die Preisgestaltung beim Ein- und Verkauf und durch die Vermittlung öffentlicher Zuschüsse erhebliche Vorteile verschaffen konnten. Nach außen hin sollten eine »verantwortliche« Einstellung der privaten Beauftragten und eine öffentliche Kontrolle die partikularen Interessen in Grenzen halten. Aber das erwies sich als Illusion – nicht zufällig, sondern zwangsläufig. Schon für Rathenau und andere Initiatoren der Rohstoffbewirtschaftung war es »eine Selbstverständlichkeit, daß Handel und Industrie ein wohlerworbenes Recht auf Verdienen und möglichst freie Bewegung hatten«[15]. Vorbehaltlose Profitmaximierung auch unter den besonderen Kriegsbedingungen wurde von den Kriegsrohstoffgesellschaften und innerhalb der Kriegsrohstoffabteilung unterstützt. So heißt es in der internen Denkschrift eines Mitarbeiters (Troeger) der KRA: »Die Nutzung der Landesnot im eigenen Interesse bedeutet keine Entartung des Kapitalismus; sie bildet vielmehr die folgerichtige Auswirkung seiner Grundanschauung und ein fruchtbares Feld für die Betätigung kapitalistischer Geschicklichkeit«[16]. Die Kontrolle der privaten Kriegsrohstoffgesellschaften durch die Kriegsrohstoffabteilung bildete kein Gegengewicht, weil auch das Personal der KRA sich weitgehend aus Wirtschaftskreisen

[15] Goebel, *Deutschlands Rohstoffwirtschaft*, S. 23.

[16] Zit. nach O. Goebel, *Deutschlands Rohstoffwirtschaft*, S. 175.

(teilweise in der formalen Stellung von Reserveoffizieren) rekrutierte oder der Industrie jedenfalls nahestand. Rathenau war Industrieller, über seinen Nachfolger Major Koeth hieß es von kompetenter Seite, daß er nicht nur von sich aus, sondern auch in der Auswahl seiner Mitarbeiter, zur Schwerindustrie neigte[17]. Die staatlichen Kommissare, die das preußische Kriegsministerium und später auch das Reichsschatzamt den Kriegsrohstoffgesellschaften zur Kontrolle beiordnete, waren in der Regel die Fachreferenten der Kriegsrohstoffabteilung und damit auch nicht frei von Interessenbindungen. So sollten z. B. Rathenau (AEG) und Porten (Metallgesellschaft) als staatliche Kommissare die Kriegsmetall AG kontrollieren. Faktisch standen Staat und Privatwirtschaft sich nicht als Pole gegenüber, der staatliche Apparat war vielmehr personell und ideologisch von der Wirtschaft, und zwar speziell von einzelnen Gruppen innerhalb der Wirtschaft, abhängig.

Die Interessentenbindung der Rohstoffbewirtschaftung wurde schon zu Anfang deutlich, da zur Gründung der Kriegsrohstoffgesellschaften nur die Rohstoff*verbraucher*, und darunter nur die größeren Firmen, eingeladen wurden. Es gab hartnäckige Auseinandersetzungen um Besitz und Kontrolle der Kriegsrohstoffgesellschaften, zumal sich bald bestätigte, daß die Gesellschaften ihre Aktionäre bei der Zuteilung von Rohstoffen bevorzugten. Ein weiterer Anlaß zur Klage war, daß die beschlagnahmten Rohstoffe zu einem Preis angekauft wurden, der erheblich unter dem Marktpreis lag. Ihren Abnehmern berechneten die Kriegsrohstoffgesellschaften günstige »Durchschnittspreise«, die infolge der hohen Importpreise vom Staat subventioniert werden mußten. Schließlich finanzierte der Staat den Großbetrieben der Chemie und Metallindustrie die neuen Anlagen zur Rohstoffgewinnung und Rohstoffveredelung durch hohe Preise und direkte Subventionen. Nutznießer der Rohstoffbewirtschaftung war deutlich genug die Großindustrie, zu Lasten der öffentlichen Hand und zu Lasten der kleinen und mittleren Betriebe.

Die Rohstoffbewirtschaftung war ein wichtiger Teilbereich, aber sie ist keinesfalls gleichzusetzen mit der deutschen Rüstungswirtschaft insgesamt. Weder die staatliche Kriegsrohstoffabteilung, noch die privaten Kriegsrohstoffgesellschaften

[17] Es handelt sich um den späteren Chef des Kriegsamtes, Groener. Vgl. W. Groener, *Lebenserinnerungen. Jugend, Generalstab, Weltkrieg.* Vandenhoeck & Ruprecht, Göttingen 1957, S. 352.

waren an der rüstungspolitischen Willensbildung beteiligt. Die langfristigen Rüstungsprogramme und die Rüstungsaufträge wurden in Besprechungen zwischen Staat und Industriellen festgelegt. Zuständig war auf staatlicher Seite in erster Linie der preußische Kriegsminister, allerdings unterhielten konkurrierend dazu die Oberste Heeresleitung und die regionalen Militärbefehlshaber eigene Kontakte zur Rüstungsindustrie. Die Industrie war vor allem durch den »Kriegsausschuß der Deutschen Industrie« repräsentiert, in dem die beiden großen Industrieverbände sich zusammengeschlossen hatten. Daneben unterhielten die führenden Industriellen direkte Kontakte zu allen relevanten militärischen und zivilen Stellen, bis hinauf zum Kaiser.

Insgesamt lag in den ersten Kriegsmonaten die Materialüberlegenheit bei der deutschen Seite. Die große Industriekapazität, die Bereitschaft zur weitgehenden Mobilisierung der wirtschaftlichen Ressourcen des Landes für den Krieg und die konsequente Nutzung technischer Neuerungen verschafften der deutschen Kriegsmaschine auch in wirtschaftlicher Hinsicht zunächst eine gewisse Überlegenheit. Nach der »Munitionskrise« vom Oktober 1914 wurde die Massenproduktion von Kriegsmaterial vorangetrieben. Rüstungsarbeiter wurden vom Kriegsdienst zurückgestellt, das Stickstoffproblem wurde allmählich durch die synthetische Ammoniakproduktion gelöst. Trotz anhaltender Steigerung der deutschen Rüstungsproduktion änderte sich das relative Kräfteverhältnis aber zuungunsten Deutschlands, nachdem die britische Regierung im Sommer 1915 eine verstärkte wirtschaftliche Mobilisierung einleitete. In Deutschland wurde diese allmähliche Verschiebung des kriegswirtschaftlichen Kräfteverhältnisses zunächst nicht beachtet. Im Juni 1916 schien dem preußischen Kriegsministerium die Rüstungssituation so zufriedenstellend, daß es die Qualitätsstandards drastisch heraufsetzte. Große Aufträge über Munition von minderer Qualität (»Graugußgranaten«), die der Industrie vorher erteilt worden waren, wurden nicht mehr erneuert. Der ungeheure Materialverbrauch in der Verdun-Offensive und bei der Abwehr der alliierten Somme-Offensive zwangen dann binnen kurzem wieder zu einer völligen Umkehrung dieser Politik. Im »Somme-Programm« vom August 1916 hatte die äußerste Steigerung der Produktion unbedingten Vorrang vor allen anderen Überlegungen. Dieses neue Programm wurde aber bald durch die innenpolitischen

Ereignisse überholt. Der Wechsel in der militärischen Führung Ende August 1916 leitete auch in der Rüstungspolitik eine neue Phase ein, in der die Initiative nicht mehr beim Kriegsministerium, sondern bei der Obersten Heeresleitung lag.

Am 29. August 1916 wurde die Dritte Oberste Heeresleitung unter Hindenburg, mit Ludendorff als engstem Berater, eingesetzt. Dem Wechsel der Obersten Heeresleitung waren langwierige Intrigen vorangegangen, bei denen militärische, innenpolitische und wirtschaftliche Interessen zusammenliefen. Als wesentliche Motive schälen sich heraus: erstens die weit verbreitete Unzufriedenheit mit der Zweiten Obersten Heeresleitung nach dem mißglückten Verdun-Abenteuer und nach der überraschend starken britischen Somme-Offensive, zweitens als allgemeiner Hintergrund das Streben konservativer Kreise, insbesondere auch der Industrie, nach Ausdehnung ihrer Macht, die sie am ehesten über eine Art Militärdiktatur zu verwirklichen hofften. Tatsächlich bestimmte die Dritte Oberste Heeresleitung in einem ganz ungewöhnlichen Maße die Politik (obwohl schon vorher der Einfluß des Militärs in Deutschland ja keineswegs gering war), so daß man mit einiger Berechtigung von einer Wende zur offenen Militärdiktatur spricht. In der Rüstungspolitik leiteten die neuen Herren eine neue Phase ein mit ihrer Forderung, alle Ressourcen rücksichtslos für den Krieg zu mobilisieren. Schon zwei Tage nach der Amtsübernahme, am 31. August 1916, präsentierte die Dritte Oberste Heeresleitung dem preußischen Kriegsminister detaillierte Forderungen nach einer erheblichen Ausweitung der Rüstungsproduktion, die wenig später als »Hindenburg-Programm« bekannt wurden[18].

Das Hindenburg-Programm konstatierte, daß die Armeen der Mittelmächte den Alliierten an Zahl mehr und mehr unterlegen sein würden. Die Industrie sollte diesen Mangel ausgleichen, indem sie die Effizienz der Armeen durch »Maschinen« (Waffen und Munition) erhöhte. Als besonders dringend nannte das Programm: Munition, Geschütze, Maschinengewehre, Minenwerfer, Flugzeuge und Material für den Stellungsbau. Die Produktionsziele waren weit gesteckt: In kür-

[18] Der Text ist, ebenso wie andere wichtige Dokumente zur Rüstungspolitik der 3. OHL, abgedruckt in E. Ludendorff (Hrsg.), *Urkunden der Obersten Heeresleitung über ihre Tätigkeit 1916/18*. 4. Aufl. Mittler, Berlin 1922. – Vgl. zur Rüstungspolitik der Ära Hindenburg-Ludendorff auch H. Weber, *Ludendorff und die Monopole. Deutsche Kriegspolitik 1916–1918*. Akademie-Verlag, Berlin 1966.

zester Zeit sollte die Pulverproduktion verdoppelt werden (von 6000 auf 12000 t/Monat), die Produktion von Minenwerfern ebenfalls verdoppelt, die Produktion von Maschinengewehren verdreifacht. Die Oberste Heeresleitung gab sich und andere der Täuschung hin, sie könne durch ihr »bis zur Utopie ehrgeiziges Programm«[19] den Sieg doch noch erzwingen, wenn nur das Volk bereit wäre, ausschließlich für den »Dienst des Vaterlandes« zu leben.

Es wäre freilich falsch, das Hindenburg-Programm allein dem übersteigerten Machtwillen der Militärs zuzuschreiben; das Programm entsprach in allen Punkten den Forderungen der Rüstungsindustrie. Die Industriellen waren aus verschiedenen Gründen mit der Rüstungspolitik des preußischen Kriegsministeriums unzufrieden. Insbesondere warfen sie der Militärbürokratie vor, daß sie zu wenig Arbeitskräfte freistellte und daß sie »Preispolitik« statt »Produktionspolitik« betrieb. Letzteres richtete sich gegen die Versuche des Kriegsministeriums, die Rüstungsgewinne einigermaßen in Grenzen zu halten; ein aktueller Fall war die Aufdeckung enormer Übergewinne der Stahlproduzenten durch die Kriegsrohstoffabteilung im Juli 1916. Die offensichtliche Fehleinschätzung der Rüstungssituation durch das Kriegsministerium im Sommer 1916 bot der Industrie einen willkommenen Anlaß, ihre partikularen Interessen in einem »patriotischen« Gewand vorzubringen. Sie legte ihre Kritik an der bisherigen Beschaffungspolitik, verbunden mit der Forderung nach einer beträchtlichen Steigerung der Kriegsproduktion, in einer Denkschrift vom 23. August 1916 nieder, die dem Kanzler und einigen anderen ausgewählten Adressaten, darunter Hindenburg und Ludendorff, zugestellt wurde. Als der Kanzler am 28. August 1916 – einen Tag vor der Berufung der neuen Obersten Heeresleitung – die Denkschrift mit Hindenburg und Ludendorff besprechen wollte, fand er die Herren »bereits orientiert und fest entschlossen, durchzugreifen«[20].

Gleichzeitig mit der Formulierung des Hindenburg-Programms wurde eine Reorganisation des kriegswirtschaftlichen Behördenapparates vorgenommen mit dem erklärten Ziel, den Apparat überschaubarer und effizienter zu gestalten, und mit der weniger offen erklärten Absicht, den direkten Einfluß der Obersten Heeresleitung zu Lasten der preußischen Regierung

[19] H. Herzfeld, *Der Erste Weltkrieg*. dtv, München 1968, S. 262.
[20] K. Helfferich, *Der Weltkrieg*. 3 Bde., Ullstein, Berlin 1919. Bd. 2, S. 255.

und der Reichsregierung zu verstärken. In der Denkschrift der Industrie vom 23. August 1916 war vorgeschlagen, die gesamte Kriegswirtschaftspolitik bei einem »Obersten Kriegsamt« zu zentralisieren, das eine unabhängige militärische Behörde (unabhängig insbesondere von der politischen Führung) sein sollte. Die Dritte Oberste Heeresleitung machte sich diese Forderung zu eigen und erreichte, daß Anfang November 1916 das »Kriegsamt« errichtet wurde. Mit Rücksicht auf die Einwände der politischen Führung, die keinesfalls einen militärischen »Wirtschaftsdiktator« wollte, wurde das neue Kriegsamt formal in den bestehenden Apparat eingegliedert, und zwar als Abteilung des preußischen Kriegsministeriums, wobei der Leiter des Kriegsamtes dann zugleich stellvertretender Kriegsminister war. Faktisch war das Kriegsamt eher ein Organ der Obersten Heeresleitung, zumal sein erster Leiter, General Groener, damals noch als Vertrauter des Gespanns Hindenburg-Ludendorff galt. Dem Kriegsamt wurden unterstellt die Kriegsrohstoffabteilung, das Kriegsersatz- und Arbeitsdepartement, das für die Einberufungen und Freistellung von Arbeitskräften zuständig war, und als drittes das Waffen- und Munitionsbeschaffungsamt (WUMBA), das kurz vorher an Stelle der alten preußischen Feldzeugmeisterei eingerichtet worden war. Formal war also eine gewisse Geschlossenheit des kriegswirtschaftlichen Apparates erreicht, wenn auch persönliche Differenzen die Zusammenarbeit der vorher ziemlich selbständigen Abteilungen innerhalb des neuen Kriegsamtes ebenso erschwerten wie die Zusammenarbeit des Kriegsamtes mit den übrigen, älteren Abteilungen des Kriegsministeriums.

In einem weiteren Sinne meint man mit dem Hindenburg-Programm nicht nur die neuen Planziffern für die Rüstungsproduktion, die die Dritte Oberste Heeresleitung forderte, sondern auch eine ganze Reihe von tiefgreifenden Strukturveränderungen für eine vollständige Mobilisierung und Militarisierung von Wirtschaft und Gesellschaft, die die Erfüllung des Produktionsprogramms gewährleisten sollten. Als zentralen Punkt ihres Rüstungsprogramms sah die Oberste Heeresleitung die totale Mobilisierung der Arbeiterschaft an. Schon die Aufstellung der Produktionsziele vom 31. August 1916 war begleitet von der Forderung nach »totaler Mobilisierung« aller Kräfte. Frauen, Minderjährige, Kriegsbeschädigte und Kriegsgefangene sollten zur Steigerung der Rüstungsproduktion eingesetzt werden. Ferner verlangte die Oberste Heeresleitung allgemeine Einführung der Sonntagsarbeit und »gegebenenfalls« Zwangsmaßnahmen; Universitäten und Seminare sollten geschlossen werden. Die Dringlichkeit der Forderungen wurde unterstrichen durch die pathetische Mahnung, daß »nur unbedingtes Ausnutzen aller unserer Kräfte und vor allem unserer hochentwickelten Industrie im Dienst des Krieges uns zu einem endlichen Siege verhelfen kann«[21]. Wenige Tage später bekräftigte die Oberste Heeresleitung die Forderung nach totaler Mobilisierung und Militarisierung der Arbeiterschaft mit detaillierten Vorschlägen an den Reichskanzler[22]. Kern der Ausführungen war die Forderung der Obersten Heeresleitung nach einem »Kriegsleistungsgesetz«, das einen allgemeinen Arbeitszwang für die ganze Bevölkerung vorsah, einschließlich der Frauen (für die ganze Einstellung charakteristisch war der Hinweis auf »ungezählte Tausende von kinderlosen Kriegerfrauen, die nur dem Staat Geld kosten«). Für die Männer sollte die Dienstpflicht Teil der allgemeinen Wehrpflicht sein, die auf alle Männer von 15 bis 60 Jahren ausgedehnt werden sollte, wobei die Wehrpflichtigen dann entweder zum Militärdienst oder zum Dienst in der Rüstungsindustrie kommandiert würden. Ein wesentliches Ziel war dabei die Einschränkung der Freizügigkeit, die die Industrie schon mehrfach gefordert hatte.

Als Ergebnis dieser Forderungen wurde im Dezember 1916 das Gesetz über den »Vaterländischen Hilfsdienst« erlassen. Über den Gesetzentwurf hatte es erhebliche Auseinandersetzungen zwischen der Obersten Heeresleitung und der Industrie einerseits, der Reichsregierung andererseits gegeben. Die Militärs erwarteten, daß durch die rigorose Militarisierung zusätzliche Arbeitsreserven mobilisiert würden. Sie fanden dabei die Unterstützung konservativer Industrieller, die in der Militarisierung der Arbeiterschaft eine günstige Möglichkeit sahen, die Fluktuation in den Betrieben zu senken und die Löhne zu drücken. Die Reichsregierung wandte dagegen ein, daß nennenswerte Reserven nicht mehr mobilisierbar seien, und befürchtete vor allem starken innenpolitischen Widerstand gegen ein rigoroses Dienstpflichtgesetz. Die endgültige Fassung des Gesetzes war gegenüber den Forderungen der Obersten Heeresleitung und der Industrie erheblich eingeschränkt. Für Männer wurde eine allgemeine Dienstpflicht vom 17. bis zum 60. Lebensjahr eingeführt, die aber nicht Teil der Wehrpflicht

[21] Ludendorff (Hrsg.), *Urkunden der Obersten Heeresleitung*, S. 63 ff.
[22] Ludendorff (Hrsg.), *Urkunden der Obersten Heeresleitung*, S. 65 ff.

war; die Arbeiter behielten also ihren zivilen Status. Ihre Freizügigkeit wurde zwar generell eingeschränkt; die Möglichkeit, einen höheren Lohn zu erreichen, galt aber ausdrücklich als hinreichender Grund, die Stelle zu wechseln. Die Dienstpflicht für Frauen entfiel völlig, weil sie offensichtlich ganz unnötig war. Die allgemeine Not zwang die Frauen ohnehin zur Arbeit, auf eine offene Stelle kamen jeweils mehrere Bewerberinnen.

Was liberalen Kritikern beinahe noch mehr Kopfzerbrechen bereitete als die Dienstpflicht war die Tatsache, daß auch die Produktionsmittel in die totale Mobilmachung einbezogen werden sollten. Alle geeigneten Betriebe sollten auf die Waffen- und Munitionserzeugung umgestellt werden, den verbleibenden nicht kriegswichtigen Betrieben sollten Arbeitskräfte, Rohstoffe und Maschinen rigoros entzogen werden. Vorher hatte man die Politik verfolgt, möglichst viele Betriebe, wenn auch mit verminderter Kapazitätsauslastung, arbeiten zu lassen, damit die Eigentümer sie ohne allzu großen Schaden in die künftige Friedenswirtschaft hinüberretten konnten; diese Rücksicht sollte fortan entfallen. Im Dezember wurde der »Ständige Ausschuß für die Zusammenlegung von Betrieben« gebildet mit der Aufgabe, die nicht kriegswichtigen Betriebe und die weniger leistungsfähigen Kleinbetriebe stillzulegen, um mehr Arbeitskräfte, Rohstoffe und Maschinen für die Großbetriebe der Rüstungsindustrie zu gewinnen.

Ein besonders dunkles Kapitel der deutschen Kriegswirtschaftspolitik waren die Arbeiterdeportationen aus Belgien und Polen, die einen Teil der allgemeinen Mobilisierung und Militarisierung bildeten[23]. Bei der Suche nach Arbeitskräften hatte die Industrie sich frühzeitig für die besetzten Gebiete interessiert und mit Unterstützung der Militärverwaltung Werbebüros in Belgien und Polen eingerichtet. Bis Sommer 1916 wurden in Polen etwa 75 000 Arbeiter, in Belgien etwa 12 000 Arbeiter für die deutsche Rüstungsindustrie angeworben. Der Erfolg in Belgien war gering, besonders wenn man die hohe Arbeitslosigkeit dort berücksichtigt. Die Zahl der Arbeitslosen in

[23] Vgl. dazu ausführlich Armeson, *Total Warfare and Compulsory Labor;* W. Gutsche, *Zu einigen Fragen der staatsmonopolistischen Verflechtung in den ersten Kriegsjahren am Beispiel der Ausplünderung der belgischen Industrie und der Zwangsdeportation von Belgiern.* In: F. Klein (Hrsg.), *Politik im Krieg 1914–1918.* Akademie-Verlag, Berlin 1964. – An älteren Darstellungen L. von Köhler, *Die Staatsverwaltung der besetzten Gebiete.* Erster Band: *Belgien.* Deutsche Verlags-Anstalt, Stuttgart/Berlin/Leipzig 1927; F. Passelecq, *Déportation et travail forcé des ouvriers et de la population civile de la Belgique occupée.* Presses Universitaires de France, Paris 1928.

Belgien wurde für März 1915 auf 500000, für Ende 1915 auf 650000 geschätzt[24]. Die belgischen Arbeiter waren in der großen Mehrheit nicht bereit, die deutsche Kriegswirtschaft zu unterstützen, die sich ja deutlich genug gegen ihr eigenes Land richtete. Bei der Besprechung des Hindenburg-Programms zwischen der Obersten Heeresleitung und der Industrie am 16. September 1916 verlangte die Industrie daher unter anderem auch die Zwangsrekrutierung von belgischen Arbeitern. Die Reichsregierung und die Militärverwaltung waren zunächst aus politischen Gründen gegen Zwangsmaßnahmen, gaben dann aber im Oktober 1916 unter dem Druck der Obersten Heeresleitung und der Industrie nach. Am 26. Oktober 1916 begannen die Deportationen. Die Arbeiter wurden in Belgien willkürlich eingesammelt, unter brutalen Bedingungen (in Viehwaggons oder offenen Waggons, ohne Heizung und bei unzureichender Versorgung) nach Deutschland gebracht, um dort in Konzentrationslagern[25] auf ihre Verteilung an Rüstungsbetriebe zu warten. Am Ende stellte sich die Aktion in jeder Hinsicht als ein Fehlschlag heraus. Die Industrie hatte im Oktober 1916 Bedarf für »mehrere Hunderttausende« belgischer Arbeitskräfte angemeldet, daraufhin hatte die Oberste Heeresleitung von der Militärverwaltung in Belgien bis zu 20000 Deportationen wöchentlich verlangt. Tatsächlich war die Industrie auf eine solche Zuwanderung gar nicht eingerichtet, und die Arbeiter blieben für mehrere Wochen in den Konzentrationslagern. Daraufhin wurden im Dezember die wöchentlichen Deportationen auf 2000 herabgesetzt. Überdies zeigte sich, daß man die Arbeiter wohl deportieren, aber nicht zu qualifizierter Arbeit zwingen konnte. Während so der wirtschaftliche Sinn der Deportationen bald fragwürdig wurde, kamen aus dem Ausland unerwartet scharfe Proteste, besonders aus den Niederlanden, auf die die deutsche Regierung wegen der Lebensmitteleinfuhr Rücksicht nehmen mußte. Im Februar 1917 wurden die Deportationen eingestellt, und man begann, die deportierten Arbeiter zurückzuschicken. Mitte 1917

[24] Vgl. Köhler, *Die Staatsverwaltung*, S. 142. J. Pirenne und M. Vauthier, *La législation et l'administration allemandes en Belgique*. Presses Universitaires de France, Paris 1925, S. 50.

[25] Man legte Wert darauf, diese Tatsachen zu verschleiern. Bei einer Besprechung der beteiligten Ressorts am 17. Oktober 1916 im Reichsamt des Innern wurde vereinbart, den Ausdruck »Lager« zu vermeiden und statt dessen von »Unterkunftsstätten für Industriearbeiter« zu sprechen. Vgl. Ludendorff (Hrsg.), *Urkunden der Obersten Heeresleitung*, S. 128.

wurden die Rückführungen offiziell als abgeschlossen deklariert. Mehrere Tausend belgische Zwangsarbeiter waren anscheinend trotzdem in Deutschland zurückbehalten worden. Ferner blieben in Deutschland die formell »freiwilligen« Arbeiter, deren Unterschrift man oft genug mit massivem Druck erzwungen hatte.

Die neuen Planziele des Hindenburg-Programms für die laufende Produktion von Waffen und Munition erforderten erhebliche Investitionen in der Rüstungsindustrie und in den vorgelagerten Produktionsstufen bis hin zur Infrastruktur. Nachdem die Produktionsziele im September 1916 zwischen der Obersten Heeresleitung und den führenden Industriellen abgesprochen worden waren, ging die Industrie, wie es hieß, »mit Feuereifer« an die Arbeit[26]. Es wurden neue Fabrikanlagen in Angriff genommen, neue Hochöfen und sogar neue Rheinbrücken. Wie die Abstimmung der Sektoren im einzelnen vorgenommen wurde, läßt sich nicht mehr feststellen. Es scheint, daß die Abstimmung nur einigermaßen grob war, wenn nicht sogar in manchen Fällen Kapazitäten überhaupt planlos erweitert wurden. Die Oberste Heeresleitung hatte bei ihren Forderungen stets unterstellt, daß durch die allgemeine Dienstpflicht und durch die Stillegung aller nicht kriegswichtigen Aktivitäten genügend Ressourcen für die Steigerung der laufenden Rüstungsproduktion und die Kapazitätsausweitung der Rüstungsindustrie gleichzeitig verfügbar würden. Im übrigen war für Hindenburg und Ludendorff die Sache mit einem klaren militärischen Befehl erledigt; sich mit der Durchführbarkeit des Programms zu befassen, haben sie bei verschiedenen Gelegenheiten explizit abgelehnt. Die Industrie war andererseits damit zufrieden, daß maximale Produktionsziele gesetzt und entsprechende Aufträge erteilt wurden, und hat sich über die gesamtwirtschaftliche Realisierbarkeit dieser Ziele offensichtlich ebenfalls keine Gedanken gemacht. Am ehesten waren noch die für Wirtschaftsfragen zuständigen Ressorts des Reiches und des preußischen Staates geneigt, gesamtwirtschaftliche Überlegungen anzustellen. Aber diese Instanzen erfuhren von den Vereinbarungen zwischen Oberster Heeresleitung und Industrie erst nachträglich und waren am Planungsprozeß nicht beteiligt.

Daß mit dem Hindenburg-Programm die deutsche Kriegswirtschaft überfordert war, sollte sich bald zeigen. Als erstes

[26] M. Bauer, *Der große Krieg in Feld und Heimat*. Osiander, Tübingen 1921, S. 120.

brach das Verkehrssystem zusammen. Das Eisenbahnnetz war durch die Ausdehnung der Fronten (Kriegseintritt Rumäniens im August 1916) und das steigende industrielle Transportvolumen schon vor den Mehranforderungen des Hindenburg-Programms überlastet, gleichzeitig fehlte es aber an Eisenbahnmaterial, weil die Eisen- und Stahlindustrie sich auf Exporte und Rüstungslieferungen konzentrierte. Ab Mitte Oktober 1916 gab es in einigen Rüstungswerken Betriebsunterbrechungen, weil aus Mangel an Waggons und Lokomotiven Kohlelieferungen ausblieben. Durch den ungewöhnlich kalten Winter 1916/17 verschärfte sich die Transport- und Kohlenkrise. Anfang 1917 stellte sich dann heraus, daß die Kohleversorgung nicht nur am unzulänglichen Transportwesen scheiterte, sondern daß die Kohleförderung insgesamt hinter dem Bedarf zurückblieb. Die Kohleversorgung zeigte sich damit im Kern als ein Arbeitskräfteproblem: Ohne Bergleute keine Kohle. Die Rohstoffversorgung mit Metallen war schon im Sommer 1916 so schwierig geworden, daß man dazu überging, Buntmetalle aus Produktionsanlagen und Metallwaren zurückzugewinnen. Im Zuge dieser »Metallmobilmachung« wurden elektrische Leitungen, die kupfernen Einrichtungen von Brauereien, Brennereien, Zuckerfabriken und Gastwirtschaften, auch Kirchenglocken, Denkmäler und Rathausdächer, sogar Fenstergriffe und Türklinken eingeschmolzen. Im besetzten Belgien wurden ganze Industrieanlagen und Eisenbahnstrecken demontiert und zum Teil zur Wiederbenützung, zum Teil zur Verschrottung nach Deutschland verbracht[27].

Der entscheidende Engpaß war schließlich die Überforderung der Arbeiterschaft. Die Erwartung, mit dem Hilfsdienstgesetz vom Dezember 1916 zusätzliche Arbeitskräfte für die Rüstungsindustrie zu gewinnen, erwies sich bald als Illusion. Die Arbeiter, die in der Heimat bleiben konnten und nicht zum Militär mußten, waren schon vor dem Hilfsdienstgesetz in kriegswichtigen Beschäftigungen, denn das war die Voraussetzung für eine Zurückstellung vom Militär, und im übrigen unterstützten auch die höheren Löhne die Wanderung zur Rüstungsindustrie. Wo es noch Unterbeschäftigung gab, bestanden Mobilitätshindernisse, an denen die Gesetzgebung nicht viel änderte; die Weber aus der Lausitz z. B. konnten nicht leicht den Mangel an Metallfacharbeitern in den Rü-

[27] Vgl. Ch. Kerchove de Denterghem, *L'industrie Belge pendant l'occupation Allemande, 1914–1918*. Presses Universitaires de France, Paris 1927.

stungsfabriken des Ruhrgebietes ausgleichen. Unter diesen Umständen reklamierte die Industrie noch dringlicher als vorher Facharbeiter, die zum Militär eingezogen waren. Die Dritte Oberste Heeresleitung war diesen Forderungen gegenüber nachgiebiger, als die Militärs es vorher gewesen waren; es blieb ihr auch kaum eine andere Wahl. Im September 1916 waren 1,2 Millionen Arbeiter, im Juli 1917 1,9 Millionen Arbeiter vom Militärdienst zurückgestellt[28]. Es gab aber nicht nur zu wenig Arbeiter; die Arbeiterschaft war auch, nach zwei Kriegsjahren, immer weniger bereit, sich für den Krieg zu opfern. Der Zusammenbruch der Volksernährung im Winter 1916/17 tat ein übriges zur Ausbreitung der Anti-Kriegsstimmung. Von Januar bis März 1917 gab es mehrere Streiks im Ruhrgebiet, in Berlin und anderen Orten, bei denen höhere Löhne und bessere Ernährung gefordert wurden. Einen Höhepunkt erreichte die Streikbewegung am 16. April mit Massenstreiks in Leipzig und Berlin. Unmittelbarer Anlaß war die Ankündigung der Regierung, die Brotration herabzusetzen. Aber aufgrund der allgemeinen Kriegsmüdigkeit und unter dem Eindruck der russischen Februarrevolution wurden auch politische Forderungen erhoben, und dadurch erhielten die Streiks besonderes Gewicht. Im Juni und Juli 1917 brach eine neue Streikwelle aus, mit Schwerpunkten im Ruhrgebiet und in Oberschlesien.

Infolge der verschiedenen Engpässe blieb die tatsächliche Produktion hinter den Planziffern deutlich zurück. Im Februar 1917 betrug die Stahlproduktion 1 187 000 t, das waren 225 000 t weniger als im August 1916 und 252 000 t weniger als die Planziffer für diesen Monat. Die Pulverproduktion betrug 6400 t, gegenüber einer Planziffer von 7500 t. Das Kriegsamt unter Groener hielt zu diesem Zeitpunkt die übertriebenen Anforderungen des Hindenburg-Programms bereits für schädlich, weil zu viel an Arbeit und Material in Neuanlagen investiert worden war, die dann aus Rohstoffmangel nicht produzieren konnten. Die Oberste Heeresleitung gestand den Fehlschlag implizit ein, sie entschied im Februar 1917, daß die Investitionsprogramme rigoros zugunsten der laufenden Produktion einzuschränken seien. Alle Fabrikbauten, soweit sie nicht schon im Frühjahr 1917 in Betrieb genommen waren, wurden zurückgestellt. Für die Stahlzuteilung, die nunmehr

[28] E. von Wrisberg, *Erinnerungen an die Kriegsjahre im Königlichen Preußischen Kriegsministerium*. 3 Bde. Koehler, Leipzig 1921–22. Bd. 2, S. 90.

der Engpaß der Rüstungsproduktion war, wurden Prioritäten eingeführt. An erster Stelle standen Lokomotiven, Maschinengewehre, Flugzeuge, Stacheldraht, sowie jene Fabriken für Pulver und Sprengstoff, Düngemittel und Ersatzfuttermittel, die bis Frühjahr 1917 fertiggestellt werden konnten. Nachdem die Investitionen zurückgestellt waren und alle Anforderungen auf den schnellen Ausstoß einer möglichst großen Menge an Waffen und Munition konzentriert wurden, stieg die Produktion schneller. Im Herbst 1917 wurde die geplante Produktion von Maschinengewehren und leichter Artillerie erreicht, im April 1918 erreichte die Pulverproduktion 12000 t; die Planzahl war inzwischen schon auf 14000 t erhöht worden. Diese Produktionszahlen gingen aber zu Lasten der langfristigen Leistungsfähigkeit. Von den neu begonnenen Produktionsanlagen blieben viele als »Industrieruinen« in halbfertigem Zustand. Trotz weitgehender Zurückdrängung des zivilen Bedarfs blieben Kohle und Stahl, die Basis der Industrieproduktion, äußerst knapp, und das Verkehrssystem blieb überlastet. Vor allem stieß die Rüstungspolitik nunmehr an die Grenze der Leistungsfähigkeit und Leistungswilligkeit der Arbeiterschaft.

Die Schwierigkeiten bei der Durchführung des Hindenburg-Programms erschütterten die Stellung Groeners, der die Leitung des Kriegsamtes zunächst als Vertrauter der Obersten Heeresleitung übernommen hatte, nun aber durch seine realistische Einschätzung der militärischen und kriegswirtschaftlichen Situation bei Ludendorff in Mißkredit geriet. Bei der Schwerindustrie hatte Groener sich ohnehin unbeliebt gemacht, weil er nach dem Kanzlerwechsel im Juli 1917 mit einer in seinem Amt ausgearbeiteten Denkschrift für eine staatliche Begrenzung der Unternehmergewinne hervorgetreten war. Das gemeinsame Auftreten der Obersten Heeresleitung und der Großindustrie führten im August 1917 zur Ablösung Groeners durch den aus der traditionellen Bürokratie des preußischen Kriegsministeriums hervorgegangenen Generals von Scheüch.

Nach dem Scheitern der Frühjahrsoffensive 1918 versuchte die Oberste Heeresleitung im Juni 1918 noch einmal, durch die alte Forderung nach totaler Mobilisierung und Militarisierung der Wirtschaft das Blatt zu wenden. Die Vorschläge waren im wesentlichen die gleichen wie im Herbst 1916: Wehrpflicht für alle Männer von 15 bis 60 Jahren, Dienstpflicht für Frauen, Bindung der Arbeiter an den Arbeitsplatz durch militärischen Befehl, Intensivierung der Arbeit durch Disziplinarmaßnahmen. Um der gespannten sozialen Lage wenigstens in einem Punkt Rechnung zu tragen, machte sich nunmehr auch die Oberste Heeresleitung die Forderung nach Kontrolle der Unternehmergewinne zu eigen. Die zivilen und militärischen kriegswirtschaftlichen Ressorts konnten wieder nur auf den utopischen Charakter der Forderungen hinweisen: Die Arbeitskräfte waren bis zum letzten mobilisiert, durch organisatorische Maßnahmen irgendwelcher Art war daran nichts zu ändern. Interessant ist in diesem Zusammenhang der Einwand des Kriegsamtes, daß mit einer militärischen Kontrolle der Betriebe die Arbeiter einverstanden wären, nicht dagegen die Unternehmer, »die sich militärischen Behörden nicht fügen wollten«[29]. Es kommt einem Eingeständnis der ausweglosen kriegswirtschaftlichen Situation gleich, daß die Oberste Heeresleitung im Juli 1918 erstmals die Truppenführer, die nach Groeners Zeugnis bis dahin über die Ersatz- und Rüstungslage weitgehend im unklaren waren, über die wirtschaftlichen Schwierigkeiten informierte[30]. Utopisch blieb die deutsche Rüstungspolitik bis zum Schluß: Kurz vor dem Zusammenbruch, im September 1918, vereinbarten Schwerindustrie und militärische Führung ein großes U-Boot-Programm (Scheer-Programm), das wieder einmal England zum Frieden zwingen sollte.

Da die Mittelmächte im Verlaufe des Krieges ihre militärischen Aktionen immer besser koordinierten und so einer gemeinsamen Kriegführung nahe kamen, liegt es auf der Hand, nach einer ähnlichen Entwicklung in der Kriegswirtschaftspolitik zu suchen. Aber so etwas wie eine zentral koordinierte mitteleuropäische Kriegswirtschaft, welche die weltwirtschaftliche Integration der einzelnen Bündnispartner ersetzte, hat es kaum gegeben. Deutschland, Österreich-Ungarn, Bulgarien und die Türkei handelten wirtschaftlich weitgehend selbständig, es fand nur ein begrenzter Austausch auf der Grundlage meist bilateraler Vereinbarungen statt.

Von den deutschen Verbündeten besaß nur *Österreich-Ungarn* eine eigene Rüstungsindustrie[31]. Im Bereich der unmittelbaren Heeresversorgung betrieb man in Österreich von Kriegsbeginn

[29] Zit. nach Ludendorff (Hrsg.), *Urkunden der Obersten Heeresleitung*, S. 111.

[30] Vgl. Ludendorff (Hrsg.), *Urkunden der Obersten Heeresleitung*, S. 172ff., und W. Groener, *Lebenserinnerungen*, S. 377.

[31] Vgl. R. Riedl, *Die Industrie Österreichs während des Krieges*. Hölder-Pichler-Tempsky, Wien 1932; G. Gratz und R. Schüller, *Der wirtschaftliche Zusammenbruch Österreich-Ungarns. Die Tragödie der Erschöpfung*. Hölder-Pichler-Tempsky, Wien 1930.

an eine strikte Militarisierung der Wirtschaft. Waffen- und Munitionsfabriken und andere kriegswichtige Betriebe wurden nach dem Kriegsleistungsgesetz von 1912 militärischer Kontrolle unterstellt. Dadurch erhielt das Kriegsministerium die Möglichkeit, Waffen, Munition usw. durch direkte Anweisung ohne den Umweg über den Preismechanismus (aber natürlich gegen Entschädigungen) an sich zu ziehen. Im übrigen betraf die militärische Kontrolle in der praktischen Konsequenz vor allem die Arbeiterschaft: Die Arbeiter eines militarisierten Betriebes waren an den Arbeitsplatz gebunden und militärischer Disziplin und Gerichtsbarkeit unterworfen. Außerhalb der eigentlichen Rüstungsfabriken begann ab Ende 1914 die staatliche Intervention mit der Einrichtung einer Rohstoffbewirtschaftung nach deutschem Muster. Auf den zunehmenden Mangel reagierte die Staatsverwaltung schließlich 1917 in einer für deutschsprachige Länder nicht untypischen Weise mit dem Aufbau einer umfänglichen Kriegswirtschaftsorganisation, die sich einerseits auf die Ministerialbürokratie (»Generalkommissariat für Kriegs- und Übergangswirtschaft« im Handelsministerium, »Kommission für Kriegs- und Übergangswirtschaft« als interministerielle Koordinierungsstelle), andererseits auf neu geschaffene Selbstverwaltungsverbände der privaten Wirtschaft stützte. Bei dieser Entwicklung wird man unwillkürlich an Robert Musils ›Mann ohne Eigenschaften‹ erinnert, denn es kam offenbar mehr auf die Vollständigkeit der Organisation als auf das praktische Ergebnis an; im August 1918 z.B., als die Alliierten ihre Balkanoffensive vorbereiteten und als es in Österreich aus Mangel an Arbeitskräften und Material längst nichts mehr zu bauen gab, wurde ein »Wirtschaftsverband des Baugewerbes« gegründet, der in acht Gewerbegruppen die Bauleute von den Baumeistern bis zu den Deichgräbern vollständig »erfaßte«[32]. Die direkten Produktionsanweisungen der Heeresverwaltung sowie die Zuweisung von Arbeitskräften, Rohstoffen und Kohle waren de facto die wesentlichen zentralen Lenkungsinstrumente. Ungelöst blieb in der Kriegswirtschaftspolitik bis zum Schluß die unkontrollierte Parallelität von Heeresverwaltung und für die allgemeine zivile Wirtschaftspolitik zuständigen Ressorts, ferner als besonderes Problem der Habsburger-Monarchie der wirtschaftspolitische Partikularismus der beiden Reichshälften Österreich und Ungarn, der sich unter dem Druck der gemeinsamen Not nicht mil-

32 Vgl. Riedl, *Die Industrie Österreichs*, S. 80.

derte, sondern im Gegenteil verschärfte. Früher und deutlicher als in Deutschland erdrückte schließlich der allgemeine Mangel alle anderen Überlegungen. Die Produktion von Waffen und Munition sank 1918 unter den Monatsdurchschnitt von 1914; die Soldaten, die schon im Winter 1917/18 unvorstellbar gelitten hatten, waren ausgehungert und trugen zerlumpte Uniformen und zerrissene Schuhe; die Versorgung der Zivilbevölkerung mit industriellen Konsumgütern war schon vorher zusammengebrochen.

Bulgarien und die *Türkei* besaßen keine eigene Rüstungsindustrie und waren daher ganz auf die Verbündeten angewiesen[33]. Gegenüber Bulgarien machten die Mittelmächte erhebliche Hilfsversprechen, um die Regierung auf ihre Seite zu ziehen. Im Herbst 1915 wurde eine Militärkonvention zwischen Deutschland und Bulgarien abgeschlossen, in der Deutschland die Lieferung von Kriegsmaterial versprach, »soweit dies mit Rücksicht auf die eigenen Bedürfnisse möglich ist«[34]. An die Türkei lieferte Deutschland nach Berechnungen des preußischen Kriegsministeriums Kriegsmaterial für insgesamt 616 Mio. Mark, an Bulgarien für insgesamt 1074 Mio. Mark[35]. Als Gegenlieferung kamen vor allem Rohstoffe und Lebensmittel in Frage. Die Türkei lieferte Erze, Wolle, Baumwolle, Leder, Getreide, und einige andere Lebensmittel; Bulgarien lieferte Erze, verschiedene Lebensmittel und vor allem Tabak. Aber die großen Erwartungen, die man in Deutschland, gerade nach der Blockade, auf die Bodenschätze und Agrarprodukte der Türkei und später Bulgariens setzte, wurden enttäuscht. Schuld war einmal die begrenzte Produktionskapazität dieser wenig entwickelten Länder, die unter den Belastungen des Krieges nicht einmal für die Inlandsnachfrage ausreichte, zum anderen die schwierige Transportsituation. Der Balkan und die Türkei waren die bevorzugten Ziele des deutschen Imperialismus, aber die wirtschaftliche Ausbeutung dieser Gebiete setzte Investitionen besonders auch in die Infrastruktur voraus, die während des Krieges offensichtlich nicht zu leisten waren[36].

[33] Vgl. G. T. Danaillow, *Les effets de la guerre en Bulgarie*. Presses Universitaires de France, Paris 1932; A. Emin, *Turkey in the World War*. Yale UP, New Haven 1930.

[34] von Wrisberg, *Erinnerungen*. Bd. 2, S. 187.

[35] von Wrisberg, *Erinnerungen*. Bd. 2, S. 288f.

[36] Vgl. F. G. Weber, *Eagles on the Crescent. Germany, Austria and the Diplomacy of the Turkish Alliance, 1914–1918*. Cornell UP, Ithaca 1970. L. Rathmann, *Stoßrichtung Nah-Ost 1914-1918*. Rütten & Loening, Berlin 1963.

Die wirtschaftliche Kooperation der Mittelmächte scheiterte zum großen Teil an der allgemeinen Not. Gegen Ende des Krieges waren die österreich-ungarischen, bulgarischen und türkischen Truppen deutlich schlechter mit Lebensmitteln, Bekleidung, Waffen und Munition ausgerüstet als die deutschen Truppen, andererseits war die Versorgung in Deutschland aber auch nicht so, daß man sie leicht hätte einschränken können zugunsten größerer Lieferungen an die Verbündeten. Die Unterstützung der Verbündeten wurde in Deutschland bis zum Schluß nicht als Beitrag zur gemeinsamen Kriegsanstrengung, sondern als Entgegenkommen an die verbündeten Regierungen betrachtet. Wenn man Ernst von Wrisberg, der als Direktor des Allgemeinen Kriegsdepartements im preußischen Kriegsministerium eine wichtige Position in der deutschen Rüstungspolitik einnahm, glauben darf, war sogar der Vorstoß des deutschen Imperialismus zum Kaukasus eine mehr oder weniger selbstlose »Unterstützung des uns befreundeten Staates Georgien«[37]. Bei dieser Einstellung waren die für die deutsche Rüstungspolitik verantwortlichen Stellen wenig geneigt, den Verbündeten wesentliche materielle Zugeständnisse zu machen, zumal sie der Kriegswirtschaftspolitik der verbündeten Regierungen mißtrauten. Die vorherrschende Meinung vermutete jenseits der deutschen Grenzen Ineffizienz, Schlendrian und Korruption. Auf der politischen Ebene scheiterte die wirtschaftliche Kooperation der Mittelmächte in erster Linie am deutschen Herrschaftsanspruch gegenüber den schwächeren Verbündeten. Im Grunde richtete sich die Stoßkraft des deutschen Imperialismus, wenn auch etwas verhüllter, genauso gegen die Verbündeten wie gegen die Kriegsgegner. Entsprechend meinte man in Deutschland, wenn von stärkerer wirtschaftlicher Koordinierung zwischen den Mittelmächten die Rede war, eine strikte Unterwerfung der Verbündeten unter die Kriegswirtschaftspolitik des Deutschen Reiches. Für die besonderen wirtschaftlichen Bedingungen und Interessen der Verbündeten fehlte in Deutschland jedes Verständnis, eine Überheblichkeit, die sich auf höherer Ebene in der Kriegszieldiskussion wiederholte. Dieser deutsche Vormachtsanspruch provozierte umgekehrt in Österreich-Ungarn, Bulgarien und der Türkei Mißtrauen und antideutsche Ressentiments, die einer Kooperation innerhalb des Bündnissystems auch nicht

[37] von Wrisberg, *Erinnerungen.* Bd. 3, S. 235.

gerade förderlich waren. Hinter der offiziellen Fassade des Bündnisses haben die Mittelmächte im Verlauf des Krieges sich immer mehr entfremdet.

Die Alliierten

Die wirtschaftliche Führungsmacht im alliierten Bündnis war *Großbritannien*, wenn auch nicht so ausgeprägt wie im anderen Lager Deutschland. Bis zum Kriegsausbruch orientierte die britische Rüstungspolitik sich an einer strategischen Planung, die zusammen mit der französischen Regierung ausgearbeitet worden war, und die ein Expeditionskorps von sechs Divisionen vorsah[38]. Großbritannien war also weder für eine große, noch für eine zeitlich lange Kriegsanstrengung gerüstet. Man rechnete mit einer Kriegsdauer zwischen drei und acht Monaten, angesichts der bekannten deutschen Rüstungsanstrengungen ein schwer begreiflicher Optimismus. Lord Kitchener, der am 6. August 1914 das Kriegsministerium übernahm, war eine Ausnahme; er hielt Deutschland militärisch für wesentlich stärker als Frankreich und Rußland und folgerte daraus, daß Großbritannien weit größere Lasten als erwartet in einem möglicherweise jahrelangen Krieg werde tragen müssen.

Die Streitkräfte wurden tatsächlich sehr schnell ausgedehnt, aber weder Kitchener noch sonst jemand übersah die wirtschaftlichen Konsequenzen, die die strategische Planung nach sich zog. Im Gegenteil: Die populäre Erwartung eines kurzen Krieges (»over by Christmas«) verband sich mit der allgemeinen Zuversicht, daß die Kriegführung keinerlei Beeinträchtigung der normalen Wirtschaftstätigkeit bedeuten würde (»business as usual«)[39]. Das paßte dann genau zu der vorherrschenden liberalen Einstellung, die dem Staat in Wirtschaftsdingen ohnehin nicht viel zutraute; im Wirtschaftsministerium hielt man es für die wichtigste Aufgabe der Kriegswirtschaftspolitik, die Geschäftswelt zu überzeugen, daß es keinerlei Staatsintervention geben werde[40]. Um den Bedarf der Streitkräfte

[38] Vgl. P. Guinn, *British Strategy and Politics 1914 to 1918.* Oxford UP 1965. – Ausführlich zur britischen Rüstungspolitik die offizielle *History of the Ministry of Munitions.* 12 Bde. o. O., 1921–22. Sie ist zugänglich u. a. im Imperial War Museum, London.

[39] Vgl. D. Lloyd George, *War Memoirs.* 6 Bde. Nicholson & Watson, London 1933–36. Bd. 2, S. 710.

[40] S. J. Hurwitz, *State Intervention in Great Britain. A Study of Economic Control and Social Response, 1914–1919.* Columbia UP, New York 1949, S. 65.

sicherzustellen, hatte die Regierung gesetzliche Vollmachten, die formal sehr weit reichten. Der aus der victorianischen Zeit stammende, mehrfach ergänzte »Army Act« bot eine Grundlage für die Requirierung von vorhandenen Vorräten. Man kann diese gesetzliche Grundlage mit dem deutschen Beschlagnahmerecht vergleichen, das sich in ähnlicher Weise ursprünglich auf den direkten Bedarf der Truppen bezog, dann aber die formale Grundlage für weitreichende Eingriffe in die Wirtschaft wurde. Eine zweite gesetzliche Grundlage war der »Defence of the Realm Act«, der erstmals im August 1914 verabschiedet und dann mehrfach ergänzt wurde. Er gab der Regierung das Recht, in jedem Betrieb, der Waffen, Munition oder andere kriegswichtige Güter herstellte, die Produktion ganz oder teilweise zu requirieren[41].

In späteren Ergänzungen zum Defence of the Realm Act wurden die Kontrollrechte noch erweitert, insbesondere wurde im März 1915 die Regierung ermächtigt, in kriegswichtigen Betrieben Anordnungen für die Produktion zu geben, auch den darin beschäftigten Arbeitern Weisungen zu erteilen und über die Einstellung von Arbeitern zu entscheiden.

Es ergab sich aus der liberalen Grundhaltung und dem pragmatischen Vorgehen, daß die Regierung von diesen formal sehr weitreichenden Vollmachten nur zögernd Gebrauch machte. Im Ganzen war die Rüstungspolitik während der ersten Kriegsmonate systemadäquat marktwirtschaftlich; direkte Kontrollen waren eine seltene Ausnahme, z. B. bei der Requirierung von Transportmitteln. Das Kriegsministerium überschüttete die Rüstungsindustrie des Landes und einige kanadische und US-amerikanische Unternehmen mit Aufträgen für Waffen und Munition zu großzügigen Preisen, um dann die Durchführung völlig den Betrieben zu überlassen. Der einzelne Unternehmer rechnete bei der Hereinnahme der Aufträge damit, daß er seine Kapazitäten ausbauen konnte, aber bei der insgesamt schnell steigenden Staatsnachfrage wurden Facharbeiter, Maschinen und Rohstoffe bald knapp, so daß die Betriebe mit ihren Lieferungen in Verzug gerieten. Bis Ende 1914 hatte die Regierung im In- und Ausland Kontrakte über insgesamt rund zehn Millionen Granaten vergeben, tatsächlich produziert wurde eine halbe Million; bei anderem Kriegsgerät war es ähnlich.

[41] Zit. nach E. V. Morgan, *Studies in British Financial Policy, 1914–1925*. Macmillan, London 1952, S. 45.

Als wichtigster Engpaß in der Rüstungsindustrie galt der Mangel an Facharbeitern. Da es in Großbritannien keine Wehrpflicht gab, gab es auch kein ausgearbeitetes System von Prioritäten und Zurückstellungen. Die Werbebüros der Streitkräfte nahmen jeden, der sich meldete und tauglich war. In den ersten drei Kriegsmonaten traten wöchentlich 75000 Freiwillige in die Streitkräfte ein, Ende 1914 waren es immer noch 30000 Freiwillige wöchentlich. Im Sommer 1915 hatten die verschiedenen Zweige der Rüstungsindustrie (Metall, Chemie, Schiffbau) nach einer Erhebung des Wirtschaftsministeriums zwischen 16 und 24 Prozent ihrer Arbeiter verloren[42].

Die Industrie versuchte frühzeitig, den Mangel an Facharbeitern durch Anwerben ungelernter Arbeiter bei gleichzeitiger Standardisierung des Produktionsprozesses auszugleichen. Damit waren aber zentrale Interessen der gelernten Arbeiter berührt. Die Gewerkschaften der Facharbeiter, die in der Rüstungsindustrie den Ton angaben, hatten den Unternehmern in harten Auseinandersetzungen eine Reihe von Zugeständnissen abgerungen, die die Sicherung der Arbeitsplätze und die Wahrung der Qualifikation ihrer Mitglieder betrafen. Wenn große Massen ungelernter Arbeiter in die Fabriken strömten und wesentliche Teile des Produktionsprozesses übernehmen würden, mußte die bisherige »Arbeiteraristokratie« um die Sicherheit ihrer Arbeitsplätze und um ihr Lohnniveau fürchten. Sie setzte daher dem Programm der »dilution« (wörtlich: »Verdünnung«), wie man die Auffüllung der Fabriken mit ungelernten Arbeitern und insbesondere auch Frauen bezeichnete, zunächst heftigen Widerstand entgegen. Versuche einzelner Unternehmer, die dilution gegen den Willen der Arbeiter und ihrer Gewerkschaften einzuführen, wurden mit Streiks beantwortet. Gleichzeitig liefen aber auch Verhandlungen zwischen Unternehmern und Gewerkschaften um einen Kompromiß, der beiden Seiten gerecht werden sollte. Sie führten, nachdem auch die Regierung interveniert hatte, im März 1915 zum »Shells and Fuses Agreement«. Danach stimmten die Gewerkschaften für die Dauer des Krieges der dilution zu. Andererseits wurde vereinbart, nach dem Krieg wieder die alten Zustände herzustellen, und die dilution durfte weder zur Entlassung von Facharbeitern, noch zur Lohnsenkung ausgenutzt werden[43].

[42] Vgl. H. Wolfe, *Labour Supply and Regulation*. Clarendon Press, Oxford 1923.

[43] Vgl. ausführlich zur »dilution« G. D. H. Cole, *Trade Unionism and Munitions*. Clarendon Press, Oxford 1923.

Dieser Kompromiß entsprach auch den Intentionen der Regierung, die die Industrie unterstützte, dabei aber nach Möglichkeit den sozialen Frieden wahren wollte. Vom Februar 1915 an untersuchte ein staatliches »Committee on Production« die Produktionsbedingungen in der Rüstungsindustrie. Aufgrund der Empfehlungen des Komitees schlossen Gewerkschaften und Staat Ende März 1915, bald nach dem Shells and Fuses Agreement, das »Treasury Agreement«. Dies Abkommen ist als eine inhaltliche Präzisierung und Konkretisierung der »Burgfriedenspolitik« anzusehen. Die Gewerkschaften erklärten in ihm ihre Bereitschaft zur Kooperation in der Rüstungspolitik; sie stimmten für die Dauer des Krieges der dilution zu, verzichteten auf Streiks in Kriegsindustrien und akzeptierten die Zwangsschlichtung von Arbeitskonflikten entweder durch paritätisch besetzte Ausschüsse oder durch staatliche Kommissionen. Das Abkommen war ein beträchtlicher Erfolg für die Regierung, der konkrete Nutzen konnte sich freilich erst bei der Durchführung in der Zukunft zeigen. Währenddessen ging die Rüstungspolitik des »business as usual« einer Krise entgegen.

Die Armeeführung in Frankreich beschwerte sich in immer dringenderen Memoranden über eine nach Menge und Qualität unzulängliche Bewaffnung[44]. Nach dem Übergang zum Stellungskrieg, so war einem Memorandum Frenchs vom Januar 1915 zu entnehmen, war der Materialeinsatz überhaupt der entscheidende Faktor: »Durch die feindlichen Linien zu brechen, ist hauptsächlich eine Frage des Munitionseinsatzes. Wenn genügend Munition herangeschafft wird, läßt sich ein Weg durch die Front sprengen. Wenn der Versuch scheitert, dann zeigt das, vorausgesetzt, daß Infanterie und Artillerie richtig koordiniert worden sind, daß zu wenig Munition eingesetzt wurde; das heißt, man muß entweder mehr Geschütze heranschaffen, oder man muß die Munitionszuteilung pro Geschütz steigern.«[45] Zum Eklat kam es, als die Armeeführung die unzulängliche Bewaffnung der Streitkräfte für das Scheitern der britischen Mai-Offensive bei Festubert verantwortlich machte[46] und die Vorwürfe gegen das Kriegsministerium in

[44] Vgl. Lloyd George, *War Memoirs*. Bd. 1, S. 124ff.

[45] Zit. nach Guinn, *British Strategy and Politics*, S. 49. – Sir John French war Chef des Generalstabes und von August bis Dezember 1914 gleichzeitig Befehlshaber der britischen (Expeditions-)Streitkräfte in Frankreich.

[46] Vgl. C. R. M. F. Cruttwell, *A History of the Great War 1914–1918*. 2. Aufl., Oxford University Press, 1940. S. 158.

die Öffentlichkeit brachte. Der »Granaten-Skandal« führte zusammen mit dem Mißerfolg an den Dardanellen zum Rücktritt der ersten Regierung Asquith.

Für die neue Koalitionsregierung Asquith war die Rüstungspolitik zwangsläufig ein zentraler Programmpunkt. Der führende Kopf war dabei Lloyd George, der vorher Finanzminister gewesen war und im Juni 1915 die Leitung des neu geschaffenen Rüstungsministeriums übernahm. Daß die Verantwortung für die Rüstung dem Kriegsministerium Lord Kitchener entzogen und einem neuen Ministerium übertragen wurde, war mehr als eine Formalität. Die Rüstungspolitik wurde fortan in enger Zusammenarbeit zwischen Staat und Wirtschaft gestaltet. Lloyd George rühmte es als besonderen Vorzug, daß sein Ministerium in striktem Unterschied zur traditionellen Verwaltung »von vorne bis hinten eine Geschäftsleute-Organisation« war, in der die entscheidenden Posten mit Unternehmern besetzt wurden, die für die Kriegsdauer in den Staatsdienst traten[47]. Obwohl die Rüstungsprogramme des Kriegsministeriums noch lange nicht realisiert waren, setzte das Rüstungsministerium die Planzahlen noch einmal kräftig herauf, teilweise bis auf das Doppelte. Lloyd George hatte seine Informationen über den voraussichtlichen Materialbedarf unter Umgehung des Kriegsministeriums unmittelbar bei britischen und französischen Frontoffizieren eingeholt, so daß interministerielle Konflikte nicht ausblieben. Das Rüstungsministerium ließ Waffen und Munition in Mengen produzieren, die das Kriegsministerium ausdrücklich für unnötig erklärte, behielt damit aber recht; die Planzahlen wurden später sogar noch mehrfach heraufgesetzt.

Die Zeit des »business as usual« war nunmehr vorbei. Es wurde eine Organisation aufgebaut, die es erlaubte, die gesamte Industriekapazität des Landes schrittweise in den Dienst der Rüstungsproduktion zu stellen, und das Ministerium scheute dabei vor direkten Eingriffen in die Organisation der Produktion nicht mehr zurück. Die »Kontrolle der Industrie« wurde geradezu ein Schlagwort dieser neuen Politik. Ursprünglich war »Kontrolle« in einem ganz konkreten Sinn interpretiert worden. Nach einem Memorandum vom März 1915 sollten die Vollmachten der »Defence of the Realm Acts« voll ausgeschöpft und die großen Rüstungsbetriebe wie Vickers, Arm-

[47] Lloyd George, *War Memoirs*, Bd. 1, S. 245.

strong, Birmingham Small Arms und Coventry Ordnance direkten staatlichen Anweisungen unterstellt werden. Dieser Plan wurde fallengelassen, als er auf den strikten Widerstand der betroffenen Firmen stieß. Wenn danach von »Kontrolle« die Rede war, bedeutete es konkret nur mehr staatliche Koordinierung der privatwirtschaftlichen Aktivität und Begrenzung der privaten Profite, oder jedenfalls den Versuch dazu[48].

Ein stärkeres Element von Kontrolle kam in die Rüstungswirtschaft durch Ausdehnung des staatlichen Sektors. Neben den traditionellen königlichen Arsenalen in Woolwich, Waltham Abbey, Enfield und Farnborough gab es Ende Dezember 1915 bereits rund 70, und bei Kriegsende über 200 »national factories«. Sie waren teils neu gebaut, teils von privaten Eigentümern übernommen worden, die dann nach Maß ihrer Vorkriegsprofite entschädigt wurden. Die staatlichen Rüstungsfabriken spezialisierten sich auf die Massenproduktion von einfachem Kriegsmaterial wie Gewehre, Pulver und Sprengstoff, Granaten und Infanteriemunition. Sie hatten bei diesen Produkten einen erheblichen Marktanteil (rund 50 Prozent) und galten als Vorbilder bei der Einführung standardisierter Fertigungsmethoden. Ein nicht unwichtiger Nebeneffekt war, daß die Behörden anhand der Kostenrechnung der staatlichen Fabriken die Preisgestaltung der privaten Industrie besser kontrollieren konnten.

Auch der private Rüstungssektor wurde erheblich ausgedehnt. Das Kriegsministerium hatte seine Aufträge vorzugsweise an die staatlichen Arsenale und an die wenigen etablierten Rüstungsunternehmen vergeben. Dagegen war das neue Rüstungsministerium bestrebt, möglichst viele Betriebe für die Rüstungsproduktion heranzuziehen, um die Produktion schnell zu steigern und dabei gleichzeitig die Voraussetzungen zu schaffen für eine Produktionssteigerung auf lange Sicht, für die der traditionelle Rüstungssektor in jedem Fall zu klein war. Am Ende arbeitete der größte Teil der Industrie direkt oder indirekt für die Rüstung. Die Zulassung neuer Firmen zum Rüstungsgeschäft hatte den Nebeneffekt, daß die Regierung in einigen Fällen die Preise der Rüstungsgüter erheblich herabdrücken konnte. Die etablierten Rüstungsfirmen hatten in den ersten Kriegsmonaten die Vorkriegspreise gefordert und erhalten, manchmal sogar mit dem Hinweis auf notwendige Erwei-

[48] Vgl. *History of the Ministry of Munitions*. Bd. 1, Teil 2, S. 68ff.

terungen höhere Preise durchgesetzt, obwohl die hohen Stückzahlen zu sinkenden Stückkosten führten. Die neuen Anbieter rechneten von vornherein mit größeren Mengen, wollten außerdem gerne ins Geschäft kommen und akzeptierten daher niedrigere Preise. Das Standardgeschoß der Feldartillerie zum Beispiel, die 18-Pfund-Brisanzgranate, kostete den Staat Anfang 1915 bis zu 32 Shilling pro Stück (oder ungefähr den Wochenlohn eines Arbeiters). Firmen außerhalb der traditionellen Rüstungsindustrie boten das Geschoß Mitte 1915 zu 20 Shilling an, und Ende 1915 konnte das Rüstungsministerium Preise von $12^1/_2$ Shilling durchsetzen, die den Fabrikanten nach eigenen Angaben immer noch einen Profit ließen. Die Kosten schätzte das Ministerium aufgrund einer Analyse des Produktionsprozesses (technical costing) auf 9 bis 10 Shilling.

Die Verschmelzung von staatlicher Bürokratie und Rüstungsindustrie in Richtung auf eine »staatsmonopolistische« Organisation gelang relativ schnell und ohne nennenswerte Konflikte. Ein sehr viel schwierigeres Problem war es aber, die Gewerkschaften und vor allem die Basis der Arbeiterschaft in dieses System zu integrieren[49]. In dem »Munitions of War Act« vom Juli 1915 schuf die Regierung sich eine breite gesetzliche Grundlage für ihre Politik gegenüber der Arbeiterschaft. Nach diesem Gesetz konnte die Regierung jeden kriegswichtigen Betrieb zum »kontrollierten Betrieb« (controlled establishment) erklären. Für derartige kontrollierte Betriebe galt: Alle Regeln, die die Produktivität beschränkten, waren verboten; Löhne durften nur mit Einwilligung der Regierung verändert werden; Profite waren auf eine Summe zu begrenzen, die 20 Prozent über dem Durchschnitt der letzten beiden Vorkriegsjahre lag. Damit wurden für die kontrollierten Betriebe im wesentlichen Grundsätze gesetzlich sanktioniert, die vorher zwischen Unternehmern, Gewerkschaften und Staat in den freiwilligen Vereinbarungen des Shells and Fuses Agreement und des Treasury Agreement fixiert worden waren. Zusätzlich gab es die staatliche Lohnkontrolle, eine Entsprechung zu der von den Gewerkschaften geforderten Gewinnkontrolle. In den nicht-kontrollierten Betrieben galten für die Organisation der Produktion die freiwilligen Vereinbarungen vom März 1915 weiter. In einem wesentlichen Punkt ging das Gesetz aber über

[49] Vgl. G. D. H. Cole, *Trade Unionism and Munitions* und ders., *Workshop Organization.* Clarendon Press, Oxford 1923.

alle bisherigen Vereinbarungen weit hinaus: es führte die Bindung der Arbeiter an den Arbeitsplatz ein.

Mit dieser Politik stieß die Regierung auf erheblichen Widerstand. Die Gewerkschaften waren zwar grundsätzlich zur Kooperation bereit und akzeptierten die meisten Bestimmungen des Munitions of War Act, lehnten aber die Beschränkung der Freizügigkeit entschieden ab. In den Betrieben führte nicht nur die Beschränkung der Freizügigkeit, sondern beinahe mehr noch die Durchführung der dilution zu Protesten, ungeachtet der Tatsache, daß die Gewerkschaftsführung der dilution grundsätzlich zugestimmt hatte. Im Industriezentrum am Clyde und an verschiedenen anderen Plätzen kam es zum offenen Widerstand. Diese Unruhen waren weder statistisch repräsentativ für die gesamte Arbeiterschaft, noch haben sie die Steigerung der Rüstungsproduktion merklich beeinträchtigt, aber sie zeigten, daß die Rüstungspolitik in der Belastbarkeit des »Burgfriedens« eine Grenze hatte. Diese Grenze wurde auch deutlich an dem, was die Regierung *nicht* tat. Ursprünglich wünschte Lloyd George eine zivile Dienstpflicht, die dem Staat das Recht geben sollte, jeden Arbeiter auf jeden beliebigen Arbeitsplatz zu kommandieren. Dieser Plan wurde in Anbetracht des zu erwartenden Widerstandes aufgegeben, stattdessen im Juni 1915 nur ein vergleichsweise harmloser ziviler Arbeitsdienst auf freiwilliger Basis, das »War Munitions Volunteer Scheme«, eingerichtet.

Lloyd George leitete das Rüstungsministerium nur ein Jahr lang. Im Juni 1916 wurde er Kriegsminister, als Nachfolger Kitcheners, der auf der Fahrt nach Rußland den Tod gefunden hatte[50]. Mit einigem Recht nahm Lloyd George in seinen Erinnerungen für sich in Anspruch, eine Wende in der britischen Kriegswirtschaft eingeleitet zu haben. Die laufende Produktion an Rüstungsmaterial war gewaltig gesteigert worden, und gleichzeitig war eine kriegswirtschaftliche Organisation aufgebaut worden, die es ermöglichte, die Steigerung der Rüstungsproduktion stetig fortzusetzen. Die Mobilisierung der Industrie auf staatsmonopolistischem Wege war das Gegenstück

[50] Der Kreuzer »Hampshire«, der Kitchener zu Verhandlungen über die britische Waffenhilfe und über strategische Fragen nach Rußland bringen sollte, lief am 5. Juni 1916 auf eine Mine; fast die gesamte Besatzung kam um. Lloyd George wollte das Rüstungsministerium wieder als Abteilung in das Kriegsministerium eingliedern, wäre dadurch aber seinen innenpolitischen Konkurrenten zu mächtig geworden. Vgl. Guinn, *British Strategy and Politics 1914 to 1918*.

zur Mobilisierung der Bevölkerung mit Hilfe der allgemeinen Wehrpflicht.

Im Juni 1916 eröffneten die britischen Truppen mit einer gewaltigen Materialüberlegenheit die Somme-Offensive. Im Oktober bereiste der deutsche Oberst Groener im Auftrag Hindenburgs und Ludendorffs den angegriffenen Frontabschnitt und war von dem pausenlosen Trommelfeuer der Alliierten außerordentlich beeindruckt[51]. Wenig später hatte Groener als Chef des Kriegsamtes das Hindenburg-Programm zu organisieren, das die wirtschaftlichen Ressourcen Deutschlands bis zum letzten mobilisieren sollte, um doch noch den Sieg zu erzwingen. Man sieht ganz konkret, wie verstärkte Rüstungsanstrengungen der einen Seite alsbald entsprechende Reaktionen des Gegners provozierten.

Für die Zeit nach dem Sommer 1916 verschiebt sich das historische Interesse von der Rüstungspolitik auf jene allgemeinen kriegswirtschaftlichen Maßnahmen, mit denen die britische Regierung auf den U-Boot-Krieg reagierte. Denn die entscheidende wirtschaftliche Schlacht wurde 1917 im U-Boot-Krieg geschlagen, darüber waren Freund und Feind sich einig. Daneben wurde freilich die Rüstungsproduktion weiterhin gesteigert, und als neues Problem stellte sich Lloyd Georges Nachfolgern im Amt des Rüstungsministers[52] die Aufgabe, die Massenproduktion der neuen chemischen und technischen Waffen (Gas, Flugzeuge, Tanks) zu organisieren[53]. Churchill strebte auch ein einheitliches Rüstungsministerium für beide Teilstreitkräfte an, stieß damit aber auf den Widerstand der traditionsbewußten Admiralität; nur die Flugzeugproduktion wurde schließlich für Heer und Marine einheitlich vom Rüstungsministerium organisiert.

Gegen Ende 1916 wurde deutlich, daß die wirtschaftlichen Ressourcen des Landes, gemessen an den enormen Ansprüchen des Krieges, keineswegs so unerschöpflich waren, wie man in den ersten Kriegsmonaten optimistisch angenommen hatte. Es fehlte an Facharbeitern, es trat auch Mangel an den wichtigsten industriellen Grundstoffen Kohle und Stahl ein, und es ga

[51] Vgl. Groener, *Lebenserinnerungen*, S. 326f.

[52] E. S. Montagu von Juli bis Dezember 1916, C. Addison von Dezember 1916 b Juli 1917, Winston Churchill von Juli 1917 bis Januar 1919 und schließlich A. We (Lord Inverforth) bis zur Auflösung des Ministeriums im März 1921.

[53] Vgl. zur Flugzeugproduktion neuerdings P. Fearon, *The Formative Years of t British Aircraft Industry, 1913–1924*. In: Business History Review 43 (1969).

Engpässe bei der Lebensmittelversorgung. Unter dem Eindruck der zunehmenden Knappheit bekannten sich schließlich auch hartnäckige Liberale zu staatlichen Kontrollen, die sich nicht mehr auf die Rüstungsindustrie beschränkten, sondern allmählich die gesamte Wirtschaft des Landes erfaßten. Die ersten Schritte zur Ausdehnung der staatlichen Kontrollen unternahm noch die Koalitionsregierung unter Asquith. Der Hauptkredit für die umfassende Mobilisierung der britischen Wirtschaft, teils als Antwort auf die hohen Kriegsanforderungen und teils als Antwort auf den intensivierten deutschen U-Boot-Krieg, wird jedoch allgemein der neuen Regierung einer »großen Koalition« (aus Konservativen, Liberalen und Labour Party) unter Lloyd George zugesprochen, die am 6. Dezember 1916 ihr Amt antrat. Eine Reihe neu geschaffener Ministerien machte die Ausweitung der staatlichen Befugnisse für jedermann sichtbar. Ein Bestandteil der wirtschaftlichen Mobilisierung sollte zunächst auch die allgemeine Dienstpflicht sein, die bereits im Sommer 1915 diskutiert worden war. Aber dieses Projekt fiel schließlich wieder mit Rücksicht auf die Labour Party unter den Tisch.

Da die Kriegsverluste immer weiter stiegen, mußte trotz großer wirtschaftlicher Schwierigkeiten die Priorität bei der Zuweisung von Arbeitskräften im Verlauf des Jahres 1917 wieder den Streitkräften zuerkannt werden. Die Fabriken wurden streng nach potentiellen Kriegshelden durchkämmt. Viele Arbeiter, die in der ersten Phase der dilution angelernt worden waren, wurden zur Armee eingezogen und durch Frauen ersetzt. Die Regierung glaubte sich schließlich sogar gezwungen, Facharbeiter einzuziehen, obwohl sie damit an ein Tabu rüttelte und stärkste Konflikte mit der organisierten Arbeiterschaft heraufbeschwor. Denn die Zeit der patriotischen Kriegsbegeisterung war längst vorbei, und die Gewerkschaften sahen es – wenn sie es auch nicht offen sagten – in der Praxis sehr hartnäckig als ihre Pflicht an, ihre Mitglieder vor dem Wehrdienst zu bewahren. Unter dem Eindruck der deutschen Frühjahrsoffensive 1918 gaben die Gewerkschaften dann noch einmal nach, um die Konzentration aller Kräfte auf die große Abwehrschlacht zu ermöglichen. Von März bis September 1918 mobilisierte Großbritannien zusätzliche 900000 Soldaten für die Front. Zugunsten der militärischen Präsenz wurden zwar nicht an der laufenden Rüstungsproduktion, aber an der wirtschaftlichen Planung für 1919 erhebliche Abstriche gemacht. Wie man weiß, ging diese Rechnung auf: der Herbst 1918 brachte den Alliierten den Sieg.

Tabelle 9. Vereinigtes Königreich: Rüstungsproduktion 1914 bis 1918 (Stückzahlen).

	1914	1915	1916	1917	1918
Geschütze	91	3390	4314	5137	8039
Tanks	—	—	150	1110	1359
Maschinengewehre (Tsd.)	0,3	6,1	33,5	79,7	120,9
Flugzeuge (Tsd.)	0,2	1,9	6,1	14,7	32,0
Flugmotore (Tsd.)	0,1	1,7	5,4	11,8	22,1
Gewehre (Mio.)	0,1	0,6	1,0	1,2	1,1
Granaten (Mio.)	0,5	6,0	45,7	76,2	67,3
Pulver und Sprengstoff (Tsd. t)	5	24	76	186	118

Quelle: *History of the Ministry of Munitions.* 12 Bde. o. O. 1921–22. Bd. 10, Teil 1; Bd. 12, Teile 1, 3 und 4.

In *Frankreich* war ebensowenig wie in anderen Ländern ein Krieg von längerer Dauer antizipiert oder wirtschaftlich vorbereitet worden[54]. Nach dem Kriegsausbruch wurden unverzüglich große Armeen mobilisiert, aber die wirtschaftliche Bedeutung der Einberufungen wurden zunächst nicht gesehen, weil der Krieg eine allgemeine Krise und hohe Arbeitslosigkeit mit sich gebracht hatte. Als ein schwerer Schlag auch in wirtschaftlicher Hinsicht machte sich die schnelle Eroberung der nördlichen nordöstlichen Grenzgebiete durch die deutschen Armeen bemerkbar. Das lothringische Industriegebiet um Briey ging schon im August 1914 verloren. Man hat später dem französischen Oberkommando zum Vorwurf gemacht, daß es die Bedeutung der Schwerindustrie für die Kriegführung nicht erkannt, und daher auch keine besonderen Maßnah-

[54] Vgl. als kurze Übersicht Gerd Hardach, *Französische Rüstungspolitik 1914-1918*. In: H. A. Winkler (Hrsg.), *Organisierter Kapitalismus*. Vandenhoeck & Ruprecht, Göttingen 1973. Eine geplante Studie von Albert Thomas über die Rüstungsindustrie ist nicht erschienen. Einige Angaben über die Rüstungspolitik findet man in C. Reboul, *Mobilisation industrielle*. Tome 1: *Les fabrications de guerre en France de 1914 - 1918*. Berger-Levrault, Nancy/Paris/Strasbourg 1925. Zur Industrie allgemein A. Fontaine, *L'industrie française pendant la guerre*. Presses Universitaires de France, Paris o. J.

men zum Schutz von Longwy-Briey getroffen habe[55]. Allerdings ist in Anbetracht der anfänglichen deutschen Überlegenheit fraglich, ob eine besser vorbereitete Verteidigung dieses Gebiet hätte behaupten können. Als sich im November 1914 nach der Marneschlacht und dem Wettlauf zum Meer die Front stabilisierte, lief sie mitten durch das nordfranzösische Industriegebiet. Die besetzten Gebiete machten nur 6 Prozent des gesamten Territoriums aus, aber in ihnen lebten und arbeiteten vor dem Krieg 10 Prozent der Bevölkerung, und 14 Prozent aller Industriearbeiter. Betroffen waren vor allem die Zentren der Schwerindustrie: 64 Prozent der Roheisenproduktion, 58 Prozent der Stahlproduktion, 49 Prozent der Kohleförderung kamen vor dem Krieg aus dem besetzten Gebiet[56].

Der Effekt von unzulänglicher Planung, rigorosen Einberufungen und dem schnellen Verlust wichtiger Industriezentren war ein allgemeiner Materialmangel an der Front. Die Friedensvorräte an Waffen und Munition waren bald verbraucht, und die Produktion lief erst langsam an. Von der »fünfundsiebziger« Granate, dem Standardgeschoß der Feldartillerie, wurden 14000 Stück täglich produziert, als einzelne Batterien bereits bis zu 1000 Granaten täglich verschossen; die militärische Führung verlangte im September einen Nachschub von 100000 Granaten täglich. Diese früh eingetretene »Munitionskrise« veranlaßte die Regierung im September 1914 zu einer Revision der Rüstungspolitik. Während vor dem Krieg ein großer Teil des Materials in staatlichen Artilleriewerkstätten und Munitionsfabriken hergestellt wurde (Granaten z. B. kamen ausschließlich aus staatlichen Fabriken), sollte das Schwergewicht der Produktion nunmehr auf die Privatindustrie verlagert werden. In Konferenzen des Kriegsministers mit führenden Industriellen aus der Stahlindustrie und der chemischen Industrie wurde im September und Oktober 1914 die Mobilisierung der Privatwirtschaft für die Rüstungsproduktion vorbereitet. Man unterscheidet zeitlich drei Phasen der wirtschaftlichen Mobilisierung. Zunächst wurde, um den Nachschub möglichst schnell zu steigern, jeder Betrieb, der nur irgendwie geeignet erschien, für die Rüstungsproduktion herangezogen, ohne Rücksicht auf die Wirtschaftlichkeit der Produktion. Vom Frühjahr 1915 an wurde die Produktion dann allmählich

[55] Vgl. P. Bruneau, *Le rôle du Haut Commandement au point de vue économique de 1914 à 1921*. Berger-Levrault, Nancy/Paris/Strasbourg 1924, S. 16.
[56] Fontaine, *L'industrie française pendant la guerre*, S. 40ff.

auf die leistungsfähigeren Großbetriebe konzentriert. Parallel dazu wurden Arbeitsteilung und Spezialisierung vorangetrieben. Die Gewehrfabrikation z. B. wurde 1915 auf verschiedene Betriebe verteilt, die sich jeweils auf einzelne Teile spezialisierten; die staatliche Manufaktur von Saint-Etienne setzte nur noch die Einzelteile zusammen[57]. Ab Anfang 1917 richtete man sich auf einen längeren Krieg ein, und es wurde eine Anzahl spezialisierter Rüstungsfabriken neu gebaut.

Zu einem Engpaß in der Rüstungsproduktion führte allmählich der Mangel an Arbeitskräften. In den ersten Kriegswochen war noch die Arbeitslosigkeit das große Problem gewesen. Unmittelbar nach der Mobilisierung waren, gemessen am Vorkriegsstand, 25 Prozent der Arbeiter einberufen, 40 Prozent waren arbeitslos; nur wenig mehr als ein Drittel waren also beschäftigt[58]. Betroffen waren vor allem Bauarbeiter, Buchdrucker, Arbeiter verschiedener Luxusindustrien und anderer nicht kriegswichtiger Gewerbe. In diesen Berufen hielt die Arbeitslosigkeit auch an, während in der Rüstungsindustrie schon ab September 1914 Facharbeiter fehlten. Um die Arbeitslosen unterzubringen, und andererseits Arbeiter für die Rüstungsindustrie und für die Landwirtschaft zu gewinnen, wurde im November 1914 ein öffentlicher zentraler Arbeitsnachweis in Paris eingerichtet; daneben organisierten das Kriegsministerium und das Landwirtschaftsministerium spezielle Arbeitsnachweise für Rüstungsarbeiter und Landarbeiter.

Vor allem konzentrierte sich die Rüstungsindustrie aber darauf, Facharbeiter, die bereits eingezogen waren, in die Betriebe zurückzuholen und neue Einberufungen von Facharbeitern zu verhindern. Vor dem Krieg hatte man Zurückstellungen in größerem Umfang nicht vorgesehen. Nach einem 1912 aufgestellten Plan sollten 11000 kriegspflichtige Facharbeiter zurückgestellt werden, davon 7600 für die staatlichen Munitionsfabriken. Zusammen mit den nicht kriegspflichtigen Arbeitern sollten staatliche und private Rüstungsindustrie zusammen etwa 45000 bis 50000 Arbeiter beschäftigen, und dieser Mobilisierungsplan wurde im August 1914 auch ziemlich genau realisiert[59]. Bereits ab September 1914 erhielt aber die Rüstungs-

[57] R. Pinot, *Le Comité des Forges de France au service de la nation (Août 1914–Novembre 1918)* Colin, Paris 1919, S. 192ff.

[58] Fontaine, *L' industrie française pendant la guerre*, S. 62.

[59] Vgl. Reboul, *Mobilisation industrielle*. Tome 1.

industrie unbedingte Priorität gegenüber den Anforderungen der Streitkräfte. Die Industriellen konnten Facharbeiter von der Armee zurückholen, indem sie Namenslisten einreichten oder ihren Bedarf in einer pauschalen Anzahl geltend machten; sie konnten auch in die Rekrutendepots gehen und dort Arbeiter anwerben. Bis Ende 1915 kehrten rund eine halbe Million Facharbeiter von der Armee in die Betriebe zurück. Die vom Militär beurlaubten Arbeiter hatten einen eingeschränkten rechtlichen Status, allerdings den Lohn ziviler Arbeiter, entgegen den Wünschen einiger Industrieller, die diese Arbeiter als Dienstpflichtige völlig einem quasi-militärischen Status unterwerfen wollten[60].

Insgesamt wurden die Mobilisierungen mit großer Rücksichtslosigkeit durchgeführt. Erst spät ordnete die Regierung an, daß Familienväter mit sechs und mehr Kindern beurlaubt wurden und daß Männer, die bereits mehrere Brüder oder Söhne im Krieg verloren hatten, nicht mehr in der vordersten Front kämpfen mußten. Frauen, Jugendliche, ausländische Arbeiter und Kriegsgefangene sollten zunehmend die als Soldaten dienenden oder schon gefallenen Männer ersetzen. Unmittelbar nach dem Kriegsausbruch erreichte die Beschäftigung der Industrie infolge der Mobilisierungen und der Wirtschaftskrise einen Tiefstand, aber schon ab September nahm die Beschäftigung stetig zu, und ab Anfang 1917 beschäftigte die Industrie im Durchschnitt wieder ungefähr so viele Arbeiter wie vor dem Krieg, freilich nicht mit der gleichen Qualifikation.

Ein weiterer Engpaß der Rüstungsproduktion blieb die geringe Leistungsfähigkeit der Schwerindustrie. Bergbau und Eisenindustrie wurden durch die Invasion fast vernichtend getroffen. Mehr als drei Viertel der Vorkriegskapazität des Bergbaus und der Eisen- und Stahlindustrie lagen entweder im besetzten Gebiet oder innerhalb der Kampfzone. Nach der Stabilisierung der Fronten wurden die im freien Frankreich verbliebenen Kapazitäten verstärkt genutzt und ausgebaut, im Norden Bergwerke, Kokereien und Stahlwerke wieder in Betrieb genommen, die teilweise noch in Reichweite der deutschen Artillerie lagen. Als Ersatz für die Kohle wurde außerdem die hydroelektrische Energiegewinnung ausgebaut[61]. Aber die

[60] Vgl. W. Ovalid und C. Picquenard, *Salaires et tarifs. Collections collectives et grèves*. Presses Universitaires de France, Paris 1928.

[61] Die Kapazität der Wasserkraftwerke stieg während des Krieges von 479000 kw auf 930000 kw. Frankreich stand damit in der Welt nach den USA und Kanada an

Produktionsverluste konnten damit nicht ausgeglichen werden, die französische Wirtschaft blieb sehr stark vom Import industrieller Grundstoffe abhängig. 1917 wurden knapp zwei Fünftel des Verbrauchs an Kohle, Koks und Roheisen importiert. Allein durch Kontrolle der Importe konnte der Staat daher eine ziemlich wirksame Kontrolle über die Industrie ausüben.

Für die Rüstungspolitik war zunächst das Kriegsministerium verantwortlich. Später (Mai 1915) erhielt die für rüstungswirtschaftliche Fragen in erster Linie zuständige Abteilung als »Sous Sécrétariat d'Etat de l'Artillerie« innerhalb des Ministeriums weitgehende Selbständigkeit[62], und im Dezember 1916 wurde ein besonderes Rüstungsministerium eingerichtet. Rüstungsminister war zunächst der den Rechtssozialisten zuge-

Tabelle 10. Frankreich: Produktion der Schwerindustrie 1913 bis 1918.

	1913 Mio. t	1913 Index	1915 Mio. t	1915 Index	1917 Mio. t	1917 Index
Kohle, Koks	40,8	100	19,5	48	28,9	71
Roheisen	5,2	100	0,6	12	1,7	33
Stahl	4,7	100	1,1	23	2,2	47

Quelle: A. Fontaine, *L'industrie francaise pendant la guerre*. Presses Universitaires de France, Paris o. J., S. 194, 372, 375.

hörende Politiker Albert Thomas, der bereits das »Sous-Sécrétariat de l'Artillerie« geleitet hatte, später (ab September 1917) der Industrielle Loucheur. Die militärische Führung hat in der französischen Rüstungspolitik nie eine besondere Rolle gespielt[63]. Die eigentliche Organisation der Rüstungswirtschaft lag hauptsächlich bei der Industrie selbst, die staatliche Autorität blieb im Hintergrund. Die Rüstungswirtschaft organisierte sich in regionalen »Gruppen« oder in »Konsortien«. Die

dritter Stelle hinsichtlich der Nutzung hydro-elektrischer Energie; vgl. R. Blanchard, *Les forces hydro-électriques pendant la guerre*. Presses Universitaires de France, Paris 1924, S. 109.

[62] Ein »Sous-Sécrétariat d'Etat« war formal einem Ministerium zugeordnet, praktisch hatte sein Leiter aber die gleiche Entscheidungskraft wie ein Minister; vgl. P. Renouvin, *Les formes du gouvernement de guerre*. Presses Universitaires de France, Paris 1925.

[63] Vgl. Bruneau, *Le rôle du Haut Commandement*.

Festlegung von Prioritäten für die Produktion erfolgte, soweit dies bisher erkennbar ist, offenbar hauptsächlich durch informelle Absprachen, unterstützt durch eine großzügige Preispolitik der Regierung. Zusätzliche Lenkungsinstrumente waren die Freistellung von Facharbeitern für Betriebe, die Rüstungsaufträge bearbeiteten, und mit zunehmender Knappheit an Ressourcen auch die Kontrolle und Verteilung wichtiger Einfuhren. Ab 1916 kontrollierte das »Comité des Forges«, der Interessenverband der Eisen- und Stahlindustrie, im Auftrag des Staates die Roheiseneinfuhr, später auch die Stahleinfuhr. Die eigene französische Roheisenproduktion wurde erst ab Juli 1918 zentral erfaßt und nach kriegswirtschaftlichen Prioritäten verteilt[64]. Nach dem Waffenstillstand wurden die Kontrollen alsbald abgebaut. Schon im November 1918 wurde das Rüstungsministerium in ein »Ministerium für Wiederaufbau« umgewandelt, und die rasche Auflösung der Bewirtschaftungsmaßnahmen galt als wichtigste Voraussetzung für den wirtschaftlichen Wiederaufbau.

Rußland war für den Krieg in jeder Hinsicht denkbar schlecht gerüstet[65]. Die Industrialisierung steckte noch in den Anfängen. Die große Industrie beschränkte sich bei Ausbruch des Krieges auf wenige Zentren (vor allem in Moskau und St. Petersburg), die Fremdkörper in einer riesigen Agrarwirtschaft bildeten. 1913 gab es rund 2,3 Millionen Fabrikarbeiter, ohne die Bergarbeiter und die Arbeiter der staatlichen Fabriken, gegenüber rund 27 Millionen landwirtschaftlichen Arbeitern. Die Industriebetriebe in den westlichen Provinzen – Kohlen- und Eisenerzbergbau, Maschinenindustrie und Textilindustrie in Polen, Eisen-, Gummi- und Textilfabriken in den baltischen Provinzen – wurden ab Herbst 1914 so weit wie möglich demontiert und nach dem Landesinneren verbracht, um sie vor den anrückenden deutschen Truppen zu retten. Durch die Evakuierung konnte freilich nur ein kleiner Teil der Produktionskapazität erhalten werden; viel Material ging beim Transport verloren oder mußte auch aus Mangel an Transportmitteln zurückgelassen werden[66].

[64] Vgl. Pinot, *Le Comité des Forges de France*.

[65] Vgl. Z. O. Zagorski, *State Control of Industry in Russia during the War*. Yale UP, New Haven 1928.

[66] Vgl. R. Claus, *Die Kriegswirtschaft Rußlands bis zur Bolschewikischen Revolution*. Schroeder, Bonn/Leipzig 1922, S. 67ff.

Im ersten Kriegsjahr gab es so gut wie keine Rüstungspolitik. Der zaristische Staat beschränkte sich strikt auf die Rolle als Kunde der Rüstungsindustrie, die Industriellen beschränkten sich ebenso strikt auf ihre Rolle als Geschäftsleute. Der Mangel an Kontrollen führte dazu, daß leichte Gewinne durch Annahme von Bestechungsgeldern, durch Handel mit Regierungsaufträgen, die aufgrund von Beziehungen oder Bestechung erworben waren, oder durch überhöhte Preise gemacht wurden, während für die Steigerung der Produktion wenig geschah. Es stellte sich bald heraus, daß die Ausrüstung der Streitkräfte mit Waffen und Munition unzulänglich war, auch im Verhältnis zur Leistungsfähigkeit der russischen Industrie. Nach einer Kette von Mißerfolgen kam dann im Sommer 1915 etwas Bewegung in den Regierungsapparat, angesichts der trüben militärischen Aussichten und der zunehmenden Kritik aus der bürgerlichen Öffentlichkeit, die der Regierung vorwarf, den Krieg schlecht zu führen. Im Juni 1915 wurde die Verantwortung für die Rüstungspolitik vom Kriegsministerium auf einen besonderen Verteidigungsrat übertragen, dem außer Vertretern der Exekutive auch einige bürgerliche Duma-Abgeordnete und Vertreter der Industrie angehörten. Im Juli 1915 wurden drei weitere Kommissionen in ähnlicher Zusammensetzung für die Energieversorgung, für die Ernährung und für das Transportwesen gebildet. Die Regierung kam mit diesen Gremien der Forderung der Bourgeoisie entgegen, die an der Kriegspolitik beteiligt werden wollte, andererseits blieben aber die Kompetenzen der neuen Kommissionen im traditionellen administrativen Rahmen; sie haben in die Verteilung von Arbeitskräften und Rohstoffen, in die Organisation der Produktion und in die Kooperation zwischen den Betrieben nicht eingegriffen.

Parallel zu den zaghaften Ansätzen einer staatlichen Rüstungspolitik wurde in der Wirtschaft die Forderung nach vollständiger Mobilisierung der Industrie auf der Basis der Selbstverantwortung erhoben. Die Konzentration aller Kräfte auf den Sieg sollte mit der Unfähigkeit der Bürokratie und mit dem Klima von Spekulation und Korruption brechen, ohne dabei die privatwirtschaftliche Basis der Rüstungsproduktion zu ändern. Vom Mai 1915 an wurden »Kriegsindustrie-Komitees« als Selbstverwaltungsorgane der Industrie gebildet, mit einer Zentrale in Petrograd sowie regionalen und lokalen Organisationen. Im Juli 1915 beschlossen die Kriegsindustrie-Komitees, Arbeitergruppen bei den einzelnen Komitees wählen zu lassen, um die nationale Gemeinsamkeit aller Klassen zu demonstrieren. Aber dieser Plan wurde von den Arbeitern überwiegend boykottiert. Die Bolschewiki, die jede Beteiligung am Krieg der herrschenden Klassen ablehnten und deshalb zum Boykott der Kriegsindustrie-Komitees aufriefen, errangen hier ihren ersten weithin sichtbaren politischen Erfolg[67]. Andererseits gab es auch bei der Regierung und bei der Großindustrie gewisse Reserven gegenüber den Kriegsindustrie-Komitees; die Regierung befürchtete zu Recht hinter der ganzen Bewegung politische Ansprüche, die etablierte Rüstungsfirmen waren mit dem alten System, daß ihnen gute Kontakte zu den Beschaffungsstellen und hohe Gewinne garantierte, nicht unzufrieden. Getragen wurden die Kriegsindustrie-Komitees von Leuten, denen es wirklich um technische Effizienz ähnlich wie in Deutschland oder in den westlichen bürgerlichen Demokratien ging, und von den mittleren und kleineren Industriebetrieben, die von sich aus weder an Rüstungsaufträge kamen, noch an Arbeiter und Material, um sie auszuführen. Da schließlich auch die Regierung sehen mußte, wie sie die Rüstungsproduktion steigern konnte, wurde ein Kompromiß gefunden, nach dem die Kriegsindustrie-Komitees bis zur Hälfte der staatlichen Rüstungsaufträge erhielten, um sie an ihre Mitglieder nach deren Produktionskapazitäten weiterzugeben. Trotzdem blieb die Kooperation zwischen der staatlichen Rüstungspolitik einerseits, repräsentiert durch den Verteidigungsrat, der über eine eigene dezentrale Organisation verfügte, und den Kriegsindustrie-Komitees andererseits bis zum Ende des alten Systems schwierig. Nach dem Februar 1917 strebte die bürgerliche Regierung eine zentrale Kriegswirtschaftsorganisation nach westlichem Vorbild an, aber die Kontrolle der Wirtschaft lag tatsächlich nicht mehr bei der Staatsregierung, sondern bei den Räten, die sich als Nebenregierung etabliert hatten.

Auch eine bessere Kriegswirtschaftsorganisation hätte es freilich schwer gehabt, bei dem begrenzten Industriepotential eine größere Steigerung der Rüstungsproduktion zu erzielen. Die Rüstungsindustrie steigerte trotz allem die Produktion beträchtlich, allerdings vor dem Hintergrund eines allgemeinen wirtschaftlichen Rückgangs. In der Metallindustrie, chemi-

[67] Vgl. Institut für Marxismus-Leninismus beim Z. K. der KPdSU (Hrsg.), *Geschichte der Kommunistischen Partei der Sowjetunion.* 6 Bde., Verlag Progress, Moskau, o. J. Bd. 2, S. 631ff.

schen Industrie und Lederindustrie stieg die Zahl der Beschäftigten erheblich an. Zum Zentrum der Rüstungsindustrie wurde Petrograd mit 403 000 Industriearbeitern (1917), hauptsächlich in der Metallindustrie, gegenüber 194 000 vor dem Krieg. Die Produktion von Waffen und Munition stieg insgesamt von 43 000 t 1913 auf 397 000 t 1916; seit 1915 arbeitete die Eisen- und Stahlindustrie fast nur noch für staatliche Aufträge. Die Rüstungsproduktion stieß nach der Verdrängung des zivilen Bedarfs an die Kapazitätsgrenzen, die durch den Mangel an Facharbeitern, den Rückgang der Grundstoffindustrien (Kohle, Eisen, Stahl) und die Desorganisation des Transportwesens gegeben waren. Wenn die alliierten Regierungen den Krieg als eine gemeinsame Sache betrachtet hätten, dann hätten die russischen Bauernheere (bis 1917 mobilisierte Rußland 15 Millionen Soldaten) ihre industrielle Basis nicht in Rußland, sondern in den fortgeschritteneren westlichen Industrienationen der Allianz haben müssen. Tatsächlich ging aber der russische Import im Kriege stark zurück, und die Waffenlieferungen der Alliierten blieben relativ unbedeutend. 1916 importierte Rußland Kriegsmaterial für insgesamt 318 Mio. Rubel oder 20,5 Mio. Pfund Sterling; das waren 2,3 Prozent der russischen oder 1,4 Prozent der britischen Kriegsausgaben dieses Jahres bzw. Haushaltsjahres[68].

Infolge der geringen wirtschaftlichen Leistungsfähigkeit des Landes führte die Kriegsanstrengung bald zur völligen Erschöpfung, und diese Erschöpfung wiederum führte zum raschen Ende des alten Systems. Die neue Regierung schlug nach der Februarrevolution 1917 den Weg ein zu einer »bürgerlichen« Rüstungspolitik unter Beteiligung der kriegsbereiten Gruppen der organisierten Arbeiterschaft (Menschewiki und Sozialrevolutionäre). Aber die Masse der Arbeiter, Bauern und Soldaten war inzwischen für eine Integration nicht mehr zu gewinnen. Sie folgte den Bolschewiki, die vom August 1914 an konsequent jegliche Beteiligung am Krieg und an der Kriegswirtschaft abgelehnt hatten.

In den USA hatte es vor 1914 eine nennenswerte Rüstungsindustrie nicht gegeben. Das wirtschaftliche Gewicht der Rü-

[68] Vgl. P. N. Apostol, M. W. Bernatzky und A. M. Michelson, *Russian Public Finance during the War*. Yale UP, New Haven 1928. S. 143; Zagorski, *State Control of Industry*, S. 35. E. V. Morgan, *Studies in British Financial Policy, 1914–1925*. Macmillan, London 1952, S. 101.

stung war gering, nicht nur im Vergleich zu den späteren Kriegsjahren, sondern auch im Vergleich zu den europäischen Staaten der gleichen Zeit, die ja schon vor 1914 im Rüstungswettlauf miteinander standen[69]. In den Jahren der Neutralität 1914–1916 entstand dann eine ziemlich bedeutende Rüstungsindustrie durch die alliierte Nachfrage. Diese Rüstungsproduktion war das private Geschäft einiger großer Konzerne. Die Firma J. P. Morgan amtierte als zentraler Einkäufer für die alliierten Regierungen, aber sie hatte natürlich auf amerikanischem Boden keinerlei administrative Befugnis. Hohe Preise und Gewinne genügten, um die großen Unternehmen wie etwa Dupont auf strikt marktwirtschaftlicher Basis für die Kriegsproduktion zu interessieren. In der Tat waren die Gewinne so beträchtlich, daß die Regierung bereits vor ihrem Kriegseintritt, Ende 1916, eine Sondersteuer auf Kriegsgewinne einführte[70]. Nach dem Kriegseintritt im April 1917 fand die Regierung daher für die wirtschaftliche Mobilisierung relativ günstige Ausgangsbedingungen vor. Die Industrie hatte bei der Rüstungsproduktion für die alliierten Regierungen technische Erfahrungen gesammelt, und sie hatte umfangreiche Produktionsanlagen neu erstellt, die zum großen Teil schon abgeschrieben waren.[71]

Die USA hatten nach ihrem Kriegseintritt ein gewaltiges ökonomisches Potential einzusetzen, aber es fehlte zunächst an Institutionen und Plänen, mit deren Hilfe die Umsetzung des

[69] Ausführliches Material zur US-Kriegswirtschaftspolitik enthalten die älteren Darstellungen: B. M. Baruch, *American Industry in the War. A Report of the War Industries Board.* Government Printing Office, Washington 1921; G. B. Clarkson, *Industrial America in the World War: The Strategy behind the Line, 1917–1918.* Houghton Mifflin, Boston/New York 1923; J. M. Clark, *The Cost of the World War to the American People.* Yale UP, New Haven 1931; *Munitions Industry. Final Report of the Chairman of the United States War Industries Board to the President of the United States, February 1919. Printed for the use of the Special Committee on Investigating the Munitions Industry.* Government Printing Office, Washington 1935; Vorarbeit für eine kritische Analyse der Kriegswirtschaftspolitik leisten einige Aufsätze: R. B. Kester, *The War Industries Board, 1917–1918. A Study in Industrial Mobilization.* In: American Political Science Review 34 (1940); P. A. C. Koistinen, *The »Industrial-Military Complex« in Historical Perspective: World War I.* In: Business History Review 41 (1967); R. D. Cuff, *Bernard Baruch: Symbol and Myth in Industrial Mobilization.* In: Business History Review 43 (1969).

[70] Vgl. S. Ratner, *Taxation and Democracy in America.* Science Editions, New York 1967.

[71] Allein der Chemiekonzern DuPont gab 1914–1916 220 Mio. Dollar für Neuanlagen aus, das war fast das Dreifache des Vorkriegskapitals. Vgl. Clark, *The Cost of the World War*, S. 262f.

wirtschaftlichen Potentials in militärische Stärke erst gelingen konnte. Fast jeder Unternehmer drängte nach Rüstungsaufträgen, teils wegen des Gewinns, teils auch weil abzusehen war, daß nicht kriegswichtige Aktivitäten eventuell seitens des Staates stillgelegt werden würden. Auf der anderen Seite waren Heer und Marine in Fragen der wirtschaftlichen Mobilmachung unerfahren und waren auch hinlänglich damit beschäftigt, die gewaltige personelle Ausdehnung der Streitkräfte organisatorisch zu bewältigen. Die Lücke, die hier bestand, sollte das »War Industries Board« ausfüllen, indem es einerseits den Bedarf des Heeres, der Marine und der Verbündeten koordinierte und andererseits die industrielle Produktion nach kriegswirtschaftlichen Prioritäten lenkte. Das War Industries Board (WIB) wurde im Juli 1917 eingerichtet, ungefähr gleichzeitig mit anderen kriegswirtschaftlichen Behörden wie Hoovers »Food Administration«, dem »National War Labor Board« und dem »War Labor Policies Board« für Arbeiterfragen, dem »War Trade Board« für die Außenhandelskontrolle, oder dem für die Subventionierung kriegswichtiger Betriebe zuständigen »War Finance Board«. Es hatte zunächst nur beratende Funktion und war organisatorisch einem Kabinettsausschuß, dem »Council of National Defence«, unterstellt. Diese Form erwies sich als unzweckmäßig, und im März 1918 wurde das War Industries Board reorganisiert als oberste Bundesbehörde mit Exekutivgewalt, die direkt dem Präsidenten der USA unterstellt war.

Das Personal für das WIB mit seinen zahlreichen nachgeordneten Kommissionen rekrutierte sich hauptsächlich aus der Wirtschaft. Vorsitzender wurde Bernard Baruch, ein bekannter Wall Street-Finanzier, und es gab eine ganze Reihe anderer Unternehmer, die gegen ein symbolisches Gehalt für die Kriegsdauer in den Staatsdienst eintraten (»One-Dollar-Men«). Um die Belange der Streitkräfte als »Konsumenten« der Kriegsindustrie zu vertreten, wurden außerdem Offiziere von Heer und Marine in das WIB delegiert. Als Gegenpartner der staatlichen Verwaltung und legitime Lobby der Wirtschaftsinteressen wurden eine Anzahl von »War Service Committees« gegründet, die die verschiedenen Zweige der Rüstungsindustrie repräsentierten. Die Bedarfsplanung durch das WIB führte zu gewissen Kompetenzstreitigkeiten mit den Beschaffungsstellen von Heer und Marine, aber da kein tiefergehender Interessengegensatz bestand, wurden die Konflikte relativ leicht beigelegt. Zu keinem Zeitpunkt entwickelten die Militärs Ambitionen nach einer Kontrolle der Wirtschaft. Heer und Marine besaßen einige Fabriken, aber eine Rüstungsproduktion großen Stils militärisch zu organisieren, kam auch nach Meinung der Militärs selbst nicht in Frage. Etwas problematischer gestaltete sich das Verhältnis der Staatsverwaltung gegenüber der Wirtschaft. Das zentrale Lenkungsinstrument der Rüstungspolitik war die Klassifizierung aller Aufträge und auch der einzelnen Betriebe nach Prioritätsstufen, die über die Zuteilung von Rohstoffen und Transportmitteln entschieden. Jede Zurückstufung bedeutete dabei zwangsläufig einen wirtschaftlichen Verlust für den betroffenen Unternehmer. Die offizielle Industrielobby und auch eine inoffizielle Lobby, die aus den Industrieleuten im WIB selbst bestand, versuchten dann, ihre jeweilige Branche so gut wie möglich zu schützen[72]. Diese offizielle und inoffizielle Industrielobby war durchaus effektiv. Sie zwang z. B. den Staat, die Rüstungsaufträge an möglichst viele Betriebe breit zu streuen, um sie am Leben zu halten, obwohl ursprünglich vorgesehen war, die Produktion auf wenige leistungsfähige neue Rüstungsfabriken zu konzentrieren. Wie man an diesem und anderen Beispielen zeigen kann, war die prätendierte Unparteilichkeit der in die Staatsverwaltung übernommenen Unternehmer problematisch. In vielen Fällen leiteten Manager aus führenden Unternehmungen die für ihre Industrie zuständigen Kommissionen des WIB, so daß der Verdacht nicht fern lag, es würden öffentliches Amt und privates Interesse in unzulässiger Weise verknüpft. Anfang 1918 wurde sogar ein Gesetzentwurf eingebracht, der die Institution des »One Dollar-Man« überhaupt abschaffen und ausschließlich öffentlich bezahlte vollamtliche Staatsfunktionäre einführen wollte; aber er fand keine Mehrheit.

Die Preise der Rüstungslieferungen wurden zwischen dem WIB und der Industrie ausgehandelt, nicht nach den Kosten des individuellen Lieferanten, sondern für alle Lieferanten gleich; sie wurden so hoch angesetzt, daß auch die »Grenzbetriebe« noch einen lohnenden Profit erzielten, die günstiger produzierenden Betriebe verdienten entsprechend mehr. Die

[72] Eine interessante Fallstudie dazu ist ein Aufsatz von R. B. Cuff, in dem die Aktivitäten von George N. Peek, einem Unternehmer aus der Landmaschinen-Industrie, im *War Industries Board* untersucht werden; vgl. R. B. Cuff, *A »Dollar-A-Year Man« in Government: George N. Peek and the War Industries Board.* In: Business History Review 41 (1967).

steigenden Preise der Rüstungsgüter waren für die Regierung ein unangenehmes Problem. Schon in der Neutralitätsphase war das Preisniveau beträchtlich gestiegen. Als die USA in den Krieg eintraten, ließ die spekulative Nachfrage den allgemeinen Preisindex in einem Monat um 14 Punkte in die Höhe gehen[73]. Die Regierung sah sich schließlich zum Eingreifen veranlaßt, sie fixierte im September 1917 verschiedene »Basispreise« (Eisenerz, Kohle, Koks, Roheisen, Kupfer, Frachtraten) und im Oktober 1917 die Preise verschiedener Zwischenprodukte. Die Höchstpreise wurden auch für Lieferungen an zivile Verbraucher und an die verbündeten Regierungen verbindlich gemacht.

Wie effizient war schließlich die amerikanische Rüstungspolitik? Lloyd George, der freilich in seinen Memoiren an Kritik nie zu sparen pflegte, gab bekanntlich ein ziemlich geringschätziges Urteil über die Kriegsrüstung der Verbündeten ab: Tapferere Männer als in den amerikanischen Streitkräften habe es in keiner Armee gegeben, »aber die Organisation in der Heimat und hinter den Linien entsprach nicht der Reputation, die die amerikanischen Geschäftsleute zu recht für ihre Geschicklichkeit, Schnelligkeit und Effizienz gewonnen haben«[74]. Diese Kritik war sicherlich unfair, denn immerhin bezog Großbritannien, nach britischen Unterlagen, aus den USA im Verlauf des Krieges an Rüstungsmaterial 926 Mio. Infanteriepatronen, 31 Mio. Granaten, 1,2 Mio. Gewehre, 569000 short tons Pulver und Sprengstoff (das entsprach nach dem deutschen Hindenburg-Programm der Planziffer für rund 50 Monate), 42000 Kraftwagen, 3400 Flugmotore, 1400 Artillerielafetten, 866 Flugzeuge. Die russische Regierung erhielt auf dem Umweg über Großbritannien aus amerikanischer Produktion 553 Mio. Schuß Infanteriemunition, 970000 Gewehre und 24500 Maschinengewehre[75]. Eine auffällige Diskrepanz bestand allerdings tatsächlich zwischen der gewaltigen amerikanischen Wirtschaftskraft und der geringen Produktion an schweren Waffen: Kein Tank amerikanischer Produktion erschien auf den europäischen Schlachtfeldern, amerikanische Kanonen und Flugzeuge kamen erst zum Einsatz, als der Krieg

[73] Der Index der Großhandelspreise (1913–1914 = 100) stieg von 156 im März 1917 auf 170 im April 1917. Vgl. P. W. Garrett, *Government Control over Prices* (War Industries Board Price Bulletin, No. 3). Government Printing Office, Washington 1920.

[74] Lloyd George, *War Memoirs*. Bd. 5, S. 3068.

[75] *History of the Ministry of Munitions*. Bd. 2, Teil 3, S. 8.

schon entschieden war[76]. Die amerikanische Armee in Europa erhielt ihre Flugzeuge aus Frankreich und Großbritannien, leichte und mittlere Artillerie aus Frankreich, schwere Artillerie aus Großbritannien. Der entscheidende Punkt ist, daß die amerikanische Rüstungsproduktion längerfristig geplant war; die Alliierten errangen den Sieg, noch ehe das kriegswirtschaftliche Potential der USA voll eingesetzt war.

Es dauerte dreieinhalb Jahre, bis die Alliierten sich auf ein gemeinsames militärisches Kommando, unter Foch als Generalissimus, einigten; den letzten entscheidenden Anstoß gab die deutsche Frühjahrsoffensive 1918[77]. Die wirtschaftliche Kooperation hinter den Fronten gestaltete sich noch schwieriger[78]. In den ersten beiden Kriegsjahren existierten die nationalen Kriegswirtschaften innerhalb des Bündnissystems nebeneinander, und es war lediglich ein begrenzter Austausch, vorwiegend auf kommerzieller Basis, organisiert. Bis zum Kriegseintritt der USA war Großbritannien das wirtschaftliche Zentrum der Allianz, wenn die Forderung nach wirtschaftlicher Kooperation erhoben wurde, war konkret gemeint, daß Großbritannien die Verbündeten mit Industriewaren, Transportraum und Krediten unterstützen sollte.

Im August 1914 wurde in London die »Commission Internationale de Ravitaillement« eingerichtet mit dem Zweck, die Rüstungsaufträge verbündeter Regierungen an britische Firmen zu koordinieren. Vertragspartner waren zunächst Großbritannien und Frankreich, später kamen Delegierte aus Belgien, Italien, Japan, Portugal, Rumänien, Rußland und Serbien dazu; die USA entsandten Beobachter, ohne formell in das Abkommen einzutreten. Die wirtschaftliche Bedeutung dieser Kommission blieb trotz allseitiger Beteiligung gering, denn erstens hatten Rüstungsgüter keineswegs einen besonders großen Teil am Warenaustausch, und dann wurden die Verbin-

[76] Vgl. G. A. Lincoln, W. Y. Smith und J. B. Durst, *Mobilization and War*. In: S. E. Harris (Hrsg.), *American Economic History*. McGraw-Hill, New York 1961, S. 220.

[77] Vgl. Herzfeld, *Der Erste Weltkrieg*. S. 111, 351f.; P. Renouvin, *La crise européenne et la première guerre mondiale*. 5. Aufl. Presses Universitaires de France, Paris 1969, S. 548ff., 555ff.

[78] Eine systematische Analyse der inter-alliierten wirtschaftlichen Kooperation fehlt noch; es gibt aus französischer Sicht E. Clémentel, *La France et la politique économique interalliée*. Presses Universitaires de France, Paris 1931. International orientiert, aber thematisch auf die Schiffahrt beschränkt A. Salter, *Allied Shipping Control. An Experiment in International Administration*. Clarendon Press, Oxford 1921.

dungen zu den wichtigeren Vertragspartnern Frankreich und Rußland bald außerhalb der Kommission institutionalisiert. Die französischen Bestellungen für Waffen und Munition gingen seit Juli 1915 ohne Einschaltung der Kommission direkt an das britische Rüstungsministerium. Sämtliche russischen Einkäufe nicht nur in Großbritannien, sondern auch in den USA wurden ab 1915 aufgrund einer bilateralen anglo-russischen Vereinbarung durch die britische Regierung vermittelt. Diese Vereinbarung, offiziell als eine Art Amtshilfe der britischen Regierung deklariert, bedeutete tatsächlich ein weitgehendes Kontrollrecht aufgrund der Tatsache, daß die russischen Einkäufe auch außerhalb Großbritanniens zum großen Teil mit britischen Krediten finanziert wurde. Nach dem Kriegseintritt der USA wurde eine ähnliche amerikanisch-russische bilaterale Vereinbarung getroffen. In neutralen Ländern, insbesondere in den USA, machten die alliierten Regierungen einander in den ersten Kriegsmonaten heftig Konkurrenz, mit der Folge, daß die Preise in die Höhe gingen und Lieferfristen nicht eingehalten wurden. Auf einer Konferenz der Finanzminister Frankreichs, Großbritanniens und Rußlands im Februar 1915 in Paris wurde beschlossen, die Einkäufe in neutralen Ländern zu koordinieren. Als gemeinsamer Agent der westlichen Alliierten in den USA fungierte später die Firma J. P. Morgan & Co.; indirekt vermittelte sie aufgrund der anglo-russischen Vereinbarung auch die russischen Einkäufe in den USA. Abgesehen von diesen Koordinierungsstellen vollzog sich der inter-alliierte Austausch in den ersten Kriegsjahren durchaus nach marktwirtschaftlichen Grundsätzen.

Einen Engpaß bildete von Anfang an die Schiffahrt. Frankreich und Rußland hatten vor dem Krieg einen großen Teil ihres Außenhandels mit anderen kontinentaleuropäischen Staaten auf dem Schienenweg abgewickelt. Die Umorientierung nach Großbritannien und Übersee bedeutete, abgesehen von anderen Schwierigkeiten, eine enorme Ausweitung des Seehandels, die nur mit Hilfe der britischen Handelsflotte gelingen konnte. Normalerweise fuhren etwa 850 britische Seeschiffe für französische und italienische Rechnung, davon allein 250 Schiffe, die Kohle über den Kanal transportierten. Die britische Regierung erleichterte den Verbündeten langfristige Charterverträge mit britischen Reedereien und stellte für einige militärisch wichtige Transporte requirierte Tonnage zu den kontrollierten Frachtraten (blue book rates) zur Verfügung. Im übrigen mußten die Verbündeten aber die steigenden Frachtraten des freien Marktes zahlen; z. B. stieg die Fracht für Kohle von Newcastle zu den französischen Kanalhäfen von 22 Francs/t im April 1915 auf 63 Francs/t im Mai 1916[79]. Für die Transporte nach Rußland galten besondere Abmachungen; sie wurden von London aus in gleicher Weise arrangiert wie britische Transporte. Bis zu 250 Schiffe waren dafür eingesetzt.

Die Verbündeten konnten die Importe aus Großbritannien, die Schiffsfrachten und die Importe aus Drittländern nur zum Teil mit Exporten bezahlen, denn die Exportfähigkeit ging durch die Konzentration der Wirtschaft auf die Rüstungsproduktion stark zurück. Daraus ergaben sich die Finanzen als dritter Kooperationsbereich. Großbritannien lieferte den Verbündeten Waffen und Munition, Kohle, Eisen und Stahl, andere kriegswichtige Waren und Dienstleistungen gegen Kredit. Aufgrund seiner weltweiten Gläubigerposition stellte es den Verbündeten auch Devisen zur Außenhandelsfinanzierung und Wechselkursstabilisierung gegenüber Drittländern zur Verfügung. Die Einzelheiten dieser finanziellen Kooperation werden später im Zusammenhang der Finanz- und Währungspolitik zu erörtern sein.

Trotz verschiedener Vereinbarungen blieb die ökonomische Solidarität innerhalb der Allianz schwach. In Großbritannien rangierte der eigene militärische und zivile Bedarf klar vor den Lieferungen an die Verbündeten. Die britische Regierung neigte lange dazu, der Industrie und den Schiffahrtsgesellschaften die Rüstungsnachfrage der Verbündeten ebenso wie die neutralen Märkte zur unbehinderten kommerziellen Ausbeutung zu überlassen. Die Lieferungen an die Verbündeten wurden in Großbritannien weniger als selbstverständlicher Beitrag zur gemeinsamen Sache, vielmehr als freiwilliges Entgegenkommen aufgefaßt. Ende 1916 zog Lloyd George eine pessimistische Bilanz dieser Politik[80]. Er sah zu Recht in der unzulänglichen wirtschaftlichen Unterstützung einen wesentlichen Grund dafür, daß die Fronten in Italien, auf dem Balkan und im Osten dem Hauptkriegsschauplatz in Nordfrankreich nicht die erwartete Entlastung gebracht hatten. Serbien und Rumänien waren aus dem Krieg praktisch ausgeschieden. Italien konnte durch verstärkte wirtschaftliche und militäri-

[79] Clémentel, *La France*, S. 70.

[80] Vgl. Guinn, *British Strategy and Politics 1914–1918*.

sche Unterstützung im Krieg gehalten werden, aber in Rußland zeichnete sich die völlige wirtschaftliche Erschöpfung ab. Die geographische Isolierung, die mangelnde Unterstützungsbereitschaft der Verbündeten sowie der Zusammenbruch des Transportsystems und der Kriegswirtschaftsorganisation haben den wirtschaftlichen Niedergang, dessen letzte Ursache die Überforderung des Landes durch den Krieg war, beschleunigt.

Unter dem Zwang der wirtschaftlichen und militärischen Situation wurde in der zweiten Kriegshälfte die wirtschaftliche Zusammenarbeit innerhalb der Allianz verstärkt. Diese neue Entwicklung begann in der Schiffahrt. Das ältere, mehr improvisierte als organisierte System funktionierte recht gut, solange insgesamt genügend Schiffsraum verfügbar war. Aber als im Sommer 1916 Transportraum allmählich knapp wurde, beschwerten sich die französische und italienische Regierung, daß die britische Administration als erstes die Kontingente der Verbündeten zu kürzen versuchte; umgekehrt argwöhnte man in Großbritannien, daß die Verbündeten die Kontrolle von Schiffahrt und Außenhandel im nationalen Bereich nicht mit genügender Schärfe durchführten. Unter dem Eindruck des intensivierten U-Boot-Krieges erkannte man schließlich die Notwendigkeit, die Transportpolitik der Alliierten zu koordinieren. Eine inter-alliierte Ausgleichsstelle sollte unabhängig von nationalen Sonderinteressen möglichst gerechte Prioritäten im Sinne der gemeinsamen Kriegsanstrengung festsetzen.

Anfang 1917 wurde das »Inter-Allied Shipping Committee« eingerichtet, aber dieser Versuch schlug fehl, vor allem, weil das Komitee nicht mit den nötigen Exekutivbefugnissen ausgestattet war. Erst im November 1917 wurde das grundsätzliche Einverständnis erzielt, die nationalen Handelsflotten in einen Pool einzubringen und nach gemeinsamen kriegswirtschaftlichen Prioritäten einzusetzen, und es wurde eine entsprechende inter-alliierte Administration eingerichtet, das »Allied Maritime Transport Council« (AMTC). Auch dieses hatte keine Exekutivbefugnis, trotzdem funktionierte die Koordination diesmal recht gut. Die nationalen Verwaltungen legten ihre Importprogramme vor, das AMTC setzte dann mit Rücksicht auf den verfügbaren Transportraum Prioritäten fest und arbeitete die Transportpläne aus, und die nationalen Behörden nahmen dann wieder auf dieser Basis die Requisitionen vor.

Der Kern der Schiffahrtsbewirtschaftung war, daß Großbritannien trotz der eigenen Schwierigkeiten weiterhin Transportraum für die Einfuhren der Verbündeten bereitstellen mußte. Dabei ging es außer um militärische Transporte im wesentlichen um Lebensmittel und Kohle für Italien und Frankreich, und um Lebensmittel für die belgische Zivilbevölkerung; diese letzteren Lieferungen durchbrachen aufgrund besonderer Abmachungen die alliierte Blockade der Mittelmächte. Rußland war zu diesem Zeitpunkt ja schon aus dem Krieg ausgeschieden. Die schnell wachsende amerikanische Handelsflotte war zunächst durch den Transport des amerikanischen Heeres und dessen Nachschub nahezu ausgelastet. Sie sollte später voll in das AMTC integriert werden, aber darüber kam dann der Waffenstillstand. Etwas erleichtert wurde die alliierte Transportsituation durch neutrale Handelsschiffe, die die Alliierten, vor allem Großbritannien, charterten. Diese neutrale Charterflotte, mit etwa 0,5 Mio. BRT, wurde direkt dem AMTC unterstellt. Im wesentlichen waren also Großbritannien der »Geber«, die anderen Verbündeten »Nehmer« in diesem Geschäft, und die britische Regierung hatte daher, obwohl sie ihre Machtposition nie offen ausspielte, im AMTC eine beherrschende Stellung. Ein wirklicher Test für eine gleichberechtigte inter-alliierte Kooperation hätte sich erst dann ergeben, wenn die USA ihre neue Handelsflotte voll eingebracht hätten, aber dazu kam es infolge des Waffenstillstands nicht mehr.

Die inter-alliierte Bewirtschaftung des Schiffsraumes implizierte zwangsläufig eine Entscheidung über die nationalen Einfuhrprogramme. Es lag daher nahe, nicht erst im nachhinein über diese Programme zu entscheiden, sondern möglichst schon die Aufstellung der Einfuhrprogramme zu koordinieren. Entsprechende Koordinierungsstellen nach dem Muster des AMTC wurden im März 1918 für Getreide, im September 1918 für andere Lebensmittel und kurz vor dem Waffenstillstand für Rüstungsgüter eingerichtet; eine geplante Koordinierungsstelle für die Rohstoffeinfuhr kam infolge des Waffenstillstandes nicht mehr zustande.

Bedingungen und Folgen der Rüstungspolitik

Ein Vergleich der Kriegswirtschaftspolitik in verschiedenen Ländern zeigt bemerkenswerte Ähnlichkeiten. Die wirtschaftlichen Konsequenzen eines großen Krieges waren nirgendwo antizipiert worden. In den ersten Kriegswochen wurden riesige

Armeen mobilisiert, während die Wirtschaft noch in einem friedensähnlichen Zustand verharrte. Die Diskrepanz zwischen militärischer und wirtschaftlicher Mobilisierung führte früher oder später zu den »Munitionskrisen«, in Deutschland und Frankreich schon nach wenigen Wochen, in Großbritannien, wo die militärische Mobilisierung langsam anlief, nach einigen Monaten. Nach dieser ersten Phase wurde überall die Wirtschaft ernsthaft für den Krieg mobilisiert, unter Zurückdrängung der zivilen Nachfrage. Das Deutsche Reich, das anfangs einen Rüstungsvorsprung gegenüber den Gegnern hatte (für die anderen Mittelmächte galt das nicht), mußte bei dieser Rüstungskonkurrenz zwangsläufig unterliegen; allerdings war die Niederlage im Grunde schon am ersten Kriegstag besiegelt, denn die Totalität der deutschen Kriegsziele implizierte bereits, daß die Gegner sich bis zum äußersten wehren würden. Der unmittelbare Anlaß zum deutschen Waffenstillstandsgesuch war die militärische Ausweglosigkeit, aber diese hing wiederum zusammen mit der wirtschaftlichen Erschöpfung, sowohl in der Rüstungsindustrie wie in der zivilen Versorgung.

An Stelle der mobilisierten Arbeiter wurden Jugendliche und Frauen, Kriegsgefangene und mehr oder minder freiwillige ausländische Arbeiter in die Fabriken geholt, so daß die Beschäftigungszahlen sich insgesamt nicht sehr änderten; in der deutschen Industrie waren 1913 7,4 Mio. Arbeiter (und Arbeiterinnen), 1918 6,6 Mio. Arbeiter beschäftigt, in der britischen Industrie 1913 8,4 Mio. Arbeiter, 1918 8,5 Mio. Arbeiter. Vor allem die Frauen trugen einen zunehmenden Teil der Arbeitslast; ihr Anteil an der Industriearbeiterschaft stieg in Deutschland von 22 Prozent (1913) auf 35 Prozent (1918), in Großbritannien von 26 Prozent (Juli 1914) auf 35 Prozent (Juli 1918)[81]. Diese Übereinstimmung im internationalen Vergleich ist insofern bemerkenswert, als die Einstellung von Frauen sich unter recht verschiedenen institutionellen Bedingungen vollzog.

Neben dem Wandel in der Zusammensetzung der Arbeiterschaft sieht man eine wichtige Entwicklung in der Umgestaltung der Produktionsprozesse. Im Vergleich zur zivilen Produktion war der militärische Bedarf ziemlich homogen, und

[81] Beschäftigte und Anteil der Frauen für Deutschland nach G. Bry, *Wages in Germany 1871–1945*. Princeton UP 1960, S. 193f.; für Großbritannien nach G. D. H. Cole, *Trade Unionism and Munitions*, S. 186.

die großen Serien begünstigten standardisierte Fertigungsmethoden; die Beschäftigung zahlreicher angelernter Arbeitskräfte wirkte in die gleiche Richtung. Inwieweit die Änderung der Beschäftigungsstruktur und der Produktionsverfahren über die besondere Situation des Krieges hinaus längerfristige Konsequenzen hatte, ist derzeit eine offene Frage. Einige Beobachtungen stützen eine eher vorsichtige Einschätzung. Die bei britischen Facharbeitern und Gewerkschaften während des Krieges verbreitete Befürchtung, daß die Rüstungspolitik eine dauerhafte Nivellierung der Industrieproduktion und Industriearbeiterschaft hinterlassen würde, erwies sich als unbegründet. Mit dem Stop der Rüstungsproduktion ging auch der Anteil der Frauen an der Beschäftigtenzahl wieder zurück; er betrug im Durchschnitt der britischen Wirtschaft 1921 wie 1911 rund 30 Prozent[82]. Auch in Deutschland ging nach dem Krieg der Anteil der Frauen an den Erwerbstätigen wieder zurück[83]. Eine sichere Aussage über Strukturveränderungen im Produktionsbereich als Folge des Weltkrieges erfordert eine zeitlich weitere Perspektive: man müßte genau prüfen, welche Trends sich nach 1918 durchsetzten, und inwieweit sie sich vielleicht schon vor 1914 abzeichneten.

Die Wirtschaftsgeschichte wendet sich jetzt zunehmend dem sozio-ökonomischen Wandel zu, der mit der Verflechtung von Wirtschaft und Staat im Ersten Weltkrieg eingeleitet wurde, und der in der Tat, obwohl die direkten Kontrollen nach dem Waffenstillstand zunächst wieder größtenteils zurückgenommen wurden, langfristige Bedeutung hatte. Für diesen als Tatsache unbestrittenen Vorgang wurden, etwas vereinfacht dargestellt, zwei konkurrierende Interpretationen angeboten. Lenin sprach schon während des Krieges von einem Übergang des »monopolistischen« Stadiums des Kapitalismus in ein »staatsmonopolistisches« Stadium[84]: In diesem Stadium bedienten sich die großen Konzerne zunehmend des Staats-

[82] 1911 waren 30 Prozent von insgesamt 18,3 Mio. Beschäftigten Frauen, 1921 29 Prozent von insgesamt 19,4 Mio. Beschäftigten; vgl. B. R. Mitchell, *Abstract of British Historical Statistics*. Cambridge UP 1962, S. 60f.

[83] Der Anteil der Frauen an den Erwerbstätigen betrug 1907 35 Prozent, 1925 37 Prozent; vgl. W. Hoffmann, F. Grumbach und H. Hesse, *Das Wachstum der deutschen Wirtschaft seit der Mitte des 19. Jahrhunderts*. Springer, Berlin/Heidelberg/New York 1965, S. 205, 210. – Der Unterschied zu Großbritannien könnte mit dem größeren Gewicht des Agrarsektors zu erklären sein.

[84] Vgl. vor allem W. I. Lenin, *Staat und Revolution*. In: *Ausgewählte Werke in zwei Bänden*. Bd. 2, Dietz, Berlin 1959 (erstmals 1917).

apparates, um bestimmte wirtschaftliche Probleme wie vor allem die Rüstungsproduktion zu lösen, bei denen der Widerspruch zwischen dem Interesse des einzelnen Kapitalisten und dem Gesamtinteresse der Kapitalistenklasse eine »marktgerechte« Lösung nicht zuließ. Ob die Planungskompetenz vorwiegend entweder Selbstverwaltungsorganen der Wirtschaft oder zivilen Ministerien oder dem Militär zufiel, sind nach marxistischer Auffassung nur oberflächliche Unterschiede. Die Dominanz des Militärs in Deutschland z. B. besagt nicht viel, weil das Militär in Übereinstimmung mit und in Abhängigkeit von der Großindustrie handelte[85]. Von liberaler Seite wurde ein Strukturwandel zwar erkannt, aber man sah die Besonderheit gerade umgekehrt zur marxistischen Interpretation darin, daß die Wirtschaft zunehmend in den Dienst wirtschaftsfremder, staatlicher oder gesellschaftlicher Ziele gestellt wurde; diese Auffassung kommt in dem seinerzeit häufig gebrauchten Begriff des »Kriegssozialismus« deutlich zum Ausdruck. Der Begriff des »Kriegssozialismus« ist nun freilich geeignet, wesentliche Züge der Kriegswirtschaft zu verdecken. Schon lange bevor historische Untersuchungen den Einfluß der Industrie im Detail nachwiesen, zeigten die ungeheuren Kriegsgewinne, daß die kapitalistische Grundstruktur von Wirtschaft und Gesellschaft im Kriege eher noch schärfer zutage trat. Diese Kriegsgewinne waren kein Geheimnis; eine erste und heute noch lesenswerte international vergleichende Untersuchung, die auf publiziertem Material beruhte, erschien bereits in der Schlußphase des Krieges[86]. Schon das erste Kriegsjahr brachte eine eindrucksvolle Gewinnexpansion, und im weiteren Verlauf steigerten viele Rüstungsfirmen ihren Gewinn leicht auf ein Vielfaches der Vorkriegsergebnisse. Bei diesen Gewinnen war dem vorübergehenden Charakter des Kriegsgeschäftes bereits durch großzügige Abschreibungen und Rückstellungen Rechnung getragen. Die Firma Krupp hat ihren Bruttogewinn für 1916/17 in Höhe von 143 Mio. Mark durch Abschreibungen und Rückstellungen nahezu halbiert, so daß einem sicherlich erstaunten Publikum sogar ein Rückgang gegenüber dem

[85] Den Einfluß der Großindustrie auf die Oberste Heeresleitung und das Kriegsministerium haben vor allem die DDR-Historiker sehr stark herausgearbeitet, aber er wird auch bestätigt von G. Feldman, *Army, Industry and Labor in Germany 1914–1918*. Princeton UP 1966.

[86] R. Fuchs, *Die Kriegsgewinne der verschiedenen Wirtschaftszweige in den einzelnen Staaten, an Hand statistischer Daten dargestellt*. Diss. Zürich 1918.

Tabelle 11. Kriegsgewinne. Ausgewiesene Reingewinne verschiedener Rüstungsfirmen in Deutschland, Österreich, Frankreich (Mio. Mark, Kronen, Francs)

	Vorkriegs-Durchschnitt	1914/15	1915/16	1916/17
Krupp	31,6	33,9	86,5	79,7
Deutsche Waffen- und Munitionsfabrik	5,5	8,2	11,5	12,7
Kölner Pulverfabriken	4,3	6,5	14,5	14,7
Rheinmetall	1,4	3,5	9,9	15,3
Skodawerke	5,6	6,4	9,4	18,2
Waffenfabrik Steyr	2,7	6,7	17,7	18,3
Schneider (Creusot)	6,9	9,2	10,8	11,2
Hotchkiss	—	—	2,0	14,0

Quelle: R. Fuchs, *Die Kriegsgewinne der verschiedenen Wirtschaftszweige in den einzelnen Staaten an Hand statistischer Daten dargestellt.* Diss. Zürich 1918, S. 85, 105, 110. – Der Vorkriegsdurchschnitt bezieht sich auf die letzten zwei bis drei Vorkriegsjahre.

Vorjahr nachgewiesen werden konnte; Schneider & Cie. (Creusot) brachten ihren für 1916/17 ausgewiesenen Gewinn durch Sonderrückstellungen sogar von 59 Mio. Francs auf 11 Mio. Francs herunter[87]. Derart ansehnliche Kriegsgewinne wurden nicht nur in den Betrieben erzielt, die unmittelbar Kriegsmaterial herstellten (Waffen und Munition, Pulver und Sprengstoff), sondern ebenso in den Grundstoffindustrien (Bergbau, Eisen und Stahl, Chemie), in zahlreichen verarbeitenden Industrien (Leder, Kraftfahrzeuge) und in den alliierten Ländern vor allem auch in der Schiffahrt. Auch im Schatten der Kriegskonjunktur ließ es sich aushalten; wenn in Großbritannien die Eisenbahnen requiriert wurden, oder wenn in Deutschland Textilbetriebe aus Rohstoffmangel die Produktion einschränken mußten, wurden die Eigentümer entschädigt. Es fehlt an repräsentativen Untersuchungen über die Einkommensverteilung, aber eine allgemein Gewinnexpansion

[87] R. Fuchs, *Die Kriegsgewinne*, S. 87f., 111.

scheint sehr wahrscheinlich. Die enormen Kriegsgewinne zeigten bereits, was neuere quellenkritische Untersuchungen auch im Detail belegen konnten: nämlich eine beträchtliche Abhängigkeit staatlicher Entscheidungen von privatwirtschaftlichen Interessen. Der Befund spricht eher für eine Indienstnahme des Staatsapparates durch die Großindustrie, als umgekehrt[88].

[88] Dies kommt neuerdings auch außerhalb der marxistischen Geschichtswissenschaft zum Ausdruck in der Theorie des »Organisierten Kapitalismus«. Vgl. H. A. Winkler (Hrsg.), *Organisierter Kapitalismus. Voraussetzungen und Anfänge*. Vandenhoeck & Ruprecht, Göttingen 1973.

5. Kapitel
Ernährung im Krieg

Die Kehrseite der ungeheuren Rüstungsanstrengungen war eine allgemeine Verarmung. Man schätzt, daß in der Schlußphase die Kriegführung etwa die Hälfte des Sozialproduktes beanspruchte[1]; entsprechend wenig blieb für die Lebenshaltung der Bevölkerung. An der Ernährung zeigt sich besonders deutlich, wie sehr die zivilen Bedürfnisse zugunsten der Rüstung zurückgedrängt wurden, und man sieht dabei zugleich, wie sehr für Millionen von Menschen in Europa die normale, alltägliche Existenz von einem funktionierenden Weltmarkt abhing. Westeuropa pflegte vor dem Ersten Weltkrieg jährlich 26 Mio. t Getreide zu importieren, während die großen Getreideexportländer in Osteuropa und Übersee 27 Mio. t jährlich exportierten[2]. Eine regional differenzierende Betrachtung

Tabelle 12. Produktion und Export von Getreide vor dem Ersten Weltkrieg (Durchschnitt 1909–1913, Mio. t).

	Produktion	Einfuhr (+) oder Ausfuhr (—)
Westeuropa	73,8	+ 26,3
Osteuropa	108,6	— 13,2
Nordamerika	121,5	— 6,4
Südliche Exportländer	14,7	— 7,5

Quelle: League of Nations (Hrsg.), *Agricultural Production in Continental Europe During the 1914–18 War and the Reconstruction Period.* Genf, 1943, S. 58ff. – Westeuropa: Europäische Länder einschließlich und westlich von Schweden, Deutschland, Schweiz, Italien. Nordamerika: USA, Kanada. Südliche Exportländer: Argentinien, Uruguay, Südafrika, Australien, Neuseeland.

[1] Für Deutschland: K. Roesler, *Die Finanzpolitik des Deutschen Reiches im Ersten Weltkrieg.* Duncker & Humblot, Berlin 1967. Für Großbritannien: E. V. Morgan, *Studies in British Financial Policy, 1914–1925.* Macmillan, London 1952. Für Rußland: P. Studenski, *The Income of Nations. Theory, Measurement, and Analysis: Past and Present.* New York UP 1958.

[2] Vgl. League of Nations (Hrsg.), *Agricultural Production in Continental Europe During the 1914–18 War and the Reconstruction Period.* Genf 1943.

zeigt allerdings für die kriegführenden europäischen Länder unterschiedliche Grade der Weltmarktabhängigkeit. Die britische Ernährung war nach jahrzehntelangem Freihandel am stärksten in die Weltwirtschaft integriert[3]. Vier von jeweils fünf Scheiben Brot, die auf den britischen Inseln verzehrt wurden, waren mit ausländischem Mehl gebacken. Im Wettbewerb mit den kontinentaleuropäischen und überseeischen Agrarländern hatte die britische Landwirtschaft sich auf Viehhaltung spezialisiert, so daß die »Selbstversorgungsquote« bei Fleisch, Fett und Milch höher war; aber dafür mußten wieder ausländische Futtermittel importiert werden. Im Durchschnitt kamen, gemessen am Kaloriengehalt, 35 Prozent des Lebensmittelverbrauches aus eigener Produktion.

In Deutschland schirmte seit der »Großen Depression« die Schutzzollpolitik die eigene Landwirtschaft gegen den Weltmarkt ab[4]. 1913 arbeiteten noch 35 Prozent aller Erwerbstätigen in Landwirtschaft, Forsten und Fischerei[5]. An Kartoffeln, Roggen und Zuckerrüben produzierte die deutsche Landwirtschaft regelmäßig über den Inlandsbedarf hinaus. Der Zuckerrübenanbau war sogar sehr stark exportorientiert, rund vierzig Prozent der Produktion gingen in den Export. Bei Brotgetreide aller Art betrug die Selbstversorgung um neunzig Prozent, ebenso bei Milch und Milchprodukten und Fleisch. Bei Fett und Eiern betrug die Selbstversorgung um sechzig Prozent, bei Fisch um vierzig Prozent[6]. Um die verschiedenen Produkte auf einen Nenner zu bringen, kann man sie entweder in Kalorien oder in Geldwert umrechnen. Beide Verfahren ergeben für Deutschland eine durchschnittliche Selbstversorgungsquote von rund neunzig Prozent[7]. Diese Selbstversor-

[3] Vgl. S. J. Hurwitz, *State Intervention in Great Britain. A Study of Economic of Control and Social Response, 1914–1919*. Columbia UP, New York 1949.

[4] Vgl. F. Aereboe, *Der Einfluß des Krieges auf die landwirtschaftliche Produktion in Deutschland*. Deutsche Verlags-Anstalt, Stuttgart/Berlin/Leipzig 1927; A. Skalweit, *Die deutsche Kriegsernährungswirtschaft*. Deutsche Verlags-Anstalt, Stuttgart/Berlin/Leipzig 1928. Neuerdings auch M. G. Plachetka, *Die Getreide-Autarkiepolitik Bismarcks und seiner Nachfolger im Reichskanzleramt*. Diss. Bonn 1969.

[5] Vgl. W. Hoffmann, F. Grumbach und H. Hesse, *Das Wachstum der deutschen Wirtschaft seit der Mitte des 19. Jahrhunderts*. Springer, Berlin/Heidelberg/New York 1965, S. 204f.

[6] Getreide im Durchschnitt 1909/10–1913/14, Fett im Durchschnitt 1912/13, nach Skalweit, *Die deutsche Kriegsernährungswirtschaft*, S. 10ff. Alle anderen Angaben nach Hoffmann, Grumbach und Hesse, *Das Wachstum*, S. 301f., 307, 329, 630ff.

[7] Geldwerte berechnet nach Hoffmann, Grumbach und Hesse, *Das Wachstum*, S. 520, 524, 646ff., 656f. Kalorien nach Skalweit, *Die deutsche Kriegsernäburngswirtschaft*, S. 8.

gungsquote bezieht sich nur auf die Endprodukte und berücksichtigt nicht, daß die deutsche Landwirtschaft in mehrfacher Weise von der Zufuhr ausländischer »inputs« abhing. Die Steigerung der Agrarproduktion bei konstanter Bodenfläche bedeutete eine immer intensivere Bodennutzung, die nur durch ausgiebigen Kunstdüngereinsatz möglich war. 1913 verbrauchte die deutsche Landwirtschaft insgesamt rund 8 Mio. t Kunstdünger (Superphosphat, Thomasmehl, Chilesalpeter, schwefelsaures Ammoniak); der Verbrauch war gegenüber 1890 auf nahezu das Sechsfache gestiegen. Rund ein Drittel des Kunstdüngers wurde importiert (Chilesalpeter, Rohphosphate, Schwefel). Die Abhängigkeit der Viehwirtschaft von ausländischen Futtermitteln war ebenfalls beträchtlich. Die Viehwirtschaft verwertete an einheimischem Kraftfutter Getreide, Kartoffeln und Zuckerrüben. Aus dem Ausland wurden Futtergerste, Kleien, Mais und Ölkuchen bezogen, insgesamt über 6 Mio. t jährlich. Die Einfuhr machte wie beim Kunstdünger rund ein Drittel des Verbrauchs aus. Die deutsche Viehhaltung stand nach der zwar nicht rechnerisch exakten, aber anschaulichen Formulierung von Aereboe mit zwei Beinen im Inland und mit zwei Beinen im Ausland[8]. Ein dritter, aber ebenfalls sehr wichtiger Punkt war die Abhängigkeit von ausländischen Arbeitskräften. Die deutsche Landwirtschaft beschäftigte nahezu eine Million ausländische Saisonarbeiter, besonders auf den großen Gütern im Osten.

Frankreich hatte trotz der Industrialisierung eine bedeutende Landwirtschaft behalten, die Inlandsproduktion deckte bei fast allen Nahrungsmitteln ungefähr den Bedarf[9]. In Italien hielten sich vor dem Weltkrieg Einfuhr und Ausfuhr von Lebensmitteln wertmäßig ungefähr die Waage, umgerechnet in Kalorien ergab sich allerdings ein Einfuhrüberschuß[10]. Importiert wurden Lebensmittel mit hohem Kaloriengehalt, vor allem Brotgetreide aus Südrußland, exportiert wurden Obst, Gemüse und Wein. Die Habsburgermonarchie schloß vor dem Weltkrieg ernährungswirtschaftliche Bedarfs- und Überschußgebiete in sich[11]. Getreide und andere Agrarpro-

[8] Aereboe, *Der Einfluß des Krieges*, S. 23.

[9] Vgl. M. Augé-Laribé, *L'agriculture pendant la guerre*. Presses Universitaires de France, Paris 1925.

[10] Vgl. R. Bachi, *L'alimentazione e la politica annonaria in Italia*. Laterza, Bari 1926.

[11] Vgl. H. Loewenfeld-Russ, *Die Regelung der Volksernährung im Kriege*. Hölder-Pichler-Tempsky, Wien 1926; G. Gratz und R. Schüller, *Der wirtschaftliche Zusammen-*

dukte der ungarischen Reichshälfte wurden ausgetauscht gegen Industriewaren der österreichischen, cisleithanischen Reichshälfte. Gegenüber dem Weltmarkt war dieser Austausch durch einen gemeinsamen hohen Außenzoll geschützt. Die ungarische Landwirtschaft hatte also in »Cisleithanien« einen sicheren Absatzmarkt, bei durchschnittlichem Ernteausfall deckte sie in etwa den gesamten österreichischen Einfuhrbedarf an Lebensmitteln. Rußland war vor dem Ersten Weltkrieg das bedeutendste Agrarexportland in der Weltwirtschaft. Bei einer Produktion von jährlich rund 75 Mio. t Getreide wurden 11 Mio. t exportiert, Getreide war die Hauptstütze des russischen Außenhandels[12].

Realistische Planungen für die Ernährung von Heer und Bevölkerung im Kriegsfall wurden in keinem Land angestellt. In Deutschland betonten zwar die Agrarier seit dem Ende des 19. Jahrhunderts unter anderem auch die kriegswirtschaftliche Bedeutung einer Schutzzoll- und Autarkiepolitik, aber das bestimmende Moment waren offensichtlich die innenpolitischen Rücksichten. Kriegswirtschaftliche Überlegungen haben die deutsche Agrarpolitik vor 1914 anscheinend wenig beeinflußt, es lag ja auch kein Grund vor, eine hohe Selbstversorgung im Ernährungssektor zu planen, so lange man mit einem kurzen Krieg rechnete[13]. Erst im Krieg hat die Regierung dann nachträglich die Schutzzoll- und Autarkiepolitik als eine weise vorausschauende Maßnahme interpretiert. In Österreich-Ungarn verließ man sich auf die Überschüsse der ungarischen Landwirtschaft. In Großbritannien war die Ernährung in erster Linie ein Importproblem, und sie war damit in den ohnehin schon seltenen kriegswirtschaftlichen Überlegungen, die vor 1914 angestellt wurden, überhaupt kein Problem. Denn an der Fähigkeit der Marine, die Verbindungen nach Übersee freizuhalten, und an der Fähigkeit der Exportindustrie, die nötigen Devisen für die Bezahlung der importierten Lebensmittel zu erwirtschaften, zweifelte niemand. Der überall geteilte Irrtum war die Annahme, daß der Krieg nicht lange dauern werde; tatsächlich erzwang der Krieg dann Strukturveränderungen in

bruch Österreich-Ungarns. Die Tragödie der Erschöpfung. Hölder-Pichler-Tempsky, Wien 1930.

[12] Vgl. League of Nations (Hrsg.), *Agricultural Production*, S. 65; E. Nolde, *Russia in the Economic War*. Yale UP, Hew Haven 1928.

[13] Vgl. L. Burchardt, *Friedenswirtschaft und Kriegsvorsorge. Deutschlands wirtschaftliche Rüstungsbestrebungen vor 1914*. Boldt, Boppard 1968.

der Welternährungswirtschaft und staatliche Kontrollen in einem Umfang, wie man ihn sich vor 1914 schwerlich vorstellen konnte.

Die Mittelmächte

In *Deutschland* wurde nach dem Kriegsausbruch die Landwirtschaft rücksichtslos zugunsten der Streitkräfte und der Rüstungsindustrie zurückgedrängt[14]. Bauern und Landarbeiter wurden eingezogen. An ihre Stelle traten Frauen und Jugendliche, in den ersten Kriegsmonaten auch arbeitslose Industriearbeiter, und dann mehr und mehr Kriegsgefangene. 1918 arbeiteten rund 900000 Kriegsgefangene in der deutschen Landwirtschaft, ungefähr so viele, wie es vor dem Krieg ausländische Saisonarbeiter gegeben hatte. Im Hilfsdienstgesetz vom Dezember 1916 wurde die Landwirtschaft als kriegswichtiger Sektor bestätigt, aber das half nicht gegen den effektiven Mangel an Arbeitskräften, der sich ja durch die gesamte Volkswirtschaft zog. Das Militär requirierte nicht nur Menschen, sondern auch Pferde und Futtermittel; der Landwirtschaft blieben immer weniger Zugtiere, die immer schlechter ernährt waren. An Düngemitteln war Kalidünger aufgrund des deutschen Kalimonopols reichlich vorhanden, Phosphate und Stickstoff waren knapp, trotz der neu aufgebauten synthetischen Stickstoffgewinnung. Die deutsche Industriekapazität wurde vor allem für die Rüstung beansprucht, so daß es auch an Landmaschinen und Betriebsstoff für die Maschinen fehlte.

Der relativ hohe Selbstversorgungsgrad der deutschen Ernährungswirtschaft vor dem Krieg erwies sich unter diesen Umständen bald als Illusion, denn die landwirtschaftliche Produktion konnte nicht annähernd gehalten werden. Die landwirtschaftlich genutzte Fläche ging insgesamt zurück. Besonders stark eingeschränkt wurde der Getreideanbau, meist zugunsten von Weiden, aber es kam auch vor, daß Ackerland aus Mangel an Arbeitskräften, Saatgut und Dünger einfach brach gelassen wurde. Im Durchschnitt lag die Getreideernte während des Krieges um rund ein Fünftel unter dem Stand der letzten Vorkriegsjahre. Die Bauern waren bestrebt, ihren Viehbestand zumindest zahlenmäßig zu erhalten, aber Milchleistung und Schlachtgewicht gingen erheblich zurück. Der

[14] Vgl. Aereboe, *Der Einfluß des Krieges*; Skalweit, *Die deutsche Kriegsernährungswirtschaft*.

Rückgang der landwirtschaftlichen Produktion konzentrierte sich, genau wie der Rückgang der Lebensmitteleinfuhr, auf die letzten Kriegsjahre, so daß die Not immer größer wurde.

Wie schnell sich auch ein anfänglicher Überfluß in einen Mangel verkehren konnte, und wie wenig Anlaß zum Optimismus die Selbstversorgungsziffern der Friedenszeit für die Kriegswirtschaft gaben, zeigt sich besonders deutlich an der Zuckerwirtschaft. Zucker schien bei Kriegsausbruch mehr als reichlich vorhanden. Die Behörden empfahlen daher Ende 1914 eine Einschränkung des Zuckerrübenanbaus, und in den besetzten Gebieten Belgiens und Polens wurde der Anbau überhaupt verboten. Bis zur nächsten Ernte war die Anbaufläche in Deutschland um ein Drittel verringert, und da außerdem die Hektarerträge abnahmen, ging die Zuckererzeugung schon binnen eines Jahres um ungefähr jene vierzig Prozent zurück, die man vor dem Krieg exportiert hatte. Gleichzeitig war aber der Verbrauch erheblich gestiegen, da bei der allgemeinen Nahrungsmittelknappheit die Bevölkerung auf Zucker, besonders in Form von Marmelade und Kunsthonig, auswich. Man propagierte daraufhin wieder eine Steigerung der Zuckererzeugung, weil die Zuckerrübe relativ hohe Hektarerträge an Nährwert lieferte; aber diese Bemühungen scheiterten nunmehr am Mangel an Arbeitskräften und Düngemitteln, von denen die anspruchsvolle Zuckerrübenkultur besonders abhängig war. Für den Rest des Krieges blieb Zucker knapp. Bereits 1915 erging ein Verfütterungsverbot, 1916 wurde der Verbrauch rationiert und die unvermeidliche Verteilungsbehörde, die »Reichszuckerstelle«, geschaffen. Im letzten Kriegsjahr litt die Produktion dann noch zusätzlich unter der Knappheit an Transportmitteln und unter dem Kohlenmangel der Rohzuckerfabriken und Raffinerien, so daß man schließlich noch froh war, aus der besetzten Ukraine 67000 t Zucker herauspressen zu können.

Das Absinken des Gesamtniveaus der landwirtschaftlichen Produktion hat die Regierung nicht verhindern können, im Gegenteil, es war ja gerade der Staat, der durch seine Kriegführung die Misere herbeiführte. Auch die gezielten Eingriffe in die Produktion erwiesen sich nicht immer als erfolgreich. Der Grundgedanke war, die Ernährung radikal zu vereinfachen, um dadurch den Nahrungsspielraum möglichst auszudehnen. Die Produktion von Bier und Branntwein, aber auch von Fleisch, sollte eingeschränkt werden zugunsten von

Brotgetreide, Kartoffeln und Rüben, die bei gleichen Kosten einen höheren Nährwert ergaben.

Verhältnismäßig problemlos war die Einschränkung der Brennerei und Brauerei. Die Branntweinbrennerei aus Kartoffeln und Getreide war vor dem Krieg durchaus keine Bagatelle gewesen. Im Durchschnitt der fünf Friedensjahre von 1909 bis 1913 wurden jährlich 2,5 Mio. t Kartoffeln und 0,4 Mio. t Getreide zu Spiritus gebrannt, den man zu ungefähr gleichen Teilen zu Trinkbranntwein und zu technischen Zwecken brauchte. In den ersten Kriegsmonaten schien die Branntweinbrennerei insgesamt unbedenklich in Anbetracht der erwarteten kurzen Kriegsdauer; die Brennerei aus Zuckerrüben und Rohzucker wurde sogar gefördert, weil man glaubte, zu große Zuckervorräte zu haben. Erst ab Frühjahr 1915 erkannte man die Nachteile der Brennerei für die Nahrungsmittelversorgung. Daraufhin wurde die Herstellung von Trinkbranntwein drastisch eingeschränkt, die Kornbrennerei ganz eingestellt. Ab 1916 wurde die Verteilung von Spiritus bei einer »Reichsbranntweinstelle« zentralisiert. Fortan durfte nur noch die Heeresverwaltung Trinkbranntwein beziehen, die Zivilbevölkerung gar nicht mehr. Die Produktion von Spiritus für technische Zwecke blieb beträchtlich. Insgesamt sank die Spiritusproduktion von 3,8 Mio. Hektolitern 1913/14 auf 2,4 Mio. Hektoliter 1917/18. Für die Bierbrauerei waren vor dem Krieg rd. 1,7 Mio. t Gerste verbraucht worden. Ab Frühjahr 1915, parallel mit der Einschränkung der Brennerei, wurde die Malzzuteilung an die Brauereien, und damit auch die Produktion, eingeschränkt. Die Kontingente wurden zunächst auf 60 Prozent des Vorkriegsverbrauchs festgesetzt, bis Kriegsende sanken sie auf 15 Prozent in Bayern und 10 Prozent im übrigen Deutschland. Der Bierausstoß sank etwas langsamer, auf rund ein Drittel der Friedensproduktion, weil das »Kriegsbier« mit einem immer niedrigeren Stammwürzegehalt eingebraut wurde; es soll zum Schluß nur noch eine vage Ähnlichkeit mit Bier gehabt haben.

»Die Wirkungen des Krieges auf den landwirtschaftlichen Betrieb«, heißt es bei Aereboe, »äußerten sich vornehmlich in einem Rückgang der bestellten Ackerflächen, in einer Ausdehnung des Brachlandes auf dem Ackerlande und in einer Umwandlung von Ackerland in Dauerweiden«.[15] Beabsich-

[15] Vgl. Aereboe, *Der Einfluß des Krieges*, S. 84.

tigt hatte die Regierung eigentlich das Gegenteil. Die Viehwirtschaft sollte auf die Kapazität des inländischen Futtermittelanbaus eingestellt, eventuell sogar zugunsten des Getreide- und Kartoffelanbaus weiter eingeschränkt werden. Bald nach Kriegsausbruch wurde die Verfütterung von Brotgetreide, später auch die Verfütterung von Kartoffeln und Zuckerrüben verboten, damit die Landwirte nicht etwa die fehlenden Futtermittelimporte durch Verfütterung von Nahrungsmitteln aus der eigenen Produktion kompensierten. Die Preispolitik wirkte dem jedoch direkt entgegen. Ab Oktober 1914 wurden die Getreidepreise fixiert, während die Fleischpreise ungehindert weiter stiegen, der Staat setzte also geradezu eine Prämie darauf aus, die Viehwirtschaft auszudehnen und Verfütterungsverbote zu umgehen. Um die Viehwirtschaft wirksamer einzuschränken, verordnete die Regierung ab Anfang 1915 Zwangsschlachtungen von Schweinen. Etwa 2 Mio. Borstentiere fielen über die normalen Schlachtungen hinaus dieser Aktion zum Opfer, bei einem Bestand von rund 27 Mio. Stück (1913) keine besonders drastische Maßnahme[16]. Am Ende erwiesen sich auch die Zwangsschlachtungen nicht als sonderlich wirksam, vor allem wohl, weil sie nur die Schweinehaltung trafen; die Viehhaltung verschob sich entsprechend zu Rindern und Schafen. Ein unerwünschter Nebeneffekt der Preispolitik war auch die Begünstigung der Fleischproduktion gegenüber der Milchproduktion, nachdem die Milchpreise kontrolliert wurden. Milch war außerhalb des schwarzen Marktes bald nur noch in besonderen Notfällen zu haben. Ein Merkmal der Kriegsernährungswirtschaft war, daß die einzelnen Preise immer erst dann fixiert wurden, wenn sie außergewöhnlich hoch schienen; ein zusammenhängender Plan existierte zunächst nicht. Die fixierten Preise lagen also bei dem stetigen Preisanstieg ziemlich willkürlich um so höher, je später sie kontrolliert wurden. Erst das im Mai 1916 eingerichtete Kriegsernährungsamt berücksichtigte die Rückwirkung der Preisfixierung auf Produktion und Angebot und versuchte, die Preisrelationen für landwirtschaftliche Produkte neu zu ordnen. Inzwischen begannen die Landwirte aber, die offizielle Preispolitik zu umgehen,

[16] Vgl. Aereboe, *Der Einfluß des Krieges*, S. 50, 88, und Skalweit, *Die deutsche Kriegsernährungswirtschaft*, S. 97. Die Schätzungen über die Zwangsschlachtungen schwanken zwischen 1,6 und 2,5 Mio. Stück. – In der Literatur wird die Bedeutung dieser Aktion als »bezeichnendes Beispiel für die Irrtümer, denen wohl jedes Planungssystem ausgesetzt ist«, gelegentlich übertrieben; vgl. G. Stolper, K. Häuser und K. Borchardt, *Deutsche Wirtschaft seit 1870*. 2. Aufl. Mohr, Tübingen 1966, S. 75f.

indem sie sich mehr und mehr auf den schwarzen Markt konzentrierten. Dort richtete sich das Angebot nicht mehr nach ernährungspolitischen Prioritäten, sondern nach den Präferenzen und Geldmitteln der wohlhabenderen Klassen.

Die Diskrepanz zwischen Angebot und Nachfrage ließ die Lebensmittelpreise schnell steigen. Zwar wurden bereits im August 1914 die Städte und Landkreise durch Gesetz ermächtigt, für Waren des täglichen Bedarfs, vor allem Lebensmittel, Höchstpreise festzusetzen. Aber die daraufhin erlassenen Verbraucherpreise erwiesen sich nur so lange als einigermaßen wirksam, wie die Preissteigerungen auf einer vorübergehenden örtlichen Mangelsituation beruhten, bedingt z. B. durch große Vorratskäufe der Haushalte oder durch Transportschwierigkeiten in den ersten Mobilmachungstagen. Mit der Zeit aber brachte der Großhandel die Waren dorthin, wo die Preise am höchsten festgesetzt waren, und boykottierte jene Städte, die im Interesse der Verbraucher niedrige Preise dekretiert hatten. Um das knapper werdende Warenangebot an sich zu ziehen, überboten sich die Städte in ihren Höchstpreisen, und schließlich wurden viele Höchstpreise überhaupt aufgehoben.

Eine neue Runde begann damit, daß im Oktober 1914 der Bundesrat allgemeine Höchstpreise verordnete, die beim Produzenten ansetzten, zunächst für Brotgetreide. Diese neue Höchstpreispolitik war von der öffentlichen Meinung gefordert worden. Die Regierung hatte zunächst gezögert, man war sich offensichtlich darüber klar, daß die geforderte allgemeine Höchstpreispolitik etwas grundsätzlich anderes darstellte, als die gegen einzelne lokale Preisüberhöhungen von kurzer Dauer gerichtete Gesetzgebung vom August 1914. Den Ausschlag scheint schließlich gegeben zu haben, daß die Alliierten anfingen, Preissteigerungen als Indiz für die Wirksamkeit der Blokkade zu werten. Noch im Jahre 1914 wurden Höchstpreise für Kartoffeln, Zucker und Futtermittel eingeführt. 1915 folgte eine ganze Reihe von Höchstpreisen, unter anderem für Butter und Fisch im Oktober, Milch, Schweinefleisch, Obst und Gemüse im November. Der ernährungspolitisch wichtige Höchstpreis für Schlachtrinder wurde erst relativ spät, im März 1916, festgesetzt. Danach waren alle denkbaren Lebensmittel, Futtermittel und lebendes Vieh in die Preisfixierung einbezogen, einschließlich Eicheln und Roßkastanien. Mit Rücksicht auf die Produzenten wurden die kontrollierten Preise in den letzten Kriegsjahren mehrfach heraufgesetzt.

Die Rückwirkung der Höchstpreispolitik auf die Produktion ist im Zusammenhang mit der Produktionspolitik bereits erwähnt worden. Für die Versorgung hatte die Festsetzung von einzelnen Höchstpreisen stets die unmittelbare Folge, daß die entsprechenden Waren vom Markt, zumindest vom offiziellen Markt, verschwanden. Die Landwirte wandten sich, ausgehend von den relativen Preisen, der jeweils profitreichsten Produktion zu, nach den Höchstpreisen für Getreide und Kartoffeln z. B. der Schweine- und Rindermast. Eine andere Reaktion war, die Lebensmittel außerhalb des Bewirtschaftungssystems illegal zu höheren Preisen zu verkaufen. Ein Beispiel: Vor der Fixierung der Höchstpreise für Schweinefleisch im November 1915 wurden wöchentlich 61000 Schweine auf die offiziellen Märkte gebracht, nach der Preisfixierung nur mehr 17000 Schweine wöchentlich. Den Höchstpreisen mußten daher früher oder später direkte staatliche Kontrollen folgen.

Wie alle Bewirtschaftungsmaßnahmen folgte auch die Organisation der Kriegsernährungswirtschaft keinem vorbedachten Plan, sondern den Erfordernissen des Augenblicks. Die Rationierung begann mit der Einführung von Lebensmittelkarten für Brot und Mehl im Januar 1915. Für die Durchführung der Rationierung waren Kommunalverbände verantwortlich, in denen jeweils mehrere Städte und Landkreise zusammengeschlossen waren. Parallel dazu wurde ein Erfassungs- und Verteilungsapparat auf Reichsebene aufgebaut, der für einen Ausgleich der Ernährung in den verschiedenen Regionen, insbesondere für die Bewegung der Lebensmittel vom Land zur Stadt, sorgen sollte. Typische Institutionen der Bewirtschaftung waren die »Reichsstellen«, die für einzelne Produkte zuständig waren. Die Reichsstellen bestanden jeweils aus einer Verwaltungsabteilung und einer Geschäftsabteilung. Die Verwaltungsabteilungen hatten Behördenfunktion, während die Geschäftsabteilungen Ankauf, Lagerung und Verkauf der jeweiligen Waren besorgten. Formal waren die Geschäftsabteilungen als privatrechtliche Gesellschaften (meist GmbHs) organisiert, materiell stellten sie einen neuen Typ der »Kriegsgesellschaft« dar. Am Kapital der Kriegsgesellschaften waren außer Produzenten und Händlern auch öffentliche Körperschaften (Reich, Bundesstaaten und Kommunalverbände) beteiligt. Die Geschäftsabteilung der Reichsgetreidestelle, die 1915 als erste Bewirtschaftungsstelle gegründet wurde, ging hervor aus der bereits Ende November 1914 gegründeten preußischen »Kriegsgetreidegesellschaft«; gelegentlich wurden auch vorhandene Kartellverbände nach Einrichtung einiger Kontrollen mit den Aufgaben einer »Geschäftsabteilung« betraut, z. B. bei der Spiritusbewirtschaftung. Die Kriegsernährungswirtschaft entsprach also formal ziemlich genau der Rohstoffbewirtschaftung (Kriegsrohstoffabteilung und Kriegsrohstoffgesellschaften).

Auf Reichsebene war für Ernährungsfragen das Reichsamt des Inneren zuständig, ihm unterstanden in dieser Eigenschaft die verschiedenen »Reichsstellen« und auch die Zentral-Einkaufs-Gesellschaft des Reiches, die für die Lebensmitteleinfuhr zuständig war. Im Mai 1916 wurde das Kriegsernährungsamt als besondere Behörde gegründet, unter der Leitung des früheren preußischen Oberpräsidenten von Batocki. Den Anstoß zur Gründung des neuen Amtes hatte die schnelle Verschlechterung der Ernährung gegeben. Ein »Lebensmitteldiktator«, so wurde gefordert, müsse die Vielzahl der in Ernährungsfragen nebeneinander und oft auch gegeneinander arbeitenden Behörden ablösen und eine wirksame Ernährungspolitik betreiben. Tatsächlich hat sich jedoch die Lebensmittelversorgung nach Einrichtung des Kriegsernährungsamtes nicht verbessert, sondern rapide verschlechtert. Das lag natürlich nicht an organisatorischen Fragen, obwohl immerhin erwähnenswert ist, daß die konkurrierende Kompetenz der preußischen Ministerien und des Militärs in Ernährungsfragen fortbestand und eine zentrale Ernährungspolitik behinderte. Der reale Grund für die Verschlechterung der Lebensmittelversorgung war neben der Verschärfung der alliierten Blockade die zunehmende Belastung der Landwirtschaft infolge des Krieges: Es fehlte immer mehr an Arbeitskräften, an Zugtieren, Düngemitteln, Maschinen und Betriebsstoffen, und die Produktion ging entsprechend zurück.

Nach der Verallgemeinerung der Rationierung 1916 galten im Durchschnitt ungefähr folgende wöchentlichen Verbrauchsmengen: 3,5 kg Kartoffeln, 160–220 g Mehl (z. T. als Brot), 100–250 g Fleisch, 60–75 g Fett, 0,7 l Milch, 200 g Zucker, 270 g zuckerhaltiger Aufstrich (Marmelade, Kunsthonig), 1 Ei (falls vorhanden), 120 g Fisch. Auch diese zweifellos unter dem Existenzminimum liegenden Rationen waren keineswegs immer tatsächlich erhältlich. Ihr schlimmstes Ausmaß erreichte die Ernährungskrise im Winter 1916/17, als nach der schlechten Ernte 1916 und den Verkehrsschwierigkeiten im Winter die

Versorgung der Großstädte zusammenbrach. Brot und Kartoffeln als Grundnahrungsmittel wurden häufig durch die seitdem berüchtigten Steckrüben ersetzt. Die Herabsetzung der Brotration im April 1917 gab Anlaß zu den bis dahin größten Streiks während des Krieges in Berlin und Leipzig, die zu machtvollen Demonstrationen für »Brot und Frieden« wurden.

Tabelle 13. Deutsches Reich: Kriegsrationen und Friedensverbrauch (Friedensverbrauch = 100).

	Juli 1916 bis Juni 1917	Juli 1917 bis Juni 1918	Juli 1918 bis Dez. 1918
Fleisch	31	20	12
Fisch	51	—	5
Eier	18	13	13
Schmalz	14	11	7
Butter	22	21	28
Käse	3	4	15
Reis	4	—	—
Hülsenfrüchte	14	1	7
Zucker	49	56–67	80
Pflanzliche Fette	39	41	17
Kartoffeln	71	94	94
Mehl	53	47	48

Quelle: Berechnungen von W. Bach über die Lebensmittelversorgung in Bonn, zit. nach W. Zimmermann, *Die Veränderungen der Einkommens- und Lebensverhältnisse der deutschen Arbeiter durch den Krieg.* Deutsche Verlags-Anstalt, Stuttgart/Berlin/Leipzig 1932, S. 456f.

Als unangenehme Begleiterscheinung der Lebensmittelknappheit verschlechterte sich dauernd die Qualität. Schon seit Anfang 1915 wurde Brot fast nur noch als »K-Brot« (»Kriegsbrot« oder auch »Kartoffelbrot«) unter Zusatz von Kartoffelmehl gebacken. Milch wurde vom Produzenten und vom Handel häufig mit Wasser verdünnt; die Verbraucher wagten nicht, sich zu beschweren, um ihre Zuteilung nicht überhaupt zu verlieren. Skrupellose Händler nutzten die allgemeine Not und brachten eine schier unerschöpfliche Zahl wertloser Ersatzlebensmittel auf den Markt, die dem »Original« allenfalls in Form und Farbe ähnelten: »Fleischbrühwürfel« aus gewürztem Salzwasser, »Eiersatzmittel« aus gefärbtem Mais- oder Kartoffelpulver und so fort. Als im März 1918 eine Anmelde- und Genehmigungspflicht für »Ersatzlebensmittel« verordnet wurde, waren über 11 000 derartige Produkte auf dem Markt.

Die Lebensmittelbewirtschaftung traf keineswegs die gesamte Bevölkerung gleichmäßig. Das Militär blieb außerhalb der allgemeinen Bewirtschaftungsorganisation, die militärischen Beschaffungsstellen kauften konkurrierend mit den zivilen Kriegsgesellschaften ein. Eine Sonderstellung mit einem deutlich besseren Versorgungsniveau hatte innerhalb des Bewirtschaftungssystems die Landwirtschaft. Die Rationen der »Selbstversorger« waren schon offiziell überdurchschnittlich hoch festgesetzt, und sie waren faktisch noch höher. Die Produzenten konnten ihre offiziellen Rationen legal aufbessern durch Produkte, die von der Bewirtschaftung nicht erfaßt wurden, weil sie unregelmäßig und in zu geringen Mengen anfielen, z. B. Gartenfrüchte. Inoffiziell und illegal gab es die Möglichkeit zu mancherlei Umgehungen, denn der Staat konnte und wollte auch gar nicht die Rationen der Landbevölkerung strikt kontrollieren. Die Bevorzugung der Landbevölkerung mochte wohl noch hingenommen werden, aber Ärgernis erregte die enorme Ausdehnung des schwarzen Marktes. Wer Geld und Beziehungen hatte, konnte seine offiziellen Rationen erheblich aufbessern. Nach informierten Schätzungen gingen 1918 »etwa $^1/_8$ bis $^1/_7$ des Getreide-, Mehl- und Kartoffelabsatzes, $^1/_4$ bis $^1/_3$ der Milch-, Butter- und Käseerzeugung, $^1/_3$ bis $^1/_2$ der Eier-, Fleisch- und Obsterzeugung durch die Hände des Schleichhandels zu wahnwitzigen Preisen, die bis an das Zehnfache der Friedenspreise heranreichten«[17]. Diese Mengen fehlten dem Bewirtschaftungssystem, das nach offiziellem Zugeständnis gegen Ende des Krieges den notwendigen Lebensunterhalt nicht mehr bereitstellen konnte. Die Industrie beschaffte mit Duldung der Reichsbehörden außerhalb des Bewirtschaftungssystems zusätzliche Lebensmittel für Rüstungsarbeiter, und auch Kommunalverbände bezogen Lebensmittel im Schleichhandel und überboten die staatlichen Höchstpreise. Die Auflösung der Bewirtschaftung hatte offensichtlich kumulativen Charakter: Je weniger die Ernährungspolitik eine Mindestversorgung garantieren konnte, um so größer wurde die

[17] W. Zimmermann, *Die Veränderungen der Einkommens- und Lebensverhältnisse der deutschen Arbeiter durch den Krieg*. Deutsche Verlags-Anstalt, Stuttgart/Berlin/Leipzig 1932, S. 441.

Neigung zu Übertretungen, die dann wieder die offiziellen Rationen schmälerten. Hinter dieser Entwicklung stand neben dem sich überall ausdehnenden Kriegsgewinnlertum der Gruppenegoismus der Landwirtschaft. Vor allem der politische Einfluß des ostdeutschen Großgrundbesitzes stand einer verbraucherorientierten Kriegsernährungspolitik bis zum Schluß entgegen.

Die industriell weniger entwickelten Verbündeten des Deutschen Reiches waren ernährungswirtschaftlich keine Hilfe, sie hatten im Gegenteil ihre eigenen Probleme[18]. In Ungarn fiel die Getreideernte von 1914 ungewöhnlich schlecht aus, sie lag um nahezu ein Drittel unter dem normalen Niveau und deckte damit kaum den Bedarf der ungarischen Reichshälfte an Brotgetreide und Saatgut. Für diese Mißernte war zwar der Krieg noch nicht verantwortlich; aber infolge des Kriegsausbruchs konnte Österreich sich nicht an ausländische Lieferanten wenden, wie es sonst wohl üblich war, wenn die ungarische Ernte hinter den Erwartungen zurückblieb. Die erste »Kriegsernte«, 1915, war zwar besser als 1914, lag aber auch unter dem Vorkriegsniveau, und von da an gingen die Ernteerträge als Folge der Kriegsbedingungen erheblich zurück. Ausländische Zufuhren waren nach Kriegsausbruch nur noch begrenzt möglich, und die Vorräte bei den Produzenten und im Handel wurden bereits im ersten Kriegsjahr aufgebraucht, um das Erntedefizit von 1914 auszugleichen. Die Lebensmittelpreise zogen nach Kriegsausbruch kräftig an. Im November 1914 traten nach deutschem Vorbild Höchstpreise für Getreide in Kraft. Anfang 1915 wurde eine staatliche Bewirtschaftung für Getreide eingerichtet, freilich für beide Reichsteile getrennt. Um den immer knapper werdenden Nahrungsmittelspielraum entbrannte fortan ein heftiger Kampf, in dem sich ältere Rivalitäten zwischen den Reichshälften fortsetzten. Die Ernährungslage war auch in Ungarn gedrückt, blieb aber wesentlich besser als in Österreich. 1916 betrug die Getreideproduktion pro Kopf der Bevölkerung in Ungarn rund 203 kg, in Österreich rund

[18] Vgl. für Österreich-Ungarn: Loewenfeld-Russ, *Die Regelung der Volksernährung*. Gratz, Schüller, *Der wirtschaftliche Zusammenbruch Österreich-Ungarns*. (Im Anhang zu diesem Buch wird ein Briefwechsel zwischen dem österreichischen Ministerpräsidenten Stürgkh und dem ungarischen Ministerpräsidenten Tisza wiedergegeben, der die Ernährungsschwierigkeiten eindrucksvoll aufzeigt.) Für Bulgarien: G. T. Danaillow, *Les effets de la guerre en Bulgarie*. Presses Universitaires de France, Paris 1932. Für die Türkei: A. Emin, *Turkey in the World War*. Yale UP, New Haven 1930.

72 kg[19]. Trotzdem lieferte Ungarn 1916 nur mehr rund 100000 t Getreide und Mehl nach Österreich, gegenüber 2,1 Mio. t in den Vorkriegsjahren, und auch die Lieferungen von anderen Lebensmitteln wurden gegenüber dem Vorkriegsstand drastisch herabgesetzt. Die ungarische Regierung wälzte die Lebensmittelnot nach Möglichkeit auf die andere Reichshälfte ab. Zwar führte auch Ungarn eine Lebensmittelrationierung ein, aber schon die offiziellen Rationen lagen höher als in Österreich[20], und die Kontrollen wurden weniger streng gehandhabt. Vor allem aber unterstützte die ungarische Regierung die Großgrundbesitzer, die erhebliche Futtermengen beanspruchten, um ihren Viehbestand möglichst unversehrt durch den Krieg zu bringen. Ihnen waren, wie es in Österreich bitter hieß, ungarische Schweine wichtiger als österreichische Menschen. Auch innerhalb der Reichsteile standen die nationalen Rivalitäten einer einheitlichen Ernährungspolitik entgegen. Die Tschechen in Österreich ebenso wie die Kroaten in Ungarn widersetzten sich der staatlichen Bewirtschaftung, die bei der Landbevölkerung ohnehin unbeliebt war, auch aus nationalen Gründen.

Die Lieferungen der Mittelmächte untereinander blieben während des Krieges überraschend gering. Bulgarien lieferte den Verbündeten Tabak (wenn man den zu den Lebensmitteln rechnen will), die Türkei exportierte Olivenöl nach Deutschland; umgekehrt lieferte Österreich-Ungarn 18000 t Zucker an Bulgarien und die Türkei[21]. Die Blockade schnitt die Mittelmächte von überseeischen Zufuhren ab und beschränkte auch die Exportfähigkeit der neutralen Nachbarn. Ganz unterbunden wurde der Außenhandel mit den Neutralen allerdings nie; die skandinavischen Länder, Holland und die Schweiz waren bis zum Schluß als Lieferanten von hochwertigen Lebensmitteln (Fleisch, Fett, Fisch, Milch, Käse) wichtig. Vor allem blieb den Mittelmächten der Zugang zu Rumänien, das vor dem Weltkrieg jährlich rd. 3,3 Mio. t Getreide ausführte und damit eines der bedeutendsten Agrarexportländer war[22].

[19] Berechnet nach den Zahlen über Ernte und Bevölkerung in Gratz und Schüller, *Der wirtschaftliche Zusammenbruch Österreich-Ungarns*, S. 44f., 152.

[20] Die Mehlration z. B. 1917 in Ungarn für Selbstversorger 400–500 g und für die städtische Bevölkerung 233 g täglich, gegenüber 300–366 g bzw. 200 g in Österreich. Vgl. Loewenfeld-Russ, *Die Regelung der Volksernährung*, S. 62.

[21] Vgl. Loewenfeld-Russ, *Die Regelung der Volksernährung*, S. 368–76.

[22] Vgl. G. Ionesco-Sisesti, *L'agriculture de la Roumanie pendant la guerre*. Presses Universitaires de France, Paris 1929, S. 16.

Nach dem Kriegsausbruch wurden rumänisches Getreide und Erdöl die wichtigsten Karten in dem politischen Pokerspiel zwischen den Mittelmächten, den Alliierten und der rumänischen Regierung. Nach einem ersten Abkommen vom Dezember 1915 erhielten die Mittelmächte 550000 t Getreide. In einem neuen Abkommen vom März 1916 wurde die Lieferung von weiteren 1,4 Mio. t Getreide vereinbart; 850000 t waren tatsächlich geliefert, als Rumänien in den Krieg eintrat. Unter dem Besatzungsregime, das Rumänien fast völlig den Mittelmächten auslieferte, wurden noch einmal 2,2 Mio. t Lebensmittel, davon 1,9 Mio. t Getreide, aus dem Lande ausgeführt, zu etwa gleichen Teilen nach Deutschland und Österreich-Ungarn, in geringen Mengen auch nach Bulgarien und der Türkei[23]. 1918 setzten die Mittelmächte große Hoffnungen auf den »Brotfrieden« mit der Ukraine. Die Ergebnisse blieben hinter den Erwartungen zurück, immerhin preßten die Besatzungsbehörden aber aus dem erschöpften Land noch rund 400000 t an Lebensmitteln, hauptsächlich Getreide und Zukker, heraus[24]. In den anderen besetzten Gebieten, besonders Serbien, beanspruchten die Besatzungstruppen alle Überschüsse. Belgien und Nordfrankreich hatten selbst einen erheblichen Einfuhrbedarf. Aufgrund besonderer Vereinbarungen ließen die Alliierten Lebensmittel, die für die Zivilbevölkerung dieser Gebiete bestimmt waren, durch den Blockadering[25].

Die Alliierten

In *Großbritannien* ergaben sich schon bald nach Kriegsausbruch Schwierigkeiten bei der Versorgung mit Zucker, der vor dem Krieg zu zwei Dritteln aus Deutschland und Österreich-Ungarn eingeführt wurde[26]. Im August 1914 wurde eine »Royal Commission on Sugar Supplies« eingerichtet, die ein Monopol für

[23] Vgl. Ionesco-Sisesti, *L'agriculture*, S. 59.

[24] Loewenfeld-Russ, *Die Regelung der Volksernährung*, S. 395–403.

[25] Vgl. P. Collinet und P. Stahl, *Le ravitaillement de la France occupée*. Presses Universitaires de France, Paris 1928; A. Henry, *Le ravitaillement de la Belgique pendant l'occupation Allemande*. Presses Universitaires de France, Paris 1924.

[26] Vgl. zur britischen Ernährungspolitik: W. Beveridge, *British Food Control*. Oxford UP 1928; T. H. Middleton, *Food Production in War*. Clarendon Press, Oxford 1923. Auf diesen Darstellungen beruhen im wesentlichen auch die entsprechenden Kapitel in: Hurwitz, *State Intervention in Great Britain*; M. Olson, *The Economics of Wartime Shortage. A History of British Food Supply in the Napoleonic War and in World Wars I and II*. Duke UP, Durham 1963.

die Einfuhr und Verteilung von Zucker erhielt. Die Kommission kaufte den Zucker in den überseeischen Erzeugerländern und verteilte ihn an die Raffinerien und an den Großhandel, wobei sich der Verteilungsmodus aus dem durchschnittlichen Vorkriegs-Marktanteil der einzelnen Abnehmer ergab. Im übrigen aber war die Ernährung in den ersten beiden Kriegsjahren nur wenig beeinträchtigt. Die Lebensmittelimporte blieben bis 1916 einschließlich bei ungefähr 90 Prozent des Vorkriegsstandes. Die Reduktion erklärt sich aus der Beanspruchung der Schiffahrt für militärische Transporte. Die U-Boote waren, trotz der jeweils Anfang 1915 und 1916 eröffneten »unbeschränkten« bzw. »verschärften« Kampagne, noch keine spürbare Gefahr. Auch die eigene Landwirtschaft hatte unter dem Krieg zunächst nicht zu leiden. Anfang 1915 waren in England und Wales durchschnittlich 16 Prozent der landwirtschaftlichen Arbeiter zu den Streitkräften gegangen, aber die Lücken konnten bei der Bestellung und bei der Ernte durch Arbeiter aus anderen Wirtschaftszweigen, sowie durch Frauen und Jugendliche ungefähr ausgeglichen werden. Die Ernte von 1915, vom Wetter begünstigt, war sogar überdurchschnittlich gut.

Es gab also keinen effektiven Mangel an Lebensmitteln, wohl aber trat in der Öffentlichkeit Unzufriedenheit auf über die steigenden Preise. Die Einzelhandelspreise für Lebensmittel lagen im Juni 1915 um 33 Prozent, im Juni 1916 um 61 Prozent über dem Stand vom Juli 1914. Die Löhne waren nur bis Juli 1915 um 5 bis 10 Prozent, bis Juli 1916 um 15 bis 20 Pro-

Tabelle 14. Vereinigtes Königreich: Lebensmittelimporte 1913 bis 1918.

	Mio. t	Index (1913 = 100)
1913	18,3	100
1914	16,7	92
1915	17,0	93
1916	16,3	89
1917	13,8	75
1918	11,9	65

Quelle: W. Beveridge, *British Food Control*. Oxford University Press 1928, S. 354ff. – Lebensmittel einschließlich Viehfutter.

zent gestiegen, so daß die Ernährung nun real um einiges teurer wurde[27]. Die Gründe für den Preisanstieg waren einerseits die steigenden Frachtraten und das knappere Angebot, andererseits die Kriegsinflation, die u. a. auch die monetäre Nachfrage nach Lebensmitteln steigen ließ.

Den ersten Anstoß zur staatlichen Ernährungspolitik gaben dann im Spätsommer 1916 der schlechte Ernteausfall, der hauptsächlich durch ungünstiges Wetter bedingt war, und Transportschwierigkeiten, die sich schon vor dem unbeschränkten U-Boot-Krieg verschärften. Im Oktober 1916 wurde nach dem Vorbild der Zuckerkommission eine Einfuhr- und Verteilungsstelle für Weizen, später auch für Getreide aller Art, eingerichtet, die Royal Commission on Wheat Supplies. Der Staat kontrollierte durch diese beiden Kommissionen dem Gewicht nach zwei Drittel, dem Kaloriengehalt nach sogar drei Viertel der Lebensmitteleinfuhr. Außerdem hatte das Wirtschaftsministerium praktisch ein Monopol für die Einfuhr von Gefrierfleisch, das in der Hauptsache an die Armee geliefert wurde[28]. Die Staatsintervention beschränkte sich aber zunächst auf den Import. Die Verteilung der Lebensmittel blieb dem bestehenden Handel überlassen, und die Inlandsproduktion blieb ebenfalls von Kontrollen frei.

Erst nach dem Regierungswechsel vom Dezember 1916 begann eine neue Ernährungspolitik auf der Basis strikter Importbewirtschaftung, Produktionsförderung und kontrollierter Verteilung. Der Entschluß fiel der Regierung nicht leicht. Grundsätzlich hatte die Regierung Asquith im November 1916 als eine ihrer letzten Amtshandlungen die Notwendigkeit einer zentralen Bewirtschaftung zugestanden, unter Lloyd George wurde im Dezember 1916 ein Ernährungsministerium als sichtbarer Ausdruck einer neuen Orientierung in der Ernährungspolitik gegründet. Aber den entscheidenden Anstoß zu konkreten Maßnahmen gab erst die U-Boot-Blockade.

Obwohl der Anteil von Lebensmitteln an der Gesamteinfuhr leicht anstieg (von 40 auf 42 Prozent), ging die Lebensmitteleinfuhr von 1916 bis 1917 um 2,5 Mio. t zurück und von 1917 bis 1918 noch einmal um 1,9 Mio. t. Gegenüber dem Vorkriegsstand war die Lebensmitteleinfuhr 1917 auf drei Viertel, 1918 auf rund zwei Drittel gesunken. Die Einfuhr von Lebensmit-

[27] Vgl. A. Bowley, *Prices and Wages in the United Kingdom 1914–1920*. Clarendon Press, Oxford 1921, S. 35, 106.

[28] Vgl. Beveridge, *British Food Control*, S. 114.

teln wurde genau wie alle anderen Einfuhren strikt kontrolliert, wobei die britischen Institutionen Kern einer inter-alliierten Importbewirtschaftung wurden, der sich ab April 1918 auch die europäischen Neutralen anschlossen. Der Staat kaufte die Getreideernte in den Erzeugerländern, organisierte den Transport und brachte die Ware über einen umfangreichen inländischen Verteilungsapparat an den Konsumenten.

Ein erstes Ergebnis der zentralen Bewirtschaftung war die »nordatlantische Konzentration«: Getreide und Fleisch wurden vorzugsweise aus den USA und Kanada importiert, um die Transportwege zu verkürzen und damit Schiffsraum einzusparen. Die australische Weizenernte wurde zwar aufgekauft, soweit sie für den Export verfügbar war, aus Mangel an Schiffsraum aber größtenteils in Australien eingelagert. Zucker war, nachdem Deutschland und Österreich-Ungarn als Lieferländer ausfielen, zunächst überwiegend aus Niederländisch-Indien importiert worden, 1917 und 1918 kam er stattdessen zum größten Teil aus Cuba. Die Finanzierung der Importe aus den USA bot keine Schwierigkeiten, da die US-Regierung seit dem Kriegseintritt im April 1917 die erforderlichen Kredite gewährte. Ein zweites Ergebnis der Importbewirtschaftung war, daß man die jeweils wichtigsten Lebensmittel bei der Einfuhr bevorzugen konnte, schneller als es der Markt wohl vermocht hätte. 1917 wurde vor allem Brotgetreide importiert; 1918 ging der Anteil von Getreide und Mehl an der Einfuhr zurück, weil inzwischen die inländische Produktion gestiegen war, und stattdessen wurden große Mengen an Schinken und Speck aus den USA importiert.

Die wichtigste Antwort auf die Importeinschränkung war die Steigerung der Inlandsproduktion. Als eine Folge der weltwirtschaftlichen Integration hatte die britische Landwirtschaft sich auf die Viehhaltung spezialisiert, die als »Veredelungswirtschaft« bessere Erträge als der Ackerbau bot. Mit dem Rückgang der Importe wurde diese Spezialisierung plötzlich unzweckmäßig, denn bei gleichem Faktoreinsatz konnte der Getreideanbau mehr Menschen ernähren als die Viehwirtschaft. Ende 1916 machte die Regierung die Förderung des Getreideanbaus zur erklärten Politik, unter dem einprägsamen Schlagwort: Zurück zu den siebziger Jahren. In kürzester Frist, bis zur Ernte 1918, sollten 3 Mio. Hektar Weideland wieder zu Äckern umgepflügt werden, beinahe so viel, wie von 1870 bis 1914 unter dem Einfluß der weltwirtschaftlichen Integration von Äckern in Weiden umgewandelt worden waren. Die Politik des Getreideanbaus war von einer Welle patriotischer Begeisterung getragen, und damit wurden dann die anfänglichen Widerstände bei den Farmern, die die Ertragsaussichten bezweifelten, ebenso überwunden wie die ungünstigen Preisrelationen. Aus Rücksicht auf die Stimmung der Arbeiterschaft mochte die Regierung den Getreidepreis nicht erhöhen, obwohl eine solche Erhöhung die Getreideanbau-Politik unterstützt hätte. Statt den Preismechanismus zu nutzen, vertraute man lieber auf direkte Kontrollen. Eine Verordnung vom Januar 1917 gab der Regierung das Recht, durch lokale Kommissionen bestimmen zu lassen, welche Weiden jeweils in den einzelnen Gebieten umzupflügen seien. Die Entscheidungen wurden meist akzeptiert, und das äußerste Mittel, dem Landwirt die Verfügung über seinen Boden zu entziehen, wurde nur selten gebraucht.

Für die Weizenernte 1917 kam die Getreideanbaupolitik zu spät, da in Großbritannien meist Winterweizen kultiviert wurde, immerhin wurden im Frühjahr 1917 rund 1 Mio. Hektar für Kartoffeln und Hafer umgepflügt. Das Umpflügen für die Ernte von 1918 ging wegen des allgemeinen Mangels an Arbeitern, Pferden und Maschinen zunächst nur langsam voran, aber dank des günstigen Wetters im Spätherbst, Winter und Frühjahr konnten die Planziele doch noch erreicht werden. Die Farmer hatten große Flächen mit Winterweizen bestellt in der Erwartung, daß im Frühjahr 1918 neu umgepflügter Boden für andere Feldfrüchte verfügbar sein würde, so daß die Weizenernte 1918 ganz erheblich zunahm. Die Ackerbaufläche für die Ernte 1918 stieg gegenüber 1916 um 3 Mio. Hektar auf insgesamt 15,7 Mio. Hektar; damit war die Umwandlung von Ackerland in Weideland, die in den letzten fünfzig Jahren vor dem Krieg stattgefunden hatte, zu etwa drei Vierteln rückgängig gemacht.

Die Produktion von Getreide und Kartoffeln lag 1918 um rund 40 Prozent über dem durchschnittlichen Vorkriegsstand (1904–1913). Wenn man die Produktionseinbußen der Viehwirtschaft berücksichtigt, ergab sich, gemessen am Kaloriengehalt, immer noch eine Steigerung der Lebensmittelproduktion um rund 24 Prozent. Soweit Vergleiche angestellt wurden, zeigte sich, daß die neu umgepflügten Böden ziemlich genau die gleichen Hektarerträge brachten wie das alte Ackerland.

Diese rigorose Umstellung und Produktionssteigerung der Landwirtschaft war nur möglich, weil in der allgemeinen Kriegswirtschaftspolitik die Prioritäten entsprechend gesetzt wurden. Der Agrarsektor erhielt zusätzliche Arbeitskräfte für das Umpflügen, für die Feldbestellung und die Ernte, Pferde und Maschinen, Saatgut und Düngemittel. Die Regierung mobilisierte Tausende von Kriegsgefangenen für die Landarbeit, stellte Soldaten frei und warb Frauen als Landarbeiterinnen an. Traktoren, vorher eine Seltenheit, wurden beschleunigt produziert und zentral eingesetzt. Saatgut erhielt bestimmte Prioritäten, ebenso Düngemittel gegenüber der Munitionsherstellung. Daß die britische Kriegswirtschaft in den Jahren 1916 und 1917 trotz der Beanspruchung durch die Rüstung erhebliche Ressourcen für den Agrarsektor mobilisieren konnte, macht den entscheidenden Unterschied zur deutschen Ernährungswirtschaft aus.

Für die Ernte von 1919 sollten noch einmal 1 Mio. Hektar umgepflügt werden, aber die deutsche Frühjahrsoffensive 1918 warf die Pläne um. Wie in anderen Wirtschaftszweigen, so wurden auch in der Landwirtschaft alle tauglichen Arbeiter eingezogen, um diesen letzten Vorstoß der Mittelmächte aufzufangen. Die Produktionssteigerung trat dahinter zurück, sie erwies sich auch nicht mehr notwendig, weil der Herbst den Alliierten den Sieg brachte.

Die ersten Schritte der Lebensmittelbewirtschaftung waren die Kontrolle der Einfuhren und die Eingriffe in die Inlandsproduktion. Die systematische Organisation der Lebensmittelverteilung an die Konsumenten begann erst einige Monate später. Ein zentrales Bewirtschaftungssystem, das die Verteilung der Lebensmittel bis zum letzten Verbraucher organisiert und den Marktmechanismus ganz abgelöst hätte, schien so kompliziert, daß das Ernährungsministerium es zunächst mit einer »freiwilligen Rationierung« versuchte. Nach diesem System sollten die Verbraucher sich beim Einkauf an bestimmte Normalrationen halten, die das Ministerium von Zeit zu Zeit veröffentlichen würde. Das erste Programm, vom Februar 1917, sah als wöchentliche Ration 4 Pfund Brot, 2,5 Pfund Fleisch und 0,75 Pfund Zucker vor. Der Grundgedanke war, im Vergleich zum normalen Verbrauch Brot bzw. Getreide (das überwiegend importiert wurde) durch Fleisch zu substituieren (das überwiegend im Lande produziert wurde). Aber die Substitution war aus finanziellen Gründen allenfalls für wohlhabende Bürgerhaushalte möglich. Die Unterschichten konnten sich auch in normalen Zeiten nicht annähernd die vorgeschlagene Fleischration leisten, verbrauchten andererseits aber entsprechend mehr Brot; für Landarbeiter waren 10 bis 14 Pfund nicht ungewöhnlich. Die Zuckerration war als Durchschnitt dem insgesamt verfügbaren Angebot angemessen, aber ihre öffentliche Ankündigung mußte zwangsläufig jene Leute irritieren, die infolge der schlechten Verteilung weniger oder gar keinen Zucker erhielten. Die freiwillige Rationierung wurde daher ein Mißerfolg. Die vorherrschenden Probleme, Preisanstieg und unzulängliche Verteilung, blieben in den ersten Monaten der neuen Ernährungspolitik ungelöst. Bis zum Juni 1917 hatten sich die Einzelhandelspreise für Lebensmittel gegenüber dem Juli 1914 verdoppelt[29].

Preisfixierung und Rationierung als zentrale Instrumente der staatlichen Ernährungspolitik wurden erst ab Sommer 1917, nach einem Wechsel an der Spitze des Ministeriums, allgemein eingeführt. Im September 1917 gab es die ersten Höchstpreise für wichtige Lebensmittel, die Preisfixierung wurde dann ständig ausgedehnt, bis gegen Ende des Krieges nahezu alle Lebensmittel einbezogen waren. Dabei war die Preisfixierung von Anfang an mit einer staatlichen Kontrolle des Angebotes verbunden, von der Produktion oder der Einfuhr bis zum Verbrauch. Der Groß- und Einzelhandel blieb als Verteilungsapparat bestehen, aber er arbeitete unter staatlicher Leitung und bei festen Handelsspannen. Dieses System war, nachdem es keine kaufmännischen Funktionen mehr wahrzunehmen gab, sicherlich überbesetzt; man hätte etliche Zwischenhändler ausschalten können. Aber die Regierung hielt es für wichtig, die eingefahrenen Verteilungswege ohne große Störungen beizubehalten und wollte außerdem die Interessen des Handels schonen.

Preisfixierung ist nicht notwendig mit Rationierung verbunden, wenn nämlich der Verteilungsapparat bei gegebenen Preisen die nachgefragten Mengen liefern kann. Diese Politik wurde bei Brot verfolgt: Es sollte als Grundnahrungsmittel jederzeit zu haben sein. Der Verbrauch wurde sogar gefördert, indem man den Brotpreis subventionierte. Es gab nur gewisse Einschränkungen bei der Verwendung. So war Verwendung von Weizen für Brauereien, für die Viehfütterung und für industrielle Zwecke überhaupt verboten, und es gab Vorschrif-

[29] Vgl. A. Bowley, *Prices and Wages in the United Kingdom 1914–1920*. Clarendon Press, Oxford 1921, S. 35.

ten für die Ausmahlung und die Beimischung anderer Mehlsorten beim Backen. Dafür ließ sich trotz zeitweiliger Engpässe die Rationierung von Brot bis zum Schluß vermeiden; alle anderen wichtigen Lebensmittel waren dagegen rationiert.

Die ersten Erfahrungen hatte man bei der Zuckerverteilung gesammelt. Die Rationierung setzte zunächst beim Handel ein: Die Groß- und Einzelhändler erhielten Quoten zugeteilt, die sich prozentual zu ihrem Vorkriegsgeschäft bemaßen. Das führte zu erheblichen Ungerechtigkeiten, weil sich im Krieg die Bevölkerung zu den Rüstungszentren hin verschob. Es gab daraufhin Händler, die im Verhältnis zu ihrer Kundschaft sehr viel Zucker bekamen, während in den neuen Ballungszentren Zucker kaum zu haben war. Außerdem gab es keine Anweisungen, wie die Einzelhändler die Rationierung gegenüber ihrer Kundschaft vornehmen sollten. Häufig wählten sie das einfache, einträgliche und gleichzeitig höchst unsoziale Verfahren, Zucker proportional zu den gesamten Einkäufen eines Kunden abzugeben. Trotz vieler Beschwerden wurde das System erst im Zusammenhang mit der allgemeinen Lebensmittelbewirtschaftung geändert. Im Juni 1917 wurde ein neues Rationierungsschema eingeführt, das auf neuer Basis bei den Haushalten ansetzte. Die Haushalte sollten sich bei einem Einzelhändler nach ihrer Wahl einschreiben, der fortan ihre feste Bezugsquelle sein würde, und die Einzelhändler ließen sich wiederum bei bestimmten Großhändlern registrieren. Groß- und Einzelhändler wurden dann entsprechend ihrem nachgewiesenen Kundenstamm bei der Verteilung berücksichtigt. Die Umstellung bedeutete eine beträchtliche Verwaltungsarbeit, so daß das neue System erst Ende des Jahres wirksam wurde. Aber die Registrierung erwies sich dann, nachdem sie einmal durchgeführt war, als sehr nützlich bei der Ausdehnung der Rationierung auf andere Lebensmittel.

Trotz alarmierender Nachrichten hat die Versorgung der Bevölkerung mit Lebensmitteln den Höhepunkt des unbeschränkten U-Boot-Krieges zunächst recht gut überstanden. Die Preise stiegen, aber die meisten Lebensmittel waren immerhin noch erreichbar, auch für die Unterschicht. Erst Ende 1917 begann eine Ernährungskrise. Sie zeigte sich an den langen Schlangen, die vor den Geschäften nach Butter, Margarine, Tee und bald auch Fleisch anstanden; in London warteten zeitweilig bis zu 3000 Menschen vor einzelnen Läden. Einige lokale Behörden gingen gegen das »queuing problem« an, indem sie das Registrierungsschema, wie es gerade für Zucker eingeführt war, auf andere knappe Lebensmittel ausdehnten; das heißt, die Einzelhändler wurden angewiesen, bestimmte Lebensmittel nur mehr an registrierte Kunden abzugeben. Ende Dezember legalisierte das Ernährungsministerium dieses Schema für das ganze Land. Im Januar 1918 wurde beschlossen, das Registrierungsschema durch Lebensmittelkarten zu ergänzen. Es blieb also bei der Registrierung, aber zusätzlich mußte der Kunde beim Einkauf knapper Lebensmittel die entsprechenden Lebensmittelkarten abgeben, und der Handel mußte wiederum die erhaltenen Mengen durch solche Marken belegen. Der Sinn dieser zusätzlichen Maßnahme war eine bessere Kontrolle der Verteilung gegenüber dem Verbraucher und insbesondere auch gegenüber dem Handel. Lebensmittelkarten wurden ab Februar 1918 für Fleisch, ab Juli 1918 allgemein als »ration book« für verschiedene knappe Lebensmittel ausgegeben. Die Rationierung war sofort ein Erfolg, die Schlangen vor den Lebensmittelläden verschwanden fast vollständig. Insgesamt waren die Rationen nicht größer als vorher, aber die Verteilung war besser: Die Verbraucher konnten damit rechnen, bestimmte Rationen zu erhalten, gleichgültig ob sie früher oder später kamen.

Bis 1918 war gegenüber dem Vorkriegsstand (Durchschnitt der Jahre 1909–1913) der Pro-Kopf-Verbrauch an Butter, fri-

Tabelle 15. Vereinigtes Königreich: Wöchentlicher Pro-Kopf-Verbrauch an wichtigen Lebensmitteln.

	Pfund	Index (1909–13 = 100)	
	1909/13	1917	1918
Mehl	4,28	110	112
Fleisch	2,04	82	62
Schinken und Speck	0,34	106	135
Butter	0,31	65	55
Margarine	0,11	218	200
Schmalz	0,11	73	136
Kartoffeln	3,67	105	143
Zucker	1,46	68	64

Quelle: W. Beveridge, *British Food Control*. Oxford University Press 1928, S. 311.

schem Fleisch und Zucker erheblich gesunken, und zwar jeweils um etwa 40 Prozent; der Milchverbrauch war um etwa 25 Prozent gesunken. Dafür war aber der Pro-Kopf-Verbrauch an Brot, Kartoffeln, Schmalz, Margarine und Schinken beträchtlich gestiegen. Der Rückgang bei einigen wichtigen Lebensmitteln konnte dadurch weitgehend kompensiert werden: Es gab mehr Grundnahrungsmittel, und es gab ab Sommer 1918 reichliche Sonderzuteilungen für Schwerarbeiter aus den amerikanischen Schinken- und Specklieferungen. Die Ernährung war nicht so gut wie vor dem Krieg, aber die Rationen reichten noch aus und waren vor allem auch erhältlich. Das britische Ernährungsministerium stellte für 1918 einen Vergleich zusammen, der nicht nur gegenüber Deutschland, sondern auch gegenüber dem neutralen Holland günstig ausfiel.

Großbritannien hatte nicht nur insgesamt eine bessere Versorgung, sondern auch günstigere Voraussetzungen für eine gleichmäßige Verteilung. Militär und Landwirtschaft wurden wie in Deutschland bevorzugt versorgt, aber ihr Anteil an der Gesamtbevölkerung war geringer. Unter diesem Aspekt kann man in der Importabhängigkeit paradoxerweise einen Vorteil der britischen Ernährungswirtschaft sehen: Importe waren aus naheliegenden Gründen leichter zu bewirtschaften als die schwer erfaßbare Eigenproduktion. Am Ende aber stand hinter der besseren Ernährung in Großbritannien ein Unterschied in den allgemeinen Ressourcen und in den Prioritäten: Trotz einer beachtlichen Kriegsanstrengung konnte die britische Regierung genügend Schiffsraum für Lebensmittelimporte und Produktionsfaktoren für die eigene Landwirtschaft reservieren, während die deutsche landwirtschaftliche Produktion unter der Last der rigorosen Militarisierung der Volkswirtschaft zusammenbrach.

Bewirtschaftung und Kontrollen blieben auch jenen Ländern nicht erspart, deren Landwirtschaft in normalen Zeiten den inneren Markt ausreichend versorgte oder sogar wichtiger Exportsektor war. In *Frankreich* ging durch die Einberufungen zur Armee, durch die Besetzung Nordfrankreichs und durch den Mangel an Dünger und Geräten die landwirtschaftliche Produktion enorm zurück. Die Weizenernte erreichte 1917 einen Tiefstand von 40 Prozent des Vorkriegsniveaus, die Zukkerproduktion, hauptsächlich in Nordfrankreich beheimatet, war noch mehr betroffen. Im Durchschnitt lagen die Kriegsernten bei Getreide um 2,6 Mio. t, bei Kartoffeln um 1,9 Mio. t, bei Zuckerrüben um 2,5 Mio. t unter dem Vorkriegsniveau.[30] Frankreich mußte infolgedessen Lebensmittel in großem Umfang importieren. Nach dem von den Alliierten Ende 1917 gemeinsam beschlossenen allgemeinen Importprogramm führte Frankreich monatlich 639000 t Lebensmittel, davon 275000 t Weizen, ein[31]. Trotzdem wurden Lebensmittel knapp, und die Preise stiegen. Die staatliche Bewirtschaftung begann im Oktober 1915 beim Getreide, im April 1916 wurden für eine Reihe weiterer Grundnahrungsmittel Preiskontrollen eingeführt. Damit war aber das Preisniveau keineswegs stabilisiert, die Höchstpreise wurden vielmehr laufend dem Inflationstrend angepaßt. Der Weizenpreis z. B. lag vor dem Krieg bei 23 bis 25 Francs je Doppelzentner, er wurde 1915 auf 30 Francs fixiert und bis 1918 auf 75 Francs heraufgesetzt. Erstmals für Zucker (1916) und dann für Getreide (1917) wurden staatliche Monopole eingerichtet, die den Weg vom Produzenten zum Verbraucher vollständig kontrollierten. Zucker und Mehl bzw. Brot waren auch die ersten Lebensmittel, die individuell rationiert wurden, ab Juni 1918 wurden Lebensmittelkarten dann für ganz Frankreich obligatorisch. Die Brotrationen, Kern der Bewirtschaftung, waren zunächst auf 400 g täglich für Normalverbraucher und 600 g für Schwerarbeiter und Landarbeiter festgelegt; 1918 mußten beide Rationen um 100 g herabgesetzt werden.

In *Italien* hatte der Kriegsausbruch 1914 kurzfristig gewisse Ernährungsschwierigkeiten zur Folge, weil die Getreidezufuhr aus Rumänien und Südrußland blockiert war, aber diese Krise war bald überwunden[32]. Der Außenhandel orientierte sich nach anderen Lieferländern, die Einfuhr konnte sogar insgesamt gesteigert werden; der kriegsbedingte Rückgang der Inlandsproduktion blieb unter zehn Prozent, war also nicht alarmierend. Erst im Krisenjahr 1917 war bei der Getreideernte eine Einbuße von nahezu 30 Prozent gegenüber dem Vorkriegsniveau zu verzeichnen. Im Vergleich etwa zu Frankreich war dieser Rückschlag immer noch erträglich, andererseits gab es in Italien kaum Spielraum, den Verbrauch einzuschränken. Die

[30] Vgl. M. Augé-Laribé, *L'Agriculture pendant la guerre*. Presses Universitaires de France, Paris 1925, S. 53–63.

[31] P. Pinot, *Le controle du ravitaillement de la population civile*. Presses Universitaires de France, Paris 1925, S. 287.

[32] Vgl. Bachi, *L'alimentazione*. – Eine kurze Zusammenfassung gibt es in L. Einaudi, *La condotta economica e gli effetti sociali della guerra italiana*. Laterza, Bari 1933, S. 179–96.

Heeresrationen waren zwar niedriger als bei den Verbündeten, aber trotzdem höher als der normale Konsum der meisten Industriearbeiter und Landarbeiter, die Konsumbeschränkung traf also um so schärfer die Masse der Bevölkerung, deren Lebenshaltung schon vor dem Krieg am tiefsten stand. Diese schwierige Situation wurde bei der inter-alliierten Schiffahrts- und Importpolitik auch berücksichtigt. Das letzte inter-alliierte Einfuhrprogramm vom Juli 1918 sicherte Italien als absolutes Minimum rd. 4 Mio. t Lebensmittelimporte zu, davon rd. 3 Mio. t Getreide; tatsächlich lag die Lebensmitteleinfuhr 1918 um rund 40 Prozent über dem Vorkriegsstand. Die Bewirtschaftung begann in Italien wie in fast allen Ländern als Preiskontrolle. Im März 1916 wurden für verschiedene Grundnahrungsmittel Höchstpreise eingeführt, die vorher schon bei Requisitionen für die Streitkräfte galten. Noch im gleichen Jahr begann der Aufbau einer zentralen Bewirtschaftung, von der Erfassung beim Produzenten bis zur individuellen Rationierung des Verbrauchs. 1917 wurde die Lebensmittelkarte zunächst für Brot, dann für andere Lebensmittel obligatorisch; bis Juni 1921 regulierte die »tessera« die Lebenshaltung der unteren Klassen. Das Hauptproblem war die Versorgung der Industriezentren. In Mailand wurden die täglichen Brotrationen auf 200 g für Normalverbraucher, 400 g für Arbeiter festgelegt, auf dem Lande war die Ernährung wesentlich besser, weil die »Selbstversorger« sich den staatlichen Kontrollen zu entziehen wußten.

Sogar in *Rußland*, vor 1914 die Kornkammer Europas, führte der Krieg zu Versorgungsschwierigkeiten, für die freilich nicht eine zu geringe Produktion, sondern eine unzulängliche Verteilung verantwortlich war[33]. Wie in allen kriegführenden Ländern, so wurde auch in Rußland die Landwirtschaft durch die Einberufungen zum Militär geschwächt; 1914 waren 15 Prozent, 1916 36 Prozent der arbeitsfähigen Männer mobilisiert. Da es in der Landwirtschaft vor 1914 jedoch eine erhebliche verdeckte Arbeitslosigkeit gegeben hatte, war der Effekt der Mobilisierung nicht so drastisch wie etwa in Deutschland oder Frankreich. Erst 1916 wurde der Arbeitskräftemangel ein akutes Problem, und auch dann waren vor allem die großen Güter

[33] Vgl. zur russischen Ernährungswirtschaft A. N. Antsiferov, A. D. Bilimovich, M. O. Batshev und D. N. Ivantsov, *Russian Agriculture During the War*. Yale UP, New Haven 1930; S. S. Demosthenov, N. V. Dolinsky, K. I. Zaitsev, *Food Supply in Russia During the World War*. Yale UP, New Haven 1930.

betroffen, die auf Lohnarbeiter angewiesen waren; die bäuerlichen Wirtschaften wurden von Familienangehörigen weitergeführt. Die Getreideernten lagen im Krieg etwa zehn Prozent unter dem Vorkriegsdurchschnitt, und die Abnahme des Viehbestandes war ebensowenig alarmierend. Da während des Krieges die Ausfuhr von Lebensmitteln, vor allem von Getreide, fast ganz aufhörte, müßte sich das Versorgungsniveau insgesamt sogar verbessert haben. Das Problem war, daß die Lebensmittel nicht in die Städte gelangten. Man kann die Diskrepanz bei der Versorgung von Land und Stadt deutlich an der Preisentwicklung verfolgen; der Weizenpreis z. B. stieg bis Frühjahr 1917 gegenüber dem Durchschnitt der Vorkriegsjahre in den Erzeugergebieten um 231 Prozent, in den Industriegebieten um 808 Prozent. Bedenkt man, daß die Industriearbeiterlöhne sich in der gleichen Zeit nur etwa verdoppelten, dann kann man sich die Ernährungsschwierigkeiten in den Städten ungefähr vorstellen. Ab Frühjahr 1915 gab die Lebensmittelnot in den Industriezentren Anlaß zu Streiks[34].

Aus der Vielzahl der Faktoren, die die Lebensmittelversorgung beeinflußten, sind zwei besonders hervorzuheben. Eine allgemeine Tendenz ging offenbar dahin, daß die bäuerlichen Betriebe ihr Angebot einschränkten. Dieser »Rückzug vom Markt« hatte eine durchaus rationale ökonomische Grundlage. Die Austauschrelationen zwischen Agrar- und Industrieprodukten kehrten sich entschieden gegen die Bauern; während die landwirtschaftlichen Erzeugerpreise sich bis Herbst 1916 etwa verdreifachten, stiegen die Preise von Schuhen, Textilien und Geräte auf ein Vielfaches, sofern derartige Waren überhaupt zu haben waren. Da die Bauern im Austausch für die Lebensmittel, die sie auf den Markt brachten, nur wenig Industriewaren zu exorbitanten Preisen und noch dazu von schlechter Qualität kaufen konnten, wurde es vergleichsweise attraktiv, stattdessen lieber den Eigenverbrauch zu erhöhen. Daß der Austausch zwischen Landwirtschaft und Industrie immer einseitiger wurde, wird an den großen Bargeldbeständen deutlich, die die Bauern horteten; dieses Sparen war eher durch das Nichtvorhandensein von Waren erzwungen als freiwillig[35]. Von dem Lebensmittelangebot, das auf den Markt kam,

[34] Vgl. S. Kohn und A.-F. Meyendorff, *The Cost of the War to Russia*. Yale UP, New Haven 1932.

[35] Vgl. zu diesem Punkt P. N. Apostol, M. W. Bernatzky und A. M. Michelson, *Russian Public Finance during the War*. Yale UP, New Haven 1928.

schöpfte der Staat dann zunächst noch den Militärbedarf ab, und nur der Rest war für die Versorgung der Städte verfügbar.

Ein weiterer Grund für das enorme Versorgungs- und Preisgefälle zwischen Stadt und Land war die allgemeine Desorganisation des Verkehrswesens. Durch die Transportschwierigkeiten, bedingt wiederum durch die militärische Überlastung des schwachen Eisenbahnnetzes, wurden Petersburg, Moskau und andere Verbrauchszentren gegenüber den landwirtschaftlichen Versorgungsgebieten im Süden und Südosten isoliert. Auch die staatliche Verwaltung trug zum Auseinanderfallen der Volkswirtschaft in einzelne Regionen noch bei, indem bald nach Kriegsausbruch Kontrollen für die Ausfuhr von Getreide aus den Überschußgebieten eingeführt wurden. Diese regionalen Embargos sollten den militärischen Stellen die Lebensmittelaufbringung erleichtern, sie lagen außerdem im Interesse einiger Provinzverwaltungen, die auf diese Weise die Ernährungsprobleme auf andere Provinzen abschoben. Nachdem die kriegswirtschaftlichen Nachteile der Aufsplitterung des Wirtschaftsgebietes erkannt waren, führte die Zentralregierung einen mühsam und bis zum Schluß wenig erfolgreichen Kampf gegen den regionalen Egoismus. Zusätzlich in die Höhe getrieben wurden die Preise in den Verbrauchszentren durch den Zwischenhandel, dessen Position sich infolge der regionalen Aufsplitterung der Märkte enorm gestärkt hatte. Händler aller Art, Mühlen und Zuckerfabriken und auch Banken, die in dieses Geschäft groß einstiegen, nutzten die Ernährungsschwierigkeiten zu großen Extragewinnen über die normalen Vorkriegsspannen hinaus[36].

Nationale Ernährungspolitik und Weltwirtschaft

Der europäische Krieg brachte erhebliche Veränderungen in die Welternährungswirtschaft, gelegentlich sogar eine direkte Umkehrung der vor 1914 herrschenden Trends. In Großbritannien wurde der reale Rückgang der Einfuhr zum Teil ausgeglichen durch eine erhebliche Steigerung der Eigenproduktion, eine Anstrengung, die die zwischen 1870 und 1914 vollzogene weltwirtschaftliche Integration der Lebensmittelversorgung wieder rückgängig machte. Frankreich und Italien

[36] P. B. Struve, K. I. Zaitsev, N. V. Dolinsky und S. S. Demosthenov, *Food Supply in Russia*, S. 369ff.

vermochten dagegen genau umgekehrt Produktionseinbußen der eigenen Landwirtschaft teilweise durch erhebliche Importe aus den USA und Kanada auszugleichen. Die Mittelmächte, vor allem Deutschland, wurden sowohl durch die Ausschließung vom Weltmarkt als auch durch einen starken kriegsbedingten Rückgang der eigenen Produktion betroffen. Rußland verschwand als Anbieter vom Weltmarkt und hatte trotzdem noch infolge der inneren Zerrüttung der Wirtschaft erhebliche Ernährungsprobleme.

In Kontinentaleuropa ist die Agrarproduktion, wie an einzelnen Ländern gezeigt wurde, während des Krieges kontinuierlich gesunken[37]. Nach Schätzungen des Völkerbundes lag die Getreideernte in Kontinentaleuropa 1919 um rund ein Drittel unter dem Vorkriegsniveau. Der Ernterückgang wird bei dieser Schätzung je zur Hälfte auf Einschränkung der Anbaufläche und Rückgang der Hektarerträge zurückgeführt. Das Angebot an tierischen Lebensmitteln ist im gleichen Zeitraum ebenfalls um rund ein Drittel gefallen, der Bestand an Vieh allerdings nur um rund 20 Prozent. Diese Differenz bestätigt, was schon bei Untersuchungen einzelner Länder deutlich wurde, daß nämlich die Landwirte bestrebt waren, ihren Viehbestand durch den Krieg zu bringen.

In den überseeischen Getreideländern, und zwar in der nördlichen Hemisphäre USA und Kanada, in der südlichen Hemisphäre Argentinien, Uruguay, Südafrika, Australien, Neuseeland, ist die Getreideproduktion während des Krieges tendenziell gestiegen. Eine Ausnahme war nur das Jahr 1916, das eine weltweite Mißernte brachte. Von daher ist wieder ein Rückblick auf die nationale Ernährungspolitik der einzelnen Länder angezeigt. Wenn sich gerade 1916 sowohl bei den Alliierten, als auch bei den Mittelmächten die Ernährungssituation drastisch verschlechterte, so lag das neben kriegsbedingten Gründen offenbar auch an der mehr zufälligen allgemeinen Mißernte. Steigende Produktion bedeutete nicht unbedingt eine steigende reale Ausfuhr. Die Exporte der südlichen Ausfuhrländer gingen 1917 und 1918 deutlich zurück, auch im Vergleich zum Vorkriegsniveau. Die Exporte der nördlichen Exportländer (USA, Kanada) gingen ebenfalls gegenüber den ersten Kriegsjahren zurück, lagen aber immer noch über dem Vorkriegsniveau. Dies ist eine weitere statistische Illustration

[37] League of Nations (Hrsg.), *Agricultural Production*, S. 52f. und Tabellen im Anhang.

zu der bereits erwähnten »nordatlantischen Konzentration«: Aus Mangel an Transportraum verlagerten die Alliierten ihren Außenhandel nach Nordamerika, zu Lasten entfernterer Lieferanten.

Die europäische Kriegsnachfrage bescherte den überseeischen Lieferanten eine enorme Exportkonjunktur. Die USA exportierten 1913 für 142 Mio. Dollar, 1918 für 505 Mio. Dollar Weizen[38]. Steigende Preise sorgten auch dort für einen Anstieg der Exporte, wo die reale Ausfuhr zurückging, z. B. ab 1917 in Argentinien[39]. Die Exportkonjunktur hatte weitreichende Konsequenzen, die noch an anderer Stelle zu diskutieren sein werden. Einerseits stiegen die landwirtschaftlichen Einkommen, und daraus ergaben sich Multiplikatoreffekte für die gesamte Wirtschaft der Exportländer; andererseits hatte aber der Konsument in diesen Ländern Nachteile, denn er konkurrierte mit der praktisch unbegrenzten mone-

Tabelle 16. Getreideproduktion und Getreideausfuhr 1909 bis 1919 (Mio. t).

	Nordamerika		Südliche Exportländer	
	Produktion	Export	Produktion	Export
1909–13	121,5	6,4	14,7	7,5
1914	124,5	9,8	16,8	6,5
1915	152,3	15,7	17,5	7,3
1916	120,5	16,6	10,7	7,7
1917	138,6	12,9	17,6	4,1
1918	132,8	11,1	15,6	5,8
1919	118,5	12,9	16,5	9,1

Quelle: League of Nations (Hrsg.), *Agricultural Production in Continental Europe During the 1914–18 War and the Reconstruction Period.* Genf 1943, S. 58ff. – Nordamerika: USA, Kanada. Südliche Exportländer: Argentinien, Uruguay, Südafrika, Australien, Neuseeland.

[38] Vgl. U.S. Department of Commerce, Bureau of the Census (Hrsg.), *Historical Statistics of the United States. Colonial Times to 1957.* Government Printing Office, Washington 1961, S. 546.

[39] Vgl. H. J. Williams, *Latin America's Foreign Exchange and International Balances During the War.* In: Quarterly Journal of Economics 33 (1918/19), S. 436f. – Der Weizenpreis stieg von 10 US-Dollar je 100 kg im Juli 1914 auf 19 US-Dollar im Juni 1917.

tären Nachfrage der Alliierten. Die Exportländer reagierten darauf mit Außenhandelskontrollen. Argentinien z. B. verhängte zeitweilig ein Exportembargo für Weizen und importierte Weizen aus Australien[40].

Die Konkurrenz von Exportinteresse und Konsumenteninteresse war besonders deutlich bei den europäischen Neutralen, von denen einige ja eine schon traditionelle Stellung als Lebensmittelexportländer hatten: Dänemark und Holland für Fleisch und Milchprodukte, Norwegen für Fisch. Beide kriegführenden Parteien traten hier als Nachfrager auf, wobei sie neben wirtschaftlichen Anreizen auch politischen Druck ausübten. Andererseits ging das reale Angebot aber zurück, denn die europäischen Neutralen waren einer zunehmenden Außenhandelskontrolle durch die Alliierten ausgesetzt, die unter anderem auch die Landwirtschaft und Fischerei beeinträchtigte. Die Ernährungssituation in den neutralen Ländern ähnelte daher in gewisser Weise jener in den kriegführenden Ländern. In Schweden stiegen im Verlauf des Krieges die Preise für Brot um nahezu 100 Prozent, für Milchprodukte, Eier und Margarine um 175 Prozent, für Fleisch um mehr als 400 Prozent, während die Nominallöhne nur um rund 100 Prozent zunahmen[41]. Es ist daher nicht überraschend, daß auch in den neutralen Ländern sich eine staatliche Ernährungspolitik entwickelte, die mit Außenhandelskontrollen, Höchstpreispolitik und direkter Rationierung in die Lebensmittelversorgung eingriff, wenn auch weniger stark als in den kriegführenden Ländern.

[40] Vgl. Williams, *Latin America's Foreign Exchange*, S. 437.

[41] Vgl. H. Westergaard (Hrsg.), *Sweden, Norway, Denmark and Iceland in the World War*. Yale UP, New Haven 1930, S. 17, 21.

6. Kapitel
Währung und Finanzen

Das internationale Währungssystem im Krieg

Der Goldstandard war der Kern des multilateralen weltwirtschaftlichen Systems vor dem Ersten Weltkrieg[1]. Dieses internationale Währungssystem geriet schon vor der Eröffnung der Feindseligkeiten, in den Tagen der kriegsnahen Spannungen, in eine Krise. Die Notenbanken sahen sich einer doppelten Beanspruchung ausgesetzt: durch Inländer, die – wie das in Krisensituationen stets der Fall zu sein pflegte – Gold horten wollten, und durch ausländische Investoren, die angesichts des drohenden Konfliktes ihre Forderungen zu repatriieren suchten. Einige Notenbanken stellten daraufhin von sich aus noch vor einer formalen gesetzlichen Ermächtigung die Goldabgabe ein. Daraus ergab sich zwangsläufig eine allgemeine Lähmung des internationalen Währungssystems, das ja wesentlich auf der Freizügigkeit des Kapitalverkehrs und der Konvertierbarkeit der Währungen beruhte. Der Kriegsausbruch ließ das Währungssystem dann weiter auseinanderfallen. Direkte Transaktionen zwischen den kriegführenden Ländern wurden durch die jeweilige nationale Gesetzgebung untersagt, und auch ein indirekter Zusammenhalt war nicht mehr gegeben, weil die kriegführenden Staaten und einige Neutrale die Goldwährung mehr oder weniger offen suspendierten.

Die Goldeinlösung der Banknoten wurde in Rußland am 27. Juli, in Deutschland am 4. August, in Frankreich am 5. August 1914 aufgehoben; in Italien hatte es schon vor dem Krieg keine Goldeinlösungspflicht gegeben, die Lira wurde nur durch Interventionen der Zentralbank und des Staates in der Nähe der Parität gehalten. Parallel dazu wurden bei Kriegsausbruch in Deutschland und Rußland Goldausfuhrverbote erlassen. In Frankreich wurde die Goldausfuhr aufgrund der starken Gläubigerpositionen zunächst zwar behindert, aber noch nicht verboten. Erst im Juli 1915 folgte auch hier ein

[1] Vgl. zum Goldstandard vor 1914: A. I. Bloomfield, *Monetary Policy under the International Gold Standard: 1880–1914*. Federal Reserve System, New York 1959. Zum Goldstandard in der Kriegs- und Nachkriegszeit: W. A. Brown, *The International Gold Standard Reinterpreted, 1914–1934* (National Bureau of Economic Research Studies, No. 37). 2 Bde. Ams Press, New York 1940.

offizielles Verbot. Großbritannien löste sich auf pragmatische und unauffällige Art vom Goldstandard. Die Einlösbarkeit der Noten der Bank von England in Gold blieb als formales Recht den ganzen Krieg hindurch bestehen. Durch verschiedene Vorschriften wurde aber die Möglichkeit des Publikums, von diesem Recht Gebrauch zu machen, zunehmend eingeschränkt. Auch die private Goldausfuhr blieb während des Krieges legitim, war aber faktisch auch wiederum stark eingeschränkt erstens dadurch, daß die Bank von England ihre Mitwirkung beim Goldtransfer zwischen Privaten einstellte, zweitens dadurch, daß die hohen Versicherungsgebühren der Kriegszeit die Goldarbitrage durch Versendung von Barren nicht lohnend erscheinen ließen. Ab 1917 wurde die Goldausfuhr dann auch durch die allgemeine Außenhandels- bzw. Transportraumbewirtschaftung verhindert. Erst nach der Aufhebung der allgemeinen kriegsbedingten Kontrollen wurde im April 1919 die Goldausfuhr vorübergehend offiziell verboten.

Die USA hielten nach einer häufig vertretenen Auffassung unter der Führung des (erst 1913 geschaffenen) »Federal Reserve System« das Goldbanner hoch, haben aber tatsächlich nach ihrem Kriegseintritt gewisse Modifizierungen eingeführt. Die Goldausfuhr war ab September 1917 nur noch mit besonderer Genehmigung gestattet, und eine Änderung des »Federal Reserve Act« vom Juni 1917 erlaubte es dem Bankensystem, das Geldangebot im Verhältnis zur Goldreserve stärker auszudehnen. Die USA haben sich daher in ähnlicher Weise wie Großbritannien bei Aufrechterhaltung der legalen Form faktisch vom Goldstandard gelöst. Eine Reihe von neutralen Staaten folgten bei Kriegsausbruch dem Vorgehen der Kriegsparteien, indem sie die Goldeinlösungspflicht suspendierten und Goldembargos verhängten. Ab 1915 wurde aber das vorherrschende Problem der Neutralen nicht der Goldabfluß, sondern eher der Goldzufluß. Verschiedene Länder (Dänemark, Niederlande, Norwegen, Schweden, Spanien) beschränkten oder verboten zeitweilig die Einfuhr von Gold.

Offiziell waren die einzelnen Staaten bemüht, für ihre nationale Währung den Schein einer Goldwährung zu wahren. Man vermied in den Währungsgesetzen jeden sichtbaren Bruch mit der Goldwährung, und die Notenbanken waren weiterhin bestrebt, mit Unterstützung der jeweiligen Regierung, ihre Goldreserven zu halten oder sogar zu erhöhen, obwohl nach Suspendierung der Goldabgabepflicht eine »Goldreserve« eigentlich nicht mehr nötig war[2]. Gold aus der laufenden Produktion erhöhte die Reserven der russischen Notenbank und der Bank von England, die ein exklusives Ankaufsrecht für die südafrikanische und australische Goldproduktion erhielt. Die Banque de France hielt zu Kriegsbeginn sehr hohe Goldreserven, und sie hatte eine eigene Art von Goldmine in den beträchtlichen privaten französischen Goldhorten, die durch patriotische Appelle mobilisiert wurden. Die Deutsche Reichsbank vermochte ebenfalls beträchtliche private Goldhorte an sich zu ziehen, sie verschaffte sich ferner Gold aus Beschlagnahmen in den besetzten Gebieten (Belgien, Rumänien, Rußland). Internationale Goldbewegungen fanden auch während des Krieges noch statt, sowohl innerhalb der Bündnissysteme, als auch zwischen Kriegführenden und Neutralen, aber in der Hauptsache wurden die Importüberschüsse eines Landes durch bilaterale Kreditvereinbarungen und nicht mehr durch Goldübertragung finanziert. So erklärt sich das scheinbare Paradox, daß die Bank of England während des Krieges trotz der enormen britischen Importüberschüsse per Saldo einen Zugang an Gold zu verzeichnen hatte. Die Notenbankreserve, nach allen praktischen Gesichtspunkten funktionslos, wurde zum Symbol einer Goldwährungsfiktion, an der die Regierungen und Notenbanken aus verschiedenen Gründen festhielten. Erstens galt der Krieg nur als vorübergehende Unterbrechung. Nach dem Waffenstillstand gedachte man ohne weiteres die »normalen« Verhältnisse wiederherzustellen, und es schien deshalb nützlich, die entsprechenden Formen und Institutionen möglichst unangetastet zu lassen. Zweitens galt während des Krieges überall die äußere Stabilität der Währung als Symbol der wirtschaftlichen Leistungsfähigkeit. Das mochte wirtschaftlich-rational gesehen zweifelhaft sein, aber es war psychologisch wichtig. Drittens wollte man mit einer hohen Goldreserve die Neutralen (und potentiellen Lieferanten) beeindrucken, damit sie die Währung, die in Wirklichkeit durch die Kriegsinflation geschwächt war, weiterhin möglichst nahe an der offiziellen Parität akzeptieren. Tatsächlich war im neutralen Ausland die Illusion weit verbreitet, alle kriegführenden Staaten würden nach dem Ende der Feindseligkeiten ihre Währungen wieder auf der Vorkriegsparität stabilisieren.

Trotz der weiterhin gepflegten Fassade hat es im Weltkrieg

[2] Vgl. zu den einzelnen Notenbanken: League of Nations (Hrsg.), *Memorandum on Currency and Central Banks, 1913–1924.* 2 Bde. Genf 1925.

in der Praxis einen Goldstandard nicht mehr gegeben. Daß die kriegführenden Staaten nach der Währungskrise vom Juli/August 1914 auch innerhalb des jeweiligen Lagers und gegenüber den Neutralen nicht zum Goldstandard zurückkehren konnten, war offensichtlich. Intern wurde das Geldangebot im Interesse der Kriegsfinanzierung enorm ausgedehnt, und das ließ sich natürlich nur machen, wenn die Goldeinlösungsfähigkeit der Noten aufgehoben blieb. Extern verboten sich Goldzahlungen wegen der enormen Importüberschüsse, die in keinem Fall durch Goldübertragungen auszugleichen waren. Die kumulierten Defizite der Warenbilanz in den fünf Kriegsjahren 1914 bis 1918 betrugen für Frankreich 62,1 Mrd. Francs, für Großbritannien 2,1 Mrd. Pfund, für Italien 31,6 Mrd. Lire, für Rußland (bis einschließlich 1917) 4,5 Mrd. Rubel. Der deutsche Einfuhrüberschuß, ebenfalls in laufenden Preisen, betrug von August 1914 bis Ende 1918 insgesamt 15,3 Mrd. Mark, der Einfuhrüberschuß Österreich-Ungarns von 1914 bis 1917 einschließlich rund 11 Mrd. Kronen[3]. Die Neutralen hatten aufgrund ihrer Exportüberschüsse durchweg eine sehr starke Goldposition, aber in diesem weltwirtschaftlichen Rest außerhalb der kriegführenden Lager scheiterte die an sich denkbare Wiederherstellung eines Goldstandards daran, daß eine Leitwährung fehlte. Das Pfund schied in dieser Funktion als bewirtschaftete Kriegswährung aus. Gold selbst war kein Ersatz, weil verschiedene neutrale Staaten sich gegen einen übermäßigen Goldzufluß wehrten. Vor dem Krieg hatte man die Qualität einer Währung daran gemessen, ob sie jederzeit in Gold einlösbar war. Umgekehrt beruhte aber auch die währungspolitische Qualität des Goldes darauf, daß es jederzeit in beliebige Währungen umtauschbar war, und das war im Krieg eben nicht der Fall. Da ein allgemeiner Maßstab fehlte, zeigten die verschiedenen »harten« neutralen Währungen nicht nur gegenüber den Kriegswährungen, sondern auch untereinander Fluktuationen[4]. An die Stelle des Goldstandards traten, soweit der Einfluß der kriegführenden Parteien reichte, zwei konkurrie-

[3] Vgl. für die Alliierten: League of Nations (Hrsg.), *Memorandum on Balances of Payments and Foreign Trade Balances 1910–1924*. 2 Bde. Genf 1925, Bd. 2. Für die Mittelmächte: Brown, *The International Gold Standard*. Bd. 1, S. 52 f.

[4] Vgl. z. B. die Entwicklung der verschiedenen Kriegswährungen und neutralen Währungen gegenüber dem Schweizer Franken bei C. Blankart, *Die Devisenpolitik während des Weltkrieges (August 1914–November 1918)*. Füssli, Zürich 1919. Bei Brown, *The International Gold Standard*, sind die Fluktuationen gegenüber dem Dollar aufgezeichnet.

Tabelle 17. Außenhandel (Warenhandel) der europäischen Alliierten, in laufenden Preisen.

		1910/13	1914	1915	1916	1917	1918
Frankreich (Mrd. Francs)	Export	6,5	4,9	3,9	6,2	6,0	4,7
	Import	8,0	6,4	11,0	20,6	27,6	22,3
	Saldo	—1,5	—1,5	—7,1	—14,4	—21,5	—17,6
Großbritannien (Mio. Pfund)	Export	474	431	385	506	527	501
	Import	611	601	753	851	994	1285
	Saldo	—137	—170	—368	—345	—467	—784
Italien (Mrd. Lire)	Export	2,3	2,2	2,5	3,1	3,3	3,3
	Import	3,5	2,9	4,7	8,4	14,0	16,0
	Saldo	—1,2	—0,7	—2,2	—5,3	—10,7	—12,7
Rußland (Mrd. Rubel)	Export	1,5	1,0	0,4	0,6	0,5	—
	Import	1,2	1,1	1,1	2,8	2,0	—
	Saldo	+0,3	—0,1	—0,7	—2,2	—1,5	—

Quelle: League of Nations (Hrsg.), *Memorandum on Balances of Payments and Foreign Trade Balances, 1910–1924*. 2 Bde. Genf 1925. Bd. 2. – Die Werte für Rußland 1917 beziehen sich nur auf die Ausfuhr über die Grenzen im Westen des Reiches.

rende Devisenbewirtschaftungssysteme mit administrierten Paritäten. Auf den neutralen Plätzen ergab sich ein System freier Wechselkurse. Auf den neutralen Märkten wurden auch die Währungen der kriegführenden Länder, z. T. mit beträchtlichem Disagio gegenüber dem offiziellen Kurs, gehandelt, so daß es für die Kriegswährungen gespaltene Wechselkurse gab. Wollte eine Regierung den Kurs ihrer Währung auf neutralen, unkontrollierten Märkten aus Prestigegründen an den offiziellen Kurs heranhaben, mußte sie ihn durch Intervention stützen. Das ist auch manchmal geschehen, aber die Interventionen hatten eine Grenze, weil die Devisen in erster Linie zur Finanzierung kriegswichtiger (privater oder staatlicher) Importe gebraucht wurden.

Bei den Alliierten war das zentrale Währungsproblem die Aufrechterhaltung der Parität des Pfundes zum Dollar, denn das Pfund stützte wiederum die Währungen der übrigen europäischen Alliierten[5]. Das britische Pfund stand nach Kriegsausbruch zunächst hoch im Kurs, weil Fluchtkapital aus verschiedenen Ländern nach London strömte. Allmählich änderte sich aber die Situation aufgrund der staatlichen Rüstungskäufe in den USA, aufgrund des zunehmenden »zivilen« Importüberschusses und aufgrund der britischen Kriegskredite an die Verbündeten. Vom Sommer 1915 an gab es ein Devisenproblem, und zwar in der Hauptsache als Dollarproblem. 1915 transferierte Großbritannien Gold für insgesamt 328 Mio. Dollar nach den USA, zu einem Drittel über den Atlantik und zu zwei Dritteln aus britischen Golddepositen in Kanada. Weitere Goldlieferungen folgten, aber es war klar, daß ein Zahlungsbilanzausgleich allein durch Goldbewegungen nicht möglich und auch nicht wünschenswert war. Zu hohe Goldübertragungen lagen weder im Interesse Großbritanniens, das seine Goldreserve behalten wollte, noch der USA, die einen starken inflationären Impuls befürchteten. In der Hauptsache wurde der Zahlungsbilanzausgleich daher durch Kapitalbewegungen hergestellt.

Im Sommer 1915 nahm ein britisches privates Bankenkonsortium auf Veranlassung der Regierung in den USA einen Kredit über 50 Mio. Dollar auf, und die Bank of England wurde beauftragt, Dollarforderungen aus dem Besitz von Inländern zu kaufen. Ab August 1915 intervenierte die britische Regierung auf den Devisenmärkten, um die Dollarparität des Pfundes zu stabilisieren. Die Mittel dazu wurden durch Plazierung von britischen Schatzwechseln in New York beschafft. Im Oktober 1916 wurde eine gemeinsame britisch-französische Anleihe in den USA über 500 Mio. Dollar aufgelegt, die Hälfte davon (im Gegenwert von rd. 50 Mio. Pfund) entfiel auf Großbritannien. Ab Ende 1915 erwarb die britische Regierung planmäßig marktgängige Dollar-Wertpapiere von Inländern, um sie in den USA zu verkaufen[6]. Diese Aktion führte dazu, daß ein erheblicher Bestand an amerikanischen Wertpapieren »repatriiert« wurde, und trug wesentlich dazu bei, daß die Schuld-

[5] Vgl. neben der bereits erwähnten Untersuchung von W. A. Brown vor allem E. V. Morgan, *Studies in British Financial Policy, 1914–1925*. Macmillan, London 1952.

[6] Im Januar 1917 erhielt die britische Regierung Vollmacht, diese Papiere notfalls auch gegen den Willen der Eigentümer zu requirieren.

nerposition der USA sich in eine Gläubigerposition umkehrte. Trotz dieser Stützungsaktion hatte die britische Regierung vom Herbst 1916 an Mühe, die notwendigen Devisen aufzutreiben. Zu diesen Schwierigkeiten trug noch bei, daß das »Federal Reserve Board« im November 1916 aus bankpolitischen Gründen die amerikanischen Geldinstitute davor warnte, zu viele langfristige Anleihen der Kriegführenden hereinzunehmen, weil deren Realisierung ungewiß sein könnte. Erst der Kriegseintritt der USA brachte eine Lösung des Devisenproblems, weil nunmehr das amerikanische Schatzamt die erforderlichen Dollarkredite gewährte. Am Ende des Krieges war die britische Regierung zwar gegenüber den verbündeten Regierungen mit rd. 7 Mrd. Dollar Gläubiger, hatte aber ihrerseits an die 4 Mrd. Dollar Schulden, hauptsächlich gegenüber den USA, daneben in kleineren Beträgen gegenüber Kanada, Japan, sowie europäischen Neutralen und lateinamerikanischen Ländern[7]. Außerdem waren in erheblichem Umfang kurzfristige und langfristige Auslandsanlagen liquidiert worden, teils durch Vermittlung der Regierung und teils aufgrund privater Initiative.

Frankreich und Rußland versuchten, sich an den Dollar-Sterling-Block anzuhängen[8]. Die Banque de France gab zur Finanzierung der Importüberschüsse das gesamte Gold, das ihr nach Kriegsausbruch zunächst zugeflossen war (über 400 Mio. Francs), wieder ab und transferierte darüber hinaus noch 160 Mio. Francs aus dem alten Goldbestand nach Großbritannien, Spanien und den USA. Aber auf die Dauer konnten in Frankreich noch weniger als in Großbritannien allein durch Goldabgaben der Wechselkurs stabilisiert und die Importüberschüsse finanziert werden. Regierung und Banque de France begannen schon 1914, Schatzwechsel im Ausland zu plazieren. Dieser Weg war allerdings auch nur eine begrenzte Aushilfe, denn er strapazierte die internationale Kreditwürdigkeit. Frankreich hatte zwar 1914 eine beträchtliche internationale Gläubigerposition innegehabt, aber die Forderungen richteten sich zum großen Teil nach Rußland und waren durch den Krieg immobilisiert worden. Die französische Regierung suchte daher bald die inter-alliierte Gemeinsamkeit der Kriegführung vom mili-

[7] Vgl. Morgan, *Studies in British Financial Policy*, S. 320f.

[8] Vgl. H. Truchy, *Les finances de guerre de la France*. Presses Universitaires de France, Paris 1926; P. N. Apostol, M. W. Bernatzky und A. M. Michelson, *Russian Public Finance during the War*. Yale UP, New Haven 1928.

tärischen auf dem finanziellen Bereich auszudehnen. Im Februar 1915 wurden grundsätzliche Vereinbarungen über die Zusammenarbeit auf finanziellem Gebiet zwischen den drei großen Alliierten getroffen, und im April 1915 erhielt Frankreich erstmals einen größeren britischen Kredit. Die russische Regierung verwandte zur Finanzierung ihrer Importüberschüsse zunächst jene Guthaben, die sie bei Kriegsausbruch im Ausland, hauptsächlich in Frankreich, stehen hatte (insgesamt rd. 500 Mio. Rubel). Im Dezember 1914 verkaufte sie für 8 Mio. Pfund Gold nach Großbritannien. Anfang 1915 waren die verfügbaren Auslandsguthaben erschöpft, und obwohl die russische Regierung später noch wiederholt Gold ins Ausland transferierte, verließ sie sich danach hauptsächlich auf Kreditoperationen, meist in Großbritannien.

Mit diesen ersten Kreditoperationen der Verbündeten in Großbritannien begann der Aufbau eines komplizierten und umfangreichen Systems inter-alliierter Kriegskredite. Die formellen Grundlagen für die zukünftige inter-alliierte Kooperation auf finanziellem Gebiet wurden auf einer Konferenz der Finanzminister im Februar 1915 gelegt. Die verbündeten Regierungen beschlossen eine enge Zusammenarbeit bei der Kreditgewährung an kleinere Verbündete, die Ausgabe einer gemeinsamen Auslandsanleihe und die Herstellung enger Beziehungen zwischen den Notenbanken. Die Zusammenarbeit wurde danach in regelmäßigen Konsultationen fortgesetzt. Bis zum Kriegseintritt der USA war Großbritannien der internationale Bankier der Allianz, eine Rolle, die es in europäischen Kriegen traditionell ausübte. In geringerem Umfang gab auch Frankreich Kredite an Rußland, Serbien, Belgien und Griechenland. Insgesamt stiegen die inter-alliierten Kriegskredite bis zum 1. April 1917 auf 4,3 Mrd. Dollar; davon gab die britische Regierung 88 Prozent, die französische Regierung 12 Prozent. Die wichtigsten Gläubiger waren Rußland (48 Prozent des Gesamtbetrages), Italien (16 Prozent), Frankreich (13 Prozent), britische Dominien und Kolonien (13 Prozent) und Belgien (7 Prozent). Der Rest verteilte sich auf Griechenland, Portugal, Rumänien und Serbien[9].

Die britische Regierung und die Bank von England konnten die Rolle als Bankier der Allianz, zusätzlich zu den eigenen Devisenproblemen, nur unter äußerster Beanspruchung der

[9] Vgl. H. G. Moulton und L. Pasvolsky, *War Debts and World Prosperity*. The Brookings Institution, Washington 1932.

internationalen Gläubigerposition des Landes aufrechterhalten. Die Bank von England erhielt dabei allerdings aufgrund der im Februar 1915 vereinbarten engen Zusammenarbeit eine gewisse Unterstützung durch die Notenbanken Frankreichs, Rußlands und (in geringerem Umfang) auch Italiens, die ihre Goldreserven für insgesamt 983 Mio. Dollar übertrugen[10]. Die britischen Kriegskredite waren nicht an Einkäufe in Großbritannien gebunden, sondern sollten den Verbündeten auch helfen, ihre Importüberschüsse gegenüber dritten Ländern zu finanzieren. Die russische Regierung gab z. B. nahezu die Hälfte der in Großbritannien aufgenommenen Gelder in den USA aus[11]. Trotzdem erwies es sich als schwierig, die Wechselkurse der kontinentaleuropäischen Alliierten auf neutralen Plätzen an den Dollar-Sterling-Block anzuschließen. Im August 1915 notierten in New York der Franc um 8 Prozent, die Lira um 17 Prozent und der Rubel um 28 Prozent unter der Vorkriegsparität. Der Franc konnte fortan auf diesem Niveau stabilisiert werden, während Lira und Rubel weiter sanken.

Nach dem Kriegseintritt der USA setzten Großbritannien und Frankreich ihre Kriegskredite fort, sie gaben sogar in dieser zweiten Phase des Krieges etwas höhere Kriegskredite als in der wesentlich längeren ersten Kriegsphase bis zum amerikanischen Kriegseintritt. Aber die Kriegskredite der USA stellten die inter-europäischen Kriegskredite bald in den Schatten. Die USA wurden nach ihrem Kriegseintritt allmählich der wichtigste Finanzier der Allianz. Diese Rolle fiel ihnen zwangsläufig zu, denn der Kern des alliierten Devisenproblems waren ja die Importüberschüsse der europäischen Alliierten gegenüber den USA. Vom Kriegsausbruch bis zum 1. April kauften die Alliierten in den USA Waren für rund 7 Mrd. Dollar. Diese Einfuhren wurden aus folgenden Quellen finanziert: Exporte nach den USA 1,6 Mrd. Dollar, Goldabgaben 1,1 Mrd. Dollar, Liquidierung kurzfristiger US-Auslandsschulden 500 Mio. Dollar, Repatriierung amerikanischer Wertpapiere und sonstiger Anlagen aus ausländischem Besitz 1,4 Mrd. Dollar, Kredite 2,4 Mrd. Dollar[12]. Nach dem Kriegseintritt der

[10] Formal handelte es sich im Unterschied zu früheren Goldübertragungen zwischen den Alliierten nicht um einen Verkauf, sondern um eine Ausleihe für die Laufzeit der Kriegskredite.

[11] Apostol, Bernatzky und Michelson, *Russian Public Finance*, S. 312.

[12] Berechnung von Morgan & Co., zit. nach Brown, *The International Gold Standard*. Bd. 1, S. 65.

USA wurden die Einfuhrüberschüsse der europäischen Alliierten hauptsächlich durch Kriegskredite der US-Regierung finanziert. Vom April 1917 bis zum Waffenstillstand importierten die Verbündeten aus den USA Rüstungsgüter und andere Waren für 10,3 Mrd. Dollar; im gleichen Zeitraum erhielten sie von der amerikanischen Regierung 7,1 Mrd. Dollar Kriegskredite[13]. Die amerikanischen Kriegskredite wurden üblicherweise in Verbindung mit Einkaufsprogrammen der Verbündeten gewährt, waren also zweckgebunden und nicht zur Wechselkursstabilisierung auf dritten Märkten gedacht.

Großbritannien und die USA haben jeweils für einige Zeit die Rolle als Bankier der Allianz gespielt, mit durchaus unterschiedlichen Wirkungen. Für Großbritannien waren die Kriegskredite eine Belastung. Denn zum größeren Teil wollten die Kreditnehmer letztlich nicht Pfund, sondern Dollar, Großbritannien mußte sich also für die gewährten Kredite in den USA refinanzieren. Die Regierung der USA dagegen gab praktisch Lieferantenkredite. Sie förderte damit die eigene Industrie und Landwirtschaft; die erforderlichen Mittel im eigenen Lande aufzunehmen, bot bei der allgemeinen Prosperität keine Schwierigkeiten. Die Kriegskredite haben somit die wirtschaftliche Vormachtstellung der USA gefestigt.

Für die Mittelmächte hatten Währungsprobleme nicht die gleiche Bedeutung wie für die Alliierten, weil sie durch die Blockade ohnehin vom Weltmarkt abgeschnitten waren. Innerhalb des den Mittelmächten noch zugänglichen Wirtschaftsraumes beruhten die Wirtschaftsbeziehungen mehr und mehr auf bilateralen staatlichen Verhandlungen, und die Bedeutung des Geldes als allgemeines Tauschmittel trat entsprechend zurück. Innerhalb des Bündnisses mußten Deutschland und Österreich-Ungarn notgedrungen Bulgarien und vor allem die Türkei wirtschaftlich stützen[14]. Österreich-Ungarn beteiligte sich an den Lieferungen an die Verbündeten, mußte seinerseits aber wieder von Deutschland unterstützt werden. Die Verrechnung dieser Lieferungen wurde auf die Zeit nach dem Kriege verschoben. Der Austausch mit den neutralen Nachbarländern ergab zwangsläufig Exportüberschüsse der Neutralen, die daraufhin bei Kriegsende erhebliche Bestände an Reichsbanknoten und andere Markforderungen besaßen. Eine beson-

[13] Moulton und Pasvolsky, *War Debts*, S. 42, 426.

[14] Vgl. A. Emin, *Turkey in the World War*. Yale UP, New Haven 1930. G. T. Danaillow, *Les effets de la guerre en Bulgarie*. Presses Universitaires de France, Paris 1932.

Tabelle 18. Inter-alliierte öffentliche Schulden zur Zeit des Waffenstillstandes (Mio. Dollar).

Schuldner	Gläubiger			Summe
	USA	Großbritannien	Frankreich	
Großbritannien	3696	—	—	3789
Frankreich	1970	1683	—	3653
Rußland	188	2472	955	3614
Italien	1031	1855	75	2961
Belgien	172	434	535	1141
Sonstige	21	570	672	1264
	7077	7014	2238	16423

Quelle: H. G. Moulton, L. Pasvolsky, *War Debts and World Prosperity*. Brookings Institution, Washington 1932, S. 426. – Neben den USA, Großbritannien und Frankreich waren andere Alliierte mit kleineren Beträgen als Gläubiger beteiligt. Zu den »sonstigen« Schuldnern gehören Serbien, Rumänien, einige britische Dominions, Griechenland, Portugal und Cuba.

dere Art der Außenwirtschaftsbeziehungen stellte die Ausbeutung der besetzten Gebiete dar, bei der es aber gerade wegen dieser Zwangsmethoden keine Devisenprobleme gab. Welche Zufuhren den Mittelmächten verblieben, ergab sich in erster Linie aus der alliierten Blockadepolitik. Die Finanzierung der Importüberschüsse war gelegentlich schwierig, aber sie war nicht der entscheidende Engpaß. Es gelang den Mittelmächten aber nicht, die Fiktion einer festen Goldparität ihrer Währungen auf neutralen Plätzen aufrechtzuhalten. In New York mußten Mark und Krone schon im Dezember 1914 Einbußen hinnehmen. Im November 1916 lag die Mark um 26 Prozent, die Krone um 41 Prozent unter der Vorkriegsparität[15]. Das türkische Papiergeld, das 1915 zunächst zu pari ausgegeben war, hatte 1918 im Inland gegenüber dem Metallgeld ein Disagio von rund 80 Prozent[16]. Immerhin hatten die Regierungen die Währung während des Krieges noch einigermaßen unter Kontrolle, trotz Geldentwertung und trotz Wechselkursverschiebungen. Der Ruf der Währungen war besser als ihre reale Lage.

[15] Brown, *The International Gold Standard*. Bd. 1, S. 49.

[16] Emin, *Turkey in the World War*.

Die Kriegsinflation hatte weder den inneren Geldwert noch die Wechselkurse mit voller Wucht getroffen. Das lag zum Teil an den strikten internen und internationalen Kontrollen. Ein weiterer stabilisierender Faktor lag darin, daß das Publikum das Vertrauen in die Währungen behielt. Die meisten Leute erwarteten, daß nach dem Frieden der innere und äußere Geldwert der Vorkriegszeit restauriert werden würde, und waren deshalb durchaus bereit, Banknoten und andere Geldforderungen vorübergehend in großen Mengen zu halten. Da aber die monetären Probleme auf diese Weise nur aufgeschoben und nicht gelöst worden waren, brachte der Waffenstillstand zunächst keine Erleichterung, sondern eher eine Erschwerung der Situation.

Kriegsfinanzen

Der Grund für den Zerfall des Goldstandards war die ungeheure Kriegsanstrengung in den wichtigsten Welthandelsländern. Schon das Wettrüsten vor 1914 ließ die Kriegsausgaben der europäischen Staaten gewaltig steigen, gewaltig jedenfalls für zeitgenössische Begriffe. Nach deutschen Berechnungen betrugen die Rüstungsausgaben – jeweils nach der Währungsparität umgerechnet – im Jahre 1913 in Deutschland 503 Mio. Dollar, in Rußland 488 Mio. Dollar, in Großbritannien 355 Mio. Dollar, in Frankreich 316 Mio. Dollar, in Österreich-Ungarn 172 Mio. Dollar. Die Bevölkerung war dadurch in Frankreich mit 8 Dollar, in England mit 7,8 Dollar, in Deutschland mit 7,4 Dollar, in Österreich-Ungarn mit 3,3 Dollar, in Rußland mit 2,8 Dollar pro Kopf belastet[17]. In Relation zum Volkseinkommen betrugen die Rüstungsausgaben am Vorabend des Krieges in Deutschland 3,5 Prozent, in Großbritannien 3,6 Prozent, in Österreich-Ungarn rund 4 Prozent[18]. Rußland leistete sich relativ noch höhere Rüstungsausgaben: rund 6 Prozent des Volkseinkommens[19].

[17] Vgl. Reichsarchiv (Hrsg.), *Kriegsrüstung und Kriegswirtschaft.* Erster Band: *Die militärische, wirtschaftliche und finanzielle Rüstung Deutschlands von der Reichsgründung bis zum Ausbruch des Weltkrieges.* Mit Anlagen. 2 Tle., Mittler, Berlin 1930. Teil 2 (Anlagen), S. 540.

[18] Für Deutschland: Kriegsausgaben und Nettosozialprodukt nach W. Hoffmann, F. Grumbach und H. Hesse, *Das Wachstum der deutschen Wirtschaft seit der Mitte des 19. Jahrhunderts.* Springer, Berlin/Heidelberg/New York 1965, S. 261, 723, 825f. Für Großbritannien: Kriegsausgaben nach E. V. Morgan, *Studies in British Financial Policy.* Volkseinkommen zu Faktorkosten nach Ph. Deane und W. A. Cole, *British*

Im Weltkrieg erreichten die Staatsausgaben der kriegführenden Parteien alsbald eine Höhe, die alles in den Schatten stellte, was man vorher gewohnt war. Bereits die ersten Kriegsbudgets lagen überall erheblich über den Friedensbudgets, und das war erst der Anfang. In den folgenden Jahren ließ die totale Kriegführung die Staatsausgaben immer weiter steigen. Das letzte Kriegsbudget betrug in Relation zum ersten Kriegsbudget in Deutschland 505 Prozent, in Frankreich 448 Prozent, in Großbritannien 562 Prozent, in Rußland (bis 1916) 315 Prozent. Der Anstieg der Staatsausgaben war bedingt durch Krieg und Kriegsinflation, aber es ist kaum festzustellen, wie hoch die Kriegsausgaben (im Unterschied zu den gesamten Staatsausgaben) der einzelnen Staaten genau gewesen sind. Versteht man unter Kriegsausgaben im weiteren Sinne alle Ausgaben, die aus Anlaß des Krieges entstanden sind, dann lassen sich im wesentlichen vier Posten nennen: die eigentlichen Militärausgaben, die kriegsbedingten Ausgaben ziviler Behörden (z. B. für das Transportwesen und für die Bewirtschaftung), Subventionen einschließlich der Zinsen auf die Staatsschuld und Kriegskredite an Verbündete. Volkswirtschaftlich relevant in dem Sinne, daß eine entsprechende Vernichtung von Gütern stattgefunden hat, sind nur die ersten beiden Posten; unter fiskalischem Aspekt dagegen sind alle Posten gleich wichtig.

In den Budgets wurde seinerzeit nur ein Teil der Kriegsausgaben besonders ausgewiesen. In Großbritannien und in den USA wurden die Ausgaben für die Streitkräfte, für Kriegskredite und für den Schuldendienst (der zum größten Teil die neu aufgenommenen Schulden betraf) besonders genannt, nicht aber die kriegsbedingten Ausgaben der zivilen Ressorts. In Frankreich erscheinen als Kriegsausgaben die Militärausgaben und der Schuldendienst. Ferner gab es besondere Konten (»dépenses recouvrables« und »comptes spéciaux«), die zum größ-

Economic Growth 1688–1959. 2. Aufl. Cambridge UP 1967, S. 330. Für Österreich-Ungarn: Kriegsausgaben nach Reichsarchiv (Hrsg.), *Kriegsrüstung*, Teil 2 (Anlagen), S. 530. Volkseinkommen nach den Schätzungen von Fellner und Gürtler, zit. nach N. Gross, *Industrialization in Austria in the Nineteenth Century*. Diss. University of California, Berkeley 1966, S. 195. (Der Anteil der Rüstungsausgaben beträgt bei Fellners Volkseinkommensschätzung 3,7 Prozent, bei Gürtlers Volkseinkommensschätzung 4,1 Prozent).

[19] Kriegsausgaben nach Apostol, Bernatzky und Michelson, *Russian Public Finance*, S. 66. Volkseinkommen nach P. Studenski, *The Income of Nations. Theory, Measurement and Analysis: Past and Present*. New York UP 1958, S. 148. Der exakte Anteil errechnet sich aus diesen Angaben als 5,8 Prozent.

ten Teil aus den kriegsbedingten Ausgaben der zivilen Ressorts und aus den Kriegskrediten an Verbündete bestanden. Einige kriegsbedingte Ausgaben dürften aber auch in den »zivilen« Ausgaben enthalten sein. In Deutschland und in Rußland wurde die Kriegsfinanzierung über besondere Haushalte abgewickelt, und zwar in Deutschland über den außerordentlichen Haushalt, in Rußland über ein besonderes Kriegsbudget, das neben dem parlamentarischen ordentlichen und außerordentlichen Haushalt existierte. Diese besondere Rechnungsführung hatte fiskalische und politische Gründe. Für die Sonderhaushalte war die Deckung durch Kreditbeschaffung üblich und sogar vorgeschrieben, im Unterschied zum ordentlichen Haushalt, der durch Steuereinnahmen zu decken war. Man konnte also den Anschein einer gesetzestreuen Finanzgebarung wekken, auch wenn schließlich nur noch ein geringer Bruchteil der Staatsausgaben durch Steuern gedeckt war. Außerdem unterlagen der außerordentliche Haushalt und das Kriegsbudget nicht der parlamentarischen Kontrolle. Infolgedessen haben die Regierungen sogar einen Teil der »normalen« Ausgaben in die Kriegsbudgets übernommen.

Angaben über die Kriegsausgaben einzelner Länder können erheblich differieren. Das Ergebnis hängt entscheidend davon ab, wie man die Kriegsausgaben von den zivilen Ausgaben abgrenzt, ob man Schuldendienst und Kriegskredite zu den Kriegsausgaben rechnet und ob man die beträchtlichen Demobilisierungskosten und Kriegsfolgelasten der ersten Nachkriegsjahre berücksichtigt. Außerdem wurden die Staatshaushalte im Krieg nicht immer exakt geführt, so daß es manchmal schwierig ist, verläßliche Zahlen zu rekonstruieren. Bei den internationalen Vergleichen der Kriegsausgaben, die bisher angestellt worden sind, wurde auf die detaillierte Berechnung der einzelnen Kriegsausgaben verzichtet. Man griff statt dessen auf die Überlegung zurück, daß die gesamte Ausgabensteigerung letztlich durch den Krieg verursacht worden sei. Die Kriegsausgaben wurden dann in jedem Budget definiert als Differenz zwischen den gesamten Staatsausgaben und einem fiktiven »friedensmäßigen« Budget, das den Staatsausgaben des letzten Friedensjahres entsprach. Man unterstellte also, daß die Staatsausgaben konstant geblieben waren, wenn der Frieden angedauert hätte. Gegen diese Methode lassen sich gewichtige Bedenken vorbringen, es ist aber immerhin ein recht einfaches Verfahren, wenn man ohne langwierige Forschungsarbeit ei-

Tabelle 19. Staatsausgaben im Weltkrieg (Mrd. Mark, Francs, Pfund, Rubel oder Dollar).

	Staatsausgaben im Krieg		Anteile (Prozent)			
			Kriegsausgaben	Schuldendienst	Kriegskredite	Zivile Ausgaben
Deutschland	1914–18	159,0	83	15	—	2
Frankreich	1914–18	170,5	79	11	—	10
Großbritannien	1914–18	10,6	62	7	16	16
Rußland	1914–16	35,5	76	6	—	18
USA	1917–19	34,8	54	2	26	17

Quellen: K. Roesler, *Die Finanzpolitik des Deutschen Reiches im Ersten Weltkrieg*. Duncker & Humblot, Berlin 1967, S. 197 ff.; G. Jèze, *Les dépenses de guerre de la France*. Presses Universitaires de France, Paris 1926, S. 22; E. V. Morgan, *Studies in British Financial Policy, 1914–1925*. London 1952, S. 101; P. N. Apostol, M. W. Bernatzky, A. M. Michelson, *Russian Public Finance During the War*. Yale University Press, New Haven 1928, S. 73–220; C. Gilbert, *American Financing of World War I*. Greenwood, Westport (Conn.) 1970, S. 68 ff.

nen Vergleich anstellen und eine Gesamtsumme für die Kriegsausgaben der Welt nennen will. Mit diesem Vorbehalt wird eine solche Berechnung wiedergegeben. Die Kriegskredite an verbündete Länder sind dort in den Kriegsausgaben enthalten, andererseits wurden empfangene Kredite von den Kriegsausgaben abgezogen, um Doppelzählungen zu vermeiden. Insgesamt ergaben sich danach Kriegsausgaben von 209 Mrd. Dollar in laufenden Preisen, oder 82 Mrd. Dollar in Preisen von 1913. Die Umrechnung in konstante Preise ist ein besonderes Problem und wäre in diesem Falle noch zu prüfen. In der Größenordnung scheint das Ergebnis akzeptabel, eine detaillierte Untersuchung der deutschen Kriegsfinanzen bestätigt, daß die nominalen Kriegsausgaben zum großen Teil auf den Preisanstieg zurückzuführen sind[20].

Tabelle 20. Kriegsausgaben im Weltkrieg (1914–1919) (Mrd. Dollar).

	(1) »Normale« Staatsausgaben	(2) »Kriegsausgaben«	(3) Kriegsausgaben in Preisen von 1913
Frankreich	5,0	28,2	9,3
Großbritannien	4,7	43,8	21,2
Sonst. Empire	5,9	5,8	1,8
Italien	2,9	14,7	3,2
Rußland	5,9	16,3	5,4
USA	2,9	36,2	17,1
Sonst. Alliierte	3,3	2,0	(—0,3)
Alliierte	30,6	147,0	57,7
Deutschland	3,3	47,0	19,9
Österreich-Ungarn	5,4	13,4	4,7
Bulgarien, Türkei	1,4	1,1	0,1
Mittelmächte	10,1	61,5	24,7
Alle Kriegführenden	40,7	208,5	82,4

Quelle: H. Mendershausen, *The Economics of War*. Prentice-Hall, New York 1941, S. 305. – Sonstige Alliierte: Belgien, Griechenland, Japan, Portugal, Rumänien, Serbien. Bei diesen Alliierten hat offenbar per Saldo die Kredithilfe der Verbündeten die Kriegsausgaben in konstanten Preisen überkompensiert.

[20] K. Roesler, *Die Finanzpolitik des Deutschen Reiches im Ersten Weltkrieg*. Duncker & Humblot, Berlin 1967, S. 197ff.

Im Prinzip wiederholten sich die Probleme der Kriegsfinanzpolitik in allen Staaten. Charakteristisch für die »moderne« Kriegsfinanzierung über die Notenbank, wie sie im Ersten Weltkrieg durchweg praktiziert wurde, war der Rhythmus von Geldschöpfung und Abschöpfung[21]. Der Staat beschaffte sich das Geld bei der Notenbank gegen Hergabe von kurzfristigen Schuldtiteln. Diese Papiere wurden dann entweder prolongiert oder sie wurden zurückgekauft aus Einnahmen, die sich der Staat aus Steuern oder Anleihen beschaffte. Die Plazierung von Kriegsanleihen oder anderen Staatspapieren außerhalb der Notenbank bedeutete zunächst genau wie die Steuererhebung eine Abschöpfung von Kaufkraft bei den Privaten, nur blieb ein »monetärer Überhang«, der nach dem Krieg aufgelöst werden mußte. Durch die Geldschöpfung des Staates wurde ein inflationärer Impuls ausgelöst, der sich zunächst im wesentlichen auf die Rüstungsindustrie richtete und sich dann durch den bekannten Multiplikatoreffekt auf die gesamte Wirtschaft übertrug. Durch die zusätzliche Nachfrage wurden zunächst unbeschäftigte Produktionsfaktoren herangezogen, aber nach Erreichen der Vollbeschäftigung (das war in den meisten Ländern ungefähr im Frühjahr 1915 der Fall) konkurrierte der Staat mit den Privaten um die begrenzten Produktionskapazitäten. Die Abschöpfung der privaten Kaufkraft durch Steuern und Anleihen hatte also zwei Funktionen. Erstens wurde ein Preisanstieg gebremst, der aus verschiedenen Erwägungen an sich schon unerwünscht war. Zweitens, und das war die Hauptsache, war die Kriegsfinanzierung ein monetäres Steuerungsinstrument. Durch Kaufkraftabschöpfung wurde die private Nachfrage zurückgedrängt, und genau das, die Umstellung der Wirtschaft von der Friedens- auf die Kriegsproduktion, war ja der ganze Zweck der Kriegswirtschaftspolitik. Je weniger dem Staat die monetäre Steuerung durch Abschöpfung gelang, um so mehr mußte er zu direkten Kontrollen greifen. Theoretisch kann man sich auf der einen Seite ein Modell vorstellen, bei dem der Staat allein durch scharfe Besteuerung die gewünschten realen Ressourcen an sich zieht, und auf der anderen Seite ein Modell der inflationären Kriegswirtschaftspolitik, bei dem das Geld seine Tauschfunktion allmählich einbüßt, und die Zuteilung von Produktionsfaktoren und die Verteilung von

[21] Die Theorie der Kriegsfinanzierung ist in verschiedenen Darstellungen leicht zugänglich. Vgl. z. B. A. C. Pigou, *The Political Economy of War*. Revised Edition. Macmillan, London 1940.

Gütern immer mehr durch zentrale Anweisungen erfolgt. Überzeugte Liberale hielten das erste Modell für realisierbar, während die Wirklichkeit sich dem zweiten Modell sehr näherte. Das soll im folgenden an einigen Beispielen (Deutschland, Frankreich, Großbritannien, Rußland, USA) gezeigt werden[22].

Tabelle 21. Staatshaushalte 1914–1918.

		1914	1915	1916	1917	1918	1914–1918
Deutschland (Mrd. Mark)	Ausgab.	8,8	25,8	27,8	52,2	44,4	159,0
	Einnah.	2,5	1,8	2,1	8,0	7,4	21,8
	Defizit	6,3	24,0	25,7	44,2	37,0	137,2
Frankreich (Mrd. Francs)	Ausgab.	10,4	22,1	36,8	44,7	56,6	170,6
	Einnah.	4,2	4,1	4,9	6,2	6,8	26,2
	Defizit	6,2	18,0	31,9	38,5	49,9	144,5
Großbritannien (Mio. Pfund)	Ausgab.	560	1560	2200	2700	2580	9590
	Einnah.	230	340	570	710	890	2730
	Defizit	330	1220	1630	1990	1690	6860
Rußland (Mrd. Rubel)	Ausgab.	5,7	11,7	18,1	.	.	35,5
	Einnah.	2,9	2,8	4,0	.	.	9,7
	Defizit	2,8	8,9	14,1	.	.	25,8
USA (Mrd. Dollar)	Ausgab.	.	.	0,7	2,1	13,8	16,6
	Einnah.	.	.	0,7	1,1	4,2	6,0
	Defizit	.	.	—	1,0	9,6	10,0

Quellen: Wie Tabelle 19.

[22] Die Liste ist, um ermüdende Wiederholungen zu beschränken, unvollständig, obwohl natürlich die italienische oder die österreichisch-ungarische Kriegsfinanzpolitik an sich ebenfalls untersuchenswert wären; vgl. zur ersteren: L. Einaudi, *La guerra e il sistema tributaria italiana*. Laterza, Bari 1927. Kurzfassung in: L. Einaudi, *La condotta economica e gli effetti sociali della guerra Italiana*. Laterza, Bari 1933. F. A. Répaci, *La finanza Italiana nel ventento 1913–1932*. Einaudi, Torino 1934. F. A. Répaci, *Il costo finanzario in Italia della prima guerre mondiale*. In: *Studi in Onore di Gaetano Pietra*, Cappelli, Rocca San Casciano 1955. Zu Österreich-Ungarn: G. Gratz und R. Schüller, *Der wirtschaftliche Zusammenbruch Österreich-Ungarns*. Hölder-Pichler-Tempsky, Wien 1930; A. Popovics, *Das Geldwesen im Kriege*. Hölder-Pichler-Tempsky, Wien 1925. Die Finanzpolitik der übrigen kriegführenden Staaten findet man in den entsprechenden Länder-Monographien der Carnegie-Serie dargestellt.

Im *Deutschen Reich* war die finanzielle Mobilmachung schon seit den 1890er Jahren vorbereitet worden[23]. Bei Kriegsausbruch brauchte man also nur die fertigen Gesetze aus der Schublade zu ziehen; sie wurden am 4. August 1914 verabschiedet. Da man an der Goldwährung wenigstens dem Schein nach festhalten und daher das Bankgesetz von 1875 möglichst wenig ändern wollte, wurde eine etwas umständliche Hilfskonstruktion gewählt. Unter der Verwaltung der Reichsbank, aber rechtlich selbständig, wurden besondere Notenbanken geschaffen, die sogenannten Darlehenskassen. Diese Kassen gaben eigene Banknoten (Darlehenskassenscheine) gegen Lombardierung von Waren und Wertpapieren aus. Die Geldschöpfung für die private Wirtschaft wurde durch entsprechende Zinsgestaltung von der Reichsbank auf diese neuen Institute verlagert, und die Reichsbank erhielt mehr Spielraum für die staatliche Kriegsfinanzierung. Die meisten Bestimmungen des Reichsbankgesetzes, besonders auch die Deckungsvorschriften, wurden formal beibehalten, aber durch zwei Änderungen praktisch sinnlos. Die Reichsbank durfte das Papiergeld der neuen Darlehenskassen neben Gold als Primärdeckung und staatliche »Schatzwechsel« neben Handelswechseln in unbeschränkter Höhe als Sekundärdeckung ausweisen[24]. Dadurch gab es für die staatliche Geldschöpfung keinerlei Beschränkung mehr, und der Bestand der Reichsbank an Schatzwechseln stieg ebenso wie der Notenumlauf schnell an.

Die finanzielle Mobilmachung beruhte ebenso wie die allgemeine wirtschaftliche Kriegsvorbereitung auf der Prämisse eines kurzen Krieges, den man finanziell ausschließlich durch Kreditaufnahme bewältigen wollte. Eine kriegsmäßige Steuerpolitik, in einem längeren Krieg unumgänglich, war in keiner Weise vorbereitet. Helfferich, der im Februar 1915 das Schatzamt übernahm, bekräftigte bei der Vorlage des Budgets für 1915/16 die Absicht, die Mittel für den Krieg »so gut wie ausschließlich« durch Kreditaufnahme aufzubringen: Notenbankkredite als »temporäres Auskunftsmittel«, die dann regelmäßig durch Kriegsanleihen zu konsolidieren wären. Die Kriegsfinan-

[23] Vgl. W. Lotz, *Die deutsche Staatsfinanzwirtschaft im Kriege*. Deutsche Verlags-Anstalt, Stuttgart/Berlin/Leipzig 1927; Roesler, *Die Finanzpolitik des Deutschen Reiches*. R. Andexel, *Imperialismus – Staatsfinanzen, Rüstung, Krieg. Probleme der Rüstungsfinanzierung des deutschen Imperialismus*. Akademie-Verlag, Berlin 1968.

[24] Der Begriff des Schatzwechsels wurde ad hoc in Analogie zum Handelswechsel kreiert, um die »Tarnung« zu vervollständigen. Vorher gab es als kurzfristige Papiere nur die »unverzinslichen Schatzanweisungen«.

zierung beruhte ausdrücklich auf der Erwartung, die Rechnung für den Krieg beim Friedensschluß dem Gegner präsentieren zu können: »Das Bleigewicht der Milliarden haben die Anstifter dieses Krieges verdient; sie mögen es durch die Jahrzehnte schleppen, nicht wir[25].« Für die Steuerpolitik setzte sich die Reichsregierung damit ein recht bescheidenes Ziel: Die Steuern sollten die »ordentlichen«, vom Krieg unabhängigen Ausgaben decken und dazu die Zinsen der Staatsschuld. Auch das erwies sich als schwierig genug. Im Budget für 1915/16 konnte man nur deshalb auf Steuererhöhungen verzichten, weil von dem 1913 als einmalige Abgabe beschlossenen Wehrbeitrag noch eine Restzahlung ausstand und weil man im übrigen auch die »normalen« Militärausgaben zum größten Teil auf den außerordentlichen Haushalt übernahm. Beim nächsten Budget kam die Regierung um neue Steuern nicht herum, die außerdem von der SPD, unterstützt von der öffentlichen Meinung aus gesellschaftspolitischen Gründen gefordert wurden; es war nicht mehr tragbar, daß die großen Kriegsgewinnler sich ohne jeden steuerlichen Zugriff am Krieg bereicherten.

Das deutsche Steuersystem war für die Kriegsfinanzierung von vornherein wenig geeignet, weil die Einkommensteuer die sich in Großbritannien als einfach in der Durchführung und besonders ergiebig gezeigt hatte, in Deutschland den Bundesstaaten vorbehalten war; daran wurde aus innenpolitischen Gründen auch nichts geändert. Reichssteuern waren vor 1914 Zölle und Verbrauchssteuern, letztere vor allem auf Genußmittel wie Kaffee, Alkohol und Tabak, also genau jene Steuerquellen, die infolge der Blockade und des wirtschaftlichen Niederganges immer weniger einbringen konnten. 1917 wurde eine Verbrauchssteuer auf Kohle eingeführt, die immerhin noch reichlich vorhanden war. Es störte niemanden, daß das Reich als Hauptabnehmer von Industriewaren die Kohlensteuer zwangsläufig selbst zahlte; denn diese »kriegsbedingten« Ausgaben konnten ja auf den außerordentlichen Etat abgewälzt werden. Von langfristiger Bedeutung war die allgemeine Umsatzsteuer, die 1916 eingeführt wurde (zunächst als »Warenumsatzstempel« bezeichnet). Der Steuersatz betrug anfangs 1 Promille vom Umsatz, ab 1918 5 Promille. Die Steuer betraf alle gewerblichen Leistungen, mit Ausnahme des Großhandels und der freien Berufe. Für einzelne Luxuswaren wurde ein besonderer Steuersatz von zehn Prozent eingeführt.

[25] Zit. nach Roesler, *Die Finanzpolitik des Deutschen Reiches*, S. 71f.

Eine Kriegsgewinnsteuer für Kapitalgesellschaften wurde im Dezember 1915 angekündigt und im Juni 1916 eingeführt. Kritiker meinen, die Kriegsgewinnler hätten infolge dieser langen Inkubationszeit reichlich Gelegenheit gehabt, ihre Gewinne zu verstecken[26]. Die neue Steuer betraf den seit Kriegsausbruch erzielten Gewinn, soweit er über den Durchschnitt der letzten fünf Friedensjahre hinausging, und war zunächst als einmalige Abgabe konzipiert. Der Mehrgewinn wurde progressiv von 10 bis 50 Prozent besteuert. Dieser Satz wurde im Februar 1917, nachdem die Erhebung schon begonnen hatte, auf 12 bis 60 Prozent erhöht. Eine neue Kriegsgewinnsteuer von 1918, die die seit Juni 1916 neu entstandenen Gewinne betraf, sah 60 Prozent als Standardsatz vor, nur für »geringe« Mehrgewinne unter 1 Mio. Mark gab es Ermäßigungen. Für natürliche Personen wurde die Kriegsgewinnsteuer zunächst als Steuer auf den von 1913 bis 1916 erzielten Vermögenszuwachs erhoben, das konsumierte Mehreinkommen unterlag also nicht der Steuer. Später bezog sich auch die Kriegsgewinnsteuer der natürlichen Personen nicht mehr auf den Vermögenszuwachs, sondern auf das Mehreinkommen gegenüber dem Friedenseinkommen von 1913, auf der Grundlage der bundesstaatlichen Veranlagung. Diese Steuer war progressiv gestaltet bis zu einem Höchstsatz von 50 Prozent. Neben der Kriegsgewinnsteuer gab es eine Vermögenssteuer, die bei Vermögen über 1 Million Mark 5 Promille erreichte.

Alle Reichssteuern wurden wie vor dem Krieg von den bundesstaatlichen Finanzbehörden eingetrieben, und es war immerhin ein Schritt zur Vereinheitlichung des Finanzwesens, daß 1918 ein Reichsfinanzhof als oberstes Gericht in Fragen der Reichssteuern eingerichtet wurde. Der Ausbau der reichseinheitlichen Finanzverwaltung und die »Erfindung« der allgemeinen Umsatzsteuer gehören zu den wenigen dauerhaften Ergebnissen der Kriegsfinanzpolitik.

Insgesamt wurden von den ordentlichen Einnahmen 44 Prozent durch Verbrauchs- und Verkehrssteuern, 42 Prozent durch Wehrbeitrag und Kriegsgewinnsteuer, 14 Prozent durch verschiedene Abgaben, z. B. die Gewinnabgaben der Reichsbank und der Darlehenskassen, gedeckt. Unter dem Gesichtspunkt einer rigorosen Steuerpolitik fehlte es vor allem an einer scharfen Heranziehung der Unternehmensgewinne und der persön-

[26] Ebd., S. 73.

lichen Einkommen. Die Kriegsgewinnsteuern waren in mehrfacher Hinsicht unzulänglich: sie setzten zu spät ein; sie ließen, da sie sich nur auf die *Veränderung* von Einkommen und Gewinn bezogen, hohe Gewinne und Einkommen prinzipiell aus, wenn diese schon im Frieden erzielt worden waren; und die Art der Erfassung und Erhebung bot den Kriegsgewinnlern reichlich Gelegenheit, Gewinne zu verstecken. Die Reichsregierung berief sich auf den Brauch, daß Steuern auf Besitz und Vermögen den Bundesstaaten vorbehalten seien und argumentierte im übrigen, daß tiefgreifende Änderungen in der außergewöhnlichen Situation des Krieges nicht durchzuführen seien; die umfassende Reform der öffentlichen Finanzen wurde auf die Zeit nach dem Friedensschluß vertagt. Die Basis der Kriegssteuerpolitik war die bis zum Schluß aufrechterhaltene Hoffnung, die Kriegslasten nach dem siegreichen Frieden dem Gegner aufzuladen. Dazu kam dann die (aufgrund der Machtstrukturen auch nicht anders zu erwartende) Abneigung, gegen den »kompakten Widerstand« der Wirtschaft vorzugehen. Die Steuern deckten ungefähr die ordentlichen Ausgaben, so daß an der Steuerpolitik formal kaum etwas zu beanstanden war. Da aber im Kriege die Staatsausgaben zum größten Teil über den außerordentlichen Haushalt abgewickelt wurden, war die Bedeutung der Steuern insgesamt relativ gering. Die Steuereinnahmen deckten in den fünf Kriegs-Rechnungsjahren zusammen rund 14 Prozent der Ausgaben des Reiches. Die Abschöpfung blieb also im wesentlichen Aufgabe der Kriegsanleihen.

Zur Konsolidierung der kurzfristigen Schulden des Reiches wurden insgesamt neun Kriegsanleihen aufgelegt, regelmäßig im März und September jeden Jahres, beginnend mit dem September 1914. Die Ausstattung war bei allen neun Anleihen ähnlich, 5 Prozent Verzinsung bei Ausgabe ungefähr zu pari. Gemessen an Vorkriegsmaßstäben war die Rendite attraktiv; außerdem war jede Anleihe von einer großen patriotischen Propaganda-Aktion begleitet. Anders als in Großbritannien gab es keine Konversionsrechte, sie hätten in Anbetracht der ähnlichen Ausstattung auch keinen Sinn gehabt. In der Hauptsache wurden die Reichsanleihen beim Publikum untergebracht. Die Sparkassen übernahmen kleinere Beträge, die Geschäftsbanken nur sehr wenig für eigene Rechnung. Von der ersten Kriegsanleihe hat das Publikum noch einen größeren Anteil (rund 20 Prozent) bei den Darlehenskassen lombardiert, aber später hörte das infolge der allgemein großen Liquidität auf.

Bis zur vierten Kriegsanleihe (März 1915) waren die Anleiheerlöse jeweils größer als die am Zeichnungstermin ausstehende kurzfristige Schuld. Von der fünften Kriegsanleihe an (September 1916) hielten die Anleiheerlöse mit der schnell wachsenden Staatsverschuldung nicht mehr Schritt. Dafür wurden aber in erheblichem Umfange unverzinsliche Schatzanweisungen außerhalb der Reichsbank am offenen Markt untergebracht. Man erklärte das mit der unterschiedlichen Einkommensentwicklung der Haushalte und der Unternehmungen. Auf der einen Seite gingen Löhne und Gehälter real zurück, auf der anderen Seite gab es viele Unternehmungen, die riesige Kriegsgewinne erzielten, diese aber wegen der allgemeinen Knappheit und zentralen Bewirtschaftung der realen Ressourcen nicht in Anlagen und Vorräte investieren konnten und daher zwangsläufig Forderungen an den Staat erwarben. Dabei zogen die Unternehmungen dann kurzfristige Anlageformen vor, die sie nach dem Friedensschluß und dem Ende der Bewirtschaftung schnell liquidieren konnten.

Durch die unterschiedliche Entwicklung der Sparfähigkeit änderte sich nicht nur die Zusammensetzung der Staatsschuld aus Schatzanweisungen und Anleihen, die Kriegsanleihen verloren allmählich den Charakter der »Volksanleihe«. Der Anteil der kleinen Zeichnungen bis 2 000 Mark sank von 16,5 Prozent bei der ersten Kriegsanleihe auf 8,2 Prozent bei der neunten Kriegsanleihe, während der Anteil der großen Zeichnungen über 1 Million Mark im gleichen Zeitraum von 19,5 Prozent auf 33,6 Prozent stieg. Für den Augenblick hatte der Verkauf von kurzfristigen Schatzanweisungen am offenen Markt den gleichen kontraktiven Effekt wie die Plazierung von Anleihen. Nur wurde die Abwicklung des »monetären Überhanges« schwieriger, weil das Publikum seine Effektenbestände kurzfristig abstoßen konnte.

Am Ende des letzten Kriegsrechnungsjahres 1918/19 war eine Reichsschuld von 156,1 Mrd. Mark angesammelt, sie hatte gegenüber März 1914 um 150,7 Mrd. Mark zugenommen. Von der Gesamtschuld waren 40 Prozent kurzfristig. Davon wiederum war die Hälfte (rd. 30 Mrd. Mark) bei der Reichsbank untergebracht. Wie sich der Rest auf Banken und Publikum verteilt, ist nicht genau zu ermitteln, aber der größte Teil war offensichtlich beim Publikum[27].

[27] Für Ende Dezember 1918 gibt es einige Angaben: Schatzanweisungen bei der Reichsbank 27,2 Mrd. Mark; Kriegsanleihe-Kredite der Darlehenskassen 0,9 Mrd.

In *Frankreich* stellte die Banque de France bei Kriegsausbruch dem Staat einen Vorschuß von 2,9 Mrd. Francs gegen kurzfristige Schatzanweisungen zur Verfügung[28]. Dies Verfahren entsprach den Vereinbarungen zwischen der Notenbank und dem Staat, die 1911 für den Mobilmachungsfall getroffen worden waren, und die ferner vorsahen, das autorisierte Notenkontingent der Banque de France entsprechend zu erhöhen. Das Limit für die kurzfristige Staatsverschuldung bei der Notenbank mußte mehrfach erhöht werden, es erreichte schließlich im April 1919 27 Mrd. Francs.

Die französische Regierung verließ sich zunächst ausschließlich auf die Kreditfinanzierung. Als Motiv legte Finanzminister Ribot im Dezember 1914 dar, man könne dem vom Krieg schwer getroffenen Land nicht auch noch höhere Steuerlasten zumuten. Die fiskalische Bewältigung der Kriegsausgaben wurde auf die Zeit nach dem Sieg verschoben. Tatsächlich gab der Staat zu diesem Zeitpunkt das von der Notenbank neu geschaffene Geld bereits mit vollen Händen aus und ließ dadurch jene enormen Kriegsgewinne entstehen, die zum steuerlichen Zugriff direkt einladen mußten; aber das sah die Regierung nicht oder wollte es wohl auch nicht sehen. Erst Mitte 1916, nahezu zwei Jahre nach Kriegsausbruch, änderte die Regierung ihre Steuerpolitik und führte Steuererhöhungen ein. Begründet wurde dieser Schritt damit, daß die Staatseinnahmen wenigstens die Zinsen der Staatsschuld decken sollten. Die Liquidierung der eigentlichen Kriegsausgaben wurde weiterhin auf die Zeit nach dem Krieg verschoben. Das französische Steuersystem der Vorkriegszeit war zweifellos rückständig. Es beruhte auf den Prinzipien eines extremen Individualismus, dem jeder steuerliche Zugriff, oder auch nur staatliche Erkundigungen nach den wirtschaftlichen Verhältnissen des einzelnen als ein Angriff auf die bürgerlichen Freiheiten erschienen. Infolgedessen bestritten die indirekten Steuern den größeren Teil der Einnahmen, und die direkten Steuern bezogen sich bevorzugt auf sichtbare steuerbare Objekte wie Ländereien, städtischen Grundbesitz und gewerbliche Betriebe. Eine allge-

Mark; Kriegsanleihe bei den preußischen Sparkassen, die 76 Prozent der Einlagen aller deutschen Sparkassen hatten, 8,5 Mrd. Mark; gesamte Wechselbestände (Handelswechsel und Schatzanweisungen) der berichterstattenden Geschäftsbanken 16,0 Mrd. Mark. Vgl. Roesler, *Die Finanzpolitik des Deutschen Reiches*, S. 143, 210, 214, 219.

[28] Vgl. Truchy, *Les finances de guerre*.

meine Einkommensteuer war kurz vor Kriegsausbruch im Juli 1914 beschlossen worden, mit einem sehr bescheidenen Steuersatz von zwei Prozent. Ihre Einführung war für 1915 vorgesehen und wurde dann wegen der Kriegsverhältnisse auf 1916 verschoben. Entweder waren die traditionellen Steuerwiderstände zu stark oder die Steuerpolitik wurde nicht mit der nötigen Energie betrieben, jedenfalls erbrachte die neue Einkommensteuer insgesamt von 1916 bis 1918 einschließlich nur rund 0,9 Mrd. Francs. Die älteren direkten Steuern erbrachten im Krieg, trotz der Preissteigerungen, im Durchschnitt den gleichen Betrag wie vorher, insgesamt von 1914 bis 1918 4,1 Mrd. Francs. Eine Kriegsgewinnsteuer wurde als besondere Abgabe 1916 eingeführt; sie war wie in Deutschland als Steuer auf den Mehrgewinn gegenüber dem normalen Friedensgewinn konzipiert. Der Steuersatz war zunächst einheitlich 50 Prozent, ab 1918 progressiv von 50 Prozent auf 80 Prozent ansteigend. Diese Steuer erbrachte 1917 und 1918 zusammen 0,8 Mrd. Francs, und es dürfte kaum gelungen sein, damit die außerordentlichen Kriegsgewinne wirksam abzuschöpfen. Die Steuerpolitik war, gemessen an der Zielsetzung von 1916, unzulänglich. 1918 lagen die Zinsen der Staatsschuld um 230 Mio. Francs über den Einnahmen, das heißt, der Staat mußte Geld borgen, um die Zinsen auf die alte Schuld bezahlen zu können. Insgesamt wurden 15 Prozent der Staatsausgaben durch Steuern gedeckt, also ein ähnlicher Anteil wie in Deutschland.

Die erste französische Kriegsanleihe wurde erst im November 1915 begeben. Dieser im Vergleich zu anderen Ländern späte Termin wurde damit begründet, daß erst kurz vor Kriegsausbruch, im Juli 1914, eine Staatsanleihe plaziert worden war und im übrigen die schwierigen wirtschaftlichen Verhältnisse des ersten Jahres eine Kriegsanleihe nicht zuließen. Es folgten 1916, 1917 und 1918 noch drei weitere Kriegsanleihen. Die Kriegsanleihen hatten die Form der »ewigen Rente«; dabei ist der Staat nicht an einen Tilgungsplan gebunden, sondern kann (nach einer gewissen Karenzzeit) die Tilgung durch Rückkauf beliebig vornehmen. Die Rendite war bereits bei der ersten Kriegsanleihe mit 5,7 Prozent relativ hoch. Die Kriegsanleihen erbrachten insgesamt 24,1 Mrd. Francs. In der Hauptsache verließ die französische Regierung sich bei der Mittelbeschaffung auf die Plazierung kurzfristiger Schatzanweisungen beim Publikum. Neben den üblichen kurzfristigen Schatzanweisungen (»Bons du Trésor«) wurden im September

1914 »Bons de la Défense Nationale« mit einer Laufzeit zwischen drei und zwölf Monaten neu eingeführt. Diese Papiere waren zunächst nur zur Vorfinanzierung gedacht und sollten später durch Kriegsanleihen abgelöst werden. Nachdem die »Verteidigungs-Schatzanweisungen« aber großen Anklang beim Publikum fanden, machte die Regierung sie zum Standardinstrument der Kriegsfinanzierung. Für die Regierung waren die kurzfristigen Papiere durch das relativ niedrige Zinsniveau (die Rendite betrug je nach Festigkeit zwischen 3,5 und 5 Prozent) und vor allem durch die leichte Unterbringung interessant. Die Beliebtheit beim Publikum erklärt sich aus dem hohen Liquiditätsgrad der Papiere, zumal Bankeinlagen durch verschiedene Moratorien immobilisiert waren. Ab Februar 1915 wurden auch mittelfristige Schatzanweisungen (»Obligations de la Défense Nationale«) mit einer Laufzeit zwischen fünf und zehn Jahren angeboten, aber das Publikum zog die kurzfristigen Papiere vor. Ein erheblicher Teil der Staatsverschuldung entfiel auch auf Auslandskredite. Deren primärer Zweck war allerdings nicht die Haushaltsdeckung, sondern die Beschaffung von Devisen. Insgesamt wurden durch Kreditoperationen von 1914 bis 1918 einschließlich 130 Mrd. Francs beschafft[29]. Davon entfielen 42 Prozent (55 Mrd. Francs) auf kurz- und mittelfristige Schatzanweisungen, 25 Prozent (32 Mrd. Francs) auf Auslandskredite, 19 Prozent (24 Mrd. Francs) auf Kriegsanleihen, 13 Prozent (17 Mrd. Francs) auf Notenbankkredite, 1 Prozent (1,3 Mrd. Francs) auf verschiedene Quellen, u. a. die Staatsanleihe vom Juli 1914.

Das beherrschende Problem der Währungs- und Finanzpolitik *Großbritanniens* in den letzten Julitagen und ersten Augusttagen war die internationale Liquiditätskrise, die durch die kriegsnahen Spannungen und die dann folgenden Kriegserklärungen entstanden war und die natürlich London als Finanzzentrum der Welt besonders betraf[30]. Die Voraussetzungen für die Kriegsfinanzierung wurden dabei gleichsam nebenher geschaffen. Am 1. August 1914 erbat und erhielt die Bank von Eng-

[29] Ebd., S. 139. – Die Verrechnung der Kreditaufnahme deckt sich zeitlich nicht exakt mit dem Haushaltsdefizit. Die Kreditaufnahme erscheint daher 1914–1918 kleiner, und 1919 größer als die Haushaltslücke.

[30] Vgl. Morgan, *Studies in British Financial Policy*. An älteren Darstellungen sind weiterhin lesenswert: F. W. Hirst und J. E. Allen, *British War Budgets*. Oxford UP 1926. J. Stamp, *Taxation during the War*. Oxford UP 1932.

land die in Krisenzeiten übliche Genehmigung, das durch das Bankgesetz von 1844 festgelegte Notenkontingent zu überschreiten. Die Bank von England erhielt dadurch größeren Spielraum für Stützungsaktionen und wurde gleichzeitig in die Lage versetzt, die Kriegsausgaben der Regierung vorzufinanzieren. Zusätzliche Mittel erhielt die Regierung durch Plazierung von Schatzwechseln am offenen Markt und durch Ausgabe von Staatspapiergeld (currency notes des Schatzamtes über 10 Shilling oder 1 Pfund). Im November 1914 wurde die erste Kriegsanleihe aufgelegt, um die kurzfristigen Schulden zu konsolidieren. Ebenfalls im November 1914 wurde das erste Kriegsbudget (zur Ergänzung des laufenden Budgets) vorgelegt, das verschiedene Steuererhöhungen vorsah. Lloyd George, der damals noch Schatzkanzler war, erklärte bei dieser Gelegenheit die Absicht der Regierung, wenigstens einen Teil der steigenden Staatsausgaben durch Steuern zu decken[31]. Sein Nachfolger McKenna formulierte dann bei der Vorlage des Budgets für 1916/17 den Grundsatz, daß die normalen, friedensmäßigen Ausgaben und außerdem Verzinsung, Verwaltung und regelmäßige Tilgung der Staatsschuld aus Steuern gedeckt werden sollten. Dieses Programm wird kritisiert als eines der seltsamsten finanzpolitischen Prinzipien, die jemals aufgestellt wurden[32], immerhin war es noch etwas anspruchsvoller als in den meisten anderen kriegführenden Staaten. Die Steuern wurden schrittweise in jedem Budget erhöht. Man verließ sich im wesentlichen auf drei Quellen: die *Einkommenssteuer*, die sich schon vor dem Krieg als ertragreich und ausbaufähig erwiesen hatte, die verschiedenen *indirekten Steuern*, und eine neugeschaffene *Kriegsgewinnsteuer*. 1. Der Standardsatz der Einkommensteuer wurde im Verlauf des Krieges schrittweise von 6,25 Prozent auf 30 Prozent erhöht. Zusammen mit der super tax (eine Art Steuerzuschlag für höhere Einkommen), ergab sich für hohe Einkommeen schließlich eine Steuerbelastung von etwa über 50 Prozent. 2. Als eine umwälzende Neuerung galt es, daß Schatzkanzler McKenna 1915 Zölle einführte und damit eine lange Tradition britischen Freihandels beendete. Die Zölle hatten eine doppelte Funktion: sie sollten einerseits Geld in die Staatskasse bringen, andererseits die Importe dämpfen und damit helfen, Devisen und Schiffsraum einzuspa-

[31] Vgl. D. Lloyd George, *War Memoirs*. 6 Bde., Nicholson & Watson, London 1933–36. Bd. 1, S. 117ff.

[32] Morgan, *Studies in British Financial Policy*.

ren. Im übrigen verließ man sich bei den indirekten Steuern auf die traditionellen Verbrauchssteuern. Die Steuern auf Alkohol, Tabak, Tee und Zucker wurden mehrfach erhöht, außerdem gab es neue Steuern auf Benzin, Mineralwasser, Streichhölzer und Apfelwein. 3. Als Vorläufer einer Kriegsgewinnsteuer wurde mit dem »*Munitions of War Act*« vom Juli 1915 eine Rüstungsabgabe für alle kontrollierten Betriebe eingeführt. Im September 1915 kam dann die allgemeine Kriegsgewinnsteuer für alle Betriebe. Sie war als Mehrgewinnsteuer konzipiert (excess profits duty), wobei als Standardgewinn nach Wahl des Unternehmers entweder der durchschnittliche Gewinn der letzten Vorkriegsjahre galt oder 6 bis 7 Prozent des investierten Kapitals, auf der Basis von 1914 zuzüglich Neuanlagen. Der Steuersatz betrug zuerst 50 Prozent und stieg bis Kriegsende auf 80 Prozent des Mehrgewinns. Die Rüstungsabgabe ging 1917 in der allgemeinen Kriegsgewinnsteuer auf. Trotz Einführung neuer und Erhöhung alter Steuern hielten die Einnahmen mit den Ausgaben nicht annähernd Schritt, das Defizit wurde bis zum Waffenstillstand immer größer. Insgesamt machten in den fünf Kriegsrechnungsjahren 1914/15 bis 1918/19 die Steuereinnahmen rund 28 Prozent der Staatsausgaben aus. Mehr hatten die Regierung, nach den Erklärungen von Lloyd George und McKenna, allerdings auch kaum erwartet.

Der Schwerpunkt der Geldabschöpfung lag bei der Anleihepolitik. Bis 1917 wurden insgesamt drei große Kriegsanleihen aufgelegt, danach mittelfristige Schuldverschreibungen. Die Anleihepolitik bot die übliche Mischung von kommerziellem Angebot und patriotischem Appell, wobei die britische Regierung mehr als andere Regierungen bestrebt war, ihre Staatsschuld kommerziell attraktiv zu gestalten. Schon die erste Kriegsanleihe vom November 1914 bot eine Rendite von 4 Prozent, während vor dem Krieg für Staatspapiere 3,25 Prozent Rendite üblich waren. Die Rendite stieg für die zweite Kriegsanleihe (Juni 1915) auf 4,5 Prozent und für die dritte Kriegsanleihe (Januar 1917) auf 5,3 Prozent. Die Staatsschuld verteuerte sich also beträchtlich, zumal die Gläubiger das Recht erhielten, ihre Kriegsanleihe jeweils in die neueste, günstigste Auflage einzutauschen (Konversionsrecht), wovon natürlich rege Gebrauch gemacht wurde. Das war ein völlig neuer Grundsatz der Schuldenpolitik, gerechtfertigt nur durch die propagandistische Überlegung, daß die Regierung einen möglichst hohen »eindrucksvollen« Zeichnungserfolg haben wollte. Aus dem gleichen Grund bot die Bank von England jeweils zu den Anleiheterminen großzügige Krediterleichterungen an. Insgesamt war daher der Abschöpfungseffekt längst nicht so groß, wie er hätte sein können und sollen.

Anfang 1916 wurde der Regierung die Anleihepolitik zu teuer. Zwar war der reale Zins unter Berücksichtigung der Geldentwertung im Kriege negativ, aber für die Zeit nach dem Krieg wurde allgemein ein niedrigeres Zinsniveau erwartet. Die Regierung ging daher zu mittelfristigen Schuldverschreibungen über (Laufzeit von drei bis fünf Jahren), die man nach Kriegsende günstig zu konsolidieren hoffte. Mittelfristige Papiere waren erstmals im Dezember 1915 ausgegeben worden, erzielten aber in Konkurrenz zu den Kriegsanleihen keinen Erfolg. Von Oktober an wurden dann die »National War Bonds« ausgegeben, die der Rendite der letzten Kriegsanleihe entsprachen und mangels anderer Anlageformen in großen Mengen am Markt untergebracht werden konnten. Einen großen Teil nahmen die Banken auf, die damit zu einer wesentlichen Stütze der Kriegsfinanzierung wurden. Von März 1914 bis März 1919 stieg die interne Staatsschuld um insgesamt 5,5 Mrd. Pfund auf 6,1 Mrd. Pfund; davon waren 23 Prozent (1,4 Mrd. Pfund) kurzfristig. Eine nicht-konsolidierte Schuld in dieser Höhe galt allgemein als alarmierend. Die Zinsbelastung betrug durchschnittlich 4,65 Prozent, gegenüber 3,25 Prozent vor dem Krieg, und im absoluten Betrag waren die Zinszahlungen mit 224 Mio. Pfund höher als ein ganzes Vorkriegsbudget.

In *Rußland* schuf die Regierung Ende Juli 1914 die monetären Voraussetzungen für die Kriegsfinanzierung[33]. Die Goldeinlösungspflicht der Staatsbank wurde suspendiert, der Export von Gold verboten, die Staatsbank ermächtigt, Schatzwechsel in unbegrenzter Höhe zu diskontieren. Ihr Notenkontingent wurde von 300 Mio. Rubel auf 1 500 Mio. Rubel erhöht. Weitere Erhöhungen folgten nach Bedarf; im März 1917 liefen 9,9 Mrd. Rubel Banknoten um.

Das russische Finanzwesen trug vor dem Krieg noch manche Züge des Ancien régime und war daher als Ausgangspunkt für die Kriegsfinanzierung denkbar ungeeignet. Im letzten Vorkriegsbudget brachte allein das staatliche Alkoholmonopol 26 Prozent der Einnahmen auf, die Staatsbahnen weitere 24 Pro-

[33] Vgl. Apostol, Bernatzky und Michelson, *Russian Public Finance*.

zent. Die verschiedenen direkten Steuern auf Handel und Industrie, städtischen Besitz und Landwirtschaft, deren Vereinigung zu einer allgemeinen Einkommensteuer zwar geplant, aber noch nicht durchgeführt war, erbrachten nur 8 Prozent der Einnahmen.

Als im August 1914 ein kaiserlicher Ukas eine offizielle Prohibition für die Kriegsdauer verhängte, verschwand zwar nicht der Alkoholkonsum, wohl aber die wichtigste Einnahmequelle des Staates, denn die illegalen Trinker entzogen sich naturgemäß der Besteuerung. Die allgemeine Desorganisation der Wirtschaft und der Rückgang des Außenhandels ließen auch andere wichtige Einnahmen zurückgehen, so daß die ordentlichen Einnahmen insgesamt 1914 um 15 Prozent und 1915 um 17 Prozent unter dem Stand von 1913 lagen. Um die Ausfälle zu kompensieren und wenigstens die parlamentarischen Haushalte auszugleichen, wurden die bestehenden Zölle, Verbrauchs- und Verkehrssteuern und verschiedenen direkten Steuern mehrfach erhöht. Dadurch, und mehr noch durch den inflationären Preisauftrieb, stiegen die Steuereinnahmen 1916 wenigstens nominal über das Vorkriegsniveau. Die wichtigsten Steuerreformen, zu denen die Zarenregierung sich noch entschloß, kamen für die Kriegsfinanzierung zu spät. 1916 wurden die allgemeine Einkommensteuer für Personen und Körperschaften, die schon 1907 in der Duma beschlossen worden war, und eine Kriegsgewinnsteuer eingeführt. Die Einkommensteuer war progressiv, mit einem Spitzensatz bis zu 12 Prozent. Entgegen der ursprünglichen Absicht blieben daneben die älteren, ständischen direkten Steuern weiter bestehen, weil die Finanzverwaltung auf diese eingefahrenen Steuerquellen zunächst nicht verzichten wollte. Die Kriegsgewinnsteuer sollte ebenfalls für Personen und Körperschaften gelten; sie sah für den Mehrgewinn einen relativ bescheidenen Steuersatz von 20 Prozent vor.

Ähnlich wie in Deutschland deckten in Rußland die Steuereinnahmen ungefähr die »normalen« Ausgaben, das heißt in diesem Fall den parlamentarischen ordentlichen und außerordentlichen Haushalt. Der Kriegsetat wurde durch Kreditaufnahme finanziert. Da in Rußland die Kriegsausgaben nicht die gleiche Höhe wie in anderen Ländern erreichten (hauptsächlich, weil Rußland vorzeitig aus dem Krieg ausschied), deckten die Steuern rein rechnerisch einen vergleichsweise hohen Teil der Staatsausgaben, nämlich rund 27 Prozent (ungefähr mit

Großbritannien vergleichbar). Diese Rechnung ist allerdings rein formal. Ein erheblicher Teil der ordentlichen Einnahmen bestand aus Zöllen auf Einfuhren, die fast nur Rüstungsgüter waren, und aus Erträgen der Eisenbahnen, die hauptsächlich staatliche Transporte durchführten. Der Staat zahlte aus der einen in die andere Tasche, d. h. aus dem Kriegsbudget in das ordentliche Budget. Dadurch besserte sich die *Relation* von Einnahmen zu Ausgaben, aber nicht der absolute Betrag der Abschöpfung.

Ein wesentlicher Nachteil der russischen Kriegsfinanzierung war, daß es nicht gelang, Staatspapiere in ausreichendem Umfang beim Publikum zu plazieren. Die erste Kriegsanleihe wurde im Oktober 1914 begeben, mit einer Rendite von 5,3 Prozent. Sie erbrachte effektiv 466 Mio. Rubel, und das war bei weitem zu wenig, um die bis dahin emittierten Schatzanweisungen zu konsolidieren. Es folgten noch sechs weitere Kriegsanleihen, die letzte wurde im März 1917 von der neuen bürgerlichen Regierung mit großem propagandistischen Aufwand als »Freiheitsanleihe« begeben; die Rendite stieg allmählich auf 5,9 Prozent. Insgesamt erbrachten die Kriegsanleihen 11,4 Mrd. Rubel, im absoluten Betrag eine beträchtliche Summe, aber wenig im Vergleich zur schnell wachsenden Staatsschuld.

Bei Ausbruch der Oktoberrevolution betrug die gesamte russische Staatsschuld 52,9 Mrd. Rubel, sie hatte damit seit dem Kriegsausbruch um 39,4 Mrd. Rubel zugenommen. Von diesen Zunahmen entfielen allein 35 Prozent (13,8 Mrd. Rubel) auf Notenbankkredite. 33 Prozent der Schuldenzunahmen (12,9 Mrd. Rubel) entfielen auf Kriegsanleihen und mittelfristige Schuldtitel, 13 Prozent (4,9 Mrd. Rubel) auf Schatzwechsel, die am offenen Markt plaziert waren, und 20 Prozent (7,8 Mrd. Rubel) auf Auslandskredite[34]. Der relativ geringe Erfolg der Schuldenpolitik läßt sich zum Teil damit erklären, daß das russische Bankwesen erst wenig entwickelt war, und zum Teil auch damit, daß die Bauern mindestens bis Ende 1916 erhebliche Bargeldhorte anlegten (statt Staatspapiere zu erwerben). Man schätzt, daß vielleicht die Hälfte des Notenumlaufs durch die bäuerlichen Horte absorbiert wurde. Anscheinend wurde erst der »Kerenski-Rubel« von der Bevölkerung zurückgewiesen[35].

[34] Ebd., S. 321ff.

[35] Vgl. M. Dobb, *Soviet Economic Development since 1917*. Rev. Edition, International Publishers, New York 1968, S. 71f.

In den *USA* begann die Kriegsfinanzpolitik schon vor dem Kriegseintritt. Die »bewaffnete Neutralität« ließ die Staatsausgaben ansteigen, und um die Einnahmen anzupassen, wurden im September 1916 verschiedene Steuererhöhungen eingeführt[36]. Die Kriegsausgaben wurden dann, wie es überall üblich war, ab April 1917 durch kurzfristige Schuldverschreibungen (»Treasury Certificates of Indebtness«) vorfinanziert. Von diesen Papieren wurden insgesamt für 22 Mrd. Dollar untergebracht, hauptsächlich bei den Banken, weniger beim Publikum.

Der Schwerpunkt der Steuerpolitik lag bei der Einkommensteuer, die 1916 16 Prozent der Einnahmen brachte, in den Kriegsbudgets 1917 bis 1920 59 Prozent. Insgesamt deckten von 1917 bis 1919 die Steuern 29 Prozent der Staatsausgaben. Die Finanzpolitik in den USA erscheint danach noch etwas erfolgreicher als in Großbritannien. Das lag freilich nicht etwa an einer ungewöhnlich harten Besteuerung, sondern war eher dem späten Kriegseintritt und dem rechtzeitigen Waffenstillstand zu verdanken.

Die Hauptlast der Abschöpfung lag auch in den USA bei den Kriegsanleihen. Die erste Kriegsanleihe wurde im Mai 1917 begeben (»Liberty Loan«). Es folgten vier weitere Kriegsanleihen, einschließlich des »Victory Loan« vom April 1919. Die Anleihen wurden zu marktüblichen Konditionen begeben. Die Rendite stieg allmählich von 3,5 Prozent auf 4,75 Prozent, war also, entsprechend dem insgesamt relativ niedrigen Zinsniveau in den USA, geringer als bei europäischen Kriegsanleihen. Die Unterbringung der Anleihen war infolge des gut funktionierenden Bankensystems und der allgemeinen Liquidität kein Problem. Insgesamt erbrachten die fünf Kriegsanleihen 21,4 Mrd. Dollar. Zur Mobilisierung der kleinen Ersparnisse wurden ab 1918 mittelfristige »War Savings Certificates« in kleiner Stückelung abgegeben. Sie erbrachten, nach Abzug der zurückgekauften Papiere, 0,8 Mrd. Dollar. Insgesamt nahm die amerikanische Staatsschuld von Juni 1916 bis Juni 1919 um 24,3 Mrd. Dollar zu. Davon wurden 75 Prozent (18,1 Mrd. Dollar) bei Geschäftsbanken untergebracht, 6 Prozent (1,6 Mrd. Dollar) wurden zurückgekauft, und nur 1 Prozent (175 Mio. Dollar) blieben als »schwebende Schuld« bei Federal Reserve Banks[37].

[36] Vgl. C. Gilbert, *American Financing of World War I*. Greenwood, Westport (Conn.) 1970.
[37] Ebd., S. 229.

In der Theorie und Praxis der Kriegsfinanzierung während des Ersten Weltkrieges stand der fiskalische Gesichtspunkt eindeutig im Vordergrund. Es ging ausschließlich darum, die steigenden Staatsausgaben einigermaßen zweckmäßig zu decken. Daß die Abschöpfung durch Steuern und Anleihen zugleich ein volkswirtschaftliches Lenkungsinstrument sein konnte, wurde nicht berücksichtigt und oft auch gar nicht gesehen.

Steuereinnahmen deckten überall nur den geringeren Teil der Kriegsausgaben, und gelegentlich gab der Staat allein an Transferzahlungen mehr aus, als er durch Steuern einnahm. In der Hauptsache wurden die Kriegsausgaben durch Kredite gedeckt. Man hat es häufig als seltsame Diskrepanz hervorgehoben, daß der Staat die Bevölkerung zum Wehrdienst zwang, dagegen Besitz und Einkommen nicht anzutasten wagte. Im Grunde lag das aber in der Logik des Systems, auch die Tatsache, daß die Staatsschulden im allgemeinen für den Gläubiger attraktiv ausgestattet wurden. Die realen Kriegslasten fielen im Zeitpunkt der Kriegshandlungen an; sie wurden entweder aus der laufenden Produktion bestritten oder durch Desinvestition (Verzehr von Vorräten, Abnutzung der Produktionsanlagen) oder durch Beiträge aus dem Ausland (Importüberschüsse). Die Kreditaufnahme verschob die realen Lasten also keineswegs in die Zukunft, obwohl man dies im Weltkrieg häufig annahm. Wohl aber wurde die interpersonale Lastenverteilung beeinflußt: Die finanziellen Kriegslasten trugen zunächst die Staatsgläubiger, die später von der Allgemeinheit der Steuerzahler entschädigt werden sollten. Nach Pigou bestand in dieser interpersonalen Lastenverteilung der eigentliche, psychologische Nutzen der Kriegsfinanzierung durch Anleihen: Die Masse der Steuerzahler merkte nicht, daß sie letztlich die Kriegslasten würde tragen müssen, erwartete oft auch, daß der Gegner verlieren und die gesamten Kosten tragen würde. Die gegenwärtigen Kriegslasten wurden daher von der Masse der Bevölkerung nicht in vollem Umfang erkannt[38]. Es läßt sich aber auch ein anderes Motiv für die Anleihefinanzierung vermuten. Im Weltkrieg fand tendenziell eine Polarisierung der Einkommensstruktur statt: auf der einen Seite Verarmung, auf der anderen Seite enorme Kriegsgewinne. Im

[38] Vgl. A. C. Pigou, *The Political Economy of War*. Rev. Edition, Macmillan, London 1940.

Krieg war eine ergiebige Steuerpolitik nur durch progressiven Zugriff auf Einkommen und Besitz möglich, wie schon die Beispiele Großbritannien und die USA zeigen; dagegen konnte man in späteren normalen Zeiten die Steuerlast durch Verbrauchs- und Verkehrssteuern breiter auf die Bevölkerung verteilen.

Ein besonderes Problem war die Überwälzung der Steuern. Unter den Bedingungen der Kriegsinflation war es nicht schwierig, gewisse Steuern zu überwälzen, so daß sich leicht ein Kreislauf ohne Ende ergab: Der Unternehmer holte sich die Steuern, die er heute zahlte, morgen über die Preise seiner Rüstungsprodukte vom Staat zurück. Bei vollständiger Steuerüberwälzung auf den Staat erschienen im Budget parallel zu den höheren Staatseinnahmen entsprechend höhere Ausgaben. Dieser Effekt war z. B. bei der Kohlensteuer in Deutschland, bei verschiedenen Zöllen und Verkehrssteuern in Rußland ganz deutlich. Obwohl bei einem solchen Verfahren effektiv keine Abschöpfung erreicht wurde, wurde die *Relation* von Einnahmen zu Ausgaben günstiger. Das Verhältnis von Steuereinnahmen zu Staatsausgaben ist also kein zuverlässiges Maß für die Effizienz der Steuerpolitik.

Durch die inflationäre Kriegsfinanzierung in Verbindung mit den zentralen Bewirtschaftungsmaßnahmen entstand in den kriegführenden Ländern ein erheblicher monetärer Überhang. Weil es nur beschränkte Konsum- und Investitionsmöglichkeiten gab, hielten die Unternehmen und Haushalte zwangsläufig höhere Bestände an Geld und geldnahen Forderungen, als sie eigentlich wollten. Dadurch bestand dauernd ein inflationärer Druck, dessen Intensität man im allgemeinen, da die Preise künstlich niedrig gehalten wurden, an der Zunahme des Notenumlaufs und der außerhalb der Notenbank plazierten kurzfristigen »schwebenden« Schuld mißt. Gegenüber dem Vorkriegsstand (Ende 1913) war der Notenumlauf bis Ende 1918 in Deutschland auf 1141 Prozent, in Frankreich auf 532 Prozent, in Italien auf 504 Prozent, in Großbritannien auf 1154 Prozent gestiegen[39]. Parallel zum steigenden Bargeldumlauf dehnten die Notenbanken und die Geschäftsbanken ihr Giralgeldangebot erheblich aus. Die inflationären Preissteigerungen waren den Regierungen sowohl im Hinblick auf die Stimmung der Bevölkerung als auch mit Rücksicht auf die

[39] Vgl. League of Nations (Hrsg.), *Memorandum on Currency and Central Banks, 1913–1924.* 2 Bde. Genf 1925. Bd. 1, S. 120ff.

staatlichen Einkäufe, die sich immer mehr verteuerten, äußerst unangenehm. In allen Staaten wurden daher im Verlauf des Krieges Preiskontrollen eingeführt, hauptsächlich für Lebensmittel, aber auch für andere Waren. Die Preiskontrollen änderten nichts am Kern des Inflationsprozesses, führten aber die »offene« Inflation in eine weniger sichtbare »zurückgestaute« Inflation über. Soweit die Preisindizes in den verschiedenen Ländern kontrollierte Preise enthielten, spiegelten sie den inflationären Druck fortan nicht mehr voll wider. Mit dieser Einschränkung sind die in einer Tabelle zusammengestellten Preisindizes für verschiedene Länder zu verstehen. Die Preise sind danach während des Krieges im großen Durchschnitt auf ungefähr das Doppelte gestiegen, in einigen Ländern bis auf das Vierfache.

Die Preisindizes zeigen den kombinierten Effekt von inflationärem Druck und staatlichen Bewirtschaftungsmaßnahmen. Cetris paribus wurde der Preisanstieg statistisch um so stärker gedämpft, je mehr kontrollierte Preise in den Index einbezogen wurden und je eher der Staat Preiskontrollen einführte; denn im allgemeinen fixierte der Staat die Preise jeweils auf dem Niveau, das sie zum Interventionszeitpunkt erreicht hatten. Wenn zum Beispiel die deutsche Preisentwicklung im Vergleich zu Großbritannien und den USA günstiger erscheint, als man nach der allgemeinen wirtschaftlichen Situation und der Währungs- und Finanzpolitik erwarten würde, so liegt das

Tabelle 22. Index der Großhandelspreise (1913 = 100).

	1914	1915	1916	1917	1918	1919
Deutschland	106	142	153	179	217	415
Frankreich	102	140	189	262	340	357
Großbritannien	100	127	160	206	227	242
Italien	96	133	201	299	409	364
Kanada	100	109	134	175	205	216
Indien	100	112	128	147	180	198
Japan	95	97	117	149	196	239
USA	98	101	127	177	194	206
Schweden	116	145	185	244	339	330

Quelle: Monthly Bulletin of Statistics of the League of Nations, zit. nach J. M. Keynes, *A Tract on Monetary Reform. (Collected Writings, Vol. 4.)* Macmillan, London 1971, S. 3.

an den umfassenderen und relativ früh eingeführten Preiskontrollen.

Bemerkenswert ist, daß die Geldentwertung weltweit alle Länder erfaßte. Dollar und Yen verloren etwa die Hälfte ihrer inneren Kaufkraft, die schwedische Krone sogar zwei Drittel, obwohl diese Währungen ihre Parität zum Gold ohne Mühe behielten; im Gegenteil, in Schweden sank der Goldpreis sogar tendenziell. Die Unterschiede in den Inflationsraten machten eine »angemessene« Neufestsetzung der internationalen Währungsparitäten nach dem Krieg ziemlich schwierig, zumal man wegen der Preiskontrollen die wirkliche Geldentwertung nicht mehr am Preisindex ablesen konnte. Die USA, Japan und eine Reihe von Neutralen blieben nach dem Krieg bei der alten Goldparität. Großbritannien schloß sich dem Goldblock nach einer mühsamen Deflationspolitik auf der Basis der Vorkriegsparität an. Auf dem europäischen Kontinent war die Kriegsinflation stärker, und die wirtschaftlichen und politischen Probleme der Nachkriegszeit brachten noch einen zusätzlichen Inflationsstoß, so daß die Währungen abgewertet wurden. Die Regierungen Belgiens, Frankreichs, Italiens, Portugals sowie mehrerer ost- und südosteuropäischer Staaten erleichterten sich die finanzielle Liquidierung durch eine mittlere Inflation und stabilisierten die Währungen schließlich auf Niveaus zwischen 25 Prozent (Italien) und rund 1 Prozent (Estland, Lettland) der Vorkriegsparität. In Deutschland, Österreich, Polen, Rußland und Ungarn gerieten die Währungen durch Hyper-Inflationen völlig außer Kontrolle. Dort ließ man als Voraussetzung der Stabilisierung die alten diskreditierten Währungen ganz fallen und führte neue Einheiten ein[40]. Aus heutiger Sicht ist klar, daß man bei den verschiedenen Stabilisierungen den jeweils »richtigen« Wechselkurs, der die seit 1913 eingetretenen Preisverschiebungen und sonstigen wirtschaftlichen Veränderungen angemessen berücksichtigte, nicht gefunden hatte. Die Anpassungsmechanismen, die eigentlich die Zahlungsbilanz eines Landes ins Gleichgewicht bringen sollten, waren damit überfordert; »Überbewertung« und »Unterbewertung« einzelner Währungen waren wichtige Faktoren der Instabilität im internationalen Währungssystem der zwanziger Jahre.

[40] Vgl. League of Nations (Hrsg.), *The Course and Control of Inflation. A Review of Monetary Experience in Europe after World War I*. Genf 1946.

7. Kapitel
Die Arbeiterbewegung zwischen Integration und Revolution

August 1914

Die Epochenbedeutung des Weltkrieges ergibt sich daraus, daß er die multilaterale kapitalistische Weltwirtschaft zerstörte, und daß er die Periode der »Systemkonkurrenz« von kapitalistischen und sozialistischen Volkswirtschaften einleitete. Die Russische Oktoberrevolution, der Sieg der revolutionären Arbeiterbewegung unter den Bedingungen des Weltkrieges, hat die Weltwirtschaft nachhaltig verändert. Von daher erhält die Geschichte der Arbeiterbewegung ihr besonderes Gewicht im Rahmen einer Geschichte der Weltwirtschaft.

Vor 1914 war es ein gängiges Konzept, daß die sozialen Klassen in den entwickelten Industrieländern wie getrennte Nationen nebeneinander und sogar gegeneinander lebten. Als der Krieg ausbrach, galt die Haltung der Arbeiterklasse als ungewiß[1]. Die Regierungen schwankten, ob sie die Arbeiterschaft mit massiver Unterdrückung in den Krieg zwingen sollten, oder ob die ideologischen Bindungen des Patriotismus und Nationalismus stark genug sein würden, die Arbeiterschaft und ihre Organisationen freiwillig in den Krieg zu führen. Sie hatten einigen Grund zum Zweifel, denn die Zweite Internationale hatte mehrfach die Pflicht der Arbeiter aller Länder bekräftigt, die internationale Solidarität der Arbeiterklasse gegen die Angriffe des Imperialismus und Nationalismus zu verteidigen. Als Antwort auf die zunehmenden Spannungen in Europa hatte letztlich noch der Außerordentliche Kongreß der Zweiten Internationale 1912 in Basel einmütig ein Manifest verabschiedet, das die Völker aufrief, mit allen ihnen zur Verfügung stehenden Mitteln gegen den Krieg zu kämpfen[2]. Im Juli 1914

[1] Die Literatur zur Zweiten Internationale ist beträchtlich; an Stelle einer längeren Liste sei auf die bekannte und ausgezeichnete kommentierte Bibliographie von Georges Haupt verwiesen: G. Haupt, *La Deuxième Internationale 1889–1914. Etude Critique des Sources. Essai Bibliographique.* Mouton, Paris/La Haye 1964. Eine leicht zugängliche Darstellung in deutscher Sprache ist J. Braunthal, *Geschichte der Internationale.* 2 Bde. Dietz, Hannover 1961–63. Speziell dem Problem Internationale und Krieg ist gewidmet; G. Haupt, *Der Kongreß fand nicht statt. Die Sozialistische Internationale 1914.* Europa-Verlag, Wien/Frankfurt/Zürich 1967. Einen kurzen Überblick gibt auch W. Abendroth, *Sozialgeschichte der europäischen Arbeiterbewegung.* Suhrkamp, Frankfurt a. M. 1965.

[2] Die entsprechenden Resolutionen der Internationale sind leicht zugänglich in der

riefen die Arbeiterorganisationen in Deutschland, Frankreich, Großbritannien, Italien, Österreich-Ungarn und Rußland zu Demonstrationen gegen den drohenden Krieg auf, und die Massen folgten ihnen. Aber als es zum Spruch kam, als die Regierungen den befürchteten Krieg tatsächlich erklärt hatten, brach die Opposition gegen den Krieg zusammen. Die Arbeiterparteien übernahmen die offizielle Version vom berechtigten »Verteidigungskrieg«, bewilligten die Kriegskredite, und anerkannte Führer der Arbeiterbewegung (Emile Vandervelde in Belgien, Jules Guesde und Marcel Sembat in Frankreich) traten in bürgerliche Kriegskabinette ein. Zwei Ausnahmen blieben bemerkenswert: Die gemeinsame sozialdemokratische Fraktion der Menschewiki und Bolschewiki in der Duma und die beiden sozialistischen Abgeordneten in der Skuptschina, dem serbischen Parlament, verweigerten die Zustimmung zu den Kriegskrediten.

Soweit sich solche Bewußtseinshaltungen heute überhaupt noch feststellen lassen, scheint es, daß die Führer der Arbeiterbewegung bei der Zustimmung zum Krieg in Übereinstimmung mit den Massen handelten. Es gab eine Opposition, aber sie war gegenüber der momentanen Kriegsbegeisterung und dem Verteidigungswahn nicht repräsentativ. Die Entscheidung vom August 1914 lenkt die Aufmerksamkeit darauf, daß es lange vor Kriegsausbruch trotz der Zunahme der sozialen Spannungen auch eine starke Tendenz zur Integration der Arbeiterschaft in die bürgerliche Gesellschaft und ihren Staat gegeben hat.

Die großen legalen Gewerkschaftsorganisationen hatten sich vor 1914 noch stärker als die Arbeiterparteien auf eine Politik schrittweiser Verbesserungen im bestehenden kapitalistischen System festgelegt. Wenn sie sich dabei, wie z. B. in Deutschland, von einem marxistisch-revolutionären Programm offiziell nicht lossagten, so geschah das in der Absicht, den ideologischen Zusammenhalt der Mitglieder zu stärken, aber es implizierte keine konkret revolutionären Aktionen. Die Entscheidung der Arbeiterparteien vom August 1914 legitimierte die

Dokumentensammlung O. H. Gankin und H. H. Fisher (Hrsg.), *The Bolsheviks and the World War. The Origin of the Third International.* Stanford UP 1940. Reprint 1960. – Das Baseler Manifest gilt als letzte und verbindliche Willensentscheidung der Internationale zum Krieg. Die Führung der Zweiten Internationale begann allerdings schon 1913, wie Georges Haupt neuerlich aufgezeigt hat, von diesem Dokument abzurücken. Für den Kongreß, der im August 1914 in Wien stattfinden sollte, war eine Revision in Aussicht genommen. Vgl. Haupt, *Der Kongreß fand nicht statt.*

Fortsetzung einer nicht-revolutionären Interessenpolitik auch im Krieg. Die Strategie der Gewerkschaften ging dahin, die wirtschaftlichen Belange ihrer Mitglieder zu wahren und eventuell – besonders in Deutschland – als Belohnung für die Kooperationsbereitschaft institutionelle Verbesserungen zu erreichen. Daß der offene Bruch mit den Regierungen vermieden wurde, hatte zunächst einen praktischen Grund: die Gewerkschaftsführer scheuten die Illegalität, die die zwangsläufige Folge eines nicht-kooperativen Verhaltens gewesen wäre. Darüber hinaus bleibt aber für den Historiker die unbequeme Tatsache, daß die Mehrzahl der Führer der Arbeiterbewegung in den Gewerkschaften und in den Parteien auch aus innerer Überzeugung dem Nationalismus letztlich doch stärker verpflichtet war als der internationalen proletarischen Solidarität.

Die Gewerkschaften im Krieg

Die *deutschen* Gewerkschaften hatten bei Kriegsausbruch 2,5 Millionen Mitglieder[3]. Trotz dieser eindrucksvollen Stärke war die offizielle Anerkennung durch Unternehmer und Staat für die Gewerkschaften noch ein unerreichtes Ziel. Teile des Handwerks, der kleinen und mittleren Industrie hatten sich unter dem Zwang der Verhältnisse zur Anerkennung der Gewerkschaften und zum Abschluß von Tarifverträgen bereitgefunden, aber in der Großindustrie herrschte der Herrenstandpunkt des Unternehmers ungebrochen. Die Regierungen des Reiches und der Bundesstaaten ebenso wie die Justiz sahen ihre Aufgabe durchaus darin, den »Besitzstand« der Unternehmer zu schützen. Zwar waren die Koalitionsverbote seit der Reichsgründung aufgehoben und die berüchtigte »Zuchthausvorlage« 1899 mit knapper Not vom Reichstag abgelehnt worden. Aber durch extensive Auslegung der Strafgesetze und durch behördliche Schikanen wurden Streiks und allgemeine gewerkschaftliche Aktivitäten kaum minder scharf verfolgt als zur Zeit des Sozialistengesetzes[4].

Der Kriegsausbruch setzte dieser scharfen Polarisierung von

[3] Die Zahl bezieht sich nur auf die Freien Gewerkschaften. Vgl. P. Umbreit, *Die deutschen Gewerkschaften im Kriege*. Deutsche Verlags-Anstalt, Stuttgart/Berlin/Leipzig 1928, S. 161. – Es gab damals rund 21 Mio. Lohnempfänger, davon 7,4 Mio. Industriearbeiter; nach W. Zimmermann, *Die Veränderungen der Einkommens- und Lebensverhältnisse der deutschen Arbeiter durch den Krieg*. Deutsche Verlags-Anstalt, Stuttgart/Berlin/Leipzig 1932, S. 285, 350.

[4] Vgl. Umbreit, *Die deutschen Gewerkschaften im Kriege*, S. 13f.

Gewerkschaften einerseits, Unternehmern und Staat andererseits, zumindest vorläufig ein Ende. Informelle Kontakte zwischen Regierung und Gewerkschaften hatten schon vor Kriegsausbruch ergeben, daß im Kriegsfalle die Gewerkschaften sich hinter die Regierung stellen würden, während umgekehrt die Regierung die Gewerkschaften tolerieren und nicht etwa, wie rechte Kreise es ursprünglich vorhatten, mit Gewalt ausschalten würde[5]. Am 2. August 1914 legten die Gewerkschaften sich auf einer Konferenz aller Verbandsvorstände endgültig auf die Unterstützung der Regierungspolitik fest. Von politischen Streiks, die vorher in der internationalen Arbeiterbewegung als Anti-Kriegs-Maßnahme diskutiert worden waren, war ohnehin keine Rede mehr, nunmehr verzichteten die Gewerkschaften ausdrücklich auch auf wirtschaftliche Streiks. Von der passiven Hinnahme der offiziellen Kriegspolitik gingen die Gewerkschaften alsbald zur aktiven Mitarbeit über. Auf der ideologischen Ebene propagierten sie die offizielle Version vom »Verteidigungskrieg« und konstruierten eine gefährliche Identität zwischen dem imperialistischen Krieg und den Gewerkschaftsinteressen. Diese Auffassung kam deutlich zum Ausdruck in einer Stellungnahme, die das Zentralorgan der Gewerkschaften im Dezember 1915 gegen den linken Flügel in der Sozialdemokratie veröffentlichte: »Die Politik des 4. August 1914 entspricht den vitalsten Gewerkschaftsinteressen. Sie sichert die Fernhaltung jeder feindlichen Invasion, sie schützt uns vor Zerstückelung des deutschen Gebietes und vor der Vernichtung blühender Wirtschaftszweige; sie schützt uns vor dem Schicksal eines unglücklichen Kriegsabschlusses, der uns auf Jahrzehnte hinaus mit Kriegsentschädigungen belasten würde. Diese Politik scheint uns sowohl die heimischen Industrie- und Rohstoffgebiete als auch die Zufuhr der für unsere Produktion benötigten Rohstoffe und die Ausfuhr und den Absatz unserer Erzeugnisse in andere Länder. Sie macht die

[5] Vgl. dazu ausführlich G. Feldman, *Army, Industry and Labor in Germany 1914–1918*. Princeton UP 1966, und auch Werner Richter, der vor allem die Kontinuität vom Weltkrieg zur Novemberrevolution betont: W. Richter, *Gewerkschaften, Monopolkapital und Staat im Ersten Weltkrieg und in der Novemberrevolution (1914–1919)*. Verlag Tribüne, Berlin 1959. – Bei allem Unterschied der Positionen stimmen doch Feldman einerseits und marxistische Historiker andererseits in konkreten Fragen oft bemerkenswert überein. Mit Bedacht wurde bei manchen Problemen, die früher vielleicht als Spezialität der marxistischen Geschichtsforschung gelten konnten, auf Feldman verwiesen. Von älteren Untersuchungen ist weiterhin nützlich Umbreit, *Die deutschen Gewerkschaften im Kriege*.

strategischen und wirtschaftlichen Niederwerfungspläne unserer Gegner zunichte und gewährleistet der deutschen Arbeit die freie Entwicklung und den freien Weltmarkt. Die Gewerkschaften müssen an dieser Politik des 4. August 1914 unter allen Umständen festhalten und können nicht eindringlich genug vor den Bestrebungen warnen, diese Politik der jetzigen Fraktion zu durchkreuzen.«[6]

Auf der praktischen Ebene entfalteten die Gewerkschaften eine breite Aktivität von mehr oder minder sozialpolitischem Charakter. Sie unterstützten die Arbeitslosen, wirkten bei der staatlichen Kriegsernährungspolitik mit, beteiligten sich an der im August 1914 eingerichteten Arbeitsvermittlung (»Reichszentrale der Arbeitsnachweise«), und förderten die Anwerbung von Frauen, Jugendlichen und ausländischen Arbeitern für die Rüstungsindustrie. Diese Maßnahmen kamen zwar auch einzelnen Arbeitern zugute, in erster Linie aber bedeuteten sie eine Stützung und Entlastung der staatlichen Kriegswirtschaftspolitik. Die Arbeitslosenunterstützung der Gewerkschaften z. B. ermöglichte es der Reichsregierung, die öffentliche Regelung dieses Problems trotz der zu Beginn des Krieges enorm hohen Arbeitslosigkeit hinauszuzögern. Erst auf Drängen der Gewerkschaften »empfahl« schließlich die Reichsregierung im Dezember 1914 den Gemeinden die Einrichtung einer Erwerbslosenfürsorge und stellte in Ausnahmefällen Reichsbeihilfen in Aussicht.

Die Gewerkschaften wollten sogenannte »Arbeitsgemeinschaften« einrichten, in denen Unternehmer und Arbeiter sozialpolitische Maßnahmen gemeinsam verabreden sollten, eventuell unter Beteiligung des Staates. Diese Arbeitsgemeinschaften sollten, gleichsam als Entgelt für die Burgfriedenspolitik, den Gewerkschaften endlich die lange erstrebte offizielle Anerkennung durch die Unternehmerseite bringen. Es ist aber charakteristisch für das trotz des Burgfriedens noch weithin reaktionäre Sozialklima, daß diese Arbeitsgemeinschaften zunächst nur in jenen Branchen realisiert werden konnten, in denen schon vor dem Krieg Tarifverträge bestanden, die aber außerhalb des industriellen Schwerpunktes der Wirtschaft standen: im grafischen Gewerbe, im Bau- und Holzgewerbe, bei den Malern, Brauern und Schneidern. Der Vorschlag der Gewerkschaften, eine »Zentrale Arbeitsgemeinschaft« auf nationaler

[6] Zit. nach Umbreit, *Die deutschen Gewerkschaften im Kriege*, S. 175.

Ebene zu bilden (1914/15), wurde von den Unternehmerverbänden abgelehnt. Die »Burgfriedenspolitik« war von Anfang an durchaus einseitig: Die Zustimmung zur Kriegspolitik und Kriegswirtschaftspolitik brachte den Gewerkschaften über die Wahrung ihrer formalen Legalität hinaus kaum Vorteile.

Die hohe Arbeitslosigkeit nach Kriegsausbruch trug neben dem Streikverzicht dazu bei, die Verhandlungsposition der Arbeiter in wirtschaftlicher und darüber hinaus auch in politischer Hinsicht zu schwächen. Das änderte sich mit dem Übergang zur Kriegskonjunktur. Im Juni 1915 ging die Arbeitslosigkeit im Reichsdurchschnitt erstmals wieder unter den Vorkriegsstand zurück[7]; in den Zentren der Rüstungsindustrie, zum Beispiel in Berlin, gab es schon einige Zeit vorher einen akuten Mangel an Facharbeitern. Unter diesen Bedingungen konnten qualifizierte Arbeiter auch ohne Arbeitskämpfe zumindest ihren Nominallohn verbessern, indem sie sich die Konkurrenz der Rüstungsfirmen zunutze machten. Die Unternehmer reagierten darauf in ihrer Mehrheit mit der Forderung, die »Burgfriedenspolitik« durch eine rechtliche Bindung der Arbeiter an den Arbeitsplatz zu ergänzen. Diese Forderung war aber auch in der Wirtschaft nicht unumstritten, einige Unternehmer erkannten, daß mit der Aufhebung der Freizügigkeit die Kooperationsbereitschaft der Gewerkschaften und vor allem der Arbeiter selbst überfordert würde.

Es besteht eine gewisse Parallelität, wenn auch nicht völlige Übereinstimmung, zwischen der »harten« und der »weichen« Richtung in der Sozialpolitik einerseits, der »extremen« und der »gemäßigten« Richtung in der Kriegszielpolitik andererseits, die insbesondere von marxistischen Historikern herausgearbeitet worden ist[8]. Beide Richtungen waren im zivilen und auch im militärischen Exekutivapparat vertreten. Der Generalstabschef von Falkenhayn z. B. machte sich für die Kommandierung der Arbeiter an den Arbeitsplatz stark, während die zuständigen Referenten des preußischen Kriegsministeriums (Sichler und Tiburtius im »Referat für Zurückstellungen Wehrpflichtiger« bei der Fabriken-Abteilung des Allgemeinen

[7] Vgl. F. Hesse, *Die deutsche Wirtschaftslage von 1914 bis 1923.* Fischer, Jena 1938, S. 478f.

[8] Vgl. W. Gutsche, *Erst Europa – und dann die Welt. Probleme der Kriegszielpolitik des deutschen Imperialismus im Ersten Weltkrieg.* In: Zeitschrift für Geschichtswissenschaft 12 (1964). Ferner J. Kuczynski, *Darstellung der Lage der Arbeiter in Deutschland von 1900 bis 1917/18.* Akademie-Verlag, Berlin 1967.

Kriegsdepartements) strikt dagegen waren; ihre Argumente seien ausführlich zitiert: »Die Arbeiter erfüllen gegenwärtig ihre Kriegspflicht auch daheim in der Berufsarbeit mit größter Bereitwilligkeit. Hierin werden sie durch ihre Gewerkschaften bestärkt und angetrieben. Ein militärischer oder gesetzlicher Zwang zur Arbeit würde auf diesen Willen und auf die Hilfsbereitschaft der Gewerkschaften lähmend und zerstörend wirken. Der Hinweis auf die glänzende Bewährung des militärisch-disziplinären Zwanges bei der Truppe verkennt den grundlegenden Unterschied zwischen dem Dienst der Landesverteidigung, in dem alle Glieder ohne persönliche Vorteile nur für das gemeine Wohl arbeiten, und dem kapitalistischen Arbeitsverhältnis, bei dem durch die Leistung des Arbeiters für den Unternehmer ein Kapitalzins entsteht. In dieses Verhältnis, das – ob mit Recht oder Unrecht, war im Kriege nicht zu entscheiden – infolge der geschichtlichen Entwicklung von den Arbeitern als ein Kampfzustand angesehen wird, in der Form einzugreifen, daß der eine Teil durch *behördliche Anordnung* zur Hergabe einer Leistung gezwungen wird, während der andere dafür von derselben Behörde höchste *Bezahlung* erhält, würde von der Arbeiterschaft und darüber hinaus von anderen Kreisen des Volkes als Parteinahme zugunsten des Unternehmers empfunden werden und das Vertrauen weiter für die Kriegsführung entscheidender Volksschichten für die Heeresverwaltung aufs Spiel setzen.«[9]

Ein erster Modellfall für die Zusammenarbeit zwischen Unternehmerverbänden und Gewerkschaften, der im Sinne der eben skizzierten Politik des preußischen Kriegsministeriums lag, war die Berliner Metallindustrie. Mit Zustimmung der Gewerkschaften wurde hier schon im Februar 1915 die Freizügigkeit der Arbeiter eingeschränkt. Ein Arbeiter, der den Betrieb wechseln wollte, mußte bei seinem bisherigen Arbeitgeber um eine Erlaubnis einkommen (»Abkehrschein«). Wurde der Abkehrschein verweigert, konnte er sich an einen paritätisch mit Vertretern des Unternehmerverbandes und des Metallarbeiterverbandes besetzten Schlichtungsausschuß wenden. In der Praxis entschied der Ausschuß meistens mit einem Kompromiß: der Arbeiter blieb im Betrieb, erhielt aber höheren Lohn. Die Unternehmer zeigten sich mit dieser Vereinbarung

[9] R. Sichler und J. Tiburtius, *Die Arbeiterfrage, eine Kernfrage des Weltkrieges.* Deutsche Verlags-AG, Berlin o. J., S. 13f.; Hervorhebungen im Original. Vgl. auch Feldman, *Army, Industry and Labor*, S. 75f.

durchaus zufrieden, da sie die lohnsteigernde Konkurrenz um Arbeitskräfte effektiv einschränkte. Auch Borsig, der zunächst für eine strikte Dienstpflicht der Arbeiter eingetreten war, lobte später die Zusammenarbeit mit den Gewerkschaften. Schwerer verständlich ist die Zustimmung der Gewerkschaften, die hier ein wesentliches Recht der Arbeiter aufgaben. Das Berliner Abkommen zeigt, wieviel ihnen die offizielle Anerkennung wert war.

Die Auseindersetzung über Dienstpflicht oder Freizügigkeit wiederholte sich Ende 1916 auf überregionaler und prinzipieller Ebene im Kampf um das »Gesetz über den Vaterländischen Hilfsdienst«. Mit der »Militärdiktatur« Hindenburg-Ludendorff begann eine Phase engster Zusammenarbeit zwischen Schwerindustrie und Oberster Heeresleitung. Sofort nach ihrem Amtsantritt im August 1916 legte die Oberste Heeresleitung das »Hindenburg-Programm« vor, das eine gewaltige Steigerung der Rüstungsproduktion vorsah, und einige Tage später wurde als wichtigste Voraussetzung für das Hindenburg-Programm eine Allgemeine Dienstpflicht für Männer und Frauen im Alter von 15 bis 60 Jahren gefordert. Beide Forderungen waren mit Vertretern der Industrie abgesprochen worden. Ohne Übertreibung kann man sagen, daß die Schwerindustrie in der neuen Obersten Heeresleitung einen mächtigen Garanten ihrer Interessen sah, und insofern hatte die »harte« Richtung in der offiziellen Sozialpolitik ihre Position gestärkt. Andererseits zeigte aber die Erfahrung, welche Bedeutung die Kooperation der Gewerkschaften in der Kriegswirtschaftspolitik hatte. Die Gewerkschaften arbeiteten nicht nur in zahllosen Einzelfragen mit, sie waren vor allem auch als einzige in der Lage, die Kriegspolitik gegenüber der zunehmenden Kriegsmüdigkeit der Massen abzuschirmen. Diese politischen Rücksichten bestimmten besonders die Reichsregierung, unter allen Umständen die Verbindung zu den Gewerkschaften und zur Sozialdemokratie aufrechtzuhalten. Im Grunde gab auch Ludendorff dieser Politik recht, wenn er verlangte, das geplante Dienstpflichtgesetz müsse im Reichstag breite Zustimmung erhalten; nur war er nicht bereit, die dazu erforderlichen politischen, wirtschaftlichen und sozialen Zugeständnisse zu machen. Die Gewerkschaften waren also in einer relativ günstigen Position, wenn sie von der Regierung Zugeständnisse verlangten, und auf politischer Ebene konnte die sozialdemokratische Reichstagsfraktion mit entsprechendem Nachdruck verhandeln.

Das »Gesetz über den vaterländischen Hilfsdienst« wurde am 2. Dezember 1916 mit den Stimmen der Mehrheits-Sozialdemokraten angenommen, nachdem die Gewerkschaftsführer schon vorher ihre Unterstützung zugesagt hatten. Das Gesetz verfügte einen Arbeitszwang für alle Männer von 17 bis 60 Jahren. Die Freizügigkeit war insofern aufgehoben, als der Arbeiter nur mit einem »Abkehrschein« des bisherigen Arbeitgebers den Betrieb wechseln durfte; die Aussicht auf höheren Lohn wurde aber im Gesetz ausdrücklich als ein legitimer Grund genannt, den Betrieb zu wechseln. Als Zugeständnis an die organisierte Arbeiterschaft führte das Gesetz für Betriebe mit mindestens fünfzig Arbeitern ständige »Arbeiterausschüsse« ein, die als direkte Vorläufer der späteren Betriebsräte gelten können. Ihre Aufgaben wurden wie folgt definiert: »Dem Arbeiterausschuß liegt ob, das gute Einvernehmen innerhalb der Arbeiterschaft und mit dem Arbeitgeber zu fördern. Er hat Anträge, Wünsche und Beschwerden der Arbeiterschaft, die sich auf die Betriebseinrichtungen, die Lohn- und sonstigen Arbeitsverhältnisse des Betriebs und seiner Wohlfahrtseinrichtungen beziehen, zur Kenntnis des Unternehmers zu bringen und sich darüber zu äußern.«[10]

Vor- und Nachteile des Hilfsdienstgesetzes für die Arbeiter und ihre Gewerkschaften werden bis heute kontrovers beurteilt. Die Gewerkschaften hatten ihr Ziel, die offizielle Anerkennung durch Unternehmer und Staat, endlich erreicht. Die neuen Schlichtungsausschüsse und Arbeiterausschüsse boten günstige Ansatzpunkte für die praktische Gewerkschaftsarbeit und für die Willensbildung der Arbeiter, zum Teil so weit, daß sie, dies nun wieder zum Ärger der Gewerkschaftsführung, Plattformen für revolutionäre Aktionen wurden. Betriebswechsel und Lohnforderungen wurden durch das Gesetz offiziell sanktioniert, auch für die von der Front beurlaubten Arbeiter. Diese Aspekte des Gesetzes waren immerhin so gewichtig, daß die Großindustrie und die Oberste Heeresleitung nach einiger Zeit erwogen, das Gesetz wieder abzuschaffen und zum Status quo ante zurückzukehren.

Andererseits mußten auch die Befürworter des Hilfsdienstgesetzes in den Gewerkschaften zugeben, daß es in erster Linie

[10] Gesetz über den vaterländischen Hilfsdienst, § 12, zit. nach Umbreit, *Die deutschen Gewerkschaften im Kriege*, S. 242f. – Das Gesetz ist auch abgedruckt in R. Armeson, *Total Warfare and Compulsory Labor*. Nijhoff, Den Haag 1964, S. 137–40, und in G. Feldman, *Army, Industry and Labor*, S. 535–41.

ein Zwangsgesetz war, und sie verteidigten ihre Kooperation nicht als Erfolg, sondern als das kleinere Übel im Vergleich zur offenen Militärdiktatur, die nach ihrer Auffassung sonst gekommen wäre. Vor allem aber hatten die Gewerkschaften durch ihre Zustimmung zum Hilfsdienstgesetz die Burgfriedenspolitik bekräftigt und sich öffentlich zum herrschenden System bekannt in einem Zeitpunkt, in dem sich der Widerstand der arbeitenden Bevölkerung gegen den Krieg bereits deutlich artikulierte. Die Zusammenarbeit zwischen Gewerkschaften, Unternehmern und Staat wurde noch dadurch bekräftigt, daß Alexander Schlicke, Vorsitzender des Metallarbeiter-Verbandes, nach der Annahme des Hilfsdienstgesetzes als Repräsentant der Gewerkschaften in das Kriegsamt eintrat. Vor die Alternative gestellt, die alte Ordnung zu verteidigen oder sich an die Spitze der revolutionären Bewegung zu stellen, entschied die Gewerkschaftsführung sich für das erste. Sie wahrte damit Legalität und Anerkennung für die Organisation; die Mitgliederzahlen der Gewerkschaften, die bis Ende 1916 stark gesunken waren, stiegen wieder an und lagen Ende 1918 über dem Vorkriegsstand. Aber es wurde die Chance versäumt, dieses Potential für eine demokratische Umgestaltung von Wirtschaft, Gesellschaft und Staat einzusetzen.

Die zunehmende Unzufriedenheit der arbeitenden Bevölkerung mit der Kriegspolitik schlug im Frühjahr 1917 in einigen Fällen in offenen Widerstand um. Die wesentlichen Ursachen dieser Entwicklung waren die zunehmende Verschlechterung der Lebensbedingungen und die allgemeine Unerträglichkeit des Krieges, der immer größere Opfer verlangte. Die Verschlechterung der Lebensbedingungen erreichte seit dem berüchtigten »Steckrübenwinter« 1916/17 extreme Ausmaße. Der politische Widerstand gegen den Krieg war schon von Anfang an dagewesen[11]. Die Linke gewann in Partei und Gewerkschaften an Boden, je länger der Krieg dauerte. Ein wichtiges Symptom für den Stimmungsumschwung an der Basis war die zunehmende Streikaktivität. Im August 1914 gab es überhaupt keine Streiks, 1915 streikten im Monatsdurchschnitt bereits tausend Arbeiter, 1916 zehntausend Arbeiter[12].

Das Jahr 1917 begann mit Lebensmittelunruhen in verschiedenen Städten und mit Streiks in der rheinisch-westfälischen

[11] Vgl. Carl E. Schorske, *German Social Democracy 1905–1917. The Development of the Great Schism*. Harvard UP Cambridge, Mass. 1955.

[12] Vgl. J. Kuczynski, *Darstellung der Lage der Arbeiter*, S. 249.

Rüstungsindustrie. Am 7. April 1917 versprach Wilhelm II. in seiner Osterbotschaft einigermaßen vage eine Reform des preußischen Wahlrechts für die Zeit nach dem Krieg, aber der politische Effekt dieses halbherzigen Versprechens wurde bei weitem überlagert durch die Ankündigung der Regierung vom 15. April 1917, die Brotration zu senken. Die Arbeiter antworteten mit demonstrativen Streiks in Berlin und Leipzig; und dabei blieb es nicht bei Ernährungsfragen. In Leipzig verlangten die Arbeiter neben besserer Versorgung mit Lebensmitteln und Kohlen einen Frieden ohne Annektionen, Aufhebung des Belagerungszustandes und des Hilfsdienstgesetzes, Presse- und Versammlungsfreiheit und schließlich allgemeines und gleiches Wahlrecht im ganzen Reichsgebiet. Der qualitative Unterschied zwischen wirtschaftlichem und politischem Streik war auch der anderen Seite, Staat und Unternehmern, durchaus klar. General Groener, der Leiter des Kriegsamtes, bekundete anfangs eine gewisse Sympathie für die wirtschaftlichen Forderungen der Arbeiter, die ihm nach dem entbehrungsreichen Winter verständlich waren, reagierte aber scharf, als der politische Charakter der Streiks offenbar wurde. Die von Groener geforderte Militarisierung der Rüstungsarbeiter ging dann jedoch nicht nur der Reichsregierung zu weit, sondern auch den Industriellen, die hier im konkreten Fall wirtschaftliche Nachteile fürchteten, auch wenn sie sonst einen »harten« Kurs forderten.

Die Kette demonstrativer Streiks riß fortan nicht mehr ab. Im Juni und Juli 1917 entstand eine große Streikwelle mit Schwerpunkten im Ruhrgebiet und in Oberschlesien. Im Januar 1918 streikten in Berlin 400000 Arbeiter für einen Frieden ohne Annektionen und Kontributionen, ähnliche Streiks brachen in Kiel, Hamburg, Halle und Magdeburg aus. Im Monatsdurchschnitt streikten 1917 rund 50000 Arbeiter, 1918 100000 Arbeiter[13]. Meist wurden die Streiks, zumindest die größeren, jeweils durch Einberufung von Arbeitern zur Front, durch Kriegsgerichte und durch Militarisierung der Arbeiter gewaltsam beendet, ohne daß es damit aber gelungen wäre, den politischen Widerstand zu unterdrücken. Der Matrosenaufstand im Sommer 1917 zeigte deutlich, daß auch die Streitkräfte von den sozialen Kämpfen nicht ausgenommen waren.

Die Spaltung der Nation in eine Kriegspartei und eine Frie-

[13] Ebd.

denspartei war seit den Aprilstreiks 1917 eine Realität, sie war nicht mehr rückgängig zu machen und immer weniger überbrückbar. Auf der einen Seite zeigte der Erfolg der im September 1917 von der Obersten Heeresleitung und der Schwerindustrie ins Leben gerufenen »Vaterlandspartei«, daß ein großer Teil der deutschen Bourgeoisie sich auch jetzt noch in eine Bewegung für Imperialismus und Militarismus organisieren ließ[14]. Auf der anderen Seite stand die Friedenssehnsucht der Massen, politisch geführt von den Unabhängigen Sozialdemokraten, die sich im April 1917 als eigene Partei konstituierten. Die Breite der Bewegung zeigte sich darin, daß mit der revolutionären Spartakus-Gruppe auch die früheren »Zentristen« und große Teile des Parteiapparates in die USPD überwechselten. Die kompromißlose Forderung nach Frieden war das einigende Band auch für jene, die das revolutionäre Programm der Linken nicht teilten. Renouvin reflektiert auf die inneren Spannungen, die ja in ähnlicher Form in allen kriegführenden Staaten auftraten, mit der Hypothese, daß die Regierungen den Krieg auch entgegen dem Friedenswillen großer Mehrheiten führen konnten, solange die sozialen Institutionen sich als stabil erwiesen[15]. In Deutschland war offenbar eine Grenze der Belastbarkeit erreicht. Wie man weiß, setzte sich die Spaltung der Nation über den Waffenstillstand hinaus fort. Die besiegten Imperialisten widersetzten sich der Einsicht in die Unausweichlichkeit ihrer militärischen Niederlage und nahmen statt dessen Zuflucht in einem verschärften Kampf gegen den Klassengegner.

In *Großbritannien* war die soziale Landschaft vor 1914 nach allgemeiner Auffassung friedlicher als in Deutschland. Der Schein trügt, wenn man damit meint, daß es keine Klassengegensätze und Klassenkämpfe gegeben hätte. Die Gewerkschaften hatten einen gewissen Anteil am Wirtschaftswachstum und ihre politischen Rechte nicht als Geschenk erhalten, sondern in zähen Auseinandersetzungen erworben[16]. Die »Verbürgerlichung« mancher Kreise der Arbeiterschaft ist nicht zu übersehen, andererseits gab es eine feste, wenn auch zahlenmäßig nicht sehr

[14] Vgl. Feldman, *Army, Industry and Labor*, S. 431.

[15] Vgl. R. Renouvin, *L'opinion publique et la guerre en 1917*. In: Revue d'Histoire Moderne et Contemporaire 15 (1968), S. 23.

[16] Vgl. E. Hobsbawm, *Trends in the British Labour Movement since 1850*. In: *Labouring Men. Studies in the History of Labour*. Basic Books, New York 1964, S. 328.

›edeutende »linke« Tradition. Richtig ist an dem Bild vom ozial friedlichen Großbritannien, daß die Klassenkämpfe pragnatischer geführt wurden und daß das ideologische Spektrum ingeengt war. Die Gewerkschaftsbewegung war überwiegend ›ffen reformistisch, ihr fehlte der marxistisch-revolutionäre chein, den die deutschen Gewerkschaften wegen ihrer Verindung mit der Sozialdemokratie teilweise noch aufrechterielten. Auf der anderen Seite gab es in den herrschenden Kreien nicht jenes ultrareaktionäre Scharfmachertum, wie in Deutschland bei der Großindustrie und bei den Junkern.

Nach Kriegsausbruch brachte die Gewerkschaftsführung die Massen ohne große Konflikte hinter die Regierungspolitik[17]. Die Gewerkschaften boten zusammen mit der Partei den bereits erwähnten wirtschaftlichen Waffenstillstand (industrial truce) an, unterstützten die Werbung für die Streitkräfte und kooperierten später mit Unternehmern und Staat in der wirtschaftlichen Mobilmachung. Trotzdem blieben Konflikte nicht us. Zur ersten großen Machtprobe zwischen Gewerkschaften inerseits, Unternehmern und Staat andererseits kam es in der Frage der »dilution«[18]. Das Problem wurde bereits im Zusammenhang mit der Kriegswirtschaftspolitik angesprochen; im Kern ging es darum, daß die Unternehmer die an die Front gegangenen Facharbeiter durch ungelernte Arbeiter, zum großen Teil auch Frauen, ersetzen wollten, bei gleichzeitiger Standardisierung und Mechanisierung des Produktionsprozesses. Diese Entwicklung war nicht auf Großbritannien beschränkt. Sie vollzog sich ebenso in Deutschland und Frankreich, ohne daß dabei größere Konflikte aufgetreten wären. In Großbritannien wurde ein erstrangiges Problem daraus, weil die Facharbeiter in der strikten Abgrenzung nach Beruf und Qualifikaion ein wesentliches Mittel sahen, ihren Status und ihr Einkommen gegen die dem kapitalistischen System immanenten wirtschaftlichen Risiken abzusichern. Da die Gewerkschaftsbewegung in der Hauptsache von den Facharbeiterverbänden getragen wurde, wurde die dilution zwangsläufig zu einem zentralen Punkt der Gewerkschaftspolitik. Später verbanden sich mit der dilution dann auch allgemeine Fragen der Mitbe-

[17] Vgl. S. J. Hurwitz, *State Intervention in Great Britain. A Study of Economic Control and Social Response, 1914–1919*. London 1949.

[18] Vgl. dazu G. D. H. Cole, *Trade Unionism and Munitions*. Clarendon Press, Oxford 1923. Ferner die offizielle Darstellung in: *History of the Ministry of Munitions*. 12 Bde. o. O., 1921–22.

stimmung und Arbeiterkontrolle, die nicht mehr allein di Facharbeiter angingen.

Nach längeren Auseinandersetzungen zwischen Unterneh mern und Arbeitern, in deren Verlauf es auch zu Streiks kam schlossen die Gewerkschaften Anfang März 1915 mit den Un ternehmern das »Shells and Fuses Agreement«. Darin stimm ten die Gewerkschaften der dilution zu, und die Unternehme versprachen, daß die Facharbeiter aus der Umstellung der Pro duktion keinen materiellen Schaden haben sollten, daß die Ver einbarungen nur für die Kriegsdauer gelten sollten, daß nac dem Krieg die alten Verhältnisse restauriert werden würden und insbesondere, daß die Gewerkschaften an der Durchfüh rung der dilution in den einzelnen Betrieben beteiligt werde sollten. Gemessen an den Ausgangsforderungen hatten di Gewerkschaften Zugeständnisse ohne nennenswerte Gegen leistungen der anderen Seite gemacht; aber ihre Verhandlungs position war von Anfang an schlecht, denn die Unternehme hatten mit der Forderung nach maximaler Steigerung der Rü stungsproduktion neben dem Staatsapparat auch die öffent liche Meinung hinter sich.

Das klassische Thema der Gewerkschaftspolitik, der Kamp um Lohn und Lebensstandard, gewann neben den Auseinan dersetzungen um die dilution bald wieder an Aktualität. Be Kriegsausbruch hatten die Gewerkschaften auf eine aktiv Lohnpolitik verzichtet, aus patriotischen Motiven und auch i der Erwartung, daß der Krieg und die damit verbundene Preissteigerungen von kurzer Dauer sein würden. Aber nach dem die Preissteigerungen sich allmählich als Dauererschei nung erwiesen, gingen die Arbeitnehmer zwangsläufig wiede zu einer aktiven Lohnpolitik über, um der anhaltenden Ver schlechterung ihres Lebensstandards entgegenzuwirken. E gab eine Reihe von Arbeitskämpfen, unter denen der Strei am Clyde überregionale Bedeutung erlangte[19]. Am Clyde, a der schottischen Westküste, ballten sich auf engem Raum Eisen- und Stahlindustrie, Maschinenbau, Schiffbau, Chemi sche Industrie, Textilfabriken und Bergbau. Glasgow, da Zentrum dieses Industriegebietes, war zugleich auch ein be deutender Hafen. Die neuen Rüstungsaufträge entfachten hie

[19] Vgl. zum Streik am Clyde neben den in den beiden vorstehenden Anmerkunge genannten Darstellungen J. Cunnison und W. R. Scott, *The Industries of the Clyd Valley During the War*. Clarendon Press, Oxford 1924; B. Pribicevic, *The Shop St wards' Movement and Worker's Control, 1910–1922*. Blackwell, Oxford 1959.

eine lebhafte Kriegskonjunktur, und zahlreiche Arbeitskräfte wanderten zu. Auf der Schattenseite brachte diese Kriegskonjunktur steigende Preise und Wohnungsnot mit sich. Die Arbeiter hatten kurz vor Kriegsausbruch Lohnforderungen erhoben, sie dann im Zuge des Arbeitsfriedens zurückgestellt, griffen sie aber ab Ende 1914 unter dem Druck der steigenden Lebenshaltungskosten wieder auf. Im Februar 1915 traten die Maschinenbauer, die wichtigste Gruppe der Rüstungsarbeiter, in einen Streik. Es war ein wilder Streik, von den Gewerkschaftsorganisationen mißbilligt, aber unterstützt von den meisten shop stewards, den gewerkschaftlichen Vertrauensleuten in den Betrieben. Das ad hoc geschaffene Streikkomitee aus Arbeitern und shop stewards löste sich nach Beendigung des Streiks nicht auf, sondern konstituierte sich als permanente Organisation unter dem Namen »Clyde Workers' Committee«. Der Lohnkonflikt erreichte damit in gewissem Sinne politische Qualität; das Clyde Workers' Committee beobachtete fortan die offiziellen Gewerkschaften nicht minder mißtrauisch wie die Politik der Regierung.

Die Regierung sah sich durch den Streit um die dilution und durch das Wiederaufleben der Arbeitskämpfe zur verstärkten Intervention veranlaßt. Im Februar 1915 wurde eine Kommission eingesetzt, die Empfehlungen für staatliche Maßnahmen ausarbeiten sollte. Weitgehend aufgrund der Empfehlungen dieser Kommission schlossen Gewerkschaften und Staat Ende März 1915 das »Treasury Agreement«. Dieses Abkommen bestätigte zunächst die Vereinbarungen, die Gewerkschaften und Unternehmer vorher untereinander ausgehandelt hatten, ging aber inhaltlich über das Shells and Fuses Agreement hinaus. Die Gewerkschaften verzichteten auf »restriktive« Praktiken jeder Art (darunter verstand man z. B. das sogenannte Bremsen beim Akkord), sie bekräftigten noch einmal ihren Verzicht auf Streiks als Kampfmaßnahme in kriegswichtigen Betrieben und stimmten der Zwangsschlichtung von Lohnkonflikten zu, entweder durch Regierungsstellen oder durch paritätische Ausschüsse. Auf Verlangen der größten Einzelgewerkschaft, der Amalgamated Society of Engineers, versprach die Regierung in einer Zusatzvereinbarung, daß die Unternehmergewinne kontrolliert werden würden. Die Vorteile, die aus der intensiveren Arbeit und der Preisgabe der traditionellen Arbeiterorganisation resultierten, sollten dem Staat und nicht dem einzelnen Unternehmer zugute kommen.

Die neue Koalitionsregierung, in der Lloyd George als Rü-stungsminister einer der führenden Männer war, betrieb un-verzüglich eine Ausdehnung und zugleich inhaltliche Verschär-fung der staatlichen Politik gegenüber der Arbeiterschaft. Di gesetzliche Grundlage dazu bot ihr der »Munitions of Wa Act«, der Anfang Juli 1915 nach kürzester Beratung verab-schiedet wurde. Er hatte, wie in anderem Zusammenhan schon erwähnt wurde, zwei Schwerpunkte, erstens schuf er di Einrichtung der »kontrollierten Betriebe«, in denen der Staa weitgehende Eingriffsrechte gegenüber den Arbeitern und for-mal auch gegenüber den Eigentümern erhielt. Zweitens ver-fügte er eine besondere Bindung der Arbeiter an den Arbeits-platz. Jeder Arbeiter, der in der Rüstungsindustrie beschäftig war und den Betrieb wechseln wollte, mußte dazu die Geneh-migung seines Arbeitgebers einholen. Wenn die Genehmigun ohne vernünftigen Grund verweigert wurde, gab es die Mög-lichkeit, an das Schiedsgericht zu appellieren. Umgangen wer-den konnte die Bestimmung nur dadurch, daß der Arbeiter vo dem Eingehen eines neuen Beschäftigungsverhältnisses ein Karenzzeit von sechs Wochen einhielt; aber diesen Lohnaus-fall konnten sich nur wenige Arbeiter leisten. Erschweren war, daß höherer Lohn und bessere Arbeitsbedingungen wede im Gesetz als hinreichender Grund für einen Arbeitsplatzwech-sel genannt wurden, noch in der Praxis der Schiedsgerichte al ein solcher anerkannt wurden. Die Bindung an den Arbeits-platz war also schärfer als z. B. nach dem deutschen Hilfs-dienstgesetz vom Dezember 1916. Das »leaving certificate wurde von den Gewerkschaften abgelehnt, ohne daß diese sic aber zu einem offenen Bruch mit der Regierung entschließe konnten.

Der Munitions of War Act war zunächst nur eine Absichts-erklärung, die Konflikte ergaben sich weniger bei der Verab-schiedung als vielmehr später bei der Durchführung. Di Zwangsschlichtung ließ sich faktisch nicht durchsetzen, wenn die Arbeiter Widerstand leisteten. Schon im Juli 1915 bot sich eine erste Probe aufs Exempel, als die Bergarbeiter in South Wales in einen Streik traten, der sich nicht nur gegen die Un-ternehmer richtete, sondern auch gegen die Regierung, deren Vermittlungsangebot die Bergleute ausschlugen. Angesicht der Unmöglichkeit, 200000 Bergarbeiter ins Gefängnis zu schicken, gab die Regierung nach und erfüllte die meisten For-derungen. Auch im späteren Verlauf des Krieges war die Regierung bestrebt, Lohnkonflikte in der Rüstungsindustrie durch nominale Zugeständnisse statt durch Konfrontation beizulegen.

Die dilution war bei der Masse der Arbeiter in den Rüstungsbetrieben höchst unpopulär, und schon die Abkommen, die die Gewerkschaften im März 1915 geschlossen hatten, standen auf schwachen Füßen. Die Bündelung verschiedener Maßnahmen im Munitions of War Act, von denen eine so unbeliebt wie die andere war, verlieh der Auseinandersetzung um die dilution allgemeineren Charakter, und bei der Durchführung ergaben sich aus der Forderung der Arbeiter nach einer Kontrolle der dilution ständig neue Konflikte. Die Bestimmungen über das leaving certificate schließlich wurden im Herbst 1915 auf das Drängen der Gewerkschaften hin gelockert. 1917 hob die Regierung in Anbetracht des zunehmenden Widerstandes der Arbeiter die Bindung an den Arbeitsplatz ganz auf.

Ein Konfliktsbereich, der etwas außerhalb des traditionellen Aktionsfeldes der Gewerkschaften lag, war die Wehrpflicht. Großbritannien war im August 1914 als einzige der Großmächte mit einem System freiwilliger Werbung in den Krieg eingetreten. Die Gewerkschaften unterstützten die offizielle Werbungskampagne als Teil ihrer Kooperationspolitik. Im übrigen ergaben sich keine Konflikte, solange die erste Asquith-Regierung und zunächst auch die neue Koalitionsregierung an der Freiwilligenarmee festhielten. Eine Änderung bahnte sich an, als der Zustrom von Freiwilligen nachließ. In der ersten Hälfte des Jahres 1915 meldeten sich zwar immer noch Woche um Woche durchschnittlich 20000 Männer zu den Streitkräften, aber die militärische Führung hielt 30000 und dann sogar 35000 Rekruten für erforderlich, um die Verluste zu ersetzen und die geplante Armeeausweitung zu realisieren. Unter dem Eindruck dieser Diskrepanz schwenkten einflußreiche Politiker, darunter auch Lloyd George, in das Lager der »compulsionists« ein. Faktisch wurde die Wehrpflicht schon durch die Erstellung eines »National Register« im Juli 1915 vorbereitet, obwohl dies Register zunächst nur einen Überblick über die arbeitsfähige und wehrfähige Bevölkerung nach Zahl und Qualifikation ergeben sollte. Ein Kabinettausschuß, der im August 1915 die nationalen Ressourcen an Menschen und Material prüfte, kam zu dem Schluß, daß das geplante 70-Divisionen-Heer auf freiwilliger Grundlage nicht zu realisieren sei. Der Ausschuß stellte die Alternative, entweder die militärischen

Pläne auf die Möglichkeiten der freiwilligen Werbung zu reduzieren oder die Wehrpflicht einzuführen. Um den jetzt noch zögernden »anti-compulsionists« entgegenzukommen, unternahm die Regierung im Oktober 1915 einen letzten Versuch, die Möglichkeiten der freiwilligen Werbung voll auszuschöpfen: das »Derby Scheme«, so benannt nach Lord Derby, der mit der Administration beauftragt wurde. Auf der Basis des National Register wurde jeder Mann von 18 bis 41 Jahren aufgefordert, sich zu melden. Die Meldung bedeutete nicht unmittelbare Einberufung, sondern Bereitstellung zum Wehrdienst. Die Armee würde die wehrfähigen Männer, soweit sie nicht in der Rüstungsindustrie unabkömmlich waren, jahrgangsweise einziehen, beginnend mit den jüngeren Jahrgängen, und grundsätzlich erst alle ledigen vor den verheirateten Männern. Das Derby Scheme war von patriotischen Appellen des Königs, der Regierung und auch der Gewerkschaften begleitet und war nicht ohne Erfolg: bis Mitte Dezember 1915 meldeten sich über zwei Millionen wehrfähige Männer. Aber wenn man das Ergebnis an der hohen Erwartung maß, daß jeder, der unter anderen Umständen von der Wehrpflicht betroffen wäre, sich freiwillig melden würde, dann war der Erfolg schon nicht mehr so eindrucksvoll: Von den 2,2 Millionen ledigen Männern vor allem, die als erste eingezogen werden sollten, meldeten sich vorsichtshalber nur 1,2 Millionen, etwas mehr als die Hälfte. Danach war der Weg für die »compulsionists« frei. Die Wehrpflicht für ledige Männer wurde im Januar 1916 beschlossen und trat im März in Kraft. Nachdem die Militärs weiterhin Bedarf anmeldeten, wurde die Wehrpflicht im Mai 1916 auf die verheirateten Männer ausgedehnt. Gegen das zweite Wehrpflichtgesetz stimmten nur 27 »Altliberale« unter Sir John Simons und zehn Abgeordnete vom linken Labour-Flügel.

Die Gewerkschaften hatten die allgemeine Wehrpflicht hingenommen, jedoch unter der stillschweigenden Voraussetzung, daß Facharbeiter in der Regel als unabkömmlich behandelt und nicht eingezogen werden würden. Das war zunächst auch die Intention der Regierung, die ja die Rüstungsproduktion nicht gefährden wollte. Aber im Herbst 1916, nachdem einerseits die Somme-Offensive enorme Verluste gebracht hatte und andererseits die Rüstungsproduktion gesicherter erschien, verschärfte die Regierung die Rekrutierung, und damit begann ein zäher Kleinkrieg zwischen Gewerkschaften und Militär um die Anerkennung dieses oder jenes Arbeiters als Facharbeiter. Im

November 1916 führte die unzulässige Einberufung eines Mechanikers aus Sheffield zu einem lokalen Streik, den die Gewerkschaften zum Anlaß nahmen, eine grundsätzliche Klärung zu fordern. Die Regierung lenkte ein und übertrug noch im gleichen Monat im sogenannten »Trade Card Scheme« den Gewerkschaften die Kompetenz, über die Qualifikation eines Facharbeiters und damit über seine Freistellung vom Wehrdienst zu entscheiden. Facharbeiter erhielten von ihren Gewerkschaften Bescheinigungen (trade cards), die die Freistellung vom Militär implizierten.

Das Trade Card Scheme hat den Regierungswechsel vom Dezember 1916 nicht lange überdauert. Im April 1917 kündigte die Regierung das Abkommen einseitig auf und forderte die den Gewerkschaften übertragenen Kompetenzen zurück. Angesichts der zunehmenden sozialen Spannungen, die im Mai 1917 in den Streiks in der Rüstungsindustrie zutage traten, schreckte die Regierung jedoch davor zurück, Facharbeiter auch tatsächlich einzuberufen; die Situation blieb in der Schwebe. Die deutsche Frühjahrsoffensive 1918 brachte dann eine Wende: Unter dem Druck des noch einmal mächtig aufkommenden Patriotismus gaben die Gewerkschaften nach, so daß die Regierung zur Abwehr dieser letzten Offensive auch Facharbeiter aus kriegswichtigen Industrien mobilisieren konnte[20].

Die Kooperationswilligkeit der Gewerkschaften fand ihre Grenze an der Frage der zivilen Dienstpflicht. Lloyd George erklärte im Juni 1915, der Staat müsse das Recht haben zu bestimmen, an welchem Platz an der Front oder in der Industrie er die Dienste eines Mannes zum allgemeinen Wohl in Anspruch nehmen müsse[21]. Das war, etwas verklausuliert, die Forderung nach einer zivilen Dienstpflicht. Aber aus Rücksicht auf die Gewerkschaften begnügte sich die Regierung zunächst damit, einen zivilen Arbeitsdienst auf freiwilliger Grundlage einzurichten, das »War Munitions Volunteers Scheme« vom Juni 1915. Dieses Programm war in der Praxis uninteressant, weil die »Rüstungsfreiwilligen«, die sich meldeten, zum größten Teil schon in kriegswichtigen Industrien tätig waren. Der »Munitions of War Act« vom Juli 1915 brachte zwar keine

[20] Vgl. P. Guinn, *British Strategy and Politics 1914 to 1918*. Oxford UP 1965, S. 280 ff.

[21] *The Times* vom 4. Juni 1915, zit. nach Hurwitz, *State Intervention in Great Britain*, S. 104. – Vgl. auch D. Lloyd George, *War Memoirs*. 6 Bde., Nicholson & Watson, London 1933–36. Bd. 3, S. 1350ff.

Dienstpflicht, dafür wurden aber die Rüstungsarbeiter durch Einführung des »leaving certificate« an die Betriebe gebunden, gegen den Willen der Gewerkschaften, die immer wieder die Aufhebung dieses Paragraphen verlangten. Ende 1916 kam die Dienstpflicht erneut ins Gespräch, das Kabinett Asquith faßte sogar im November 1916 formell den Beschluß, dem Parlament einen entsprechenden Gesetzentwurf vorzulegen[22]. Lloyd George schreckte dann abermals vor dem Widerstand der Gewerkschaften zurück und führte statt dessen einen etwas erweiterten freiwilligen Arbeitsdienst ein. Das neue »National Service Scheme« richtete sich an alle Männer von 18 bis 61 Jahren, später auch an Frauen, während bei dem älteren War Munitions Volunteer Scheme nur die Facharbeiter angesprochen worden waren. Insgesamt ließen sich 270000 Männer und Frauen nach dem National Service Scheme registrieren, aber wie bei dem älteren Programm, so waren auch jetzt die meisten Freiwilligen schon in kriegswichtigen Beschäftigungen. Zwischen den zunehmenden Ansprüchen der Militärs an das nationale Arbeitskräftepotential einerseits und der Kriegsmüdigkeit großer Teile der Arbeiterschaft andererseits blieb für freiwillige Anstrengungen nur wenig Raum. Ein letzter Versuch, eine Art allgemeiner Dienstpflicht einzuführen, wurde im Juni 1918 unternommen. Die Regierung forderte alle vom Militärdienst freigestellten Facharbeiter auf, sich unter dem seit Juni 1915 auf freiwilliger Basis bestehenden War Munitions Volunteers Scheme registrieren zu lassen, mit der Drohung, andernfalls die Freistellung aufzuheben. Faktisch wäre das freiwillige Programm dadurch zu einem allgemeinen Arbeitsdienst geworden, dem die Gewerkschaften sich von Anfang an strikt widersetzt hatten. Auch diesmal erhob sich so heftiger Widerstand, daß die Regierung ihr Projekt stillschweigend zurückzog.

Obwohl die Gewerkschaften die Interessen ihrer Mitglieder zu wahren suchten und für Unternehmer und Regierung durchaus keine einfachen Verhandlungspartner waren, wurde ihre Politik an der Basis mit zunehmendem Mißtrauen verfolgt. Wie in allen Ländern gab es dafür einen realen Grund. Der Krieg führte zu einer drastischen Verschlechterung der Lage der Arbeiter, und während den Arbeitern und ihren Organisationen im Interesse der nationalen Sache Beschränkungen

[22] Vgl. P. Guinn, *British Strategy and Politics 1914 to 1918.* Oxford UP 1965, S. 177.

auferlegt wurden, blieb die Kontrolle der Wirtschaft nur allzu deutlich in den Händen der Unternehmer, die sich ihre kriegswirtschaftliche Kooperation mit hohen Gewinnen entgelten ließen.

In dem freien Raum zwischen Basis und offiziellen Gewerkschaften etablierte sich eine spontane Arbeiterbewegung, die nach ihren hauptsächlichen Trägern und ihrem zentralen Programmpunkt als »Shop Stewards' Movement« oder »Workers' Committee Movement« bekannt wurde[23]. Die »shop stewards« waren vor dem Krieg die Vertrauensleute der Gewerkschaften in den Betrieben. Die britischen Gewerkschaften waren primär nach Berufen organisiert, entsprechend ihrem Ziel, eine beruflich differenzierte Tarifpolitik zu betreiben. In einem Betrieb waren in der Regel mehrere Gewerkschaften nebeneinander aktiv, und die shop stewards als Kontaktleute zwischen ihrer jeweiligen Organisation und den Arbeitern hatten die Aufgabe, Mitglieder zu werben, Beiträge zu kassieren und betriebliche Probleme an die lokale Gewerkschaftsführung weiterzuleiten. Diese an sich nicht sehr bedeutende Position wurde aufgewertet, als im Kriege neben der allgemeinen Tarifpolitik die innerbetrieblichen Probleme, z. B. Akkordfestsetzung, Umstellung auf Rüstungsproduktion, und vor allem die dilution, in den Vordergrund traten. Die shop stewards setzten sich mit diesen Problemen täglich auseinander und waren damit der gegebene Kristallisationskern für eine spontane Arbeiterbewegung.

Die Forderung nach Arbeiterräten und Arbeiterkontrolle, die bei der spontanen Arbeiterbewegung so große Bedeutung erlangte, läßt sich auf die Vorkriegszeit zurückverfolgen, und zwar nicht zufällig auf das bereits erwähnte Industriegebiet am Clyde. Der Clyde war eine traditionelle Hochburg des linken Flügels in der britischen Arbeiterbewegung. Dieser linke Flügel, vertreten vor allem durch die Socialist Labour Party, wollte die Arbeiter, ausgehend von der Produktion, nach Fabriken und Industriezweigen organisieren und forderte auf der Basis dieser Organisation eine soziale Demokratie, in der die Industrie direkt durch die Arbeiter kontrolliert würde. Das Programm ähnelte dem Syndikalismus, aber während dieser

[23] Vgl. W. Kendall, *The Revolutionary Movement in Britain 1900–1921*. Weidenfeld & Nicolson, London 1969; Pribicevic, *The Shop Stewards' Movement*. An älteren Darstellungen weiterhin nützlich: G. D. H. Cole, *Workshop Organization*. Clarendon Press, Oxford 1923; Cunnison und Scott, *The Industries of the Clyde Valley*.

in Großbritannien nie viele Anhänger hatte, gewannen das Prinzip der Fabrikorganisation und die Forderung nach Arbeiterkontrolle als »industrial unionism« Einfluß bei den Arbeitern und auch bei den unteren Funktionären der traditionellen Gewerkschaften, obwohl die Socialist Labour Party selbst klein blieb.

In den Verhandlungen mit den Unternehmern und mit der Regierung im Frühjahr 1915 waren den Gewerkschaften Mitspracherechte bei der Durchführung der dilution zugesichert worden. Um diese Mitspracherechte in die Realität umzusetzen, wurden im April und Mai 1915 in den Zentren der Rüstungsindustrie, wie Glasgow, Newcastle und Leeds, paritätische »Rüstungskomitees« (armament committees) eingerichtet. Die Arbeitervertreter in den Rüstungskomitees kümmerten sich nicht nur um die dilution und andere »Arbeiterfragen« im traditionellen Sinne, sondern entwickelten auch Pläne für eine Teilhabe der Arbeiter und ihrer Gewerkschaften am Management der staatlichen Rüstungsfabriken. Gewerkschaftler wie G. D. H. Cole sahen in den Rüstungskomitees zukunftsweisende Experimente für eine paritätische Kontrolle der Industrie, die die kapitalistischen Produktionsverhältnisse qualitativ verändern sollte. Diese Hoffnungen gründeten sich auf eine kurze Phase des Experimentierens, in der die Regierung den Status der Rüstungskomitees noch unbestimmt ließ, und in der Lloyd George in bezug auf die Kriegswirtschaftspolitik im allgemeinen von Kontrolle und Nationalisierung sprach. Aber die Vertreter der Unternehmer in den Rüstungskomitees widersetzten sich von Anfang an jedem Versuch, die Komitees am Management – sei es in der Privatindustrie, sei es der neuen staatlichen Rüstungsfabriken – zu beteiligen. Im Sommer 1915 wurden die Pläne dann ohnehin gegenstandslos, weil das neue Rüstungsministerium die regionalen Rüstungskomitees zugunsten seiner eigenen streng zentralisierten Organisation, die über das ganze Land ausgedehnt wurde, aufhob. Die Gewerkschaften, insbesondere die Amalgamated Society of Engineers, leisteten dabei wenig Widerstand. Der Gedanke an Arbeiterkontrolle in einem umfassenden Sinn lag ihnen einigermaßen fern; und daß die Rüstungskomitees die Chance bot, nicht nur auf die dilution, sondern auf die Rüstungsindustrie im allgemeinen Einfluß zu nehmen, erkannten sie erst, als es zu spät war.

Die Forderung nach Arbeiterkontrolle wurde daher in der Hauptsache nicht von den offiziellen Gewerkschaften getragen, sondern von spontanen Arbeiterkomitees, die auf die älteren Ansätze der Socialist Labour Party zurückgriffen. Das erste dieser Komitees entstand am Clyde, und zwar aus dem Streikkomitee, das im Februar 1915 den Streik der Maschinenbauer organisiert hatte. Das »Clyde Workers' Committee« hatte sich nach Beendigung des Streiks als permanente Organisation konstituiert, um sich der zahlreichen Probleme anzunehmen, die sich unmittelbar am Arbeitsplatz aus der Umstellung auf die Rüstungsproduktion ergaben. An erster Stelle stand dabei die Durchführung der dilution, mit der die Unternehmer, unter Berufung auf die verschiedenen Abkommen und auf den Munitions of War Act, im Sommer 1915 in großem Stil beginnen wollten. Das Clyde Workers' Committee akzeptierte nach einigem Zögern die dilution grundsätzlich; es verlangte aber gleichzeitig, daß der Staat die Rüstungsindustrie übernehmen und den Arbeitern volle Mitbestimmung über die Produktion einräumen sollte. Ein Besuch von Lloyd George am Clyde im Dezember 1915, der eigentlich die Wogen etwas glätten sollte, bewirkte nur eine Verhärtung der Fronten: Die Regierung lehnte die Mitbestimmung ab, und ohne Mitbestimmung lehnten die Arbeiter die dilution ab. In bezug auf den konkreten Fall der dilution war das Clyde Workers' Committee schließlich genauso erfolglos wie ein Jahr vorher die Gewerkschaften. Unter dem Druck der Unternehmer, des Staates und auch der öffentlichen Meinung, die das Aufhalten der dilution als Behinderung der Rüstungsproduktion angesichts der Nachrichten von der Front verurteilte, bröckelte der gemeinsame Widerstand ab. In mehreren Betrieben unterzeichneten die shop stewards Abkommen, die in etwa der Position der Gewerkschaften entsprachen. Die Arbeiter erhielten ein Mitspracherecht bei der Durchführung der dilution, aber keinerlei Mitbestimmung am Management der Betriebe. Ein erfolgloser Streik im März 1916 und die darauf folgende Deportation der führenden Mitglieder des Clyde Workers' Committee brachen den letzten Widerstand. Die Niederlage des Clyde Workers' Committee konnte im Grunde nicht überraschen. Die Forderung nach Arbeiterkontrolle bedeutete nichts weniger als eine grundsätzliche Revision der kapitalistischen Produktionsverhältnisse, und das war durch punktuellen Widerstand ebensowenig zu erreichen wie durch die gutgemeinten Pläne, die vorher von den Arbeitervertretern in den Rüstungskomitees entwickelt worden waren.

Trotz der Niederlage brachte die Auseinandersetzung am Clyde die Sache der Arbeiterkontrolle einen Schritt vorwärts. Die Forderungen der Clyde-Arbeiter wurden im Lande bekannt und wurden aufgenommen von einer Bewegung auf nationaler Ebene. Das Shop Stewards' Movement faßte in der Metallindustrie, dem wichtigsten Zweig der Rüstungsindustrie, und später auch im Bergbau Fuß; Sheffield wurde neben Glasgow ein zweites Zentrum des linken Flügels der Arbeiterbewegung. Aus der Niederlage am Clyde zog der linke Flügel die Konsequenz, sich auf eine langfristige Perspektive zu verlegen. Punktuelle Verhandlungen mit der Regierung über Arbeiterkontrolle wurden als unwirksam erkannt und abgelehnt. Als später (1917) die Regierung den Arbeitern in den sogenannten »Whitley Committees« eine stark reduzierte Form von Mitbestimmung anbot, wiesen die shop stewards dieses Angebot zurück. Statt dessen galten die Bemühungen dem Aufbau einer Organisation mit breiter Massenbasis, die letztlich das kapitalistische System überwinden sollte. Ab 1917 fanden regelmäßig Konferenzen auf nationaler Ebene statt.

Die Stärke des Shop Stewards' Movement war seine enge Verbindung zur Basis. Besser als die Gewerkschaften, die im übrigen durch ihr Kooperationsangebot an die Regierung gebunden waren, konnte es sich der zahlreichen Probleme am Arbeitsplatz widmen, konnte Arbeiterinteressen wie Lohn und Freistellung vom Wehrdienst konsequenter vertreten. Durch diese praktische Arbeit gewann die Forderung nach Arbeiterkontrolle unmittelbare Evidenz. Andererseits bestand eine latente Schwäche der Bewegung in der Diskrepanz zwischen den weitgesteckten Zielen und den konkreten gesellschaftlichen Verhältnissen. Unter dem Eindruck der Russischen Revolution setzte sich bei dem linken Flügel der Arbeiterbewegung mehr und mehr die Einsicht durch, daß Arbeiterkontrolle allein durch gewerkschaftliche Orientierung nicht zu erreichen sei, daß es vielmehr eines politischen Kampfes bedürfe. Die Führer des Shop Stewards' Movement näherten sich der neuen Kommunistischen Partei an, ohne allerdings eine formale Verbindung herzustellen. Auf diesem Wege versagte die Masse der Arbeiter ihnen aber die Gefolgschaft, zumal gleichzeitig viele kriegsbedingte Probleme wieder zurücktraten gegenüber der allgemeinen Tarifpolitik, die auch die Gewerkschaften wahrnahmen. Als selbständige Bewegung hat sich das Shop Stewards' Movement daher nicht behaupten können, aber seine

Forderungen gingen als Impulse in die britische Gewerkschaftsbewegung ein.

Lohnniveau und Lohndifferenzierung

Zu einer politischen Gegenmacht sind die Gewerkschaften nicht geworden; sie waren vielmehr die »Juniorpartner« der offiziellen Kriegswirtschaftspolitik. Auf eine eventuelle Rolle als politischer Entscheidungsfaktor waren die Gewerkschaften allerdings auch nicht vorbereitet. Die britischen Gewerkschaften waren offen »reformistisch«, und auch in Deutschland war die Diskussion um die Gewerkschaftsstrategie wenige Jahre vor dem Weltkrieg mit dem Ergebnis beendet worden, daß die Gewerkschaften sich auf wirtschaftliche und soziale Fragen beschränken und sich aus dem politischen Kampf heraushalten sollten. Der Krieg zeigte, daß eine solche Trennung künstlich war. Indem die Gewerkschaften den Krieg akzeptierten, setzten sie sich außerstande, die konkreten materiellen Interessen ihrer Mitglieder zu wahren. Trotz aller Bemühungen der Gewerkschaften, trotz gewisser institutioneller Errungenschaften im einzelnen, hat sich die Lage der Arbeiter insgesamt während des Krieges drastisch verschlechtert. Um das nachzuweisen, ist ein Exkurs über die Entwicklung von Lohnniveau und Lohndifferenzierung angebracht.

1. *Deutschland.* In den Jahrzehnten vor dem Weltkrieg stiegen die Reallöhne in Deutschland etwas an, die Arbeiterschaft hatte also einen gewissen Anteil am »imperialen Aufschwung« seit den neunziger Jahren[24]. Dieser langfristige Aufschwung war von mehr oder minder regelmäßigen Krisen unterbrochen, und 1913 war ein solches Krisenjahr. Das reale Wachstum des Nettosozialproduktes ging zurück, die Arbeitslosigkeit stieg auf knapp 3 Prozent[25]. Der Kriegsausbruch verschärfte die Krise. In den ersten Kriegstagen ließ die allgemeine Mobil-

[24] Vgl. G. Bry, *Wages in Germany 1871–1945*. Princeton UP 1960. Aus marxistischer Sicht: J. Kuczynski, *Darstellung der Lage der Arbeiter in Deutschland von 1900 bis 1917/18* (*Die Geschichte der Lage der Arbeiter unter dem Kapitalismus*, Bd. 4). Akademie-Verlag, Berlin 1967. Beide beruhen zum Teil, aber nicht ausschließlich auf W. Zimmermann, *Die Veränderungen der Einkommens- und Lebensverhältnisse*. Zur Vorgeschichte auch A. V. Desai, *Real Wages in Germany 1871–1913*. Clarendon Press, Oxford 1968.

[25] Vgl. W. G. Hoffmann, F. Grumbach und H. Hesse, *Das Wachstum der deutschen Wirtschaft seit der Mitte des 19. Jahrhunderts*. Springer, Berlin/Heidelberg/New York 1965, S. 828; Kuczynski, *Darstellung der Lage der Arbeiter*, S. 315.

machung kaum eine geregelte wirtschaftliche Aktivität zu, auch danach wurden die wirtschaftlichen Aussichten außerhalb der wenigen speziellen Rüstungsindustrien trübe beurteilt. Die Arbeitslosigkeit stieg auf über 20 Prozent[26]. Allein die rückläufige Beschäftigung bedeutete für zahlreiche Arbeitnehmer einen Verdienstausfall; hinzu kam, daß die Situation auf dem Arbeitsmarkt viele Betriebe veranlaßte, die Lohnsätze zu drücken. Besonders stark betroffen waren die Frauen: ihr durchschnittlicher Tagelohn lag im September 1914 um 15 Prozent unter dem Stand vom März 1914[27]. Aber auch für männliche Arbeiter war der Lohnrückgang in einzelnen Branchen beträchtlich[28]. Ungünstig wirkte sich auf die Löhne neben der hohen Arbeitslosigkeit offensichtlich auch der »Burgfriede« aus, der Verzicht der Gewerkschaften auf Arbeitskämpfe. Vom Januar bis Juli 1914 hatte es im Durchschnitt jeden Monat 170 Streiks gegeben, im August 1914 gab es gar keinen Streik, vom September bis Dezember 1914 gab es im Monatsdurchschnitt sechs Streiks. Der Regierung war mit Rücksicht auf den sozialen Frieden die Ausnutzung der Arbeitslosigkeit und des »Burgfriedens« zur Lohndrückerei unangenehm. Es gab eine allgemeine Anweisung, bei der Vergebung von Heeresaufträgen nur solche Firmen zu berücksichtigen, die nicht die Tariflöhne unterschritten; aber diese Anweisung war schon deshalb wenig wirksam, weil Tarife damals keineswegs allgemein üblich waren[29].

Die Lohnsenkungen zu Anfang des Krieges trafen die Arbeiterschaft besonders empfindlich, weil gleichzeitig die Lebenshaltungskosten spürbar stiegen. Sofort nach Kriegsausbruch gingen die Einzelhandelspreise sprunghaft in die Höhe, eine Sonderbewegung, die auf eine allgemeine Kaufpanik zurückgeführt wird. Die Bevölkerung drängte in die Geschäfte, um Vorräte an Lebensmitteln und anderen Waren des täglichen Bedarfs einzukaufen. Der Handel nutzte die Gunst der Stunde und forderte, was der Markt hergab. In Berlin, um nur ein Beispiel zu nennen, stieg binnen eines Tages der Preis für ein Pfund Weizenmehl von 25 Pfennig auf 40 Pfennig, der Preis

[26] Vgl. zur Beschäftigung F. Hesse, *Die deutsche Wirtschaftslage von 1914–1923*. Fischer, Jena 1938.

[27] Bry, *Wages in Germany*, S. 200.

[28] Vgl. die Branchenübersicht bei Kuczynski, *Darstellung der Lage*, S. 328.

[29] Ende 1913 waren Tarifverträge für 1,3 Mio. Arbeiter in Kraft. Vgl. P. Umbreit, *Die deutschen Gewerkschaften im Kriege*, S. 33.

für ein Pfund Salz von 11 Pfennig auf 60 Pfennig; das bei Stundenlöhnen (für Männer) zwischen 40 Pfennig und 80 Pfennig, je nach Qualifikation[30]. Diese Angstkäufe und ihre Ausnutzung im Preiswucher kamen für die Regierung nicht unerwartet. Unter den Kriegsgesetzen, die schon vor 1914 vorbereitet worden waren und am 4. August 1914 in Kraft gesetzt wurden, war auch ein Höchstpreisgesetz. Es ermächtigte die Kommunalverwaltungen und Landräte, während des Krieges »für Gegenstände des täglichen Bedarfs, insbesondere für Nahrungs- und Futtermittel aller Art sowie für rohe Naturerzeugnisse, Heiz- und Leuchtstoffe« Höchstpreise festzusetzen[31].

Die Höchstpreise, die die lokalen Behörden daraufhin erließen, brachten zusammen mit einem Nachlassen der Angstkäufe einige hochgetriebene Preise wieder auf einen erträglichen Stand zurück. Die dezentrale Höchstpreispolitik erwies sich aber als völlig unwirksam gegenüber der späteren Kriegsinflation, die zwar weniger spektakulär als der Preiswucher der ersten Kriegstage, dafür aber um so stetiger den Geldwert aushöhlte. Die Kriegsinflation beruhte nicht mehr auf einer vorübergehenden Knappheit, wie sie durch Vorratskäufe und Verteilungsschwierigkeiten hervorgerufen werden konnte, sondern auf einer fundamentalen Diskrepanz zwischen anhaltend hoher Nachfrage und sinkendem Angebot. Der Zusammenhang wurde bereits in dem Kapitel über die Kriegsfinanzierung erwähnt: Der Staat entzog der Wirtschaft Arbeitskräfte für die Armeen und Material aller Art für deren Ausrüstung, ohne die Nachfrage der Privaten durch eine konsequente Steuerpolitik von vornherein entsprechend zu reduzieren. Im Oktober 1914 wurden erstmals allgemeine Höchstpreise für Getreide verordnet, die nicht erst beim Einzelhandel, sondern schon beim Produzenten und beim Großhandel einsetzten, aber die Regierung hat die Höchstpreispolitik nur zögernd und langsam unter dem Druck der öffentlichen Meinung auf andere wichtige Waren ausgedehnt.

Unter dem Einfluß der Mobilisierung und der Rüstungskonjunktur ging ab Anfang 1915 die Arbeitslosigkeit deutlich zurück, im April 1915 war sie im Durchschnitt der Industrie wieder auf dem Vorkriegsstand. Die kriegswichtigen Indu-

30 Preise nach A. Skalweit, *Die deutsche Kriegsernährungswirtschaft*. Deutsche Verlags-Anstalt, Berlin/Leipzig/Stuttgart 1927. Löhne nach Kuczynski, *Darstellung der Lage der Arbeiter*, S. 371.

31 Vgl. Skalweit, *Kriegsernährungswirtschaft*, S. 116.

strien und die Landwirtschaft klagten bereits über Mangel an Arbeitskräften, die fortan verbleibende Arbeitslosigkeit war bedingt durch Mobilitätshindernisse verschiedener Art. Bei steigenden Ansprüchen an die Rüstungsindustrie einerseits, zunehmenden Einberufungen zum Militär andererseits wurde der Mangel an Arbeitern zum entscheidenden Engpaß der Kriegswirtschaft. Die Vollbeschäftigung ließ die Nominallöhne wieder ansteigen, und vermutlich hat auch das Wiederaufleben der Arbeitskämpfe 1915 und 1916 dem Anstieg der Löhne nachgeholfen. Aber die Nominallöhne hielten weder im Niveau noch auch nur in den Zuwachsraten mit dem Anstieg der Lebenshaltungskosten Schritt, so daß die reale Lage der Arbeiterschaft sich von Jahr zu Jahr merklich verschlechterte.

Eine dritte Phase der Lohnentwicklung begann mit dem oben bereits erwähnten »Hindenburg-Programm« und dem »Gesetz über den Vaterländischen Hilfsdienst«. Die totale wirtschaftliche Mobilisierung hat die Kriegsinflation noch einmal kräftig beschleunigt. Die Regierung pumpte mehr Geld als jemals vorher in den Rüstungssektor. Dieser Inflationsstoß übertrug sich auf die zivile Nachfrage, während gleichzeitig die zivile Produktion rücksichtslos zugunsten der Kriegführung zurückgedrängt wurde. Es ist also richtig, daß Preise *und* Löhne stiegen; im Gegensatz zu den Erwartungen mancher Unternehmer hat das »Hilfsdienstgesetz« die Löhne nicht reduziert. Es hat sogar, indem es die materielle Verbesserung als hinreichenden Grund für einen Arbeitsplatzwechsel anerkannte, Lohnerhöhungen offiziell legitimiert. Aber die Löhne blieben nach wie vor hinter der Teuerung zurück. Erst im letzten Kriegsjahr 1918 stiegen Löhne und Lebenshaltungskosten in gleichem Tempo, weil sich im Preisindex nunmehr die staatliche Preiskontrolle stärker niederschlug.

Inzwischen war aber der Index der Lebenshaltungskosten längst kein zuverlässiges Maß für den wirklichen Geldwert mehr. Weite Kreise der Bevölkerung waren darauf angewiesen, ihre Versorgung auf dem »Schwarzen Markt« zu ergänzen, soweit ihre Mittel es nur zuließen. Während offiziell die Lebenshaltungskosten 1918 um 200 Prozent über dem Vorkriegsstand lagen, waren einzelne Schwarzmarktpreise nach gelegentlichen Notizen der Behörden um 300 bis 700 Prozent gestiegen. Im September 1918 verdienten Männer durchschnittlich 10,26 Mark am Tag, gegenüber 4,84 Mark im März

1914; Frauen verdienten im September 1918 durchschnittlich 5,41 Mark am Tag, gegenüber 2,27 Mark im März 1914[32]. Aber nach einem Bericht des Berliner Polizeipräsidenten vom Oktober 1918 kosteten auf dem schwarzen Markt ein Pfund Butter 24 Mark, ein Ei 1,50 Mark[33]. Neben der Unvollständigkeit des offiziellen Preisindexes, der die Schwarzmarktpreise naheliegenderweise ausschloß, ist die Qualitätsverschlechterung aller Verbrauchsgüter zu berücksichtigen; Lebensmittel, Textilien, Schuhe erschienen dem normalen Verbraucher nunmehr als »Ersatz« in irgendeiner Form. Der Krieg hatte eine ungeheure Verarmung über die Bevölkerung gebracht, die nur vordergründig vom Schleier einer fieberhaften Aktivität in der Rüstungsindustrie und einer inflationären »Kriegskonjunktur« verdeckt wurde. Es gab allerdings Unterschiede im Grad der Verelendung, Unterschiede zwischen Rüstungssektor und zivilem Sektor, zwischen Männern und Frauen, zwischen gelernten und ungelernten Arbeitern.

Die branchenmäßige Differenzierung der Löhne ist nicht überraschend. Alle Industrien, die für die Rüstung wichtig waren, wurden mit Aufträgen überschüttet. Die Unternehmer versuchten, mit hohen Löhnen Arbeiter von der Konkurrenz abzuwerben und Arbeiter aus anderen Sektoren in die Rüstungsfabriken zu ziehen. Die Löhne konnten auf den staatlichen Auftraggeber überwälzt werden. Nach dem Hindenburg-Programm gingen die Beschaffungsstellen dazu über, nicht mehr feste Preise auszuhandeln, sondern Kosten plus einer prozentualen Gewinnspanne zu vergüten; jede Lohnerhöhung war danach geradezu von Vorteil für den Unternehmer, denn sie steigerte automatisch seinen Gewinn. Daß damit ein explosiver Mechanismus ausgelöst wurde, war den staatlichen Stellen schon klar; aber eine staatliche Lohnkontrolle ließ sich nicht durchsetzen, solange die Unternehmer sich nicht zu einer Kontrolle der Profite verstehen wollten. Auf der anderen Seite waren die nicht kriegswichtigen Industrien aus Mangel an Rohstoffen und anderem Material zu Produktionseinschränkungen gezwungen und daher teilweise mit Arbeitskräften überbesetzt. Lohnerhöhungen waren deshalb vergleichs-

[32] Durchschnitt aus zwölf Industriezweigen, ohne Rücksicht auf die unterschiedlichen Arbeiterzahlen. Vgl. Zimmermann, *Die Veränderungen der Einkommens- und Lebensverhältnisse*, S. 367f. – Der Zuwachs war nach diesen Zahlen für Männer 112 Prozent, für Frauen 138 Prozent.

[33] Vgl. Kuczynski, *Darstellung der Lage der Arbeiter*, S. 357.

weise schwer durchzusetzen, und die Nominallöhne blieben weit hinter der Geldentwertung zurück. Nach Erhebungen des Statistischen Reichsamtes stiegen von 1914 bis 1918 die Nominallöhne für Männer in kriegswichtigen Industrien (Metall, Maschinenbau, Chemie, Elektro) um 142 Prozent, in zivilen Industrien (Lebensmittel, Textil, Bekleidung, Druck) um 68 Prozent. Durch die Rüstungskonjunktur vergrößerte sich die Spannweite der Lohnhierarchie, und ein Teil der alten »Arbeiteraristokratie« wurde entthront. An der Spitze der Lohnhierarchie standen 1914 die Drucker mit durchschnittlich 6,50 Mark Tagesverdienst, 1918 die Elektroarbeiter mit 13,46 Mark Tagesverdienst. Am unteren Ende blieben die Textilarbeiter mit 3,64 Mark Tagesverdienst 1914, 6,47 Mark 1918. Während auf die Spezialisten in den Rüstungsfabriken ein matter Abglanz der Kriegsprofite fiel, der sie in den Stand setzte, auf dem schwarzen Markt einzukaufen, verdienten die Lausitzer Weber 26 bis 33 Mark in der Woche, und es ist schwer vorzustellen, wie sie davon leben konnten. Die Rüstungsarbeiter wurden nicht ohne Neid betrachtet, besonders der depossedierte Mittelstand der Angestellten und Beamten bedachte sie mit dem Vorwurf, »Kriegsgewinnler« zu sein. Andererseits aber trafen Teuerung und Wohnungsnot die Arbeiter in den Ballungszentren der Rüstungsindustrie besonders schwer, so daß es auch dort kaum zu einer realen Verbesserung der Lebenshaltung gekommen sein dürfte.

Die traditionellen Statusdifferenzen, die zwischen Gelernten und Ungelernten, Erwachsenen und Jugendlichen, Männern und Frauen bestanden, nahmen im Krieg tedenziell ab. Die zum Militär einberufenen Facharbeiter wurden durch angelernte Arbeiter und speziell durch Jugendliche und Frauen ersetzt. Hinter den Veränderungen in der Zusammensetzung der Arbeiterschaft stand eine Umstruktuierung der Produktionsprozesse. Durch zunehmende Standardisierung und Mechanisierung wurde die Fabrikarbeit immer mehr aufgespalten in einfache (und entsprechend monotone) Verrichtungen einerseits, qualifizierte Arbeitsvorbereitung, Überwachung und Reparatur andererseits. Minder qualifizierte Arbeiter, besonders Jugendliche und Frauen, waren dadurch nicht mehr auf Hilfsarbeiten beschränkt, sondern übernahmen als Angelernte in der Serienfertigung einen großen Teil der Produktion. Damit war eine relative Verbesserung der Verdienstchancen verbunden. Nach einer Erhebung über sechs rheinische Munitions-

und Sprengstoffabriken verdienten dort 1918 angelernte Arbeiter durchschnittlich 19 Mark am Tag, Facharbeiter nur 12 Mark. Zur Erklärung wurde angemerkt, daß die Produktion hauptsächlich von angelernten Chemiearbeitern getragen wurde, die die relativ hohen Tagesverdienste durch Akkordarbeit und Gefahrenzulagen erreichten, während die Facharbeiter meist mit handwerklichen Tätigkeiten beschäftigt waren und im Zeitlohn standen. Es gab aber auch Ausnahmen vom Trend, wenn es sich bei den Facharbeitern um hochqualifizierte, gesuchte Spezialisten handelte. Bei Krupp z. B. stiegen die Löhne der Facharbeiter schneller als die Löhne der Hilfsarbeiter[34]. Nach einer Erhebung über die bayerische Industrie hat sich die Lohndifferenz zwischen Gelernten und Ungelernten in den zivilen Industrien verringert, in den Kriegsindustrien vergrößert[35].

Die Lohndifferenz zwischen Männern und Frauen ging durchwegs zurück. Im Verlauf des Krieges stiegen die durchschnittlichen Tagesverdienste für Frauen um 138 Prozent (von 2,27 Mark auf 5,41 Mark), für Männer um 112 Prozent (von 4,84 Mark auf 10,26 Mark). In der Hauptsache stiegen die durchschnittlichen Tagesverdienste der Frauen deshalb stärker an, weil wegen des Arbeitskräftemangels Frauen in Branchen mit höherem Lohnniveau (Metallverarbeitung) kamen, während sie vor dem Krieg typischerweise in Branchen mit schlechtem Lohnniveau (Textil, Bekleidung) beschäftigt waren. Aber die soziale Diskriminierung wurde keineswegs abgebaut. Nach wie vor verdienten Frauen im Durchschnitt nur etwa halb so viel wie Männer. Sie kamen weder aus dem Status der unqualifizierten und entsprechend unsicher gestellten Arbeitskraft heraus, noch erhielten sie gleichen Lohn für gleiche Arbeit. In Relation zum Lohn männlicher Arbeiter verdienten Frauen im März 1914 in der Metallindustrie 37 Prozent, in der Chemischen Industrie 46 Prozent, in der Textilindustrie 63 Prozent; im September 1918 in der Metallindustrie 51 Prozent, in der Chemischen Industrie 55 Prozent, in der Textilindustrie 66 Prozent.

Durch die Kriegsinflation sahen auch Angestellte und Staatsbeamte ähnlich wie die Arbeiterschaft ihre materielle Lage drastisch verschlechtert. Nach Berechnungen des Statistischen Reichsamtes sank im Verlauf des Krieges das Realein-

[34] Vgl. Zimmermann, *Die Veränderungen der Einkommens- und Lebensverhältnisse*, S. 382, 392.

[35] Vgl. Bry, *Wages in Germany*, S. 204.

kommen bei den unteren Beamten auf 70 Prozent, bei den mittleren Beamten auf 55 Prozent, bei den höheren Beamten auf 47 Prozent des Vorkriegsstandes[36]. Die unterschiedlichen Prozentsätze ergaben sich daraus, daß gewisse Teuerungszuschläge in gleichen absoluten Beträgen gezahlt wurden in der Erwägung, daß die oberen Beamten der Not nicht so sehr ausgesetzt waren wie die kleinen Beamten am unteren Ende der Gehaltsskala. Die Gehälter der Angestellten blieben ebenfalls hinter der Geldentwertung beträchtlich zurück, wobei wiederum die Lage der kaufmännischen Angestellten schlechter war als die der technischen Angestellten. Traditionelles Wohlverhalten gegenüber Unternehmern und Staat führte dazu, daß Angestellte und Beamte sich schlechter behaupten konnten als manche Arbeiter, die als Spezialisten in der Rüstungsindustrie gesucht waren. Objektiv gerieten viele Angestellte und Beamte ihrer materiellen Lage nach in die Nähe des Proletariats, während sich ihr Prestigeanspruch gerade auf größtmögliche Distanzierung zu den unteren Klassen gründete. Das Bewußtsein der »Deklassierung« verhinderte eine Solidarisierung, der Zorn des depossedierten Mittelstandes richtete sich weniger gegen den Krieg und seine Urheber, als z. B. gegen die Rüstungsarbeiter, die aufgrund ihrer Qualifikation und ihrer Kampfbereitschaft ihren Reallohn etwas besser behaupten konnten. Daß im Durchschnitt Angestellte und Beamte sich immer noch erheblich besser standen als die Masse der Arbeiter, wurde kaum als Trost empfunden.

2. *Großbritannien.* Im Sommer 1914 variierten die Industriearbeiterlöhne in Großbritannien zwischen 20 Shilling in der Textilindustrie und 40 Shilling in der Metallindustrie[37]. Die Löhne konnten innerhalb der Branchen eine breite Streuung je nach der Qualifikation aufweisen, im Baugewerbe z. B. verdienten Hilfsarbeiter um 26 Shilling, Facharbeiter um 40 Shilling. Landarbeiterlöhne lagen mit knapp unter 20 Shilling wöchentlich, einschließlich der Naturalleistungen, am unteren Ende der Skala. In den letzten Jahren vor dem Krieg war das Lohnniveau nominal zwar leicht gestiegen, hinter dem Preisanstieg

[36] Vgl. A. Günther, *Die Folgen des Krieges für Einkommen und Lebenshaltung der mittleren Volksschichten Deutschlands*. Deutsche Verlags-Anstalt, Stuttgart/Berlin/Leipzig 1932.

[37] Vgl. A. Bowley, *Prices and Wages in the United Kingdom 1914–1920*. Clarendon Press, Oxford 1921.

jedoch zurückgeblieben, so daß der Reallohn sinkende Tendenz zeigte. Im Sommer 1914 eröffneten die Gewerkschaften in einigen wichtigen Branchen Arbeitskämpfe, um ein weiteres Absinken der Reallöhne zu verhindern.

Diese Entwicklung wurde unterbrochen durch den Krieg, denn wie in anderen Ländern, so erklärte auch in Großbritannien die organisierte Arbeiterschaft einen Verzicht auf Arbeitskämpfe im Interesse der Rüstungsproduktion; am 24. August 1914 verabschiedeten Gewerkschaften und Labour Party gemeinsam eine entsprechende Erklärung[38]. Die Praxis war dieser Erklärung bereits vorangegangen: Anfang August 1914 waren 100 Streiks im Gange, Ende August nur mehr 20 Streiks. Die Streikstatistik ergab für das zweite Quartal 1914 250000 an Streiks beteiligte Arbeiter und 5 Millionen ausgefallene Arbeitstage, für das vierte Quartal 1914 21000 beteiligte Arbeiter und 160000 ausgefallene Arbeitstage[39]. Die »Burgfriedenspolitik« der Gewerkschaften stieß an einigen Stellen auf mangelnde Zustimmung, aber kaum auf offenen Widerstand.

Bedingt durch die Wirtschaftskrise nach Kriegsausbruch und durch die Zurückhaltung der Gewerkschaften, kam es in den ersten Kriegsmonaten nicht zu Lohnerhöhungen. Andererseits haben die Unternehmer die Situation aber auch nicht wie in Deutschland allgemein zum Drücken der Zeit- und Stücklohnsätze benützt. Die Verdienste der Akkordarbeiter gingen allerdings bei rückläufiger Beschäftigung z. T. erheblich zurück, da nicht die Einkommen, sondern die Akkordsätze »eingefroren« wurden. In der Baumwollindustrie lag der durchschnittliche Wochenverdienst der Arbeiter im August 1914 um rund 30 Prozent, im Dezember 1914 immer noch um rund 10 Prozent unter dem Vorkriegsstand.

Steigende Preise veranlaßten die Gewerkschaften ab Sommer 1915, Lohnerhöhungen zu fordern bzw. die im August 1914 zurückgestellten Forderungen wieder aufzunehmen. Nach offiziellen Berechnungen lagen Anfang 1915 die Lebensmittelpreise um 20 Prozent, die Verbraucherpreise insgesamt um 10 bis 15 Prozent über dem Stand vom Juli 1914, der Reallohn hatte sich also spürbar verschlechtert. Die Gewerkschaften setzten sich bei den Lohnverhandlungen ein relativ bescheide-

[38] Abgedruckt in Cole, *Trade Unionism and Munitions*. S. 52. Auch in Hurwitz, *State Intervention*, S. 240f.

[39] Vgl. Hurwitz, *State Intervention*, S. 241.

nes Ziel, denn sie strebten hauptsächlich einen Ausgleich für die Teuerung an, gar nicht so sehr einen Anteil an den schnell wachsenden Rüstungsprofiten. Statt linearer Erhöhungen von Zeit- und Akkordlöhnen wurden daher häufig »Kriegszulagen« in einem für alle Arbeiter einer Branche absolut gleichen Betrag vereinbart. Die 1915 und 1916 erreichten Lohnerhöhungen waren bescheiden, so daß der Abstand zum steigenden Preisniveau erhalten blieb. In den letzten beiden Kriegsjahren verringerte sich der Abstand. Die Löhne stiegen bei zunehmendem Druck der Arbeiterschaft absolut und relativ stärker an, die Preise stiegen langsamer, weil sich die staatliche Preisfixierung allmählich auswirkte. Aber erst nach dem Krieg holten die Löhne die Preise wieder ein.

Branchenmäßig entwickelten sich die Löhne sehr unterschiedlich. Unternehmer und Staat zahlten für kriegswichtige Arbeiter relativ hohe Löhne, um keinen Produktionsausfall durch Arbeitskämpfe zu riskieren und um zusätzliche Arbeitskräfte heranzuziehen. Der Lohn für Metallarbeiter, Bergleute, Eisenbahner und Docker stieg um 80 bis 100 Prozent, ungefähr mit den Lebenshaltungskosten. In anderen Branchen blieb der Lohn weit hinter der Teuerung zurück. In der Baumwollindustrie z. B. lagen die Löhne Ende 1917 erst knapp 20 Prozent nominal über dem Vorkriegsstand[40]. Im letzten Kriegsjahr wurden die Akkordsätze mehrfach heraufgesetzt, aber weil gleichzeitig wegen der schlechten Rohstofflage Kurzarbeit eingeführt wurde, gingen die Effektivverdienste teilweise sogar zurück. Dabei war die Gewinnsituation der Baumwollindustrie ausgezeichnet, denn die Entwicklung zum Verkäufermarkt erlaubte es den Unternehmern, trotz sinkender Produktions- und Absatzmengen ihre Erlöse beträchtlich zu steigern.

Die Lohndifferenzierung nach der Qualifikation nahm im Krieg deutlich ab. Das lag an der Höherstufung von ungelernten Arbeitern, insbesondere auch Frauen, im Zuge der »dilution«, und mehr noch an der verbreiteten Praxis, die Löhne in Form einer für alle Arbeiter gleichen Teuerungszulage zu erhöhen. In der Metallindustrie stiegen von Juli 1914 bis Juli 1918 die Löhne der Facharbeiter um rund 70 Prozent, die Löhne ungelernter Arbeiter um rund 110 Prozent. Insgesamt stiegen nach Bowley im Verlauf des Krieges die Löhne der

[40] Vgl. speziell zu Löhnen und Profiten in der Baumwollindustrie die Monographie von H. D. Henderson, *The Cotton Control Board*. Clarendon Press, Oxford 1922.

Ungelernten um 100 bis 125 Prozent, die Löhne der Gelernten um weniger als 100 Prozent[41], eine Angabe, die zwar nicht auf einer repräsentativen Stichprobe, aber doch auf einer gründlichen Kenntnis des Zahlenmaterials beruht. Auch die Landarbeiter, 1914 am unteren Ende der Lohnskala, konnten ihren Reallohn besser behaupten als viele Industriearbeiter.

Ein auffälliger Trend war die relative Lohnverbesserung der Frauen gegenüber Männern. Ein entscheidender Faktor war dabei der Einbruch in traditionelle Männerberufe, besonders in der Rüstungsindustrie. Hinzu kam, daß speziell bei der Festlegung der Frauenlöhne der Staat sich im Interesse des Arbeitsfriedens zur Intervention veranlaßt sah. Im Oktober 1915 wurde für Frauen in der Rüstungsindustrie, die die Arbeit von Männern übernahmen, ein Mindestlohn von 1 Pfund wöchentlich festgelegt; der Mindestlohn war zunächst für die staatlichen Betriebe verbindlich, ab Februar 1916 für alle kontrollierten Betriebe. Frauen, die qualifiziertere Arbeiten verrichteten, sollten die gleichen Löhne erhalten wie Facharbeiter in entsprechenden Positionen. Dieser Mindestlohn setzte Maßstäbe, auch über die Rüstungsbetriebe hinaus, für die traditionellen Frauenberufe. Allerdings wurde der Grundsatz des gleichen Lohnes für gleiche Arbeit nicht realisiert. Möglichkeiten zur Umgehung dieser Forderung ergaben sich teils aus dem Mangel an Bestimmtheit in den Vorschriften, teils aus der Tatsache, daß infolge des allgemeinen Trends zur automatisierten Produktion alte und neue Arbeitsplätze nicht exakt vergleichbar waren. Im Durchschnitt der gesamten Industrie waren die Löhne der Frauen im Herbst 1918 gegenüber dem Vorkriegsstand um etwa 150 Prozent gestiegen, von rund 14 Shilling auf rund 35 Shilling, aber eine Angleichung an die Männerlöhne war damit noch nicht erfolgt. In den staatlichen Munitionsfabriken verdienten im April 1918 Frauen durchschnittlich 23 bis 39 Prozent weniger als Männer; im gesamten Durchschnitt der Industrie war die Differenz noch größer, da die traditionellen Frauenberufe weiterhin am unteren Ende der Lohnskala standen.

Die regionalen Lohndifferenzen waren vor dem Krieg beträchtlich. Tarifverträge auf nationaler Ebene begannen vor dem Krieg in der eisenschaffenden Industrie und im Bergbau. Dagegen wurden in der Metallindustrie und im Schiffbau die

[41] Vgl. Bowley, *Prices and Wages*, S. 100.

Tarifverträge strikt auf regionaler Ebene ausgehandelt, mit erheblichen Unterschieden – so variierten etwa in der Metallindustrie die Wochenlöhne für gelernte Dreher zwischen 24 Shilling in Cornwall und 46 Shilling in London[42]. Zu den regional unterschiedlichen Lohnsätzen in gleichen Berufen kamen noch die Unterschiede, die sich aus der regionalen Industriestruktur ergaben. Die regionalen Lohnunterschiede erklären sich zum Teil aus dem Angebot an billiger Arbeit in den ländlichen Bezirken, zum Teil aus den unterschiedlichen Lebenshaltungskosten; Lebensmittel und insbesondere Mieten waren in den kleinen Städten und auf dem Lande billiger. Real waren die regionalen Lohndifferenzen also geringer als nominal. Im Kriege wirkten gegensätzliche Einflüsse auf die regionale Lohndifferenzierung: Einerseits arbeitete die offizielle Lohnpolitik mit Einschluß der Gewerkschaften darauf hin, die regionale Lohndifferenzierung zu nivellieren – der Trend ging zu Tarifverträgen auf nationaler Ebene, und in der Spätphase des Krieges waren infolge der staatlichen Preispolitik die regionalen Unterschiede im Preisniveau auch nicht mehr so groß – andererseits blieben natürlich die durch die Industriestruktur bedingten Unterschiede im durchschnittlichen Einkommensniveau der verschiedenen Regionen. Sie verstärkten sich sogar, da die größten Lohnsteigerungen in den Zentren der Rüstungsindustrie zu verzeichnen waren. Es ist auch nicht zu übersehen, daß, abweichend vom allgemeinen Trend, in einzelnen Sektoren die Lohnsteigerungen für genau gleiche Positionen beträchtlich differierten, besonders in der eisenschaffenden Industrie und in der Metallverarbeitung; die Löhne für Facharbeiter stiegen, bezogen auf die Periode Juli 1914 bis Juli 1918, in den einzelnen Zentren zwischen knapp über 50 Prozent und nahezu 100 Prozent.

Ein Abwärtstrend in der realen Lebenshaltung der arbeitenden Bevölkerung von 1914 bis 1918 ist auch in Großbritannien unübersehbar, aber die Verelendung erreichte nicht das gleiche katastrophale Ausmaß wie in Deutschland. Es wird sogar die These vertreten, es habe eine tendenzielle Nivellierung der Lage der Arbeiter nicht nur »von oben« her durch das relativ starke Absinken der Facharbeiter-Löhne gegeben, sondern auch »von unten« her dadurch, daß der extreme Pauperismus

[42] Vgl. H. Wolfe, *Labour Supply and Regulation*. Clarendon Press, Oxford 1923, S. 235.

zurückging[43]. Ein Argument dafür ist der relativ starke nominale Anstieg der niedrigen Löhne. Vor dem Krieg galt ein Einkommen von 23 Shilling wöchentlich als »poverty line« für eine Familie mit zwei Erwachsenen und drei Kindern[44]. Zahlreiche Arbeiterfamilien lebten beim damaligen Lohnniveau unter diesem Existenzminimum auch dann, wenn der Ernährer einen angesehenen Beruf ausübte und stetig beschäftigt war. Soweit einige besonders niedrige Löhne schneller als die Lebenshaltungskosten stiegen, ging die Zahl der unterhalb der poverty line lebenden Familien zurück. Ein anderes Argument betrifft die Stetigkeit der Beschäftigung. Die Rüstungsindustrie bot reichlich Arbeitsplätze, die Arbeitslosigkeit wurde bis auf einen geringen Rest beseitigt. Die Zahl der unterstützten Fürsorgeempfänger ging ab Frühjahr 1915 so deutlich zurück, daß man von einem »workhouse exodus« sprach[45]. Beide Argumente stützen sich freilich nur auf marginale Verbesserungen. Ein überproportionaler nominaler Anstieg betraf keineswegs alle niedrigen Löhne; die Löhne in der Baumwollindustrie z. B., 1914 am untersten Ende der Skala, stiegen ausgesprochen langsam. Die Stetigkeit der Beschäftigung trifft für die in der Heimat gebliebenen Arbeiter zu, aber offensichtlich nur deshalb, weil Millionen von Arbeitern an der Front waren; es war also eine sehr zweifelhafte »Verbesserung«.

Die Entwicklung, die für Deutschland und Großbritannien festgestellt wurde, läßt sich verallgemeinern[46]. Die Geldentwertung ließ in den kriegführenden, aber auch in manchen neutralen Ländern die Reallöhne sinken. 1917 wurde ein Tiefstand erreicht. Danach gelang es den Gewerkschaften, den Reallohn scheinbar zu halten; die Preise stiegen infolge der staatlichen Kontrollen langsamer als vorher, und infolge der größeren Streikbereitschaft wurden nominale Lohnerhöhungen erkämpft. Diese nominale Anpassung im letzten Kriegsjahr war freilich fiktiv, weil zu den kontrollierten Preisen nur ein geringes Warenangebot verfügbar war. Die Knappheit von Waren, und damit auch der tatsächliche Reallohnfall, zeigte sich nur mehr auf den schwarzen Märkten. Die Lohndifferenzen haben

[43] Vgl. E. Abbott, *English War Statistics of Pauperism*. In: Journal of Political Economy 33 (1925). – A. Bowley, *Some Economic Consequences of the Great War*. Thornton Butterworth, London 1930.

[44] Vgl. Bowley, *Prices and Wages*, S. 162.

[45] Abbott, *English War Statistics*, S. 17.

[46] Bureau International du Travail (Hrsg.), *Fluctuations des salaires dans différents pays de 1914 à 1921*. Genf 1922.

nach einer Untersuchung des Internationalen Arbeitsamtes im Weltkrieg durchweg abgenommen, der Abstand der Facharbeiter zu Angelernten, insbesondere zu Frauen, hat sich verringert[47]. Zwei Gründe werden dazu genannt: Erstens wurden die Löhne zur Anpassung an die steigenden Lebenshaltungskosten häufig in absoluten Beträgen erhöht, stiegen also für die unteren Lohngruppen relativ stärker; zweitens traten Änderungen in der Organisation der Produktion ein (Serienfertigung), die es angelernten Arbeitern und darunter wieder insbesondere Frauen ermöglichten, in besser bezahlte Positionen aufzurücken.

Die Zweite Internationale und die Sozialistische Revolution

Das Beispiel der deutschen und der britischen Arbeiterbewegung zeigt, daß die Gewerkschaften nicht leichtfertig ihren Frieden mit den bürgerlichen Regierungen machten, daß sie die Interessen der Arbeiterschaft zu wahren versuchten und begrenzten Konflikten nicht aus dem Weg gingen. Von einem »Verrat« an der Sache der Arbeiter zu sprechen, ist unangemessen. Aber objektiv waren die Gewerkschaften Gefangene ihrer Strategie, nach der sie sich schon lange vor dem Krieg auf Verbesserungen *innerhalb* des Systems festgelegt hatten. Aus der Perspektive jener, die auch nach dem August 1914 an der sozialistischen Tradition festhielten (oder wieder zu ihr zurückfanden) und *gegen* das kapitalistische System kämpften, gerieten die Führer des rechten Mehrheitsflügels der Arbeiterbewegung dadurch in eine gefährliche Nähe zu den herrschenden bürgerlichen Regierungen. Nachdem die großen Organisationen der Arbeiterbewegung, die der Stolz der Zweiten Internationale gewesen waren, sich auf eine systemimmanente Interessenvertretung zurückgezogen hatten, waren es zunächst nur kleine Minderheiten, die die sozialistische Tradition aufrechterhielten und einen entschlossenen Kampf gegen das kapitalistische System, und vor allem gegen den imperialistischen Krieg, führten.

In Deutschland sammelte sich die innerparteiliche Opposition in der SPD gegen den Krieg und gegen die parteioffizielle

[47] Bureau International du Travail (Hrsg.), *Fluctuations des salaires dans différents pays de 1914 à 1925*. Genf 1926. – Diese Untersuchung berücksichtigt mehr Länder als die vorher genannte, geht aber nicht mehr im Detail auf die einzelnen Kriegsjahre ein.

Burgfriedenspolitik um den linken Flügel der SPD unter Führung von Karl Liebknecht und Rosa Luxemburg, Franz Mehring und Klara Zetkin[48]. Bei der Abstimmung über die Kriegskredite im Reichstag am 4. August 1914 fügten die Linken sich noch der Fraktionsdisziplin, aber sie brachten unumwunden in die Öffentlichkeit, daß die Partei in der Frage des »Burgfriedens« gespalten war. Karl Liebknecht setzte ein Zeichen, als er am 3. Dezember 1914 gegen die zweite Kriegskredit-Vorlage stimmte. Aus dieser innerparteilichen Opposition entstand die »Gruppe Internationale«, ab Anfang 1916 »Spartakusgruppe«, die dann nach der Spaltung der Partei 1917 eine Hauptstütze der neuen USPD wurde. Unabhängig davon sammelte sich unter dem Namen »Internationale Sozialisten Deutschlands« eine Gruppe sozialistischer Kriegsgegner um den linken Sozialdemokraten Julian Borchardt und dessen Zeitschrift ›Lichtstrahlen‹. Trotz des gemeinsamen Zieles blieb das Nebeneinander dieser beiden Gruppen nicht ohne Reibereien[49].

In Frankreich sammelten sich einzelne militante Gewerkschaftler und Sozialisten, die in Opposition zur »Union Sacrée« standen, um die Zeitschrift ›La Vie Ouvrière‹[50]. Im November 1914 legte Pierre Monatte aus Protest gegen die nationalistische Politik der Confédération Générale du Travail sein Mandat im Comité Confédéral, dem Führungsgremium des Gewerkschaftsbundes, nieder – und wurde kurz darauf eingezogen[51]. Die Opposition ließ sich durch das Zusammenspiel zwischen der Regierung und den rechtsorientierten Führern der Arbeiterbewegung nicht entmutigen. Merrheim repräsentierte

[48] Vgl. Schorske, *German Social Democracy*. Nützlich, wenn auch methodisch und inhaltlich sehr eng konzipiert, ist die Dissertation von H. Wohlgemuth, *Burgkrieg, nicht Burgfriede! Der Kampf Karl Liebknechts, Rosa Luxemburgs und ihrer Anhänger um die Rettung der deutschen Nation in den Jahren 1914–1916*. Dietz, Berlin 1963.

[49] Vgl. dazu zahlreiche Dokumente in: H. Lademacher (Hrsg.), *Die Zimmerwalder Bewegung. Protokolle und Korrespondenz*. 2 Bde. Mouton, The Hague/Paris 1967. – Ferner ein Brief Liebknechts an Borchardt in: Wohlgemuth, *Burgkrieg*, S. 280f. – Vgl. zur »Lichtstrahlen-Gruppe« auch A. Rosmer, *Le mouvement ouvrier pendant la guerre. De l' union sacrée à Zimmerwald*. Librairie du Travail, Paris 1936, S. 250. N. Lenin und G. Sinowjew, *Gegen den Strom. Aufsätze aus den Jahren 1914–1916*. Verlag der Kommunistischen Internationale, o. O. 1921.

[50] Vgl. Rosmer, *Le mouvement ouvrier*, S. 209–216. – Alfred Rosmer gehörte selbst zu dieser Gruppe, außerdem Pierre Monatte, Marcel Martinet, Alphonse Merrheim, Amédée Dunois, Henri Guilbeaux, Daniel Renoult und der russische Sozialist Martov. Vgl. auch R. Wohl, *French Communism in the Making, 1914–1924*. Stanford UP 1966, S. 58–62. A. Kriegel, *Aux origines du communisme Français, 1914–1920*. 2 Bde. Mouton, Paris/La Haye 1964.

[51] Vgl. Rosmer, *Le mouvement ouvrier*, S. 177–81.

fortan die oppositionelle Minderheit im Comité Confédéral, seine Metallarbeitergewerkschaft wurde zur Speerspitze der Opposition gegen den Krieg. Zum 1. Mai 1915 publizierte die ›Union des Métaux‹, die Gewerkschaftszeitung der Metallarbeiter, der Zensur zum Trotz, die Parole der Opposition: Dieser Krieg ist nicht unser Krieg.

Während in Frankreich aus den Reihen der Gewerkschaften der erste Widerstand kam, waren in Großbritannien die Gewerkschaften die entschlossensten Vertreter der Kriegspolitik der Labour Party[52]. Von den angeschlossenen sozialistischen Parteien war nur die eher intellektuell als politisch bedeutsame Fabian Society kompromißlos für den Krieg. In der Independent Labour Party war die Mehrheit der Mitglieder gegen den Krieg. In einem eigenen Manifest vom August 1914 distanzierte die ILP sich von der Kriegspolitik, und Ramsay MacDonald, mit Keir Hardie und Philip Snowden einer der führenden Männer der ILP, gab den Vorsitz der Labour Party an den aus der Gewerkschaftsbewegung kommenden Arthur Henderson ab. Obwohl die ILP damals so wenig wie vor 1914 eine marxistische Partei war, bescheinigte ihr kein Geringerer als Karl Liebknecht, sie habe zusammen mit den russischen und serbischen Brüdern »die Ehre des Sozialismus im Taumel der Völkerzerfleischung gerettet«[53]. Die marxistische British Socialist Party spaltete sich über der Frage der Kriegsbeteiligung. Sie war in ihrer Mehrheit »uncompromisingly anti-war«[54]; eine Minderheit unter dem Parteigründer Hyndman entfaltete jedoch einen rigorosen Nationalismus und verließ 1916 die Partei[55].

Die Zweite Internationale war durch die Entscheidungen vom August 1914 faktisch aufgelöst. Die großen Arbeiterparteien fanden nach ihrer Einschwenkung in das jeweilige Regierungslager keinen Kontakt mehr über die Fronten hin-

[52] Vgl. C. F. Brand, *British Labour's Rise to Power. Eight Studies.* Stanford UP 1941. C. F. Brand, *The British Labour Party. A Short History.* Stanford UP 1964. G. D. H. Cole, *A History of the Labour Party from 1914.* Routledge, London 1948. – Die Labour Party war zu der Zeit eine Dachorganisation ohne individuelle Mitglieder. Sie wurde getragen von den Gewerkschaften, von der Independent Labour Party und von der Fabian Society; die British Socialist Party verhandelte bei Kriegsausbruch über ihren Beitritt, der 1916 beschlossen wurde.

[53] Brief vom Dezember 1914 an die Redaktion des *Labour Leader*; zit. nach Wohlgemuth, *Burgkrieg*, S. 253.

[54] Cole, *History of the Labour Party*, S. 20.

[55] Vgl. C. Tsuzuki, *H. M. Hyndman and British Socialism.* Oxford UP 1961.

weg. Vandervelde, der letzte Präsident der Zweiten Internationale, trat in die belgische Regierung ein; das Internationale Sozialistische Büro, im Dezember 1914 von Brüssel in das neutrale Den Haag verlegt, führte nur mehr eine Schattenexistenz. Die zu Anfang des Krieges noch mit viel Optimismus unternommenen Vorstöße neutraler sozialistischer Parteien scheiterten immer wieder an dem gleichen Problem: Die regierungstreu gewordenen Arbeiterparteien und Gewerkschaften konnten sich zwar innerhalb des jeweiligen Militärbündnisses verständigen, so daß es an »sozialistischen« Konferenzen im Lager der Alliierten und auch der Mittelmächte nicht fehlte, aber den Graben zum »Gegner« vermochten sie nicht zu überbrücken. Den Internationalismus der Arbeiterbewegung zu wahren, blieb daher den oppositionellen Minderheiten vorbehalten.

Parallel zum innenpolitischen Kampf versuchten die oppositionellen Minderheiten, die zerrissenen internationalen Beziehungen wieder aufzunehmen. Aus den Bemühungen konsequenter Kriegsgegner und Sozialisten entstand die »Zimmerwalder Bewegung«, die in der Zeit des Weltkrieges die wahre Internationale der Arbeiterbewegung darstellte[56]. Die erste Konferenz, die der Bewegung den Namen gab, fand auf Einladung Schweizer und italienischer Sozialisten im September 1914 in dem Dörfchen Zimmerwald bei Bern statt[57]. Das verbindende Ziel war die Opposition gegen den Krieg; Sozialisten der »staatstreuen« Richtung waren nicht eingeladen wor-

[56] Vgl. als Überblick A. Reisberg, *Lenin und die Zimmerwalder Bewegung.* Dietz, Berlin 1966. Eine Geschichte der Zimmerwalder Bewegung wäre noch zu schreiben. Wichtig sind die beiden Dokumentensammlungen: Gankin und Fisher (Hrsg.), *The Bolsheviks and the World War;* Lademacher (Hrsg.), *Die Zimmerwalder Bewegung.* – Einige bekannte Darstellungen der Zimmerwalder Bewegung sind von aktiven Mitkämpfern geschrieben und haben daher dokumentarischen Charakter: A. Balabanoff, *Die Zimmerwalder Bewegung 1914–1919.* Hirschfeld, Leipzig 1928. Neudruck Verlag Neue Kritik, Frankfurt 1969; J. Humbert-Droz, *Der Krieg und die Internationale. Die Konferenzen von Zimmerwald und Kienthal.* Europa-Verlag, Wien/Frankfurt/Zürich 1964; Rosmer, *Le mouvement ouvrier.* – Ein zweiter Band erschien 23 Jahre später: *De Zimmerwald à la Révolution russe.* Mouton, Paris/La Haye 1959. Eine gedrängte Darstellung, die allerdings der Zimmerwalder Linken kaum gerecht wird, findet man auch in J. Braunthal, *Geschichte der Internationale.* Bd. 2. Dietz, Hannover 1963.

[57] Das Arrangement war einigermaßen pittoresk. Robert Grimm, der Schweizer Organisator, sammelte die Delegierten im Volkshaus in Bern und brachte sie, um Agenten und Spione abzuschütteln, in vier Kutschen nach Zimmerwald. Die Zimmerwalder Bürger merkten erst hinterher, was die »freundlichen Touristen« eigentlich getrieben hatten, und verwahrten sich dann feierlich gegen den »Mißbrauch« ihres Dorfes. Vgl. Humbert-Droz, *Der Krieg und die Internationale*, S. 128ff.

den. Einen moralischen Höhepunkt der Tagung bildete eine gemeinsame Erklärung der französischen und deutschen Delegierten: »Indem wir uns vom Burgfrieden lossagen, indem wir dem Klassenkampf treu bleiben, der die Grundlage zur Errichtung der sozialistischen Internationale bildet, stehen wir deutschen und französischen Sozialisten und Gewerkschaften unter unseren Volksgenossen fest im Kampf gegen dieses furchtbare Verhängnis und für die Beendigung des Völkermordens, das die Menschheit entehrt«[58]. Aber trotz des gemeinsamen Willens zum Frieden blieben die Auffassungen über den einzuschlagenden Weg unterschiedlich. Ein linker Flügel stellte sich hinter Lenins Programm, das inzwischen als die klassische marxistische Strategie und Taktik gegen den imperialistischen Krieg gilt: Strikte politische Abgrenzung und organisatorische Trennung von der staatstreuen, »opportunistischen« Richtung in der Arbeiterbewegung, revolutionäre Massenaktionen gegen den Krieg, Umwandlung des imperialistischen Krieges in einen Bürgerkrieg gegen die herrschenden Klassen[59]. Lenins Programm implizierte zwei unbequeme Konsequenzen; unbequem nicht nur für die Regierungen und ihre »sozial-patriotischen« Koalitionspartner, sondern auch für die sozialistischen Delegierten. Die erste war die Abwendung von der Zweiten Internationale, die nach dem August 1914 noch ein schattenhaftes Dasein weiterführte; sie war nach Lenins Auffassung faktisch tot, da ihre tragenden Organisationen in das Lager der herrschenden Klassen übergewechselt waren. Die oppositionellen Minderheiten sollten sich zu einer neuen Dritten Internationale zusammenschließen, die den revolutionären Kampf der Arbeiterklasse fortführen würde. Die zweite Konsequenz war Lenins revolutionärer Defätismus. Lenin sagte in aller Deutlichkeit, daß man zwar auf internationaler Ebene nicht bestimmen könne, die Niederlage welcher der

[58] Lademacher (Hrsg)., *Die Zimmerwalder Bewegung*. Bd. 1, S. 175f. Gankin, Fisher (Hrsg.), *The Bolsheviks and the World War*, S. 328f.

[59] Zur »linken Fraktion« der Konferenz rechnet man im allgemeinen jene Delegierte, die die Entwürfe der Linken für eine Resolution und ein Manifest vorlegten; das waren neben den Bolschewiki (Lenin, Zinoviev) der Delegierte der lettischen Sozialdemokraten (Winter), der Delegierte der Polnischen Sozialdemokratischen Opposition (Radek), die Delegierten Schwedens und Norwegens (Höglund, Nerman), ein deutscher Delegierter (Borchardt) und ein Schweizer Delegierter (Platten). Aber die Abgrenzung war nie ganz scharf; einige Delegierte waren »links«, ohne daß sie zur »Fraktion« gezählt wurden, z. B. Berta Thalheimer, die mit Rosa Luxemburg und Klara Zetkin befreundet war. Vgl. Lademacher (Hrsg.), *Die Zimmerwalder Bewegung*, S. 43–180; Lenin und Sinowjew, *Gegen den Strom*, S. 277–90.

beiden Kriegsparteien für den Sozialismus das geringere Übel sei; für das russische Proletariat sei jedenfalls die Niederlage des Zarismus das geringste Übel[60]. Eine Niederlage der »eigenen« Regierung, so Lenin, sei geradezu eine Voraussetzung für das Vorantreiben der Revolution.

Die Resolution der Linken fand auf der Konferenz von Zimmerwald keine Mehrheit. Als wichtigster Unterschied traten dabei die Fragen der Spaltung hervor: Während die Linke in einer Spaltung die Voraussetzung für entschlossene Aktionen sah, wollten die meisten Delegierten ganz im Gegenteil ihren Einfluß in den bestehenden Organisationen der Arbeiterbewegung ausbauen, um schließlich Einfluß auf deren Politik zu gewinnen. Merrheim, Vertreter der französischen revolutionären Syndikalisten und einer der Wortführer der Konferenzmehrheit[61], wurde nicht müde zu betonen, daß der Kampf um die Massen in den bestehenden Gewerkschaften geführt und gewonnen werden müsse, mochten sie zur Zeit auch noch so reaktionär sein. Infolgedessen wollten die meisten Delegierten keine grundsätzliche Separierung und Neuorientierung der Opposition, vor allem keine Spaltung der Internationale bzw. Neugründung einer revolutionären Dritten Internationale. Die Konferenz endete mit einem flammenden Manifest gegen den Krieg. Es entlarvte die Propaganda vom allgemeinen Verteidigungskrieg, verurteilte die Kooperationspolitik von Parteien und Gewerkschaften, forderte das Selbstbestimmungsrecht der Nationen und einen sofortigen Frieden ohne Annektionen und Reparationen und rief schließlich auf zum Klassenkampf gegen den Krieg. Gleichzeitig aber blieb das Manifest offen genug, um eine breite Solidarisierung gegen den Krieg zu ermöglichen; es enthielt trotz des Drängens der Linken keine offene Kampfansage gegen die »Opportunisten« und verpflichtete die sozialistischen Parteien und Gewerkschaften nicht konkret zu bestimmten Aktionen. Die Linke schloß sich im Interesse einer einheitlichen Front dem Manifest an, stellte aber in einer Zu-

[60] Vgl. W. I. Lenin, *Der Krieg und die russische Sozialdemokratie*. In: *Ausgewählte Werke in zwei Bänden*. Dietz, Berlin 1959–60. Bd. 1, S. 679–86 (geschrieben im September/Oktober 1914).

[61] Die Konferenzmehrheit, die sich gegen das Programm der Linken zusammenfand, war ziemlich lose und bildete im Unterschied zur Linken auch keine »Fraktion«. Als Wortführer der Mehrheitsmeinung traten neben der französischen Delegation (Merrheim, Bourderon) Mitglieder der deutschen Delegation (die Gruppe um Ledebour, der zwischen Liebknecht und den »Zentristen« stand) und die italienische Delegation hervor.

satzerklärung ihre abweichende Meinung in den zuletzt genannten Punkten fest. Allgemeine Übereinstimmung bestand darin, daß Meinungsaustausch und Kooperation zwischen den oppositionellen Minderheiten institutionalisiert werden sollten. Zu diesem Zweck wurde eine »Internationale Sozialistische Kommission« eingerichtet, die Kontakte zu den verschiedenen Parteien und Gruppen pflegte und eine neue Konferenz vorbereitete, also eine ähnliche Funktion hatte wie das »Internationale Sozialistische Büro« in der Zweiten Internationalen.

In der historischen Perspektive erkennt man deutlich, wie sich die Probleme einer Bewegung, die nicht nur zeitlich, sondern auch politisch zwischen der Zweiten und der Dritten Internationale stand, schon deutlich abzeichneten. Die Opposition gegen die imperialistischen Regierungen und die Forderung nach Frieden vereinte linke »Revolutionäre«, die den Kern der zukünftigen Dritten Internationale bildeten, und »Pazifisten«, denen es zunächst mehr um den Frieden als um die Revolution ging, und die noch fest in der Tradition der Zweiten Internationale standen und den nationalistischen »Umfall« vom August 1914 durch ein Auswechseln der Führungsschicht korrigieren wollten.

Die Konfrontation von »Revolutionären« und »Pazifisten« bestimmte auch die zweite Konferenz der Zimmerwalder Bewegung, die im April 1916 in dem Dorf Kienthal im Berner Oberland stattfand. Obwohl die »sozial-patriotischen« Führer der Arbeiterparteien in den einzelnen Staaten ebenso wie das Internationale Sozialistische Büro die Zurückhaltung der Zimmerwalder Konferenz keineswegs honorierten, sondern die Bewegung zunächst totzuschweigen versuchten und, nachdem dies nicht gelang, scharf angriffen, schreckte auch auf der Kienthaler Konferenz die Mehrheit der Delegierten vor einer Spaltung der Internationale zurück. Die vorherrschende Meinung war weiterhin, daß die Opposition in den bestehenden Organisationen agitieren sollte, um dort Einfluß zu gewinnen und einen Kurswechsel herbeizuführen. Die Zimmerwalder Linke blieb wieder in der Minderheit, erreichte aber eine Verbesserung ihrer Position: »Die zweite Zimmerwalder Konferenz stellt unzweifelhaft einen *Schritt vorwärts* dar«[62]. Dieser Optimismus war begründet, denn da die Mehrheit (die übrigens personell ganz anders zusammengesetzt war als bei der

[62] Lenin und Sinowjew, *Gegen den Strom*, S. 354.

ersten Konferenz) sich wiederum weniger durch ein eigenes positives Programm, als durch Zögern und Vorbehalte gegenüber dem bolschewistischen Programm zusammenfand, lag die Dynamik der Zimmerwalder Bewegung jetzt eindeutig bei der Linken. Auch mußte es zwangsläufig die Position des linken Flügels stärken, daß die revolutionäre Propaganda anfing, bei den Massen Fuß zu fassen. Daß die Linken annahmen, die Zeit werde für sie arbeiten, erleichterte ihnen die Zustimmung zu einer Resolution, die entsprechend den Wünschen der Mehrheit die Fragen der Spaltung und der revolutionären Aktion ausklammerte. In einem Punkt wurde die Kienthaler Resolution gegenüber Zimmerwald konkreter: sie forderte, daß die Sozialisten in allen Ländern die Kriegskredite verweigern und aus den bürgerlichen Regierungen austreten sollten; das war eine deutliche Konzession an das zunehmende Gewicht der Linken. Insgesamt trat die Konfrontation innerhalb der Zimmerwalder Bewegung in Kienthal deutlicher hervor als in Zimmerwald; die Hauptresolution wurde zwar einstimmig angenommen, aber zahlreiche Delegierte schränkten ihre Zustimmung durch Vorbehalte ein[63]. Faktisch war der Mehrheitsflügel in Kienthal nicht mehr weit entfernt von den »Zentristen«, nachdem diese sich vom Hurra-Patriotismus der ersten Kriegswochen vorsichtig abgesetzt hatten; die »Zentristen« wiederum waren aber für Lenin und die Bolschewiki kaum besser als die »Sozialpatrioten«. Eine dritte Konferenz der Zimmerwalder Bewegung fand im August 1917 in Stockholm statt. Diese Konferenz stand bereits im Schatten der Russischen Revolution, die eine neue Phase der Arbeiterbewegung einleitete.

Die Russische Oktoberrevolution mußte all jene überraschen, die die erste sozialistische Revolution im fortgeschrittensten Industrieland, oder wenigstens im Zentrum der internationalen Arbeiterbewegung, wie sie durch die Zweite Internationale repräsentiert wurde, erwarteten; Rußland lag so oder so am Rande der Entwicklung. Dieses oberflächliche Paradox darf jedoch nicht darüber hinwegtäuschen, daß schon in der Zeit vor dem Weltkrieg in Rußland eine revolutionäre Situation von ungeheuerer Dynamik heranreifte: Objektiv verlagerte

[63] Den merkwürdigen Eindruck, den diese halben Rückzieher auf die Konferenzteilnehmer machten, schildert Angelica Balabanoff in ihren Erinnerungen: A. Balabanoff, *Erinnerungen und Erlebnisse*. Laubsche Verlagsbuchhandlung, Berlin 1927, S. 131.

sich das Zentrum der revolutionären Bewegung seit Anfang des 20. Jahrhunderts nach Rußland[64].

Die Industrialisierung war in Rußland im Vergleich zu Westeuropa erst jungen Datums, wies aber gerade deswegen einige höchst moderne Züge auf. Besonders die Konzentration der Industrie auf wenige Großbetriebe in den Zentren Petersburg und Moskau wird immer wieder als ein entscheidender Faktor für Klassenlage und Klassenbewußtsein der Arbeiter hervorgehoben: Im Großbetrieb war die Polarisierung von Arbeit und Kapital schon rein quantitativ faßbar und unmittelbar evident. Während zumindest Teile der Industrie in technisch-wirtschaftlicher Hinsicht als durchaus modern bezeichnet werden können, war die Sozialverfassung ausgesprochen reaktionär[65]. Elementare Rechte, die die Arbeiterschaft in den westeuropäischen Ländern im 19. Jahrhundert erkämpft hatte, wurden den russischen Arbeitern bei Ausbruch des Weltkrieges noch vorenthalten. Die Regierung hatte unter dem Druck der Revolution im »Oktobermanifest« von 1905 unter anderem auch die Vereins- und Versammlungsfreiheit zugestanden, nahm diese jedoch in dem Ausführungsgesetz von 1906 zum großen Teil wieder zurück. Zur Bildung von Gewerkschaften war eine staatliche Genehmigung erforderlich, die willkürlich verweigert werden konnte; Zentralverbände, die mehrere örtliche Gewerkschaften zusammenfaßten, waren überhaupt verboten. Da der Zarismus auf die gescheiterte Revolution von 1905 ganz allgemein mit einer verschärften Reaktion antwortete, wurde das Koalitionsgesetz extensiv ausgelegt und kam so faktisch einem Koalitionsverbot nahe. Der größte Teil der Gewerkschaftsbewegung wurde in die Illegalität gedrängt. Zu der gesetzlichen Beschränkung der Arbeiterbewegung kam dann noch der offene und häufig brutale Einsatz der staatlichen Exekutive, Polizei und Militär, bei Arbeitskämpfen. Obwohl die politische Konkurrenz zwischen dem alten Regime und den liberalen Bestrebungen der Bourgeoisie immer schärfer hervortrat, unterstützte der Zarismus die Unternehmer im sozialpolitischen Bereich bedingungslos, um sie als Bollwerk gegen die

[64] Vgl. zur Vorgeschichte der Revolution (mit weiterführender Literatur) D. Geyer, *Die Russische Revolution. Historische Probleme und Perspektiven.* Kohlhammer, Stuttgart 1968. M. Ferro, *La Révolution de 1917. La chute du tsarisme et les origines d'octobre.* Aubier, Paris 1967. Nach westl. Zeitrechnung fand die Februarrevolution im März, die Oktoberrevolution im November 1917 statt.

[65] Vgl. W. Grinewitsch, *Die Gewerkschaftsbewegung in Rußland. Erster Band: 1905–1914.* Verlagsgesellschaft des ADGB, Berlin 1927.

Unruhe der arbeitenden Klassen aufzubauen. Das massive Eintreten des Staates für die Unternehmer hatte den unerwarteten Effekt, daß alle Arbeitskämpfe unabhängig von ihrem ursprünglichen Motiv schnell politische Qualität erlangten; Lohnkampf und revolutionäre Aktion lagen dicht beieinander. Parallel zu der Polarisierung von Arbeit und Kapital in der Industrie besaß die russische Agrargesellschaft eine durchaus eigene revolutionäre Dynamik in Gestalt der unvollendeten Agrarreform[66]. Die ungelöste Agrarfrage war zunächst die politische Basis der Sozialrevolutionäre, aber nachdem diese in der entscheidenden Phase im Sommer 1917 vor einer radikalen Lösung zurückschreckten, nahmen die Bolschewiki das in der Bauernschaft vorhandene revolutionäre Potential auf[67].

1912 begann eine mächtige Streikbewegung mit zunehmend politischer Orientierung, die im Sommer 1914 entschieden auf eine neue revolutionäre Situation zustrebte. Als Poincaré im Juli 1914 zu einem Staatsbesuch nach Petersburg kam, waren dort etwa 200000 Arbeiter im Ausstand. Wie »revolutionär« die Situation im Sommer 1914 tatsächlich war, ist umstritten. Sowjetische Historiker neigen zu der Auffassung, daß die Entwicklung geradewegs auf eine sozialistische Revolution zusteuerte, als der Krieg sie unterbrach; westliche Historiker halten es für denkbar, daß sich die sozialen Konflikte in eine bürgerlich-liberale Reformbewegung hätten kanalisieren lassen[68]. Wie dem auch sei, die Geschichte verweigerte die Probe aufs Exempel. Der Krieg unterbrach zunächst die revolutionäre Bewegung und verschaffte dem alten Regime noch einmal eine Atempause. Streiks, Barrikaden, Straßendemonstrationen verschwanden, am 2. August (20. Juli russischer Zeitrechnung), dem Tag der Kriegserklärung an Deutschland, begrüßte eine riesige Menschenmenge den Zaren. »Es war«, schreibt Alexandra Dumesnil, »zweifellos der einzige Tag in seiner Re-

[66] Vgl. Geyer, *Die Russische Revolution*, S. 27.

[67] Diese Entwicklung wird z. B. betont von J. Carmichael, *Die Russische Revolution.* Rowohlt, Reinbek 1967, S. 127–37. Ausführlich informiert über die Sozialrevolutionäre O. H. Radkey, *The Agrarian Foes of Bolshevism. Promise and Default of the Russian Socialist Revolutionaries February to October 1917*. Columbia UP, New York 1958.

[68] Vgl. dazu die in der *Slavic Review* geführte Diskussion: L. Haimson, *The Problem of Social Stability in Urban Russia, 1905–1917;* A. P. Mendel, *Peasant and Worker on the Eve of the First World War;* T. H. Lane, *The Chances for Liberal Constitutionalism;* L. Haimson, *Reply*. Sämtlich in: Slavic Review 23 (1964) und 24 (1965). – Zu Lenins Einschätzung der Situation vgl. u. a. Lenin, *Der Krieg und die russische Sozialdemokratie.*

gierungszeit, an dem er wirklich populär war«[69]. Der Dumapräsident Rodsjanko berichtet, daß Petersburger Arbeiter, die eben noch gestreikt hatten und gegen das Regime auf die Straße gegangen waren, nunmehr ihre Verteidigungsbereitschaft bekundeten[70]. Allem Anschein nach blieb der nationalistische Sturm in Rußland aber sehr an der Oberfläche. Es heißt, daß vor allem die Bauern, die ja die Hauptlast des Krieges zu tragen hatten, die Begeisterung keineswegs teilten[71]. In der Provinz demonstrierten Reservisten mit roten Fahnen, revolutionären Liedern und dem Ruf »Nieder mit dem Krieg«. Einige Unruhen waren so ernst, daß zuverlässige Truppen gegen die Reservisten eingesetzt werden mußten[72]. Auch in Petersburg, Moskau und einigen Industriezentren in der Provinz störten Antikriegsdemonstrationen das Bild eines allumfassenden Patriotismus[73].

Auf die Dauer verschärfte der Krieg Polarisierungsprozesse, die schon vor 1914 vorhanden waren[74]. Die Kriegswirtschaftspolitik stärkte das politische Gewicht der Bourgeoisie, ohne daß es aber zu einer echten sozialen Verschränkung von Wirtschaft und Staat gekommen wäre. Die Spannungen wurden nicht abgebaut, sondern nahmen zu: Das alte Regime beobachtete mit Mißtrauen, daß die Bourgeoisie aufgrund ihrer kriegswirtschaftlichen Aktivität politische Macht forderte; bürgerliche Kreise standen dem autokratischen Regime mißtrauisch und seit den militärischen Mißerfolgen vom Sommer 1915 unverhohlen ablehnend gegenüber, weil es offensichtlich unfähig war, die Konzentration aller nationalen Kräfte für die Verfolgung machtpolitischer Ziele zu organisieren. Obwohl die bürgerliche Opposition sich im Kriege gegenüber dem alten Regime stärker profilierte, vermochte sie die Kluft zum Industrieproletariat und zu den bäuerlichen Unterschichten nicht zu überbrücken. Es ist zweifelhaft, ob die Masse der Arbeiter und Bauern die Spannungen innerhalb der herrschen-

[69] A. Dumesnil, *Les milieux ouvriers russes et la déclaration de guerre en 1914*. In: Revue de l'Histoire de la Guerre Mondiale 12 (1934), S. 233f.

[70] Vgl. M. Hellmann (Hrsg.), *Die russische Revolution 1917*. dtv, München 1964, S. 47.

[71] Dies betont z. B. Hellmann, *Die russische Revolution*, S. 30.

[72] Vgl. A. Dumesnil, *Les milieux ouvriers russes*, S. 234.

[73] Vgl. *Geschichte der Kommunistischen Partei der Sowjetunion*, hrsg. vom Institut für Marxismus-Leninismus beim ZK der KPdSU. 6 Bde. Verlag Progress, Moskau o. J. Bd. 2, S. 538f.

[74] Vgl. Haimson, *The Problem of Social Stability*, S. 17ff.

den Klassen überhaupt wahrgenommen hat; wahrscheinlich standen aus der Sicht »von unten« Gutschkow, Miljukow und andere Führer der bürgerlichen Opposition dem Zarismus näher, als ihnen angenehm sein konnte.

Die Bedeutung der Arbeiterbewegung, insbesondere ihre revolutionäre Entschlossenheit, war nach dem Kriegsausbruch zunächst zurückgegangen. Neben der erwähnten, wenn auch oberflächlichen patriotischen Welle wird als Grund genannt, daß revolutionäre Kader insbesondere aus den Reihen der Bolschewiki festgesetzt und verbannt wurden, ferner, daß neue und politisch ungeschulte Arbeiter in die Industriezentren geholt wurden, um die eingezogenen Industriearbeiter zu ersetzen und den steigenden Anforderungen der Rüstungsproduktion zu genügen. Der Rückschlag war jedoch nur vorübergehend, schon nach einigen Monaten zeigte sich, daß der Krieg die revolutionäre Bewegung nicht schwächte, sondern stärkte. Eine große Streikwelle zwischen April und August 1915 zeigte, wie weit die Unzufriedenheit unter den Massen schon verbreitet war. Zunächst überwogen wirtschaftliche Streiks; die allgemeine Verschlechterung der Lebensbedingungen, Teuerung, Wohnungsnot, nicht zuletzt der Kontrast zwischen dem sinkenden Reallohn und den enormen Kriegsgewinnen waren naheliegende Gründe zur Unzufriedenheit. Ab Oktober 1915 traten neben den wirtschaftlichen zunehmend politische Motive in den Vordergrund; wie schon vor 1914 trug die scharfe Reaktion der Exekutive nicht unwesentlich zur Politisierung der Streikbewegung bei: Die Regierung, die seit dem Frühjahr 1915 die Streikbewegung mit Besorgnis beobachtete, reagierte mit einer eigentümlichen Mischung von repressiver Gewalt und politischem Fatalismus. Am Ende erschien eine Revolution gerade jenen, die sie am meisten fürchteten und haßten, mehr oder weniger unausweichlich[75].

Die revolutionäre Bewegung während des Krieges war vor allem eine Sache der Industriearbeiterschaft, speziell wiederum der Arbeiter in den großen Industriezentren Moskau und Petrograd; die Petersburger Metallarbeiter galten schon vor 1914 als Vorhut der Revolution. Aber es wäre falsch, das Gewicht der revolutionären Bewegung an der im Verhältnis zur Ge-

[75] Vgl. dazu die von Cherniavsky herausgegebene und kommentierte Dokumentensammlung: M. Cherniavsky (Hrsg.), *Prologue to Revolution. Notes of A. N. Iakhontov on the Secret Meetings of the Council of Ministers, 1915*. Prentice-Hall, Englewood Cliffs 1967.

samtbevölkerung sicherlich geringen Zahl ihrer aktiven Träger zu messen. Erstens sammelte die revolutionäre Bewegung gerade die aktiven, politisch engagierten Teile der Bevölkerung, die sich zudem noch auf die Zentren der politischen Macht konzentrierten; das war in einem Land, in dem politische Auseinandersetzungen normalerweise nicht weit in die Bevölkerung hineinreichten, ein wichtiger Faktor. Zweitens staute sich bei den Bauern in der Heimat und in den Streitkräften, auch wenn sie zunächst politisch nicht hervortraten, doch eine beträchtliche Unzufriedenheit. Zu dem Problem der ungelösten Agrarfrage kamen die ungeheuren Menschenverluste des Krieges, die vor allem die bäuerliche Bevölkerung trafen[76]. Wie die Ereignisse des Jahres 1917 zeigten, ließen sich der Landhunger und die Friedenssehnsucht der Bauern und der Bauernsoldaten sehr wohl in Entscheidungssituationen als politisches Potential mobilisieren.

Die Bedeutung der Bolschewiki für die Entwicklung der revolutionären Bewegung in Rußland selbst ist notorisch umstritten. Während nicht-marxistische Autoren betonen, daß die bolschewistischen Kader nach dem August 1914 von der Polizei zerschlagen wurden und das Zentralkomitee unter Lenin aus dem Exil nur beschränkte Einwirkungsmöglichkeiten hatte[77], schreibt die sowjetische Historiographie den Bolschewiki bei den Arbeitskämpfen und politischen Aktionen der Arbeiterschaft eine führende Rolle zu[78]. Der Ausbruch der bürgerlichen Revolution im März 1917 kam allerdings unbestritten für die Bolschewiki genau so überraschend wie für alle anderen Beteiligten[79]. Auch nach der Revolution blieben die Bolschewiki durchaus in der Minderheit; die Provisorische Regierung wurde von der ehemaligen bürgerlichen Opposition gestellt, später unter Beteiligung von Rechtssozialisten, und im Sowjet dominierten die Sozialrevolutionäre und die Menschewiki.

[76] Bis Februar 1917 zählte man acht Millionen Tote, Verwundete, Vermißte und Gefangene; vgl. Geyer, *Die Russische Revolution*, S. 55.

[77] Vgl. z. B. Katkow, *Russia 1917. The February Revolution*. Longmans, London 1967, S. 28ff.

[78] Vgl. die offizielle *Geschichte der Kommunistischen Partei der Sowjetunion*, Bd. 2, S. 592–650.

[79] Dies wird inzwischen auch von der sowjetischen Geschichtswissenschaft bestätigt; vgl. Geyer, *Die Russische Revolution*, S. 57. – Auf eine Ereignisgeschichte der Februarrevolution und Oktoberrevolution kann hier verzichtet werden, zumal es zahlreiche leicht zugängliche Darstellungen gibt; vgl. R. V. Daniels, *Red October. The Bolshevik Revolution of 1917*. Scribner, New York 1967; W. H. Chamberlin, *Die Russische Revolution 1917–1921*. Bd. 1. Europäische Verlagsanstalt, Frankfurt 1958.

Trotzdem kamen die Bolschewiki dann binnen weniger Monate an die Macht, auf die bürgerliche Februarrevolution folgte die sozialistische Oktoberrevolution. Diese Entwicklung läßt sich allein mit dem Hinweis auf das taktische Geschick der Bolschewiki und auf glückliche Zufälle nicht erklären. Sie verweist vielmehr auf das entscheidende soziale Faktum, daß die neue Doppelherrschaft von Provisorischer Regierung und Sowjet die Konflikte, die zur ersten Revolution geführt hatten, nicht zu lösen vermochte. Die Führung der Sozialrevolutionäre und der Menschewiki schwenkte weitgehend auf die bürgerliche Linie ein, die der »progressive Block« schon in der Opposition gegen das alte Regime vertreten hatte und in der Provisorischen Regierung weiter vertrat: eine effizientere Organisation des Krieges und eine soziale Absicherung des Systems durch bescheidene sozialpolitische Zugeständnisse. Dies Programm ging über die soziale Realität schlicht hinweg, es bot in keiner der Fragen, die die Massen bewegten (Beendigung des Krieges, Agrarreform, Lage des städtischen Proletariats), eine klare Perspektive. Die Exponenten des »progressiven Blocks« galten schon vor dem März 1917 als Kräfte, »die das Volk, seine Regungen und Erwartungen nicht kannten oder nicht zur Kenntnis nehmen«, »die diesem Volk nicht näher standen als jeder kaiserliche Bürokrat oder hohe Militär«[80]. Sie konnten erst recht keine befriedigende Lösung anbieten, nachdem die Revolution die Massen selbstbewußter und anspruchsvoller hatte werden lassen. Indem die Sozialrevolutionäre und Menschewiki sich dieser Richtung anschlossen, verspielten sie ihr politisches Potential. Die Bolschewiki waren die einzige Partei, die im Sommer 1917 die Forderungen der Arbeiter, Bauern und Soldaten aufgriff und ganz konsequent vertrat. Es lag also historische Logik darin, daß ihnen letzten Endes die Macht zuwuchs.

Der unmittelbare Effekt der beiden russischen Revolutionen war eine Stärkung der revolutionären Bewegung in den kriegführenden Ländern. Sicherlich stellen sich für den Historiker schwierige Probleme der Abgrenzung. Neben dem Beispiel der russischen Februarrevolution wirkten durchaus eigenständige Faktoren am Anfang des »Krisenjahres« 1917: Die lange Kriegsdauer, die Verschlechterung der Ernährungsfrage und der allgemeinen Lebensbedingungen führten in allen Ländern zu einer weitverbreiteten Kriegsmüdigkeit, die sich in einzel-

[80] Geyer, *Die Russische Revolution*, S. 65.

nen Brennpunkten zu offenem Widerstand gegen den Krieg verdichtete. Diese »autonomen« Faktoren dürfen nicht unterschätzt werden; gleichzeitig ist aber klar, daß die Wende, die die Arbeiterbewegung 1917 in den kriegführenden Ländern nahm, nicht ohne Bezug auf die russische Entwicklung zu verstehen ist. Die Februarrevolution war den bürgerlich-parlamentarischen Regierungen und den Sozialpatrioten des Westens im Grunde nicht unwillkommen; sie erwarteten, daß sich die Allianz nach der Ablösung des reaktionären Zarenregimes nunmehr glaubwürdiger als ein demokratisches Bündnis gegen die Gewaltherrschaft in Mitteleuropa präsentieren konnte. In die Freude über den ideologischen Konsensus mischte sich aber unverkennbar die Befürchtung, daß die Revolution Rußlands Kriegsanstrengung beeinträchtigen würde. Der linke Flügel der Arbeiterbewegung dagegen tat sich leichter mit der Zustimmung zu einer Revolution, die zwar noch keineswegs proletarisch zu nennen war, aber von Anfang an konsequent jene Forderungen aufnahm, die bereits über die bürgerliche Revolution hinauswiesen: die Bildung von Arbeiterräten und die sofortige Beendigung des Krieges. In Deutschland reagierte Rosa Luxemburg auf die Nachrichten aus Rußland geradezu begeistert, und daß die Revolution die Massen beeinflußte, wird nicht zuletzt aus den besorgten Äußerungen von Vertretern der herrschenden Klassen deutlich[81]. In Frankreich trafen die Nachrichten von der Russischen Revolution mit der Welle der großen Verweigerung zusammen, die im Frühjahr 1917 die Rüstungsindustrie und die Streitkräfte erschütterte. Merrheims traditionell linke Gewerkschaftszeitung ›Union des Métaux‹ veröffentlichte zum 1. Mai den Friedensaufruf des Petrograder Sowjets; Soldaten riefen: »Nieder mit dem Krieg! Lang lebe die Russische Revolution«[82]. In Italien fand die Revolution besonders große Resonanz. Das Zentralorgan der Sozialistischen Partei, ›Avanti‹, berichtete Tag für Tag und grundsätzlich auf der ersten Seite über die Russische Revolution. »Fare come in Russia« (»Wie in Rußland machen«) wurde eine oft wiederholte Losung der italienischen Sozialisten[83]. So-

[81] Vgl. L. Stern. *Der Einfluß der Großen Sozialistischen Oktoberrevolution auf Deutschland und die deutsche Arbeiterbewegung*. Rütten Loening, Berlin 1958.

[82] Vgl. R. Wohl, *French Communism in the Making, 1914–1924*. Stanford UP 1966, S. 87f.

[83] H. König, *Lenin und der italienische Sozialismus 1915–1921. Ein Beitrag zur Gründungsgeschichte der Kommunistischen Internationale*. Böhlau, Köln/Graz, 1967, S. 19. –

gar die britische Arbeiterbewegung, die traditionell Distanz hielt zur marxistisch-revolutionären Linie, wurde von der Russischen Revolution nachhaltig beeinflußt[84]. Ähnlich wie in Deutschland und Frankreich platzte die Nachricht von der Revolution in die Anfänge einer breiten Streikbewegung. Die Forderung nach sofortigem Frieden ohne Annektionen und Kontributionen kam den pazifistischen Tendenzen in der Partei und in den Gewerkschaften entgegen, und der linke Flügel der Arbeiterbewegung forderte Arbeiter- und Soldatenräte nach russischem Vorbild.

Bei der Rückschau werden freilich nicht nur die revolutionären Ansätze, sondern auch die Grenzen deutlich. Nirgends außerhalb Rußlands vermochte die Arbeiterbewegung eine Regierung zum Frieden zu zwingen. Der Krieg wurde erst durch die völlige militärisch-wirtschaftliche Erschöpfung der Mittelmächte beendet.

Die Spaltung der Internationale, die sich schon auf den Konferenzen von Zimmerwald und Kienthal abzeichnete, wurde durch die Russische Revolution beschleunigt. Lenin hielt schon bald nach der Februarrevolution den Zeitpunkt für gekommen, mit der Zimmerwalder Mehrheit zu brechen. Der revolutionäre Flügel der internationalen Arbeiterbewegung hatte nunmehr seine feste Basis in Rußland und sollte von dort aus konsequent die Dritte Internationale aufbauen. Die Zimmerwalder »Pazifisten« waren dabei eher im Wege, zumal sie nach einem Prozeß beiderseitiger Annäherung von den »Zentristen« kaum mehr zu unterscheiden waren; daher Lenins Parole: »Der Zimmerwalder Sumpf darf nicht länger geduldet werden. Es geht nicht an, der Zimmerwalder ›Kautskyaner‹ wegen die halbe Verbindung mit der chauvinistischen Internationale der Plechanow und Scheidemänner länger aufrechtzuerhalten. Man muß unverzüglich mit dieser Internationale brechen. Man soll *nur* zur Information in Zimmerwald bleiben«[85]. Zwar fand noch eine dritte Konferenz der Zimmerwalder Bewegung im August 1917 in Stockholm statt, parallel zu einer Sozialistenkonferenz, die das Internationale Sozialistische Büro jetzt end-

Daß die Resonanz auf die Russische Revolution in Italien besonders stark war, bestätigt auch Braunthal, *Geschichte der Internationale*. Bd. 2, S. 130.

[84] Vgl. S. Graubard, *British Labour and the Russian Revolution, 1917–1924*. Harvard UP, Cambridge, Mass. 1956.

[85] W. I. Lenin, *Die Aufgaben des Proletariats in unserer Revolution (Entwurf einer Plattform der proletarischen Partei)*. In: *Ausgewählte Werke in zwei Bänden*. Bd. 2, Dietz, Berlin 1959, S. 40 (Hervorhebung im Original).

lich einberufen hatte[86], aber weder die eine noch die andere Richtung hatte Einfluß auf den weiteren Gang der Dinge. Die internationale Arbeiterbewegung war im Sommer 1917 in zwei Richtungen gespalten, repräsentiert durch die sozialpatriotischen Mehrheitssozialisten in West- und Mitteleuropa einerseits, die Bolschewiki andererseits. Der rechte Flügel konstituierte (bzw. rekonstituierte) sich im Februar 1919 in Bern unter Beibehaltung der alten Firma als Zweite Internationale. Einen Monat später wurde in Moskau die kommunistische Dritte Internationale feierlich aus der Taufe gehoben. Auf die Spaltung der Dachorganisation folgte alsbald die Spaltung der Arbeiterparteien und Gewerkschaften in den einzelnen Ländern.

[86] Vgl. H. Meynell, *The Stockholm Conference of 1917*. In: International Review of Social History 5 (1960).

8. Kapitel
Kriegsziele und Friedensordnung

Mit dem Kriegsausbruch fiel die liberal-kapitalistische Weltwirtschaft auseinander, und die Strukturveränderungen, die der Krieg mit sich brachte, ließen die Chancen einer Rekonstruktion gering werden. Aber die Desintegration war nicht so sehr dem Wirken ökonomischer Gesetzmäßigkeiten zuzuschreiben, sie war vor allem ein Ergebnis politischen Handelns. Was auf beiden Seiten an Kriegszielen geplant und was dann später als Friedensordnung durchgesetzt wurde, war nicht geeignet, internationale Wirtschaftsbeziehungen zu rekonstituieren, sondern führte in der Theorie und in der Praxis weiter von der Weltwirtschaft weg. Wirtschaftshistorisch interessant sind die Kriegszielprogramme vor allem deshalb, weil sie versuchten, wirtschaftliche Interdependenz mit machtpolitischen Ansprüchen zu verbinden[1]. In beiden kriegführenden Lagern gab es Bestrebungen, die multilaterale Weltwirtschaft der Vorkriegszeit abzulösen durch machtpolitisch strukturierte wirtschaftliche »Großräume«.

Mitteleuropa

Die Mitteleuropa-Pläne des kaiserlichen Deutschland begannen bald nach der Konsolidierung des Reiches in den 1880er Jahren. Fritz Fischer hat gezeigt, daß die Orientierung der Reichsregierung, der Interessengruppen und der öffentlichen Meinung in einem bestimmten Rhythmus, der durch die konjunkturelle Entwicklung gegeben war, zwischen »Weltpolitik« und »Mitteleuropa-Politik« wechselte[2]. Die industrielle Expansion

[1] Die Bibliographie Gunzenhäusers (von der Stuttgarter Weltkriegsbibliothek) nennt rund 2300 Titel zum Friedensschluß, aber auch ausführlich zur Kriegszieldiskussion auf beiden Seiten: M. Gunzenhäuser, *Die Pariser Friedenskonferenz 1919 und die Friedensverträge 1919–1920. Literaturbericht und Bibliographie*. Bernard & Graefe, Frankfurt 1970. – Trotz dieser schon beinahe überreichlichen Literatur wäre aber eine wirtschaftshistorische Analyse der Kriegsziele und der Friedensverträge erst noch zu schreiben.

[2] Vgl. F. Fischer, *Krieg der Illusionen. Die deutsche Politik von 1911 bis 1914*. Droste, Düsseldorf 1969; Speziell zur Mitteleuropa-Idee: H. C. Meyer, *Mitteleuropa in German Thought and Action 1815–1945*. Nijhoff, Den Haag 1955; Z. Jindra, *Über die ökonomischen Grundlagen der »Mitteleuropa«-Ideologie des deutschen Imperialismus*. In: K. Ober-

drängte zur »Weltpolitik«, dagegen wechselte das Schwergewicht zu »Mitteleuropa«, wenn die politische und wirtschaftliche Expansion nach Übersee auf Widerstand stieß. Dies war letztens vor dem Krieg ab 1910 der Fall. »Mitteleuropa« unter deutscher Vorherrschaft sollte die politische und wirtschaftliche Basis sein, auf der Deutschland sich gegen die konkurrierenden »Weltreiche« USA, Großbritannien und Rußland behaupten konnte. Bei diesen Plänen verbanden sich ökonomische Interessen mit jenen pseudo-ökonomischen Argumenten, die zwar in wirtschaftlichen Begriffen formuliert (»Lebensraum für die wachsende Bevölkerung«), im Grunde aber wirtschaftlich sinnlos waren und allenfalls der Ablenkung innerer Konflikte nach außen dienten. Das Streben nach einer auf »Mitteleuropa« sich gründenden Weltmachtstellung war letztlich für Deutschlands Entschluß zum Präventivkrieg maßgebend.

Alsbald nach Kriegsausbruch begann in Deutschland eine breite öffentliche und offizielle »Kriegszieldiskussion«. Interessenverbände, einzelne Industrielle und Bankiers, politische Parteien und nationale Agitationsvereine, und auch die Reichsregierung selbst stellten Programme auf, in denen noch die »gemäßigten« Positionen reichlich aggressiv waren. Als erste Organisation trat der »Alldeutsche Verband« im August 1914 mit einem Kriegszielprogramm hervor. Kernpunkt dieses Programms war ein Mitteleuropa, das »zusammen mit den Landesteilen, die das Deutsche Reich und Österreich-Ungarn als Siegespreis gewinnen, ein großes, einheitliches Wirtschaftsgebiet bilden wird«[3]. Der deutsche »Siegespreis« war großzügig beschrieben: Im Westen Annektion Belgiens, des französischen Erzgebietes von Longwy-Briey und der französischen Kanalküste bis zur Somme, Besetzung einer Festungslinie von der Somme-Mündung bis Verdun und Einrichtung von Toulon als deutschen Kriegshafen am Mittelmeer. Die Bevölkerung

mann (Hrsg.), *Probleme der Ökonomie und Politik in den Beziehungen zwischen Ost- und Westeuropa vom 17. Jahrhundert bis zur Gegenwart.* Rütten & Loening, Berlin 1960. Die Literatur zu den deutschen Kriegszielen ist inzwischen gewaltig angewachsen. Ausgelöst wurde die neuere Diskussion durch die große Untersuchung (nach einigen vorhergehenden Aufsätzen) von F. Fischer, *Der Griff nach der Weltmacht. Die Kriegszielpolitik des kaiserlichen Deutschland 1914/18.* 3. Aufl., Droste, Düsseldorf 1964. Fritz Fischer und seine Schüler haben die Thesen ausgebaut und verschiedene Einzelfragen näher untersucht. Zur Diskussion vgl. den Sammelband: W. Schieder (Hrsg.), *Erster Weltkrieg. Ursachen, Entstehung und Kriegsziele.* Kiepenheuer & Witsch, Köln/Berlin 1969. Eine Synthese der marxistischen Positionen gibt es in: F. Klein (Hrsg.), *Deutschland im Ersten Weltkrieg.* 3 Bde., Akademie-Verlag, Berlin 1970.

[3] Zit. nach Fischer, *Der Griff nach der Weltmacht*, S. 120.

der genannten Gebiete sollte ausgesiedelt und durch reichsdeutsche oder auslandsdeutsche Ansiedler ersetzt werden. Im Osten sollte Rußland hinter die Grenzen vor der Zeit Peters des Großen zurückgeworfen werden. Das bedeutete Annektion der polnischen Grenzgebiete und der baltischen Provinzen Rußlands als »strategische Sicherung« und als »Siedlungsraum«. Als formal selbständige Mitglieder für den unter deutscher Führung stehenden mitteleuropäischen Staatenbund waren Österreich-Ungarn, Bulgarien, Rumänien, die Niederlande, die Schweiz, Dänemark, Norwegen, Schweden und Finnland vorgesehen. Der deutsche Kolonialbesitz, erweitert um belgische und französische Gebiete, sollte dem Mitteleuropa-Verband angeschlossen werden. Der Alldeutsche Verband war kein beliebiger Verein. Ursprünglich ein kleinbürgerlich-nationalistischer Agitationsverein, war er durch Übereinstimmung der Ziele zur Plattform einflußreicher rechtsextremer Wirtschaftskreise geworden, insbesondere der Schwerindustrie und der Großagrarier. Beide Gruppierungen hatten im alldeutschen Programm ihre besonderen Interessen untergebracht. Bei der Schwerindustrie lag die Betonung auf der Annektion der französischen Erzgebiete, der Kontrolle über Belgien und dem Erwerb des belgischen Kongo-Gebietes. Die Agrarier wollten die Ausdehnung nach Osten, um dem Agrarsektor in Deutschlands Wirtschaft (und Politik) mehr Gewicht zu verschaffen.

Durch geschickte Agitation verstanden Schwerindustrie und Junker es, dem alldeutschen Programm eine breite Basis zu sichern und ihre partikularen Interessen damit als »patriotisch« und »national« zu präsentieren. Ende September 1914 organisierte der Alldeutsche Verband eine Kundgebung der »schaffenden Stände«, auf der Vertreter der Industrie, der Landwirtschaft, des Handwerks und des Handels sich hinter die alldeutsche Annektionspolitik stellten. Diese Kundgebung war der Ausgangspunkt für eine kontinuierliche Zusammenarbeit zwischen dem Verband und Repräsentanten der Wirtschaft, die im März 1915 zu einem gemeinsamen Kriegszielprogramm der großen Wirtschaftsverbände führte, wesentlich auf der Basis des alldeutschen Programms. Im Mai 1915 wurde das Programm in Form einer Eingabe dem Kanzler vorgelegt, gemeinsam vom Centralverband Deutscher Industrieller, dem Bund der Industriellen, dem Bund der Landwirte, dem Deutschen Bauernbund, dem Reichsdeutschen Mittelstandsverband sowie den Christlichen Bauernvereinen; später schloß sich der Hansabund, der die Interessen des Handels repräsentierte, an. Damit es nun nicht so aussähe, als werde der Krieg einzig um Bergbaukonzessionen und Absatzmärkte geführt, brachte der Alldeutsche Verband im Juni 1915 eine Kriegszielkundgebung der Intelligenz zusammen. Mit beinahe 1200 Unterschriften (u. a. von prominenten Professoren wie Dietrich Schäfer, Friedrich Meinecke und Otto Hintze) wurde eine Resolution verabschiedet, die dem Annektionismus der Wirtschaftsverbände nicht nachstand. Aus den Bemühungen um die Intellektuelleneingabe entstand später der »Unabhängige Ausschuß für einen Deutschen Frieden«, der zu Recht als ein »Zentrum der Annektionspropaganda« bezeichnet wird[4].

Neben dem offiziellen, auf den alldeutschen Forderungen basierenden Kriegszielprogramm der deutschen Wirtschaft traten einzelne Industrielle und Bankiers in Eingaben an die Regierung mit eigenen Kriegsziel-Programmen hervor: Krupp, Rathenau (AEG), Stinnes, Thyssen, Gwinner (Deutsche Bank), um nur die wichtigsten zu nennen. Die Montanindustriellen gingen in ihren Forderungen teilweise noch über das alldeutsche Programm hinaus. Thyssen richtete die Aufmerksamkeit auf Südrußland (Donez-Becken, Krim und Kaukasus), das wegen seiner Eisen- und Manganerze für den Thyssen-Konzern interessant war; er malte die Möglichkeit aus, mit der Landbrücke über Südrußland, Kleinasien und Persien das britische Weltreich zu bedrohen[5]. Krupp wiederholte im wesentlichen die alldeutschen Forderungen, fügte der Kriegszieldiskussion aber einen exotischen Akzent hinzu durch die Forderung nach dem weit entfernten Neu-Kaledonien, das für den Krupp-Konzern durch seine Nickelerze interessant war[6]. Dagegen wird an den Kriegsziel-Programmen Rathenaus und Gwinners eine gewisse Distanz der exportorientierten verarbeitenden

[4] Vgl. K. H. Schädlich, *Der »Unabhängige Ausschuß für einen Deutschen Frieden« als ein Zentrum der Annexionspropaganda des deutschen Imperialismus im ersten Weltkrieg.* In: F. Klein (Hrsg.), *Politik im Krieg 1914–1918.* Akademie-Verlag, Berlin 1964.

[5] Vgl. auch W. Treue, *Die Feuer verlöschen nie. August Thyssen-Hütte 1890–1926.* Econ, Düsseldorf/Wien 1966, S. 182ff. – In der Tat lassen diese Kriegsziele Thyssen »als einen in großen Wirtschaftsräumen denkenden Unternehmer erkennen, der ohne Rücksicht auf Traditionen und gegebene Verhältnisse an eine Neuordnung im Interesse der Wirtschaft selbst gehen wollte« (S. 183).

[6] Krupps Denkschrift, verfaßt im November 1914 und im Juli 1915 dem Kanzler übergeben, ist abgedruckt bei W. Boelcke, *Krupp und die Hohenzollern in Dokumenten.* Athenaion, Frankfurt 1970.

Industrie und der mit ihr verbundenen Banken gegenüber dem blindwütigen Annektionismus der Schwerindustrie deutlich[7]. Bei Rathenau und Gwinner lag die Betonung auf Mitteleuropa als Zollunion ohne besondere staatliche Verbindungen. Im Westen empfahlen sie einen Ausgleich mit Frankreich, das in die Zollunion eintreten sollte, im Osten die Errichtung autonomer Nationalstaaten auf dem Boden der russischen Westprovinzen. Dieses Programm »indirekter« Herrschaft (wirtschaftliche Vorherrschaft und halbautonome Satellitenstaaten) war ausdrücklich als weniger auffällige und zugleich stabilere Alternative zur »direkten« Expansion der Alldeutschen gedacht. In der Kolonialfrage stimmte die »gemäßigte« Richtung mit den Alldeutschen im wesentlichen überein. Die von Rathenau und Gwinner als Kriegsziel propagierte »indirekte« Herrschaft konnte in bezug auf die Meinung der deutschen Wirtschaft nur als Minderheitsvotum gelten, da die relevanten Wirtschaftsverbände in ihrer Gesamtheit sich hinter die alldeutschen Forderungen stellten. Die »gemäßigte« Richtung empfahl sich aber aus innenpolitischen Gründen, weil sie im Unterschied zum alldeutschen Programm auch für das liberale Bürgertum und für den rechten Flügel der Sozialdemokratie akzeptabel war.

Die Haltung der Reichsregierung in der Kriegszieldiskussion, repräsentiert durch den Kanzler Bethmann Hollweg, ist als eine »Politik der Diagonale« charakterisiert worden: der Versuch nämlich, sich auf einer mittleren Linie zwischen den Alldeutschen und den Gemäßigten zu behaupten. In der offiziellen Kriegszieldenkschrift der Reichsregierung vom 9. September 1914 (»Septemberprogramm«) stand als zentrale Forderung ein wirtschaftlich geeintes Mitteleuropa: »Es ist zu erreichen die Gründung eines mitteleuropäischen Wirtschaftsverbandes durch gemeinsame Zollabmachungen ... Dieser Verband, wohl ohne gemeinsame konstitutionelle Spitze, unter äußerlicher Gleichberechtigung seiner Mitglieder, aber tatsächlich unter deutscher Führung, muß die wirtschaftliche Vorherrschaft Deutschlands über Mitteleuropa stabilisieren«[8]. So-

[7] Zu den beiden »Fraktionen« innerhalb des Großkapitals vor allem: W. Gutsche, *Erst Europa – und dann die Welt. Probleme der Kriegszielpolitik des deutschen Imperialismus im Ersten Weltkrieg.* In: Zeitschrift für Geschichtswissenschaft 12 (1964); J. Kuczynski, *Darstellung der Lage der Arbeiter in Deutschland von 1900 bis 1917/18 (Die Geschichte der Lage der Arbeiter unter dem Kapitalismus, Bd. 4)*. Akademie-Verlag, Berlin 1967.

[8] Zit. nach Fischer, *Krieg der Illusionen*, S. 769.

weit entsprach das »Septemberprogramm« den Vorstellungen der gemäßigten Richtung in der Kriegszieldiskussion. Gleichzeitig enthielt das Programm aber auch Offerten an die Alldeutschen. Im Westen forderte es die Angliederung von Longwy-Briey und von Teilen Belgiens. Die Festlegung der Kriegsziele gegenüber Rußland wurde ebenso wie die Erörterung der Kolonialfrage auf einen späteren Zeitpunkt verschoben. Dies Verfahren hielt, ohne die gemäßigte Kriegszielrichtung vor den Kopf zu stoßen, doch allen annektionistischen Spekulationen über Eroberungen in Ost und West die Tür weit offen.

Die deutschen Kriegsziele haben sich im Verlauf des Krieges als relativ konstant erwiesen, wenig beeinflußt vom Auf und Ab der militärischen Situation. Die lange Kriegsdauer hat die alldeutsche Richtung nicht etwa zu einer konzilianten Haltung veranlaßt. Eher noch hat sich im Gegenteil die Haltung verhärtet, insbesondere durch den Ruck nach rechts, den der Wechsel der Obersten Heeresleitung im August 1916 mit sich brachte. Ein Aufruf vom Mai 1917, getragen von fast den gleichen Gruppen wie beim Kriegszielprogramm der deutschen Wirtschaft vom März 1915, also von den repräsentativen Wirtschaftsverbänden sowie von verschiedenen Agitationsvereinen und ständischen Organisationen, gipfelte in der Forderung: »Nur ein Friede mit Entschädigungen, mit Machtzuwachs und Landerwerb kann unserem Volke sein nationales Dasein, seine Stellung in der Welt und seine wirtschaftliche Entwicklungsfreiheit dauernd sicherstellen«[9].

Die Regierung trat aus innen- und außenpolitischen Gründen weiterhin eher im Sinne der gemäßigten Richtung auf, und diese Differenzen zum alldeutschen Programm steigerten sich 1916/17 zum offenen Konflikt zwischen der Regierung und der Dritten Obersten Heeresleitung. Aber während die Geschichtschreibung diesen Konflikt früher sehr stark hervorgehoben und zu einem Zweikampf Bethmann Hollweg gegen Hindenburg-Ludendorff stilisiert hat, setzt sich inzwischen die Einsicht durch, daß es im Kern doch objektive Gemeinsamkeiten gegeben hat. Erstens wurden die offiziellen Kriegsziele stets so vage gehalten, daß sie auch im annektionistischen Sinne interpretierbar waren, letztens noch im »Friedensangebot« der Mittelmächte vom Dezember 1916. Zweitens war auch die »gemä-

[9] Zit. nach Fischer, *Der Griff nach der Weltmacht*, S. 437.

ßigte« Position der Regierung noch aggressiv genug, um für die Alliierten völlig unakzeptabel zu sein; sie setzte deshalb so gut wie das alldeutsche Programm einen totalen Sieg der Mittelmächte voraus.

»Mitteleuropa« empfahl sich als zentraler wirtschaftlicher Begriff in der innerdeutschen Kriegszieldiskussion, weil die verschiedenen Richtungen ihn jeweils in ihrem Sinne interpretieren und mit konkretem Inhalt ausfüllen konnten. Aus dem gleichen Grund eignete sich »Mitteleuropa« auch als zentraler Punkt in der gemeinsamen Kriegszielabstimmung zwischen den Mittelmächten[10]. Die Basis für diese internationale Mitteleuropa-Bewegung war das militärische Bündnis zwischen Deutschland und Österreich-Ungarn. Durch die Bündnisse und die militärische Entwicklung bis Ende 1915 (Eroberung Serbiens) richtete sich »Mitteleuropa« sehr stark nach Südosten, über den Balkan bis zur Türkei (»Berlin-Bagdad«). Friedrich Naumanns 1915 erschienenes Buch »Mitteleuropa« traf die Stimmung der Zeit und leitete eine wahre Mitteleuropa-Euphorie ein. Nachdem aber konkrete Verhandlungen zwischen den Mittelmächten begonnen hatten, zeigten sich beträchtliche Schwierigkeiten der Realisierung. In Österreich-Ungarn, Bulgarien und der Türkei gab es latenten Widerstand gegen ein Mitteleuropa, in dem Deutschland die Hegemonie anstrebte und aufgrund seiner wirtschaftlichen Überlegenheit auch zwangsläufig erreichen mußte. 1916 gilt daher als Kulmination der Mitteleuropa-Idee. Danach traten die nationalen Sonderinteressen deutlicher hervor. Die Auflösung der Mitteleuropa-Idee zeigte sich deutlich bei den Friedensschlüssen von Brest-Litowsk und Bukarest. Die Verhandlungen zogen sich jedesmal lange hin, nicht nur, weil die Besiegten sich schwer taten, die harten Friedensbedingungen zu akzeptieren, sondern auch, weil die Sieger ihre nationalen Sonderinteressen und ihre jeweiligen Ansprüche auf die gemeinsame »Beute« nur schwer vereinbaren konnten.

Die Sowjetregierung eröffnete die Friedensverhandlungen von Brest-Litowsk im Dezember 1917 mit einem Programm,

[10] Vgl. neben der bereits erwähnten neueren Literatur zu Mitteleuropa auch die Studie von G. Gratz und R. Schüller, *Die äußere Wirtschaftspolitik Österreich-Ungarns. Mitteleuropäische Pläne*. Hölder-Pichler-Tempsky, Wien 1925. Zum türkischen Bündnis: V. Trumpener, *Germany and the Ottoman Empire*. Princeton UP, 1968; F. G. Weber, *Eagles on the Crescent. Germany, Austria and the Diplomacy of the Turkish Alliance 1914–1918*. Cornell UP Ithaca 1970.

das ausdrücklich als Grundlage für einen allgemeinen Frieden an allen Fronten gedacht war, und zwar für einen Frieden »ohne Annektionen und Reparationen«[11]. Dieses Programm hatte in der Sache eine gewisse Ähnlichkeit mit Wilsons Forderung nach einem »Frieden ohne Sieg« und es entsprach dem Friedenswillen der Massen nicht nur in Rußland, sondern in allen kriegführenden Ländern[12]. Mit Rücksicht auf die Volksstimmung wagten die Vertreter der Mittelmächte dann auch keine offene Zurückweisung des Programms, sie brachten aber einige Vorbehalte ein, die im Effekt die Tür für Annektionen und Reparationen offenhielten. Bei der Konkretisierung der Friedensbedingungen im Januar 1918 setzte sich eindeutig die annektionistische »alldeutsche« Kriegszielrichtung durch. In den Verhandlungen vertrat vor allem die deutsche Oberste Heeresleitung den extremen Flügel, aber sie war nicht allein verantwortlich. Die in der Form etwas »gemäßigter« als die Militärs auftretenden Diplomaten des deutschen Auswärtigen Amtes forderten im Kern ebenfalls weitreichende Annektionen, und die Verbündeten wirkten, indem sie ihre Sonderinteressen einbrachten, eher verschärfend als mäßigend auf die Friedensbedingungen ein. Der Vertrag, der im März 1918 unterzeichnet wurde, brachte Finnland, die baltischen Provinzen, Polen, die Ukraine, sowie im Kaukasus Kars, Ardahan und Batum unter verschiedenen Titeln in den Einflußbereich der Mittelmächte – als direkte Annektionen, als »vorübergehende« Besatzungsgebiete oder als »unabhängige« Satellitenstaaten. Schon vor Abschluß der Verhandlungen mit Sowjetrußland, im Februar 1918, hatten die Mittelmächte einen Sonderfrieden mit ihrer ukrainischen »Marionettenregierung«[13] abgeschlossen. Die Behandlung des Vertrages von Brest-Litowsk im Deutschen Reichstag enthüllte die breite politische Basis des Annektionismus: Nur die Unabhängigen Sozialdemokraten stimmten

[11] Vgl. J. W. Wheeler-Bennett, *Brest-Litovsk. The Forgotten Peace, March 1918.* Macmillan, London 1956 (erstmals 1939). Neuerdings aufgrund umfangreicher Archivstudien W. Baumgart, *Deutsche Ostpolitik 1918. Von Brest-Litovsk bis zum Ende des Ersten Weltkrieges.* Oldenbourg, Wien/München 1966. Baumgarts Untersuchung setzt allerdings ausführlich erst im Frühjahr 1918 ein (nach den Friedensverhandlungen). Weitgehend auf die politische Sphäre beschränkt sich die vergleichende Untersuchung: W. Baumgart, *Brest-Litovsk und Versailles. Ein Vergleich zweier Friedensschlüsse.* In: Historische Zeitschrift 210 (1970).

[12] G. Schulz, *Revolutionen und Friedensschlüsse 1917–1920.* 2. Aufl. dtv, München 1969, S. 110.

[13] Vgl. Wheeler-Bennett, *Brest-Litovsk*, S. 316.

gegen den Vertrag, während die Mehrheits-Sozialdemokraten mit einer Stimmenthaltung reagierten, die sie in bedenkliche Nähe zur politischen Linie der Obersten Heeresleitung brachte. Ungeachtet des Friedensvertrages drangen die Mittelmächte im Sommer 1918 im Don-, Kuban- und Kaukasusgebiet weiter vor, und die zwischen Deutschland (ohne die Verbündeten) und Sowjetrußland abgeschlossenen Ergänzungsverträge vom August 1918 brachten für Sowjetrußland einige Verschlechterungen: Estland und Livland wurden jetzt formell aus dem russischen Staatsverband gelöst, und die deutsche Regierung forderte eine Kriegsentschädigung von 6 Mrd. Mark. Das Reichsbankdirektorium benutzte die Gelegenheit, sich einen Teil der Summe in Gold zur Stärkung der Notendeckung auszubitten – ein origineller Beitrag zur Interdependenz von Wirtschaft und Politik[14]. Daß es in Brest-Litowsk weniger um Selbstbestimmung ging als um Getreide, Erz, Kohle und Erdöl, war kein Geheimnis. Schon während der Verhandlungen entbrannte ein zäher Kampf zwischen den verbündeten Regierungen und zwischen konkurrierenden privaten Interessengruppen um die Verteilung der wirtschaftlichen Beute. Deutsche und österreichisch-ungarische Interessen prallten in der Ukraine aufeinander, deutsche und türkische Interessen im Kaukasus. Industrie und Banken in Deutschland bereiteten im Sommer 1918 umfangreiche Projekte für die wirtschaftliche Durchdringung Rußlands vor, ungeachtet der Tatsache, daß eine Realisierung der Pläne wegen der wirtschaftlichen Schwierigkeiten sowohl in Rußland als auch in Deutschland zunächst gar nicht möglich war.

Im Frieden mit Rumänien setzten politische Rücksichten auf die Bundesgenossen und auf das Kräftegleichgewicht des Balkans den alldeutschen Expansionsbestrebungen eine gewisse Schranke. Wirtschaftlich sollte Rumänien als Ausbeutungsobjekt an »Mitteleuropa« angeschlossen werden, dabei aber seine Leistungsfähigkeit nach Möglichkeit behalten. Im Frieden von Bukarest sicherten sich die Mittelmächte vor allem die Kontrolle über die Ölquellen, die Getreideausfuhr und die Eisenbahnen Rumäniens. Die Ausbeutung der Ölquellen wurde einer Monopolgesellschaft (»Mitteleuropäische Erdölgesell-

[14] Vgl. Baumgart, *Deutsche Ostpolitik 1918*, S. 298f. – Tatsächlich zahlte die Sowjetregierung in zwei Raten 560 Mio. in Gold und Rubeln. Das Gold kam vermutlich aus den rumänischen Notenbankreserven, die vor den Deutschen nach Rußland gerettet und nach der Revolution von den Sowjets beschlagnahmt worden waren.

schaft«) übertragen, an der das Deutsche Reich zu 56 Prozent, Österreich-Ungarn zu 24 Prozent und Rumänien zu 20 Prozent beteiligt werden sollten. Auf die rumänische Getreideausfuhr erhielten Deutschland und Österreich-Ungarn für sieben Jahre ein Vorgriffsrecht. Der Rumänien-Frieden entsprach nach Form und Inhalt ungefähr der »indirekten« Expansionsrichtung, die das deutsche »Mitteleuropa« vor allem auf wirtschaftliche Vorherrschaft gründen wollte. In Deutschland galt er, obwohl er Rumänien praktisch zur wirtschaftlichen und politischen Kolonie der Mittelmächte machte, als gemäßigt und wurde von der extremen Kriegszielmehrheit nachträglich als zu schwach kritisiert. Unerwarteten Zuspruch erhielt diese Kritik von der Deutschen Bank, die sonst wohl der »indirekten« Expansion zuneigte, durch die Errichtung einer staatlichen Ölmonopolgesellschaft aber ihr schon »traditionelles« privates Interesse am rumänischen Erdöl gefährdet sah[15].

Es ist an der Zeit, die Mitteleuropa-Konzeption einmal im Zusammenhang auf ihre wirtschaftliche Tragfähigkeit hin zu überprüfen. Die partikularen, privatwirtschaftlichen Interessen wurden bei der Darlegung der innerdeutschen Kriegsziel-Diskussion bereits deutlich. Die Schwerindustrie wollte für sich Rohstoffvorkommen und Produktionsanlagen, die ja nicht nur deutscher Staatshoheit unterstellt, sondern auch in deutschen Privatbesitz überführt werden sollten. Die Großagrarier wollten Land gewinnen, entweder für sich selbst, oder um die »Siedlungsbewegung« vom deutschen Großgrundbesitz auf die weiten Gebiete im Osten abzulenken, und in jedem Fall, um das wirtschaftliche und politische Gewicht des Agrarsektors in Deutschland zu stärken. Die exportstarken Industrien (Elektro, Chemie, Metallverarbeitung) erhofften sich von einer Aufhebung der innereuropäischen Zölle bessere Absatzchancen. Die Großbanken wollten ihre »Einflußsphären« politisch abgesichert und gegen ausländische Konkurrenten geschützt haben.

Alle diese verschiedenen partikularen Interessen konnten sich hinter der gefälligen Mitteleuropa-Idee verstecken, die von zahlreichen Ideologen ausgeschmückt und popularisiert wurde. Aber es gelang nicht und konnte auch in Anbetracht der immanenten Gegensätze gar nicht gelingen, die Mitteleuropa-Idee ökonomisch zu konkretisieren. Das galt schon für die innerdeutsche Kriegszieldiskussion. Der Landerwerb im

[15] Vgl. zu den Erdölinteressen der Deutschen Bank in Rumänien F. Seidenzahl, *100 Jahre Deutsche Bank. 1870–1970.* Frankfurt, 1970.

Osten, mit dem die Schwerindustrie die Zustimmung der Junker zu ihren Rohstoff- und Industrieeroberungen im Westen erkauft hatte, mußte unweigerlich für die deutsche industrielle Entwicklung auf die Dauer zum Klotz am Bein werden. Partikulare Gegensätze traten noch deutlicher zwischen den Mittelmächten hervor. Ohne Zollschutz konnte weder die österreichische Industrie den Wettbewerb mit der übermächtigen deutschen Konkurrenz aushalten, noch waren die ostelbischen Junker gegenüber der ungarischen Landwirtschaft konkurrenzfähig. Keine der beiden Regierungen wollte oder konnte die betroffenen Interessengruppen fallen lassen, und bei den während des Krieges geführten deutsch-österreichischen Gesprächen über Mitteleuropa wurden diese Schwierigkeiten deutlich.

Erst recht wurde die Mitteleuropa-Konzeption fragwürdig, wenn sie als Alternative zur wirtschaftlichen Integration angeboten wurde. Mitteleuropa war für die deutsche Wirtschaft ein wichtiger, aber keineswegs ein hinreichender Raum. Die Länder, die für »Mitteleuropa« in der weitesten Fassung (Europa mit Ausnahme von Großbritannien, Rußland, Spanien, Portugal) im Gespräch waren, nahmen im letzten Vorkriegsjahr 50 Prozent der deutschen Ausfuhr ab und lieferten 30 Prozent der deutschen Einfuhr[16]. Ein »Rückzug« Deutschlands aus der Weltwirtschaft auf eine nach innen geeinte, nach außen aggressiv-protektionistische mitteleuropäische Basis war daher wirtschaftlich problematisch. Im Export hatte die deutsche Wirtschaft durch mögliche Retorsionen in Übersee ebensoviel zu verlieren, wie sie in »Mitteleuropa« gewinnen konnte. Die Herkunft der Importe zeigt noch deutlicher, daß weder Deutschland noch »Mitteleuropa« unter normalen Bedingungen autarke Wirtschaftsräume waren. Deutschland war viel stärker über Mitteleuropa hinaus und in die Weltwirtschaft hineingewachsen, als die Mitteleuropa-Ideologen wahrhaben wollten. Die wirtschaftlichen Wachstumschancen lagen eher in der weltwirtschaftlichen Integration, als in einem machtpolitisch und zollpolitisch abgeschirmten mitteleuropäischen Wirtschaftsraum. »Mitteleuropa« war tatsächlich kein wirtschaftspolitisches Programm. Es war eine ideologische Plattform, hinter der sich verschiedene, miteinander konkurrierende partikulare Wirtschaftsinteressen und bestimmte machtpoliti-

[16] Vgl. League of Nations (Hrsg.), *Memorandum on Balances of Payments and Foreign Trade Balances, 1910–1924.* 2 Bde. Genf 1925.

sche Ansprüche versteckten. Darüber hinaus gehörte »Mitteleuropa«, ähnlich wie der »Lebensraum« oder die »eigene Rohstoffbasis«, die angeblich für Deutschland nützlich oder sogar lebensnotwendig sein sollten, zu jenen pseudo-ökonomischen Ideologien, die seit dem ausgehenden 19. Jahrhundert die Funktion hatten, die zunehmenden inneren Spannungen der Industriegesellschaft nach außen abzulenken.

Tabelle 23. Deutsches Reich: Anteile europäischer Länder am deutschen Außenhandel 1913 (Prozent).

	Export	Import
Großbritannien	14	8
Belgien, Niederlande	12	6
Österreich-Ungarn	11	8
Rußland	9	13
Frankreich	8	5
Skandinavien	8	5
Schweiz	5	2
Italien	4	3
Balkan	2	1
Sonstige	2	3
Europa	75	54

Quelle: League of Nations (Hrsg.), *Memorandum on Balances of Payments and Foreign Trade Balances, 1910–1924*. 2 Bde. Genf 1925, Bd. 1, S. 112f., 142, 162. – Zu Skandinavien wurden Dänemark, Finnland, Norwegen, Schweden gerechnet, zum Balkan Bulgarien, Griechenland, Rumänien, Serbien.

Versailles

Die Alliierten hatten den Mitteleuropa-Plänen der Mittelmächte kein wirtschaftliches Programm von ähnlicher Geschlossenheit entgegenzusetzen[17]. Die alliierte wirtschaftliche Kooperation begann im Frühjahr 1915. Dabei wurden auch Pläne über den Friedensschluß hinaus diskutiert, ohne daß konkrete Ergeb-

[17] Die alliierten Kriegsziele sind, bedingt durch die Archivfristen, bislang noch nicht so gründlich untersucht wie die Kriegsziele der Mittelmächte; vgl. als Übersichten: A. J. P. Taylor, *The War Aims of the Allies in the First World War*. In: R. Pares und A. J. P. Taylor (Hrsg.), *Essays Presented to Sir Lewis Namier*. Macmillan, London 1956; W. W. Gottlieb, *Studies in Secret Diplomacy during the First World War*. Allen & Unwin, London 1957; H. I. Nelson, *Land and Power. British and Allied Policy on Germany's Frontiers 1916–1919*. Routledge & Kegan Paul, London 1963.

nisse erzielt worden wären. Am 27. und 28. März 1916 tagte auf französische Einladung eine Konferenz alliierter Politiker in Paris. Im Vordergrund stand dabei der französische Wunsch nach einer Vereinbarung zwischen den Alliierten, kein separates Wirtschaftsabkommen mit den Mittelmächten abzuschließen. Ein solches Abkommen sollte den Londoner Pakt vom 5. September 1914, nach dem die Alliierten sich gegenseitig verpflichteten, keinen Separatfrieden mit den Mittelmächten zu schließen, auf wirtschaftlichem Gebiet ergänzen. Beschlossen wurde dann, eine Alliierte Wirtschaftskonferenz einzuberufen, die die inter-alliierte wirtschaftliche Zusammenarbeit im Krieg und im Frieden umfassend erörtern sollte. Diese Alliierte Wirtschaftskonferenz, die erklärtermaßen auch eine Antwort auf die Mitteleuropa-Pläne sein sollte, begann am 14. Juni 1916 in Paris[18]. Die wesentlichen Ergebnisse waren: die Vereinbarung einer engeren Zusammenarbeit bei der Blockade gegen die Mittelmächte; eine Übereinkunft über den Austausch natürlicher Ressourcen und über die Abwehr des deutschen Handels in der Demobilisierungsphase; ein in allgemeiner Form gehaltener Beschluß über langfristige Perspektiven für die wirtschaftliche Kooperation nach dem Krieg.

Die Resolution wurde einstimmig angenommen, sie enthielt aber über die allgemeine Grundsatzerklärung hinaus kaum konkrete Vereinbarungen. Die alliierten Regierungen legten sich hinsichtlich ihrer zukünftigen Wirtschaftspolitik nicht fest, und etwas anderes war in Anbetracht der divergierenden Interessen auch nicht zu erwarten. Die französischen Interessen konzentrierten sich auf die Wiedergewinnung Elsaß-Lothringens und auf das Saargebiet, dessen Kohlengruben als Ergänzung zum lothringischen Eisenerz erstrebenswert schienen[19]. Ferner strebte die französische Regierung eine Fortsetzung des Wirtschaftskrieges über den Friedensschluß hinaus an, um Deutschland durch wirtschaftliche Schwächung politisch in Schach zu halten. Großbritannien, Italien und Rußland blieben den französischen Plänen gegenüber skeptisch, da sie nicht nur im Frieden mit den Mittelmächten wirtschaftlich eng verflochten waren, sondern auch ganz andere Interessen hatten.

[18] Vgl. das offizielle Protokoll: *Conférence économique des gouvernements alliés, tenue à Paris les 14, 15, 16, et 17 juin 1916. Programme, procès-verbaux des séances et acte de la conférence.* Imprimerie Nationale, Paris 1916.

[19] Vgl. P. Renouvin, *Die Kriegsziele der französischen Regierung 1914–1918.* In: Schieder (Hrsg.), *Erster Weltkrieg.*

Die britische Regierung war in den Krieg eingetreten, um den Status quo in Europa zu erhalten[20]. Aber im Verlauf des Krieges änderten sich mit Verschiebungen in der inneren Machtstruktur des Staates auch die offiziellen Kriegsziele. Der »Liberale Imperialismus«, der sich ab 1902 in der Liberalen Partei und ab 1906 in der britischen Politik durchsetzte, beschränkte sich darauf, die gegebene Struktur, also ein um Großbritannien gruppiertes und von diesem abhängiges Empire, zu erhalten und hatte zu diesem Zweck unter anderem die Annäherung an Frankreich gesucht. Der »Neue Imperialismus«, der während des Krieges an Einfluß gewann und dann im Dezember 1916 mit Lloyd George als Premierminister endgültig obsiegte, verstand das Empire als einen noch zu schaffenden homogenen Verband, dessen Zentrum nicht mehr in Großbritannien liegen würde. Der »Neue Imperialismus« zog die bisher radikalste politische Konsequenz aus der Tatsache, daß die britischen Wirtschaftsinteressen sich allem Anschein nach immer mehr nach Übersee verlagerten. So ist wohl zu verstehen, daß der koloniale Imperialismus in Großbritannien eine letzte Steigerung erlebte zu einem Zeitpunkt, als er weltweit bereits einer Krise entgegenging. Wilsons »Vierzehn Punkte«, die bei der Regelung der Kolonialfragen Rücksicht auf die Interessen der betroffenen Bevölkerung verlangten, zeigen, daß das Selbstverständnis des Imperialismus nicht mehr ungebrochen war. Der »Neue Imperialismus« trug dem insofern Rechnung, als er das europazentrische Imperium aufgab; die territoriale Expansion erfuhr in ihm aber noch eine Steigerung. Seine Kriegsziele richteten sich verstärkt, auch durch die Beteiligung der Dominions, gegen das deutsche Kolonialreich und den türkischen Besitz im Nahen Osten.

Die britischen Kriegsziele unterschieden sich zur Zeit der Alliierten Wirtschaftskonferenz nicht nur in ihrer regionalen Struktur, sondern auch im Grad der Realisierung von den französischen Kriegszielen. Im Juni 1916 (Verdun!) lag für Frankreich der Besitz Elsaß-Lothringens oder gar der Saar noch einigermaßen in der Ferne, und selbst wenn der Erwerb gelingen sollte, mußte die Verteidigung gegen den nach Bevölkerung und Wirtschaftskraft überlegenen Nachbarn Anlaß zur Besorgnis und zu langfristiger Planung sein. Dagegen war aus britischer Sicht durch die alliierte Blockade die deutsche

[20] Vgl. neben der bereits genannten Kriegsziel-Literatur vor allem V. H. Rothwell, *British War Aims and Peace Diplomacy 1914–1918*. Clarendon Press, Oxford 1971.

wirtschaftliche und militärische Präsenz bereits ganz auf Kontinentaleuropa zurückgeworfen, das deutsche Kolonialreich war in alliierter Hand (abgesehen nur von dem zähen, aber auf die Dauer aussichtslosen deutschen Widerstand in Ostafrika), und Großbritannien hatte in den türkischen Besitzungen am Persischen Golf festen Fuß gefaßt. Es stand nur die endgültige Sanktionierung dieser bereits geschaffenen Fakten durch den militärischen Sieg über die Mittelmächte aus. Nach dieser Niederwerfung konnte Deutschland wirtschaftlich und politisch außerhalb Europas kaum mehr eine Gefahr darstellen.

Von beiden westlichen Alliierten unterschieden sich die italienischen Kriegsziele darin, daß sie sich gar nicht gegen Deutschland, sondern gegen Österreich richteten. Italien hat überhaupt erst nach der Alliierten Wirtschaftskonferenz, im August 1916, Deutschland den Krieg erklärt (mehr als ein Jahr nach der Kriegserklärung an Österreich-Ungarn im Mai 1915). Wirtschaftlich war Italien mit Deutschland eng verbunden, es hielt noch in den ersten Kriegsmonaten über die Schweiz einen nicht unbeträchtlichen Handel mit Deutschland aufrecht. Eine gegen Deutschland gerichtete inter-alliierte wirtschaftliche Kooperation über den Friedensschluß hinaus war für Italien uninteressant.

Auch die russische Regierung betrachtete die langfristigen wirtschaftspolitischen Vorschläge der Pariser Konferenz skeptisch und lehnte es strikt ab, sich in der Außenhandelspolitik für die Zeit nach dem Friedensschluß festzulegen[21]. Den russischen Außenhandel dauerhaft von Deutschland zu den Alliierten umzulenken, mußte nach Auffassung der russischen Regierung enormen Schwierigkeiten begegnen. Die Getreideexporte gingen im Frieden zu rund 40 Prozent nach Deutschland. Unter den Alliierten würde sich allenfalls der britische Markt als Alternative bieten, aber wenn das russische Getreide dort konkurrenzfähig sein sollte, mußte Großbritannien die Präferenzen gegenüber dem Commonwealth und die Meistbegünstigung gegenüber Argentinien und den USA aufgeben. Einen derart radikalen Wandel der britischen Außenhandelspolitik konnte man sich weder in Petersburg, noch wohl auch in London recht vorstellen. Die vage Zusicherung der Konferenz, die Alliierten würden einander für den Verlust feindlicher Märkte »so weit wie möglich« entschädigen, mußte für die russische Regierung unbefriedigend bleiben.

[21] Vgl. E. Nolde, *Russia in the Economic War*. Yale UP, New Haven 1928.

Nach der Pariser Wirtschaftskonferenz fanden regelmäßige inter-alliierte Konsultationen in Wirtschaftsfragen statt, vor allem auch im Rahmen des neu geschaffenen »Comité Permanent International d'Action Economique«. Unter dem Druck der Verhältnisse wurden Fortschritte in der aktuellen wirtschaftlichen Kooperation zwischen den Alliierten erzielt, bis hin zu den bereits erwähnten inter-alliierten Organisationen zur zentralen Bewirtschaftung in einzelnen Bereichen. Es fand aber keine Annäherung in den langfristigen wirtschaftspolitischen Programmen der Alliierten statt. Rußland schied nach der sozialistischen Revolution völlig aus der alliierten Kooperation aus. Dafür traten die USA in den Krieg ein, die zwar enge wirtschaftliche Beziehungen mit Großbritannien unterhielten, aber praktisch gar keine eigenen, gegen die Mittelmächte gerichteten ökonomischen Interessen hatten. Über die Zurückweisung des deutschen Hegemonialanspruchs (Mitteleuropa) hinaus hatten die Alliierten daher bis zum Waffenstillstand kein gemeinsames wirtschaftspolitisches Programm. Erst während der inter-alliierten Vorbesprechungen zur Friedenskonferenz und ab Januar 1919 in den Konferenzverhandlungen selbst wurden die Kriegsziele der einzelnen Bündnispartner zu einem »konsolidierten« Friedensprogramm vereinigt, das man dann Deutschland und seinen Verbündeten ohne lange Diskussion aufnötigte[22]. Der zentrale Zweck der Friedensverträge war eine umfassende politische Neuordnung, aber während der Verhandlung und in den Verträgen selbst wurden auch eine Anzahl ökonomisch relevanter Fragen aufgeworfen.

1. *Internationaler Handel und Kolonialfrage.* Die öffentliche Meinung maß im und nach dem Weltkrieg ökonomischen Faktoren erheblichen Einfluß auf politische Entscheidung zu[23]. Sie war darin dem Standpunkt der heutigen radikal-demokratischen und marxistischen Geschichtswissenschaft weit näher

[22] Durch die umfangreiche Literatur zum Friedensschluß führt die Bibliographie von Gunzenhäuser, Die *Pariser Friedenskonferenz 1919.* Als übersichtliche und zugleich materialreiche Einführungen scheinen mir weiterhin die älteren Sammelwerke empfehlenswert, in denen auch die wirtschaftlichen Probleme zur Sprache kommen: H. W. V. Temperley (Hrsg.), *A History of the Peace Conference of Paris.* 6 Bde., Oxford UP 1920–24; J. B. Scott (Hrsg.), *The Paris Peace Conference. History and Documents.* 6 Bde., Columbia UP, New York 1934–1942. Eine neuere Darstellung, vorwiegend unter diplomatisch-politischem Aspekt: G. Schulz, *Revolutionen und Friedensschlüsse 1917–1920.* 2. Aufl. dtv, München 1969.

[23] Vgl. auch League of Nations (Hrsg.), *Raw Material Problems and Policies.* Genf 1946.

als etwa der zeitgenössischen bürgerlich-konservativen Geschichtsforschung, die Ursache und Anlaß des Weltkrieges vorwiegend aus den Verwicklungen der Diplomatie erklärte. Wirtschaftliche Rivalitäten und der Kampf um Rohstoffe, mit dem zugehörigen System diskriminierender Außenhandelspraktiken und kolonialer Präferenzen, galten allgemein als eine der Konfliktursachen vor 1914 und damit auch als mögliche zukünftige Gefahr für den Weltfrieden.

Wilsons »Vierzehn Punkte« vom 8. Januar 1918 trugen dieser Meinung Rechnung; sie forderten wirtschaftliche Freizügigkeit und eine internationale Neuregelung der Kolonialfrage. Wörtlich verlangte Punkt 3: »Beseitigung aller wirtschaftlicher Schranken, soweit möglich, und Errichtung gleicher Handelsbeziehungen unter allen Nationen, die dem Frieden zustimmen und sich zu seiner Aufrechterhaltung zusammenschließen«. Ferner Punkt 5: »Eine freie, weitherzige und unbedingt unparteiische Schlichtung aller kolonialen Ansprüche, die auf einer genauen Beobachtung des Grundsatzes fußt, daß bei der Entscheidung aller derartigen Souveränitätsfragen die Interessen der betroffenen Bevölkerung ein ebensolches Gewicht haben müssen wie die berechtigten Forderungen der Regierung, deren Rechtsanspruch bestimmt werden soll«[24]. Den dritten Punkt mußte Wilson mit Rücksicht auf protektionistische Strömungen in den USA freilich schon bald dahingehend präzisieren, daß keineswegs allgemeiner Freihandel gemeint war, sondern nur gleiche Behandlung aller Länder. Der Zolltarif eines Landes konnte danach also hoch oder niedrig sein, wenn er nur für alle Handelspartner gleich war.

Trotz dieser schon sehr wesentlichen Einschränkung fiel der dritte Punkt dann auf der Friedenskonferenz völlig unter den Tisch. Die alliierten Regierungen wollten sich in Anbetracht der starken protektionistischen Strömungen ihre zukünftige Außenhandelspolitik offenhalten. Aus dem gleichen Grund fand auch der französisch-italienische Vorschlag keine Zustimmung, die Alliierten sollten, um den Kampf um die Rohstoffe zu entschärfen, alle Einfuhr- und Ausfuhrzölle auf industrielle Rohstoffe aufheben. Am Ende konnte man sich nicht einmal auf einen Text einigen, der, wenn nicht Restriktionen, so doch wenigstens Diskriminierungen im internationalen Handel verboten hätte; der Widerstand ging hier von der französischen

[24] Zit. nach dem deutschen Text in: E. Klöss (Hrsg.), *Von Versailles zum Zweiten Weltkrieg. Verträge zur Zeitgeschichte 1918–1939*. dtv, München 1965, S. 28.

Seite aus, die den Wirtschaftskrieg gegen die Mittelmächte über den Friedensschluß hinaus fortsetzen wollte. Der handelspolitische Inhalt des Friedenswerkes reduzierte sich schließlich darauf, daß Deutschland für fünf Jahre, Österreich, Ungarn und Bulgarien für drei Jahre eine unbedingte Meistbegünstigungs-Verpflichtung gegenüber den Alliierten einseitig auferlegt wurde. Gemessen an der ursprünglichen Forderung, wie sie im dritten von Wilsons Vierzehn Punkten enthalten war, war das ein mageres Ergebnis.

Der fünfte, die Kolonialfrage betreffende Punkt erlebte kein besseres Schicksal. Die Forderung nach einer internationalen Regelung der Kolonialfrage, bei der auch die Rechte der betroffenen unterdrückten Völker berücksichtigt werden sollten, kam sicher nicht zufällig aus den USA, die vorwiegend eine indirekte Form der imperialistischen Expansion verfolgten. Wirtschaftliche Abhängigkeit (und dadurch auch faktische politische Abhängigkeit) konnte sich dabei durchaus mit formaler politischer Selbständigkeit verbinden, deutlich zum Beispiel in Mittel- und Südamerika. Dagegen war Wilsons Forderung mit der Kolonialpolitik der europäischen Großmächte, und mit den erstmals auftretenden eigenen Kolonialansprüchen der britischen Dominions, kaum zu vereinbaren[25].

Die Friedensverträge schufen das »Mandatssystem« als eine besondere Form der kolonialen Abhängigkeit, die den antikolonialistischen Strömungen Rechnung tragen sollte. Nach diesem System erhielten die Siegermächte die ehemaligen deutschen Kolonien und türkischen Gebiete in Vorderasien nicht als kolonialen Besitz, sondern sie sollten diese Gebiete im Auftrage des Völkerbundes und im Interesse der einheimischen Bevölkerung verwalten. Je nach der Bindung an den Mandatsträger und begründet mit dem Entwicklungsstand der abhängigen Gebiete wurden drei Klassen von Mandaten unterschieden. Die »rückständigsten« Gebiete wurden als C-Mandate vollständig an die Mandatsmacht angeschlossen; die B-Mandate sollten bereits eine gewisse institutionelle Distanz zur Mandatsmacht aufweisen, insbesondere sollten alle Nationen dort gleiche Gelegenheit zu wirtschaftlicher Betätigung haben; und als »A-Mandate« wurden Gebiete klassifiziert, die im Prinzip

[25] Vgl. D. K. Fieldhouse, *Die Kolonialreiche seit dem 18. Jahrhundert*. Fischer, Frankfurt 1965, S. 208ff; H. D. Hall, *The British Commonwealth and the Founding of the League Mandate System*. In: K. Bourne, D. C. Watt (Hrsg.), Studies in International History. Longmans, London 1967.

zur Existenz als unabhängige Nation fähig waren und lediglich noch einer vorübergehenden »Beratung« durch die Mandatsmacht bedurften. So wurde z. B. das ehemalige Deutsch-Südwestafrika »C-Mandat« der Südafrikanischen Union, das ehemalige Deutsch-Ostafrika »B-Mandat« Großbritanniens, der Irak »A-Mandat« Großbritanniens. Im Grunde ging es wohl weniger um die objektive Fähigkeit der Mandatsgebiete zur Selbstverwaltung, als um einen Kompromiß zwischen den handels- und machtpolitischen Interessen der imperialistischen Staaten einerseits und dem antikolonialistischen Strömungen, nicht zuletzt auch in den abhängigen Gebieten selbst, andererseits.

2. *Die neuen Grenzen.* Das nationale Selbstbestimmungsrecht, das implizit in Wilsons »Vierzehn Punkten« enthalten war und in späteren Äußerungen Wilsons ausdrücklich bestätigt wurde, geriet beim Friedensschluß in Konflikt mit den Realitäten der Machtpolitik und wurde schließlich in einigen Punkten deutlich verletzt. Im Vordergrund stand dabei der politische Gesichtspunkt der Konsolidierung oder Ausweitung nationaler Macht; ökonomische Interessen waren nur in Ausnahmen entscheidend, z. B. bei dem französischen Vorstoß auf das Saargebiet, der zur vorübergehenden Neutralisierung des Territoriums und zur Abtretung der Kohlengruben an Frankreich führte. Insgesamt spielten beim Frieden von Versailles, wie auch schon vorher bei der alliierten Kriegszielformulierung, ökonomische oder pseudo-ökonomische Motive als Argument für territoriale Ansprüche in Europa eine weit geringere Rolle als etwa in der deutschen Kriegszieldiskussion oder in den Friedensschlüssen von Brest-Litowsk und Bukarest. Das ökonomische Interesse der Alliierten konzentrierte sich auf die Kolonien und auf die Kriegsentschädigung.

Trotzdem waren die neuen Grenzen natürlich ökonomisch relevant. Man hat die ökonomische Bedeutung der territorialen Veränderung einmal im Hinblick auf die deutsche wirtschaftliche Leistungsfähigkeit, zum anderen im Hinblick auf die internationale Allokation der Ressourcen diskutiert. Das Deutsche Reich trat im Friedensvertrag 13 Prozent seines Gebietes und 10 Prozent der Bevölkerung ab. Damit verlor die deutsche Wirtschaft große Agrargebiete (15 Prozent der Anbaufläche), Rohstoffvorkommen (75 Prozent der Eisenerze, 26 Prozent der Kohlenförderung, Kalivorkommen), und Industriezentren (lothringische Eisenindustrie, elsässische Textilindustrie, Teile

Europäische Grenzen nach dem Ersten Weltkrieg

Quelle: R. A. C. Parker, *Das Zwanzigste Jahrhundert I, 1918–1945 (Fischer Weltgeschichte, Bd. 34)*. Fischer, Frankfurt 1967, S. 45.

der oberschlesischen Schwerindustrie)[26]. In Deutschland erhob sich sofort ein Proteststurm, und es gilt bis heute als ausgemacht, daß Deutschland durch die Gebietsverluste »wesentlich ärmer« geworden war[27]. Bezogen auf das absolute Volkseinkommen, ist das wohl richtig, zugleich aber auch trivial: Dadurch, daß etwa Elsaß-Lothringen zu Frankreich kam, wurde das deutsche Volkseinkommen kleiner und das französische Volkseinkommen entsprechend größer. Bezogen auf das Pro-Kopf-Einkommen, dürfte Deutschland aber ebenso offensichtlich reicher geworden sein, denn zumindest die abgetretenen Agrargebiete im Osten waren ökonomisch ein Klotz am Bein der deutschen industriellen Entwicklung. Wenn die Spaltung der deutschen Wirtschaft in einen »modernen« und einen »rückständigen« Sektor in der Zeit vor 1914 als Wachstumshindernis betrachtet wird[28], so muß umgekehrt der Verlust rückständiger Regionen tendenziell wachstumsfördernd gewesen sein.

Die neuen Grenzen bedeuteten nach allgemeiner Auffassung nicht nur eine Umverteilung von Ressourcen von einem Land zum anderen, sondern haben auch die weltwirtschaftliche Entwicklung insgesamt behindert. Durch Zölle und andere, teilweise groteske Hindernisse[29] wurden die politischen Grenzen alsbald auch wirtschaftliche Grenzen. Die Umstellung auf einen neuen nationalen Markt war für die Wirtschaft der betroffenen Gebiete in den meisten Fällen schwierig. Die böhmische Industrie z. B. hatte vor dem Krieg in der Donaumonarchie einen großen geschützten Markt gehabt. Nach der Schaffung des tschechoslowakischen Staates sah sie sich auf den Export unter Weltmarktbedingungen angewiesen, wobei sich dann noch die anderen Nachfolgestaaten der Habsburger-Monarchie gegen Industrieimporte wehrten, um eine eigene nationale Industrie hochzuziehen. Deutsch-Österreich hatte innerhalb der Donau-

[26] Vgl. G. Stolper, K. Häuser und K. Borchardt, *Deutsche Wirtschaft seit 1870*. 2. Aufl. Mohr, Tübingen 1966, S. 88f.

[27] Ebd., S. 89.

[28] Vgl. zu dieser Hypothese z. B. D. Landes, *The Unbound Prometheus. Technological Change and Industrial Development in Western Europe from 1750 to the Present*. Cambridge UP 1970, S. 330f.

[29] Eine Zeit lang ließen die Nachfolgestaaten der Donaumonarchie Lokomotiven und Waggons aus Angst vor einer Beschlagnahme nicht aus dem Lande, so daß ein grenzüberschreitender Güterverkehr auf größte Schwierigkeiten stieß; vgl. E. Schultze, *Die Zerrüttung der Weltwirtschaft*. Kohlhammer, Berlin/Stuttgart/Leipzig 1923, S. 132.

monarchie zum großen Teil vom Austausch öffentlicher und privater Dienstleistungen gegen Agrarprodukte und Industriewaren existiert und war als Reststaat ökonomisch zunächst kaum lebensfähig. Es ist nun keineswegs so, daß die Umstellung unmöglich oder daß kleine Staaten zur wirtschaftlichen Stagnation verurteilt gewesen wären (die Schweiz ist ein Gegenbeispiel), aber die Anpassung der wirtschaftlichen Strukturen an die neuen politischen Gegebenheiten erforderte Zeit und erhebliche Kosten. Diese Kosten sind natürlich kein Argument gegen nationale Unabhängigkeitsbestrebungen oder Grenzveränderungen, obwohl man das gerade in Deutschland seinerzeit gerne behauptete. Die neuen Grenzen können den Betroffenen die Kosten wohl wert gewesen sein.

3. Die Reparationen[30]. Während des Krieges hatten beide Seiten vor, den besiegten Gegner schließlich zur Kasse zu bitten. Die deutsche Regierung tat mehrmals ihre Absicht kund, alle Kriegsausgaben von den Gegnern zurückzufordern und hat diese Absicht in den Ost-Friedensverträgen teilweise zu realisieren versucht. Auf alliierter Seite bestand Übereinstimmung, daß Reparationen verlangt werden sollten, aber über die Höhe der Reparationen gingen die Meinungen auseinander[31]. In den Waffenstillstandsbedingungen vom November 1918 war nur einigermaßen vage von »Schadenersatz« die Rede. Die amerikanische Seite legte dies in Übereinstimmung mit den verschiedenen öffentlichen Erklärungen Wilsons aus als Ersatz für Schäden, die durch *rechtswidrige* Aktionen der Mittelmächte entstanden waren, insbesondere durch die Verletzung der belgischen Neutralität, sowie als Ersatz für Vermögensverluste, die die Mittelmächte im Verlauf der Kriegshandlungen Privatleuten zugefügt hatten. Die allgemeinen Kriegskosten der Alli-

[30] Der »klassische« Beitrag zur Reparationsfrage wurde kürzlich neu aufgelegt: J. M. Keynes, *The Economic Consequences of the Peace. (Collected Writings. Vol. 2.)* Macmillan, London 1971 (erstmals 1919). Ein guter Wegweiser durch die recht unübersichtliche Entwicklung der Reparationsfrage bis 1924 ist immer noch C. Bergmann, *Der Weg der Reparationen. Von Versailles über den Dawesplan zum Ziel.* Societäts-Druckerei, Frankfurt 1926. Eine unparteiische Abwägung der kontroversen Standpunkte versucht E. Wüest, *Der Vertrag von Versailles in Licht und Schatten der Kritik: Die Kontroverse um seine wirtschaftlichen Auswirkungen.* Europa-Verlag, Zürich 1962. Neuerdings P. Krüger, *Deutschland und die Reparationen 1918/19.* Deutsche Verlags-Anstalt, Stuttgart 1972.

[31] Vgl. zu dieser Kontroverse auch P. M. Burnett, *Reparations at the Paris Peace Conference. From the Standpoint of the American Delegation.* 2 Bde., Columbia UP, New York 1940; P. Tillmann, *Anglo-American Relations at the Paris Peace Conference of 1919.* Princeton UP 1961.

ierten sollten nicht unter diesen Schadensersatz fallen. Dagegen gingen die europäischen Alliierten von der alleinigen Kriegsschuld der Mittelmächte aus, betrachteten den Krieg von Anfang an als Unrechtshandlung und faßten den Schadensersatz entsprechend weit im Sinne einer vollständigen materiellen Wiedergutmachung. Dieser Standpunkt war ungefähr die symmetrische Entsprechung zu der ursprünglichen deutschen Absicht, alle Kriegskosten auf den Gegner zu überwälzen.

Es fällt nicht schwer, die unterschiedlichen Meinungen im alliierten Lager auf ökonomische Interessen zurückzuführen. Die USA billigten ihren europäischen Verbündeten einen gewissen Schadenersatz zu, waren aber in erster Linie an der Wiederherstellung Deutschlands als Handelspartner interessiert, was durch eine drückende Reparationslast nur verzögert werden konnte. Die europäischen Alliierten hatten dagegen zum Teil erhebliche Kriegszerstörungen hinzunehmen, sahen sich im weltwirtschaftlichen Zusammenhang viel eher als enge Konkurrenten Deutschlands, und die Regierungen hatten sich daher auch schon vor Beginn der Friedensberatungen innenpolitisch auf eine hohe Kriegsentschädigung festgelegt.

Da die inter-alliierten Beratungen zu keinem Ergebnis führten, blieb die Höhe der Reparationsverpflichtung in den Friedensverträgen offen, es wurde auch nicht präzisiert, nach welchen Quoten sich die einzelnen Mittelmächte an einer zukünftigen Reparationssumme zu beteiligen hätten. Die Friedensverträge beschränkten sich darauf, die Alleinschuld der Mittelmächte am Krieg festzuhalten und daraus eine Entschädigungspflicht in zunächst unbeschränkter Höhe abzuleiten. Der Reparationsanspruch richtete sich nach dem Prinzip der gemeinsamen Verantwortung formal an alle Mittelmächte, faktisch aber hauptsächlich an Deutschland, das unter den Besiegten der einzige wirklich zahlungsfähige Staat war.

Eine besondere Reparationskommission sollte bis Mai 1921 die Höhe des von Deutschland und seinen Verbündeten angerichteten Schadens und damit die Wiedergutmachungs-Verpflichtung feststellen. Während dieser Ermittlungen sollte Deutschland bereits eine Vorausleistung von 20 Mrd. Goldmark erbringen, für die nach Lage der Dinge hauptsächlich Sachlieferungen aus Beständen und aus der laufenden Produktion in Frage kamen. Bis Mai 1921 wurde fast die gesamte deutsche Handelsflotte ausgeliefert (2,2 Mio. BRT), ferner 5000 Lokomotiven, 136000 Eisenbahnwagen, 130000 landwirtschaftliche Maschinen, 135000 Rinder und 50000 Pferde; aus der laufenden Produktion 24 Mio. t Kohle und 15 Mio. t Farbstoff. Das deutsche Angebot, an Ort und Stelle in Belgien und Nordfrankreich beim Wiederaufbau mitzuwirken, lehnten die Alliierten ab. Über den Wert der Sachleistungen gingen die Meinungen erheblich auseinander. Die Alliierten schätzten den Gesamtwert auf 2,6 Mrd. Goldmark, eine Summe, die allein durch die Besatzungskosten absorbiert wurde, und erkannten außerdem 2,5 Mrd. Goldmark für die an Frankreich abgetretenen Kohlengruben im Saargebiet sowie für das öffentliche Eigentum in den abgetretenen Gebieten an. Von deutscher Seite dagegen wurden die Reparationsleistungen bis Mai 1921, einschließlich des im Ausland beschlagnahmten deutschen Eigentums, des abgegebenen militärischen Materials und der abgetretenen Ansprüche Deutschlands an seine früheren Verbündeten großzügig auf über 37 Mrd. Goldmark beziffert[32].

Die Reparationskommission setzte die gesamte Reparationsschuld schließlich auf die bekannten 132 Mrd. Goldmark fest, und die deutsche Regierung wurde durch das Londoner Ultimatum vom Mai 1921 gezwungen, die Schuldsumme anzuerkennen. Die Reparationskommission hatte zusammengezählt, was die alliierten Regierungen forderten und mit Rücksicht auf die innenpolitische Situation in ihren Ländern auch fordern mußten. Ob Deutschland die Summe bezahlen konnte, und ob einseitige Übertragungen in dieser Höhe überhaupt ökonomisch realisierbar waren, stand nicht zur Diskussion.

In Deutschland versuchten sich zahlreiche Autoren an dem Nachweis, daß die Aufbringung der Reparationen unmöglich sei und jedenfalls unabsehbare Armut über Deutschland bringen würde, angefangen mit der Note vom 13. Mai 1919, in der die deutsche Delegation den Alliierten allen Ernstes darlegte, daß die Reparationsforderungen zusammen mit den übrigen Bestimmungen des Versailler Vertrages mehrere Millionen Deutsche dem Hungertod preisgeben würden[33]. Diese Fleißarbeiten hatten im Inland beträchtlichen Erfolg, wurden aber im Ausland eher skeptisch aufgenommen. Tatsächlich war nicht die Aufbringung das eigentliche ökonomische Problem, sondern die Übertragung der Reparationen. Einseitige

[32] Bergmann, *Der Weg der Reparationen*, S. 100f.

[33] Vgl. Burnett, *Reparation at the Paris Peace Conference*. Bd. 2, S. 8; A. Luckau, *The German Delegation at the Paris Peace Conference*. Columbia UP, New York 1941, S. 243.

Übertragungen in der vorgesehenen Höhe, die den kommerziellen Waren- und Kapitalverkehr überlagerten, beeinträchtigten die Funktionsfähigkeit des internationalen Währungssystems, und der ökonomische Nutzen der Reparationen für die Alliierten war durchaus zweifelhaft[34].

[34] Schumpeter bemerkt dazu, daß die Reparationen, wären sie tatsächlich in Form von Exportüberschüssen real übertragen worden, für die deutsche Wirtschaft »die industrielle Eroberung der besseren Hälfte der Welt« bedeutet hätten; vgl. J. A. Schumpeter, *Konjunkturzyklen. Eine theoretische, historische und statistische Analyse des kapitalistischen Prozesses*. 2 Bde. Vandenhoeck & Ruprecht, Göttingen 1961. Bd. 2, S. 723f. (Anm. 10).

9. Kapitel
Dezentralisierung der Weltwirtschaft

Europa

Eines der wichtigsten Ergebnisse des Weltkrieges war die Dezentralisierung der Weltwirtschaft. Europa verlor wirtschaftlich an Bedeutung. Für eine Reihe von Jahren blieb das Niveau der wirtschaftlichen Aktivität unter dem Vorkriegsstand, und nach der Wiederaufnahme des Wachstumsprozesses war Europa im Vergleich mit einigen außereuropäischen Ländern, die währenddessen zum Teil beträchtliche Fortschritte erzielt hatten, relativ zurückgefallen. Vier Jahre lang war das wirtschaftliche Potential der meisten europäischen Länder auf die Kriegführung konzentriert worden, privater Verbrauch und Investitionen in nicht-kriegswichtigen Industrien waren weitgehend zurückgedrängt worden zugunsten der Rüstungsproduktion und des Ausbaus der Rüstungsindustrie. Der Wiederaufbau nach dem Waffenstillstand begann mit einem schweren Erbe an Toten und Trümmern. Mindestens 8,6 Mio. Menschen sind im Weltkrieg gefallen[1]. Wenn man den Anstieg der Sterberate im Krieg als Kriegsfolge berücksichtigt, kommen zu den militärischen Verlusten noch einmal zivile Verluste in ähnlicher Höhe[2]. In den vom Krieg direkt betroffenen Gebieten Belgiens und Nordfrankreichs, Osteuropas und Südosteuropas und Norditaliens waren erhebliche Zerstörungen an privaten und öffentlichen Gebäuden und Industrieanlagen angerichtet und die landwirtschaftliche Nutzfläche verwüstet worden. Nicht zu vergessen sind die Schiffsverluste: Trotz der verstärkten Bautätigkeit im Kriege lag die europäische Handelsflotte nach dem Krieg um 16 Prozent unter dem Vorkriegsniveau[3]. Die direkten Zerstörungen in Geldwert zu quantifizieren, ist außerordentlich schwierig. Keynes schätzte in seiner bekannten Kritik des Friedensvertrages den reparationsfähigen materiellen

[1] Europäische Verluste nach M. Gilbert, *First World War Atlas*. Weidenfeld & Nicolson, London 1970, S. 158.

[2] Vgl. H. Mendershausen, *The Economics of War*. Prentice-Hall, New York 1941, S. 307.

[3] Die gesamte Dampfertonnage der europäischen Seefahrtsnationen sank von 36,5 Mio. BRT im Juni 1914 auf 30,0 Mio. BRT im Juni 1919; vgl. C. E. Fayle, *Seaborne Trade. (History of the Great War, by Direction of the Historical Section of the Committee of Imperial Defense.)* 3 Bde. Murray, London 1920–24. Bd. 3, S. 469.

Schaden für Frankreich auf 800 Mio. Pfund, Großbritannien 570 Mio. Pfund, Belgien 500 Mio. Pfund, die übrigen Alliierten (Italien, Griechenland, Rumänien, Serbien) 250 Mio. Pfund, zusammen 2,1 Mrd. Pfund[4]. Weder Rußland noch die Mittelmächte sind in dieser Rechnung enthalten, und die alliierten Regierungen selbst schätzten die erlittenen Schäden weit höher als Keynes[5]. Bei der Reparationskommission meldeten die alliierten Regierungen Schäden von 130 Mrd. Goldmark an, zu denen noch Forderungen für Pensionszahlungen von 95 Mrd. Goldmark kommen sollten; als berechtigt anerkannt wurden davon die bekannten 132 Mrd. Goldmark.

Über den Geldwert der Zerstörungen mochte man sich streiten, das Ergebnis war jedenfalls nicht zu übersehen. Bedingt durch die Kriegszerstörungen, die Abnutzung von Anlagen und den Verzehr von Vorräten lag die Industrieproduktion in Europa 1920 im Durchschnitt um ein Drittel unter dem Vorkriegsniveau; in Großbritannien war das Vorkriegsniveau der Produktion fast wieder erreicht, während in den kontinentaleuropäischen Ländern ein Rückgang von 50 Prozent und mehr zu verzeichnen war[6]. Während in der Waffen- und Munitionsherstellung durch Standardisierung der Produktion die Arbeitsproduktivität gesteigert werden konnte[7], war sie im gesamtwirtschaftlichen Durchschnitt wahrscheinlich gesunken. Im Kohlenbergbau z. B. lag die Schichtleistung, die 1913 in Großbritannien 1,1 t, in Deutschland 0,9 t, in Frankreich 0,7 t betragen hatte, 1920 um 30 Prozent unter dem Vorkriegsniveau; dagegen war in den USA die ohnehin schon sehr hohe Schichtleistung (3,3 t) noch um 10 Prozent gestiegen[8]. Eine direkte Konsequenz der gesunkenen Produktionskapazität war eine hohe Importnachfrage nach Lebensmitteln und, was für Europa ungewöhnlich war, nach Industriewaren. Real wurden 1919 mehr Lebensmittel und mehr Fertigwaren eingeführt als vor dem Krieg, während die Einfuhr von Rohstoffen entsprechend der geringen industriellen Aktivität auf die Hälfte des

[4] Vgl. J. M. Keynes, *The Economic Consequences of the Peace. (Collected Writings, Vol. 2.)* Macmillan, London 1971 (erstmals 1919), S. 71–85.

[5] Vgl. zu den verschiedenen Schätzungen speziell für Frankreich G. Jèze, *Les dépenses de guerre de la France*. Presses Universitaires de France, Paris 1926, S. 64–83.

[6] Vgl. I. Svennilson, *Growth and Stagnation in the European Economy*. United Nations Commission for Europe, Genf 1954, S. 304f.

[7] Vgl. A. S. Milward, *The Economic Effects of the World Wars on Britain*. Macmillan, London 1970, S. 33f.

[8] Svennilson, *Growth and Stagnation*, S. 254.

Vorkriegsstandes gesunken war[9]. Die kontinentaleuropäische Nachfrage richtete sich, bedingt durch die Produktionskapazität und die Transportsituation, vor allem auf die USA und Großbritannien. Insgesamt schätzt man die Einfuhr der kontinentaleuropäischen Länder für 1919 und 1920 zusammen auf 17,4 Mrd. Dollar, davon als Einfuhrüberschuß 12,4 Mrd. Dollar. Großbritannien war durch die direkten Kriegseinwirkungen nicht so stark betroffen wie der europäische Kontinent, aber der Nachholbedarf resultierte auch hier in einem gewaltigen Importüberschuß, für 1919 und 1920 zusammen 4,1 Mrd. Dollar[10].

Es hat nicht an Bestrebungen gefehlt, die im Kriege eingeführten Kontrollen über den Waffenstillstand hinaus beizubehalten, um den Wiederaufbau der europäischen Wirtschaft und ihre Reintegration in die Weltwirtschaft zu beschleunigen und möglicherweise auch eine langfristige Strukturveränderung des kapitalistischen Systems zu bewirken. Die britische Labour Party verabschiedete im Juni 1918 ihr Friedensprogramm »Labour and the New Social Order«, das in allgemeiner Form Planung in Produktion und Verteilung forderte, und konkret die Nationalisierung wichtiger Schlüsselindustrien verlangte[11]. Durchsetzen aber konnten sich planwirtschaftliche Ansprüche in keinem der siegreichen Industriestaaten. Die Regierungen sahen in Übereinstimmung mit den dominierenden Wirtschaftsinteressen im raschen Abbau der kriegsbedingten Kontrollen eine wesentliche Voraussetzung für den wirtschaftlichen Wiederaufbau, mit Ausnahme vielleicht von Deutschland, wo das von Rathenau, Moellendorf und anderen als »Gemeinwirtschaft« bezeichnete Programm eines organisierten Kapitalismus gewisse praktische Konsequenzen hatte. Man mag diesen Unterschied zum Teil mit der stärkeren etatistischen Tradition in Deutschland erklären, außerdem sah sich die Wirtschaft starken antikapitalistischen Angriffen ausgesetzt und war daher zu vorsichtigen Zugeständnissen bereit, um das System als Ganzes zu retten[12].

[9] League of Nations (Hrsg.), *Raw Material Problems and Policies*. Genf 1946, S. 14.

[10] League of Nations (Hrsg.), *Europe's Overseas Needs 1919–1920 and How They Were Met*. Genf 1943, S. 23f.

[11] Vgl. G. D. H. Cole, *A History of the Labour Party from 1914*. Routledge & Kegan Paul, London 1948, S. 65.

[12] Vgl. als kritische Auseinandersetzung mit dieser Strömung J. Kuczynski, *Studien zur Geschichte des staatsmonopolistischen Kapitalismus in Deutschland 1918 bis 1945*.

In Bezug auf die zwischenstaatlichen Wirtschaftsbeziehungen war die Ablehnung planwirtschaftlicher Elemente nicht so einhellig. In Anbetracht des schwierigen Wiederaufbaus waren die britische, französische und italienische Regierung dafür, die inter-alliierten wirtschaftlichen Organisationen wenigstens für eine Übergangsperiode aufrechtzuerhalten, um die unmittelbaren Nachkriegsprobleme zu bewältigen. Im Februar 1919 richteten die Alliierten durch gemeinsamen Beschluß den »Supreme Economic Council« ein, als dessen Aufgabe definiert wurde, wirtschaftliche Maßnahmen für die Rekonstruktionsperiode zu prüfen: Hilfslieferungen für den Wiederaufbau der zerstörten Gebiete, wirtschaftliche Wiederherstellung jener Länder, die vom Krieg am meisten betroffen waren, und schließlich auch Versorgung der neutralen und der ehemals gegnerischen Länder, soweit es ohne Beeinträchtigung des alliierten Bedarfs geschehen konnte[13]. Um seine Aufgaben wahrnehmen zu können, wurde der Supreme Economic Council beauftragt, die Arbeit der bestehenden inter-alliierten wirtschaftlichen Organisationen zu koordinieren. Aber diese formale Krönung der inter-alliierten wirtschaftlichen Kooperation war zugleich schon ihr faktisches Ende. Durch Aufhebung der nationalen Bewirtschaftungsstellen wurde den interalliierten Organisationen, wie z. B. dem »Allied Maritime Transport Council«, der Boden unter den Füßen fortgezogen. Sie besaßen keinerlei direkte Zugriffsmöglichkeiten mehr, sondern mußten sich auf Empfehlungen an die Regierungen beschränken. Dies allein war schon geeignet, die Effizienz der internationalen bzw. interalliierten Organisationen zu beeinträchtigen; hinzu kam, daß die USA gegenüber der Fortdauer der Kontrollen eine grundsätzlich ablehnende Haltung einnahmen.

In Übereinstimmung mit der in der Wirtschaft vorherrschenden Ideologie erwartete die amerikanische Regierung, daß die ungestörte Privatinitiative am besten geeignet sei, den Wiederaufbau zu fördern, und daß ferner private internationale Wirtschaftskontakte der friedlichen Verständigung ganz allgemein förderlich seien, während die Einmischung der Regierungen nur Konflikte schaffen würde. Hinter dieser idealistischen Auffassung stand als praktisches Argument die Tatsache, daß bei einem Fortbestehen der inter-alliierten Koope-

(Die Geschichte der Lage der Arbeiter unter dem Kapitalismus, Bd. 16) Akademie-Verlag, Berlin 1965.

[13] Zit. nach League of Nations (Hrsg.), *Raw Material Problems,* S. 17.

ration die USA aufgrund ihrer wirtschaftlichen Leistungsfähigkeit zwangsläufig der große Geber geworden wären. Die inter-alliierte Kooperation, so befürchtete die amerikanische Regierung nicht zu Unrecht, würde faktisch auf eine inter-alliierte Verfügung über gewisse wirtschaftliche Ressourcen der USA hinauslaufen. Der offizielle Standpunkt der USA wurde klar dargelegt in einer Instruktion, die Herbert Hoover im Oktober 1918 im Einverständnis mit dem Außenministerium dem Vertreter der US Food Administration in London gab: »Diese Regierung wird keinem Programm zustimmen, das auch nur so aussieht wie eine inter-alliierte Kontrolle über unsere wirtschaftlichen Ressourcen nach dem Friedensschluß. Nach dem Friedensschluß wird mehr als die Hälfte der gesamten Lebensmittelausfuhr der Welt aus den USA kommen, und daß die Käufer dieser Lieferungen uns als Mehrheit gegenübertreten, um Preise und Verteilung zu diktieren, ist völlig unvorstellbar. Das Gleiche gilt für Rohstoffe. Gerechte Verteilung, angemessene Anerkennung seitens des Auslandes für die Bemühungen, die wir unternehmen, um fremden Nationen zu helfen, und angemessene Vergütung für unsere Leistungen dürfen wir nur dann zu erreichen hoffen, wenn wir uns bei gemeinsamen Aktionen völlige Entscheidungsfreiheit vorbehalten.«[14] Der amerikanische Standpunkt setzte sich zwangsläufig durch, da ohne die Kooperation der USA nichts zu machen war. Die beiden inter-alliierten Organisationen, die für die Probleme der Übergangswirtschaft errichtet wurden, der Inter-Allied Supreme Council for Supply and Relief« und der schon erwähnte Supreme Economic Council, waren daher strikt auf eine koordinierende Tätigkeit ohne Beeinträchtigung der nationalen Souveränität beschränkt. Ein positives Ergebnis für den Wiederaufbau der Weltwirtschaft war allenfalls, daß die Fortsetzung des Wirtschaftskrieges gegen die Mittelmächte an den Differenzen innerhalb des alliierten Lagers scheiterte; es kam also nicht zu jener dauernden Teilung der Weltwirtschaft in feindliche Lager, wie sie während des Krieges auf beiden Seiten ernsthaft diskutiert worden war. Während die französische Regierung eine fortdauernde wirtschaftliche Diskriminierung anstrebte, um Deutschland politisch in Schach zu halten, erwarteten die Verbündeten daraus nur wirtschaftliche Nachteile. Die Blockade,

[14] *Papers Relating to the Foreign Relations of the United States, 1918.* Suppl. 1, Vol. I, S. 616ff.; zit. nach League of Nations (Hrsg.), *Raw Material Problems*, S. 12.

deren Fortsetzung über den Frieden hinaus besonders bei den USA auf Widerstand stieß, wurde gelockert und 1921 offiziell eingestellt[15].

Nordamerika

Ein scharfer Kontrast zur Verelendung Europas im Kriege war die Prosperität in einigen überseeischen Ländern. Daß die europäischen Waren sich vom Weltmarkt zurückzogen, weil die führenden Industriestaaten sich ganz auf die Kriegsproduktion konzentrierten, hatte für die außereuropäischen Länder die gleiche Wirkung wie ein Schutzzoll gegenüber der europäischen Konkurrenz. Außerdem eröffnete der Krieg für manche Länder eine mächtige Exportkonjunktur, weil die europäischen Alliierten um nahezu jeden Preis Rohstoffe, Lebensmittel und Industriewaren suchten. Besonders begünstigt waren durch diese Entwicklung wegen ihrer Wirtschaftsstruktur und ihrer geographischen Nähe zu Westeuropa die USA und Kanada. Die USA gehörten schon vor 1914 zu den führenden Industrienationen; nach der Kohle- und Stahlproduktion, die damals gerne als Index für das Industriepotential eines Landes genommen wurden, standen die USA sogar an erster Stelle. Daneben war die Landwirtschaft wichtig geblieben, sie stand mit ihrer Wertschöpfung nur knapp hinter der Industrie zurück[16]. In der Ausfuhr konkurrierten die USA sowohl mit den europäischen Industrienationen als auch mit den überseeischen nicht-industrialisierten »Primärländern«; Weizen, Baumwolle und Öl machten zusammen mehr als ein Drittel des US-Exportes aus.

Der Kriegsausbruch und die damit zusammenhängende Desorganisation des Welthandels hatten für den amerikanischen Außenhandel zunächst negative Folgen. Die exportierten Mengen gingen zurück und die Preise sanken. Insgesamt lag die Ausfuhr 1914 wertmäßig um mehr als 15 Prozent unter dem Stand des Vorjahres. Aber bald machte der anfänglich lähmende Effekt des Krieges einer lebhaften Kriegskonjunktur Platz, und die USA erlebten einen enormen Exportboom. Die Exporte

[15] Vgl. dazu die Dokumentation von S. L. Bane und R. H. Lutz (Hrsg.), *The Blockade of Germany after the Armistice, 1918–1919*. Stanford UP 1942. Ferner J. A. Huston, *The Allied Blockade of Germany, 1918–1919*. In: Journal of Central European Affairs 10 (1950).

[16] U.S. Department of Commerce. Bureau of the Census (Hrsg.), *Historical Statistics of the United States. Colonial Times to 1957*. Government Printing Office, Washington 1961, S. 140f.

stiegen von 2,8 Mrd. Dollar im Jahre 1913 auf 7,3 Mrd. Dollar im Jahre 1918. Die Exportquote, die vor dem Krieg zwischen fünf und sechs Prozent lag, betrug in den letzten Kriegsjahren etwa zehn Prozent, eine Höhe, die sie nach dem Zusammenbruch der Kriegs- und Nachkriegskonjunktur nie wieder erreichen sollte. Die USA waren die einzige nennenswerte Industriemacht außerhalb Europas, zogen daher zwangsläufig die zusätzliche Kriegsnachfrage der europäischen Alliierten auf sich; dazu kam die Nachfrage der außereuropäischen Länder nach Industriewaren, die vorher zum großen Teil in Europa gedeckt worden war. Auch als Lieferant von Rohstoffen und Lebensmitteln waren die USA in einer günstigen Situation, weil die europäischen Alliierten mit zunehmender Transportraumknappheit ihre Nachfrage auf Nordamerika konzentrierten, zu Lasten entfernterer Primärländer wie z. B. Australien und Neuseeland.

Der Schwerpunkt des Exportbooms lag bei Waffen und Munition, kriegswichtigen Rohstoffen und Industriewaren und Lebensmitteln. Schon bald nach Kriegsausbruch gab die britische Regierung größere Aufträge an amerikanische Stahlkonzerne. Frankreich und später Italien folgten mit großen Bestellungen. Bei Kriegsausbruch hatte es in den USA eine nennenswerte Rüstungsindustrie nicht gegeben. Als die ersten alliierten Aufträge eingingen, wurden Produktionsanlagen für Munition, Waffen und Kriegsgerät neu geschaffen, und die Stahlindustrie stellte einige ihrer Walzwerke auf Granatstahl um. Die Stärke der amerikanischen Industrie war einmal die bedeutende Schwerindustrie, die schon vor dem Krieg in der Welt führend war, und zum andern die konsequente Anwendung modernster Fertigungsmethoden[17]. Ebenso dringend wie Waffen und Munition brauchten die Kriegführenden Lebensmittel. In der ersten Phase des Krieges belieferten die USA-Exporteure noch beide Seiten. Große Ladungen von amerikanischen Konserven und Speck fanden über Kopenhagen und Rotterdam ihren Weg zu den Mittelmächten, sehr zum Ärger des späteren Verbündeten Großbritannien. Später machten die USA das allerdings mehr als wett, nachdem amerikanische Lebensmittel

[17] Vgl. B. M. Baruch, *American Industry in the War. A Report of the War Industries Board.* Government Printing Office, Washington 1921. *Munitions Industry. Final Report of the Chairman of the United States War Industries Board to the President of the United States, February 1919. Printed for the Use of the Special Committee on Investigating the Munitions Industry.* Government Printing Office, Washington 1935.

ein wesentlicher Rückhalt für die Streitkräfte und für die Zivilbevölkerung der Verbündeten wurden. Amerikanische Lieferungen ersetzten teilweise Getreide und Fleisch aus Australien und Neuseeland, die für die Alliierten wegen des Mangels an Schiffen schwer erreichbar waren; sie ersetzten fast vollständig dänischen Speck, nachdem die dänische Exportfähigkeit durch die Blockade zurückging; und als Frankreich infolge der Kriegseinwirkung seinen Getreidebedarf nicht mehr decken konnte, füllte amerikanischer Weizen auch hier einen Teil der Lücke. Die amerikanische Ausfuhr an Weizen und Weizenmehl stieg von 1913 bis 1918 von 142 Mio. Dollar auf 505 Mio. Dollar, die Fleischausfuhr stieg im gleichen Zeitraum von 68 Mio. Dollar auf 668 Mio. Dollar[18]. Die Kriegslieferungen sind in der Außenhandelsstatistik nicht vom zivilen Export getrennt, aber ein ungefährer Vergleich ist möglich. Die alliierten Regierungen kauften in den USA vom 6. April 1917 bis 30. November 1918 Rüstungsgüter, Getreide und andere Waren für insgesamt 6 Mrd. Dollar. Die gesamte Ausfuhr der USA betrug für 1917 und 1918 zusammen 14,2 Mrd. Dollar[19]. Die alliierten Regierungseinkäufe waren also ein wesentlicher Bestandteil des amerikanischen Exports.

Die Kriegskonjunktur ließ die Unternehmensgewinne schnell steigen. Bereits 1915 lagen die Nettogewinne der Industrie um 20 Prozent über dem Vorkriegsstand, 1918 sogar um 120 Prozent[20]. Wenn man annimmt, daß die Abschreibungen von der Industrie großzügig bemessen wurden, dann handelt es sich bei diesen Annahmen um die untere Grenze. Eine solche Gewinnexplosion ist nicht überraschend, denn ein inflationärer Boom pflegt allgemein eine Umverteilung zugunsten der Gewinne nach sich zu ziehen. Die Gewinnquote ist tatsächlich im Krieg deutlich gestiegen, insbesondere der Anteil der Gewinne der Kapitalgesellschaften, während die Lohnquote zurückging; dieser Rückgang ist um so auffälliger, als die Lohnquote im langfristigen Trend eine steigende Tendenz aufweist. Die Masse der Lohn- und Gehaltsempfänger hatte nicht viel von der Kriegskonjunktur. Die steigenden Preise ließen den Reallohn unter das Vorkriegsniveau sinken, da andererseits die Beschäf-

[18] *Historical Statistics of the United States*, S. 546.

[19] *Historical Statistics of the United States*, S. 562; H. G. Moulton und L. Pasvolsky, *War Debts and World Prosperity*. Brookings Institution, Washington 1932, S. 42.

[20] Vgl. J. Viner, *Who Paid for the War?* In: Journal of Political Economy 28 (1920), S. 62.

tigung zunahm, blieb die Lohnsumme gegenüber der Vorkriegszeit wohl real ungefähr gleich[21]. Profitiert haben von der Kriegskonjunktur neben den Industriellen auch die Farmer. Die Bruttoerlöse der Farmer stiegen von 6,2 Mrd. Dollar im Jahre 1913 auf 13,5 Mrd. Dollar im Jahre 1918, die Nettoeinkommen (abzüglich aller Kosten, einschließlich der Löhne der Farmarbeiter) stiegen im gleichen Zeitraum von 3,9 Mrd. Dollar auf 8,9 Mrd. Dollar[22]. Gemessen an der Relation zwischen den Agrarpreisen und den Kosten der bäuerlichen Betriebe ist es den Farmern nie wieder so gut gegangen, auch im Zweiten Weltkrieg nicht.

Unter weltwirtschaftlichem Aspekt hat die Kriegskonjunktur die internationale Position der USA enorm gestärkt. Die einzigartige Situation der USA als Lieferant von Rohstoffen, Lebensmitteln und Fertigwaren führte zu beträchtlichen Exportüberschüssen, so daß die USA sich von einem Schuldnerland in ein Gläubigerland verwandelten. Nach vorsichtigen Schätzungen sind die privaten Auslandsanlagen amerikanischer Investoren von 1914 bis 1919 von 3,5 Mrd. Dollar auf 7,0 Mrd. Dollar gestiegen, während die Anlagen des Auslandes in den USA im gleichen Zeitraum von 7,2 Mrd. Dollar auf 4 Mrd. Dollar zurückgingen[23]. Nach einer anderen Schätzung betrug die private

Tabelle 24. USA: Einkommensverteilung 1900–1929 (Anteile am Volkseinkommen in Prozent).

	Löhne u. Gehälter	Miete, Pacht	Zinsen	Gewinne von Personengesellschaften	Gewinne von Kapitalgesellschaften
1900–1909	55,0	9,1	5,5	23,6	6,8
1910–1919	53,2	7,7	5,2	24,2	9,7
1920–1929	60,5	7,6	6,2	17,6	8,2

Quelle: U. S. Department of Commerce. Bureau of the Census (Hrsg.) *Historical Statistics of the United States. Colonial Times to 1957*. Government Printing Office, Washington 1961, S. 141.

[21] Vgl. ebd. und W. C. Mitchell u. Mitarbeiter, *Income in the United States. Its Amount and Distribution 1909–1919*. Harcourt Brace, New York 1921, S. 102.

[22] *Historical Statistics of the United States*, S. 283.

[23] C. Lewis, *Americas Stake in International Investments*. Brookings Institution, Washington 1938, S. 606, 114.

Netto-Gläubigerposition der USA nach dem Krieg sogar 3,7 Mrd. Dollar[24]. Während des Krieges ist vor allem die Position der USA in Kanada und Lateinamerika sehr stark ausgebaut worden zu Lasten der früher dort vorherrschenden britischen Kapitalinteressen. Unabhängig von den privaten Auslandsanlagen hatte die Regierung der USA bei Kriegsende an die verbündeten Regierungen Forderungen von 7,1 Mrd. Dollar, die freilich nur von eingeschränktem Nutzen waren[25].

Kanada war vor 1914 noch hauptsächlich als Weizenexporteur in die Weltwirtschaft integriert, aber im Inneren hatte eine Phase schneller Industrialisierung die Bedeutung der Landwirtschaft bereits zurückgedrängt[26]. Kurz vor Kriegsausbruch kam dieser Industrialisierungs-Boom zu einem Ende, und die vorübergehende Unterbrechung der Weltwirtschaftsbeziehungen bei Kriegsausbruch drohte die kanadische Wirtschaft end-

Tabelle 25: USA: Private Auslandsanlagen 1914–1924 (Mrd. Dollar).

	1914	1919	1924
Europa	0,7	2,0	2,7
Kanada	0,9	1,5	2,6
Lateinamerika	1,6	2,4	3,7
Sonstige	0,3	0,5	1,0
Summe der langfristigen Auslandsanlagen	3,5	6,5	10,0
Kurzfristige Auslandsanlagen	—	0,5	0,8
Summe der Auslandsanlagen	3,5	7,0	10,8

Quelle: C. Lewis, *Americas Stake in International Investments*. Brookings Institution, Washington 1938, S. 606. – Der Posten »Sonstige« schließt Afrika, Asien, Australien und einen nicht aufgliederbaren Posten »international investment« ein. Die Tabelle nennt Mindestziffern, weder die Direktinvestitionen noch die Portfolio-Investitionen konnten vollständig erfaßt werden.

[24] H. B. Lary, *The United States in the World Economy*. Government Printing Office, Washington 1943, S. 123. – Die Differenz ist nicht überraschend, da Cleona Lewis ihre Angaben ausdrücklich als Mindestwerte bezeichnet, die weder alle Portfolio-Investitionen noch alle Direktinvestitionen vollständig erfassen.

[25] Vgl. Moulton und Pasvolsky, *War Debts and World Prosperity*.

[26] Vgl. W. T. Easterbrook und H. G. J. Aitken, *Canadian Economic History*. Macmillan, Toronto 1956. Zahlen bei M. C. Urquart und K. A. H. Buckley (Hrsg.), *Historical Statistics of Canada*. Cambridge UP 1965.

gültig in eine Depression abgleiten zu lassen. Ab Anfang 1915 wendete sich das Blatt, als die Kriegsnachfrage der Alliierten und der damit verbundene inländische Multiplikatoreffekt eine allseits stimulierende Wirkung auf die wirtschaftliche Entwicklung ausübten. Kanada lieferte wie die USA sowohl Lebensmittel und Rohstoffe (Metalle) als auch Industriewaren nach Europa, allerdings mit anderer Gewichtung. Weizen und Fleisch waren die wichtigsten Exportgüter vor Rohstoffen und Rüstungsmaterial. Steigende Preise führten zu einer enormen Ausdehnung der landwirtschaftlichen Anbaufläche. Der Weizenpreis (»No. 1 Northern Wheat«) stieg im Verlauf des Kriegs von 1,07 Dollar pro bushel (1910–1916) auf 2,31 Dollar (1917 bis 1920). Die Anbaufläche wurde um mehr als 4 Mio. acres ausgedehnt, das bedeutete eine Zunahme um 80 Prozent. Trotz schlechter Ernten ab 1917 stiegen die Exporterlöse und Farmeinkommen aufgrund der hohen Preise weiter. Schon bald nach Kriegsausbruch bestellte die britische Regierung in Kanada auch Kriegsmaterial, hauptsächlich Granaten; zeitweilig lieferte die kanadische Industrie ein Viertel bis ein Drittel des Munitionsnachschubs der britischen Armee[27]. Den Hauptimpuls für die fortschreitende Industrialisierung gab aber der florierende innere Markt. Die Industrieproduktion, die von 1910 bis 1915 um 17 Prozent gewachsen war, hat sich von 1915 bis 1919 nahezu verdoppelt[28]. Während vor dem Krieg der Schwerpunkt der Industrialisierung bei der Bearbeitung einheimischer natürlicher Ressourcen für den Weltmarkt gelegen hatte, die man als eine Art industrieller Endstufe der »staple economy« betrachten konnte, entwickelte sich im Krieg vor allem eine differenzierte Produktion für den inneren Markt.

Die kanadische Wirtschaft hat zweifellos durch den Krieg wesentliche Wachstums- und Industrialisierungsimpulse erhalten, aber in der langfristigen Perspektive zeigen sich nicht nur Vorteile. Das zentrale Problem der kanadischen Wirtschaft vor 1914 war die Anpassung an eine sinkende Wachstumsrate der

[27] F. A. Knox, *Canadian War Finance and the Balance of Payments, 1914–1918*. In: Canadian Journal of Economics and Political Science 6 (1940), S. 245. – Vgl. zu den Bestellungen in Kanada auch die britische offizielle *History of the Ministry of Munitions*. 12 Bde. o. O., 1921–22. – Ferner D. Carnegie, *The History of Munitions Supply in Canada 1914–1918*. Longmans/Green, London 1925.

[28] Index für den Bruttoproduktionswert der Industrie (1935/39 = 100): 1910 78,5 1915 91,8, 1919 174,7. Vgl. G. W. Bertram, *Economic Growth in Canadian Industry, 1870–1915: The Staple Model and the Take-Off Hypothesis*. In: Canadian Journal of Economics and Political Science 29 (1963).

Weltnachfrage nach jenen Exportgütern, die vorher Kanadas Wirtschaftswachstum getragen hatten, vor allem Weizen. Dieser Prozeß war im Krieg unterbrochen und sogar umgekehrt worden. Als Antwort auf die Kriegsnachfrage war enorm viel Arbeit und Kapital in der Landwirtschaft immobilisiert worden. Die Bevölkerung in den Prärie-Gebieten stieg von 1911 bis 1921 um 600 000 auf zwei Millionen, die Farmer erwarben erhebliche Ausrüstungen zu den hohen Kriegspreisen. Daß die landwirtschaftliche Hochkonjunktur nur kurzlebig sein konnte, weil sie zum guten Teil auf der kriegsbedingten »atlantischen Konzentration« der alliierten Nachfrage beruhte, war nicht berücksichtigt worden. In den zwanziger Jahren stellte sich daher das Problem wirtschaftlicher Strukturveränderungen erneut und schärfer noch als vor dem Krieg. Ein anderer Nachteil war die anhaltend hohe kapitalmäßige Abhängigkeit vom Ausland. Die großen Überschüsse in der Warenbilanz wurden durch den Zinsentransfer und durch die Ausgaben der kanadischen Streitkräfte im Ausland weit überkompensiert. Per saldo hat Kanada im Krieg Kapital importiert, und zwar erheblich. Den privaten und staatlichen Krediten an die britische Regierung standen große Portfolio- und Direktinvestitionen der USA in Kanada gegenüber. Die Abhängigkeit der kanadischen Wirtschaft von Großbritannien lockerte sich, dafür wurde das Land aber zunehmend wirtschaftlich abhängig von den USA.

Tabelle 26. Kanada: Zusammengefaßte Zahlungsbilanz 1914 bis 1918.

	Mio. Dollar		Mio. Dollar
Zinsenbilanz	— 849	Handelsbilanz	+ 1141
Streitkräfte	— 480	Kapitalimport	+ 1222
Kapitalexport	— 784		
Währungsreserven	— 80	Fehler	— 170
Summe	— 2193	Summe	+ 2193

Quelle: F. A. Knox, *Canadian War Finance and the Balance of Payments, 1914–1918*. In: Canadian Journal of Economics and Political Science 6 (1940), S. 247 ff. – Die Fehler beruhen auf der kurzfristigen Kapitalbewegung, die nur zum geringen Teil erfaßt wurde, und auf Irrtümern bei anderen Posten.

Der industrielle Aufschwung, den Japan im Ersten Weltkrieg nahm, galt Europäern häufig als Pendant zur Expansion der USA[29], obwohl natürlich beim absoluten Vergleich das wirtschaftliche Gewicht Japans noch verhältnismäßig gering war. Als der Krieg ausbrach, hatte Japan gerade die erste Industrialisierungswelle hinter sich[30]. Die Regierung trat unverzüglich auf Seiten der Alliierten in den Krieg ein, aber die begrenzten militärischen Operationen erforderten keine großen Ressourcen. Wirtschaftlich gesehen befand Japan sich kaum im Kriegszustand. Nach Überwindung der durch den Kriegsausbruch verursachten Krise erlebte die Wirtschaft einen enormen Aufschwung, der genau wie in Nordamerika als Exportboom begann und sich dann über die bekannten Multiplikator- und Akzeleratoreffekte als Inlandskonjunktur fortsetzte. Die japanische Exportwirtschaft profitierte vor allem vom Rückzug der europäischen Waren von den asiatischen Märkten und von der Kriegskonjunktur in den USA. Führender Exportsektor war die Baumwollindustrie. Sie konnte den Absatz auf ihren Vorkriegsmärkten, China und USA, enorm ausdehnen und faßte erstmals auch in Indien, Niederländisch-Indien, anderen südostasiatischen Ländern und in Australien Fuß. Vor dem Krieg wurde ungefähr ein Viertel, während des Krieges schließlich mehr als die Hälfte der japanischen Baumwollproduktion exportiert. Die Seidenindustrie konnte Produktion und Export ebenfalls stark ausdehnen. Japan erlebte also im Unterschied zu den USA und Kanada eine indirekte, abgeleitete Kriegskonjunktur. Die Exporte an die europäischen Verbündeten verloren wegen des teuren Transports (entweder über See nach Westeuropa oder über die Transsibirische Eisenbahn) relativ an Gewicht gegenüber den geographisch benachbarten Märkten. Lieferungen von Kriegsmaterial an die verbündeten Regierungen betrugen nur 120 Mio. US-Dollar oder vier Prozent der gesamten japanischen Ausfuhr im Kriege.

[29] Vgl. z. B. A. Demangeon, *Le déclin de l'Europe*. Payot, Paris 1920.

[30] Vgl. W. W. Lockwood, *The Economic Development of Japan. Growth and Structural Change 1868–1938*. Princeton UP 1954. Ein Konzentrat dieser ausführlichen Untersuchung ist W. W. Lockwood, *The Scale of Economic Growth in Japan, 1868–1938*. In: S. Kuznets, W. E. Moore und J. Spengler (Hrsg.), *Economic Growth: Brazil, India, Japan*. Duke UP, Durham 1955. – Von den älteren Arbeiten im Rahmen der Carnegie-Serie sind weiterhin nützlich G. Ogawa und K. Yamasaki, *The Effect of the World War Upon the Commerce and Industry of Japan*. Yale UP, New Haven 1929; U. Kobayashi, *The Basic Industries and Social History of Japan, 1914–1918*. Yale UP, New Haven 1930.

Der Exportboom und die Hochkonjunktur für die Handelsschiffahrt zogen im Inland einen mächtigen Investitions- und Industrialisierungsboom nach sich. Schon vor dem Krieg hatte die japanische Industrie begonnen, neben Konsumgütern auch Investitionsgüter zu produzieren, aber zum größeren Teil wurde der Bedarf an Eisen und Stahl, Maschinen und Schiffen damals noch durch das Ausland gedeckt. Das änderte sich, als im Krieg die Nachfrage nach Investitionsgütern stieg, während die Einfuhr von Investitionsgütern infolge der kriegsbedingten Schwierigkeiten real zurückging. Diese ungewöhnlich günstige Marktlage führte zu einer beträchtlichen Expansion in der Eisen- und Stahlindustrie, im Maschinenbau, im Schiffbau und in der chemischen Industrie. Gegen Ende des Krieges baute Japan sogar Handelsschiffe für die USA. Durch die von der Kriegskonjunktur ausgehenden Impulse ist die japanische Industrie auf dem Weg zu einer differenzierten Produktion, anstelle der älteren Fixierung auf Baumwolle und Seide, ein gutes Stück weiter gekommen. Im Laufe des Krieges (1914–1919) stieg die Zahl der Fabriken von 32 000 auf 44 000, die Zahl der Fabrikarbeiter von 1,2 Mio. auf 2,0 Mio., der Bruttoproduktionswert der Industrie von 1,4 Mio. Yen auf 6,7 Mio. Yen[31]. Dabei behielt Japan, obwohl die Durchschnittsgröße der Betriebe zunahm (nach den vorstehenden Zahlen von 37 auf 46 Beschäftigte), eine »duale« Industriestruktur. Es gab einerseits einige große Konzerne und Staatsfabriken, andererseits eine Vielzahl von Kleinbetrieben, die durch weitgehende Spezialisierung eine beträchtliche Überlebensfähigkeit bewiesen.

Die Vorteile der Kriegskonjunktur kamen ähnlich wie in den USA im wesentlichen den Kapitalbesitzern zugute. Die Nominallöhne hielten mit dem steigenden Preisniveau nur mühsam Schritt. Obwohl die Arbeitsproduktivität offensichtlich zunahm, blieb der Reallohn der Industriearbeiter im Durchschnitt der Kriegsjahre gegenüber der Vorkriegszeit unverändert, Löhne und Lebenshaltungskosten stiegen jeweils um 40 Prozent[32]. Da die Löhne außerhalb der Industrie langsamer stiegen, ist das reale Lohnniveau insgesamt sogar trotz der Kriegskonjunktur gesunken. Auf der anderen Seite verzeichneten Industrie- und Schiffahrtsunternehmen enorme Gewinne, die Kapitalgesellschaften konnten bis zu 80 Prozent des Grundkapitals als jährliche Dividende ausschütten. Man führt die

[31] Lockwood, *The Scale of Economic Growth*, S. 156.

[32] Ebd., S. 172f.

ungleiche Verteilung vor allem auf die starre Klassenstruktur und auf das reichliche Arbeitsangebot zurück. Durch das Bevölkerungswachstum und die Überbeschäftigung in der Landwirtschaft verfügte die Industrie über eine permanente »industrielle Reservearmee«.

Der japanische Außenhandel erhielt tendenziell die für Industrieländer typische Struktur, mit einem hohen Anteil von Fertigwaren bei der Ausfuhr und einem hohen Anteil von Rohstoffen bei der Einfuhr. Japan war aber nach dem Krieg in das übliche Schema von Industrieländern und Primärländern nicht leicht einzuordnen, weil der japanische Außenhandel je nach dem Handelspartner differenziert oder, wie es auch heißt, »gespalten« war (»facing two ways«)[33]. Nach den USA, Kanada und Europa exportierte Japan verschiedene Halbfabrikate, vor allem Rohseide, und einfache Fertigwaren, die Japans wichtigste »natürliche Ressource«, nämlich billige Arbeitskraft, als hauptsächlichen Input hatten. Nach den asiatischen Nachbarländern exportierte Japan Textilien, andere industrielle Konsumgüter, und auch einfache Maschinen im Wettbewerb mit den USA und Europa. Industrieausrüstungen moderner und spezialisierter Art führte Japan weiterhin aus den USA und Europa ein.

Begünstigt durch die Kriegskonjunktur erzielte Japan enorme Überschüsse in der Leistungsbilanz. Der Exportüberschuß der Kriegsjahre, von 1914 bis 1919 über 3 Mrd. Yen, war größer als der gesamte Importüberschuß seit der Meiji-Restauration und dem Beginn der Modernisierung. Infolgedessen hatte Japan am Ende des Ersten Weltkrieges eine Netto-Gläubigerposition inne[34]. Dies wäre an sich eine günstige Gelegenheit gewesen, die japanische Auslandsverschuldung zu liquidieren, aber sie wurde vertan. Die Regierung zögerte, die dazu erforderliche innere Anleihe aufzunehmen (die Schulden waren meist staatlich, die neuen Forderungen privat). Die während des Krieges an die europäischen Verbündeten und an China gegebenen politischen Auslandskredite erwiesen sich später zum großen Teil (Rußland, China) als uneinbringlich. In der Hauptsache schlug sich der Exportüberschuß in steigenden Währungsreserven und kurzfristigen Auslandsforde-

[33] Ebd., S. 131f.

[34] Vgl. Lockwood, *The Economic Development of Japan;* E. R. Reubens, *Foreign Capital and Domestic Development in Japan*. In: Kuznets, Moore und Spengler (Hrsg.), *Ecomonic Growth: Brazil, India, Japan.*

Tabelle 27. Japan: Zusammensetzung des Außenhandels 1913 und 1918 (Anteile in Prozent).

	Export		Import	
	1913	1918	1913	1918
Lebensmittel	10	11	17	11
Rohstoffe	8	5	49	51
Halbfabrikate	52	39	17	27
Fertigwaren	29	44	17	10
Summe (Mio. Dollar)	315	978	363	831

Quelle: G. Ogawa, K. Yamasaki, *The Effect of the World War upon the Commerce and Industry of Japan.* Yale University Press, New Haven 1929, S. 5 f. – Die Prozentzahlen addieren sich nicht ganz zu 100, weil ein nicht aufgegliederter Rest (»Verschiedenes«) ausgewiesen wird. Die Summen sind umgerechnet nach der Parität 1 Yen = 49,8 cent, obwohl der Yen 1918 in New York über den Goldpunkt stieg.

rungen nieder. Diese Mittel wurden bald aufgebraucht durch die ungünstige Entwicklung der Zahlungsbilanz in den zwanziger Jahren; 1929 war Japan wieder ein Schuldnerland. Von langfristiger wirtschaftlicher und politischer Bedeutung erwiesen sich hingegen die direkten Investitionen japanischer Unternehmen in China. Ähnlich wie im Export profitierte Japan auch im Kapitalexport von der relativen Schwäche der Großmächte, die in Europa gebunden waren, und baute seine Stellung in China, vor allem in der Mandschurei, erheblich aus. Kohlenbergbau, Erzbergbau und die moderne Roheisenproduktion Chinas wurden völlig von der japanischen Schwerindustrie kontrolliert, auch in der Baumwollindustrie stieg der japanische Einfluß[35].

Ausgehend von einem bescheideneren Niveau als Japan, erlebte auch China durch den Weltkrieg einen Export- und Industrialisierungsboom[36]. Neben Seide und Tee, die vor dem

[35] Vgl. Y. K. Cheng, *Foreign Trade and Industrial Development of China.* University Press of Washington 1956; A. Feuerwerker, *China's Nineteenth Century Industrialization: The Case of the Hanyehping Coal and Iron Company, Limited.* In: C. D. Cowan (Hrsg.), *The Economic Development of China and Japan. Studies in Economic History and Political Economy.* Allen & Unwin, London 1964.

[36] Vgl. die ausführliche Untersuchung von Cheng, *Foreign Trade and Industrial Development of China.* Parallel dazu gibt es eine interessante quantitative Studie: J. Chang, *Industrial Development in Pre-Communist China. A Quantitative Analysis.*

Krieg rund ein Drittel des Exportes ausmachten, waren Wolle, Häute und Leder, Pflanzenöl und verschiedene Erze im Ausland gefragt. Die Zahlungsbilanz blieb zwar passiv, aber der Passivsaldo ging zurück. Die Exportkonjunktur, der Rückzug der europäischen Waren vom Weltmarkt und die hohen Frachtraten begünstigten die Entwicklung der chinesischen Industrie, die bei Kriegsausbruch noch in den Anfängen steckte. Führender Sektor war, wie es für die industrielle Revolution seit dem ersten britischen Beispiel typisch ist, die Baumwollindustrie. Textilien fanden, trotz der forcierten japanischen Absatzbemühungen in China, einen schier unerschöpflichen Markt. Die Produktion von Baumwollgarn stieg von 1914 bis 1920 um 150 Prozent, die Zahl der Spindeln hat sich im gleichen Zeitraum von 1,1 Mio. auf 2,1 Mio. nahezu verdoppelt[37]. Parallel zur Konsumgüterindustrie wurden auch die schwerindustriellen Grundlagen, Kohle und Stahl, ausgebaut und das Eisenbahnnetz erweitert.

Folge und zugleich Motor der Kriegskonjunktur waren beträchtliche Gewinne. Expansion des inneren Marktes und Exporte von Kohle, Erz und Roheisen nach Japan führten z. B. den Hanyehping-Konzern, Chinas bei weitem wichtigstes Montanunternehmen, unerwartet aus der chronischen Finanzmisere. Nach durchschnittlichen Jahresverlusten von 1,2 Mio. (mexikanischen) Dollar 1912–1915 wurden 1916–1919 Jahresgewinne von durchschnittlich 2,8 Mio. Dollar erzielt; nach dem Krieg war der Konzern wieder mit 2,1 Mio. Dollar jährlich (Durchschnitt 1920–1923) in der Verlustzone[38]. Wichtiger als diese vorübergehende Gewinnexplosion war ein Strukturwandel der wirtschaftlichen Eliten, den die Kriegskonjunktur mit sich brachte[39]. Die alte Elite, ein unsicheres, unbewegliches und häufig korruptes Bündnis von konfuzianischen Bürokraten

Aldine, Chicago 1969. Zu dieser Untersuchung erschien eine konzentrierte Vorstudie, J. Chang, *Industrial Development of Mainland China, 1912–1949*. In: Journal of Economic History 27 (1967).

[37] Chang, *Industrial Development in Pre-Communist China*, S. 119; Cheng, *Foreign Trade*, S. 51.

[38] Feuerwerker, *China's Nineteenth-Century Industrialization*, S. 93. – Die Rechnung nach mexikanischem Dollar ist nicht ungewöhnlich. China hatte eine Silberwährung, neben dem chinesischen (Standard-)Dollar kursierten US-amerikanische und mexikanische Dollar. Der in Statistiken häufig benutzte Haikwan Tael war eine Rechnungseinheit, hauptsächlich für Zollzwecke, im Wert von 1,558 Chinadollar.

[39] Vgl. M. C. Bergère, *La bourgeoisie chinoise et les problèmes de développement économique (1917–1923)*. In: Revue d'Histoire Moderne et Contemporaire 16 (1969).

und westlich orientierten Kaufleuten (»compradores«)[40], wurde abgelöst durch eine neue Klasse von Industriellen und Bankiers. Bei dieser neuen Klasse, die nach heftigen ideologischen und wirtschaftlichen Auseinandersetzungen die schon durch die Revolution angeschlagene alte Wirtschaftselite endgültig verdrängte, verbanden sich nach japanischem Muster »technokratische« Effizienz mit strikt nationalistischer Orientierung. Neben dieser nationalen chinesischen Bourgeoisie gab es weiterhin die besondere Wirtschaftselite der mit mancherlei Vorrechten ausgestatteten ausländischen Kaufleute, Industriellen und Bankiers, besonders in den Vertragshäfen und in der wirtschaftlich von Japan kontrollierten Mandschurei. Diese starke wirtschaftliche Präsenz der imperialistischen Mächte, die natürlich mit der politischen Abhängigkeit Chinas verbunden war, charakterisiert die chinesische Wirtschaft bis zur Revolution von 1949. Sie gilt auch als ein Hauptgrund dafür, daß die chinesische Wirtschaft trotz der im Weltkrieg erzielten offenkundigen Fortschritte in wesentlichen Punkten rückständig blieb.

Die modernen Sektoren der chinesischen Wirtschaft waren schon vor dem Krieg häufig von ausländischen Interessen kontrolliert; für 1914 schätzt man das ausländische Kapital in

Tabelle 28. China: Produktion wichtiger Grundstoffe und Industriewaren 1914–1920.

	Kohle (1 000 t)	Eisenerz (1 000 t)	Roheisen (1 000 t)	Stahl (1 000 t)	Baumwollgarn (1 000 bales)	Index der Industrieproduktion (1914=100)
1914	7974	505	130	56	534	100
1915	8493	596	166	48	625	112
1916	9483	629	199	45	667	119
1917	10479	640	188	43	734	134
1918	11109	999	158	57	800	138
1919	12805	1350	237	35	1100	170
1920	14131	1336	259	68	1333	200

Quelle: J. Chang, *Industrial Development in Pre-Communist China. A Quantitative Analysis.* Aldine, Chicago 1969, S. 60, 116 ff.

[40] Vgl. dazu ausführlich A. Feuerwerker, *China's Early Industrialization. Sheng Hsuan-huai (1844–1916) and Mandarin Enterprise.* Harvard UP, Cambridge, Mass. 1958.

China auf 1,6 Mrd. US-Dollar[41]. Von der Baumwollindustrie war rund ein Drittel in ausländischem (japanischem und britischem) Besitz, während des Krieges konnte das japanische Kapital seine ohnehin schon starke Position noch ausbauen[42]. Der Hanyehping-Konzern, der bis 1915 eine Monopolstellung in der chinesischen Eisenerzförderung und Eisenproduktion hatte, war durch Kapitalverflechtung und Lieferverträge völlig unter japanischer Kontrolle geraten. Der Konzern, der eigentlich die Basis einer eigenständigen chinesischen Industrialisierung sein sollte, wurde dadurch ein Zulieferer von Rohstoffen und Halbfabrikaten für die japanische Schwerindustrie. Über die Hälfte der Erzförderung und Roheisenproduktion wurde nach Japan verkauft und zwar zu Preisen, die bis zum Krieg unter den Kosten lagen und die im Krieg zwar Gewinne ermöglichten, aber weiterhin erheblich unter dem Weltmarktniveau lagen. Die 1915 eröffneten neuen Bergwerke und Hüttenwerke (Anshan, Penchihu) in der Mandschurei waren als japanische Gründungen von Anfang an der japanischen Schwerindustrie zugeordnet[43]. Diese Auslandsabhängigkeit erklärt, warum trotz steigender Roheisenproduktion die chinesische Stahlproduktion stagnierte, und sie erklärt auch, zusammen mit dem Mangel an kapitalistischer Initiative in China, warum sich trotz der recht günstigen schwerindustriellen Basis keine nennenswerte Investitionsgüterindustrie entwickelte. Die fehlende Investitionsgüterindustrie war entschieden ein Bremsklotz im Industrialisierungsprozeß, besonders im Weltkrieg, als nicht nur die Konsumgüterimporte, sondern auch die Investitionsgüterimporte zurückgingen. Die Konsumgüterindustrie konnte wegen dieser Kapazitätsbeschränkung die Marktchancen, die sich während des Krieges eröffneten, nur teilweise wahrnehmen. Erst nach dem Waffenstillstand brach die aufgestaute Konsum- und Investitionsnachfrage in erhöhten Importen (Konsumgüter und Maschinen) und gleichzeitig einem neuen, kurzen Industrialisierungsboom durch. Die Industrieproduktion, die von 1914 bis 1918 um 34 Prozent gestiegen war, stieg von 1918 bis 1920 noch einmal um 45 Prozent.

[41] C. M. Hou, *External Trade, Foreign Investment, and Domestic Development: The Chinese Experience, 1840–1937*. In: Economic Development and Cultural Change 10 (1961/62), S. 24.

[42] Cheng, *Foreign Trade*, S. 51. – Der japanische Einfluß stieg von 21 Prozent (1915) auf 26 Prozent (1920).

[43] Vgl. Feuerwerker, *China's Nineteenth Century Industrialization*.

Tabelle 29. China: Import 1913–1920.

	Import	Anteile (in Prozent)			
	(Mio. Haikwan Tael)	Baumwollwaren	Eisen, Stahl und andere Metalle	Maschinen	Industriewaren insgesamt
1913	570	19,3	5,3	1,4	40,4
1916	516	14,1	5,1	1,3	40,5
1920	762	21,8	8,3	3,2	47,0

Quelle: Y. K. Cheng, *Foreign Trade and Industrial Development of China*. University Press of Washington 1956, S. 32, 35.

Lateinamerika

Die lateinamerikanischen Volkswirtschaften paßten vor 1914 am präzisesten in das dichotomische Modell von Industrieländern und »Primärländern« (Rohstoff- und Lebensmittelproduzenten). Sie exportierten Rohstoffe und Lebensmittel im Austausch gegen europäische Industriewaren, europäisches Kapital und europäische Bevölkerungsüberschüsse. Lateinamerika, vor allem Argentinien, stellte nächst Nordamerika ein bevorzugtes Ziel der britischen Wirtschaftsexpansion dar. Typisch war die Spezialisierung auf einzelne Stapelgüter: Argentinien exportierte Getreide, Fleisch, Wolle, ebenso wie Uruguay; Brasilien exportierte Kaffee und Gummi. In Chile machte Salpeter rund drei Viertel des Exportes aus, in Mexiko beruhte der Export zu drei Vierteln auf dem Erzbergbau (Gold, Silber, Blei, Kupfer)[44]. Die Fixierung auf Primärgüterexporte brachte den lateinamerikanischen Volkswirtschaften die bekannten Nachteile: Eine tendenzielle Verschlechterung ihrer terms of trade, eine unerwünschte Abhängigkeit der Binnenwirtschaft von den Fluktuationen der Weltmarkt-Nachfrage, und nicht zuletzt wirtschaftliche und politische Abhängigkeit von europäischen und US-amerikanischen Kapitalinteressen, die die wichtigsten Exportsektoren kontrollierten. Kurz vor dem Ersten Weltkrieg setzten daher gezielte Bestrebungen zur Diversifizierung von Produktion und Export ein. Wenn man jedoch die Wege zur wirtschaftlichen Entwicklung, wie es heute häufig geschieht, in

[44] Vgl. G. Wythe, *Industry in Latin America*. 2. Aufl. Columbia UP, New York 1949. S. 7.

der Alternative von »exportgetriebenem Wachstum« oder »Importsubstitution« formuliert[45], so war in Lateinamerika vor 1914 eine Entscheidung noch nicht gefallen. Als Träger einer zukünftigen wirtschaftlichen Dynamik kamen drei Ansätze in Betracht. Erstens gingen die Exportwirtschaften zunehmend in die (landwirtschaftliche) Veredelungsstufe, es wurden – meist mit ausländischem Kapital – Fleischextraktfabriken, Gefrierfleischanlagen, Mühlen und Zuckerfabriken errichtet. Diese Entwicklung begünstigte die Exportfähigkeit der Agrarproduzenten, verstärkte aber gleichzeitig auch die wirtschaftliche Abhängigkeit von ausländischen Investoren[46]. Zweitens fanden einige Staaten (Peru, Mexiko) im Erdöl ein neues Stapelgut mit expandierendem Absatzmarkt. Für Peru war kurz vor dem Krieg Erdöl bereits nach Kupfer der zweitwichtigste Exportartikel[47]. Drittens ist als ein prosperierendes Beispiel industrieller Importsubstitution vor allem die brasilianische Baumwollindustrie zu nennen, die sich hinter dem Schutzzoll von 1879 günstig entwickeln konnte[48]. Die »1-Million-Spindel-Grenze«, eine Art Wegmarke in der Entwicklung der mechanischen Baumwollspinnerei, erreichte Brasilien 1909 (Indien 1876, Japan 1898, China 1912). Die Baumwollindustrie war der erste wichtige Industriesektor, nicht nur in Brasilien, sondern – freilich in kleinerem Umfang – auch in Kolumbien, Ecuador, Peru und Venezuela[49].

Der Kriegsausbruch bestätigte zunächst die Nachteile einer Ein-Produkt-Volkswirtschaft, wie man besonders deutlich am Beispiel Chiles verfolgen kann[50]. Die Präsenz von Seestreitkräften beider Kriegsparteien paralysierte die Schiffahrt, und die

[45] Vgl. z. B. L. Hoffmann, *Importsubstitution und wirtschaftliches Wachstum in Entwicklungsländern*. Mohr, Tübingen 1970. D. Ernst, *Entwicklung durch importsubstituierende Industrialisierung?* In: Das Argument Nr. 79 (1973).

[46] »Frigorificos« wurden in Argentinien ab 1882 zunächst mit britischem, ab 1907 auch mit US-amerikanischem Kapital errichtet, in Uruguay ab 1904; vgl. Wythe, *Industry in Latin America*, S. 80f., 131.

[47] Vgl. L. S. Rowe, *Early Effects of the War upon the Finance, Commerce and Industry of Peru*. Oxford UP, New York 1920.

[48] Vgl. dazu die Monographie von S. J. Stein, *The Brazilian Cotton Manufacture: Textile Enterprise in an Underdeveloped Area, 1850–1950*. Harvard UP, Cambridge, Mass. 1957. Eine kurzgefaßte Version erschien vorher als S. J. Stein, *Brazilian Cotton Textile Industry, 1850–1950*. In: Kuznets, Moore und Spengler (Hrsg.), *Economic Growth: Brazil, India, Japan*.

[49] Vgl. Wythe, *Industry in Latin America*.

[50] Vgl. die im Auftrag der Carnegie-Stiftung durchgeführte Studie von L. S. Rowe, *Early Effects of the European War upon the Finance, Commerce and Industry of Chile*. Oxford UP, New York 1918.

Absatzchancen wurden auf absehbare Zeit pessimistisch beurteilt. Salpeter ging vor 1914 zum größten Teil in die Düngemittelindustrie, überdies rechnete man auch nur mit einem kurzen Krieg, so daß die spätere Kriegskonjunktur in keiner Weise antizipiert wurde. Tatsächlich bestätigten sich die pessimistischen Erwartungen nur zu bald, zahlreiche Betriebe wurden stillgelegt, trotzdem mußte noch ein großer Teil der Produktion auf Lager genommen werden. Die Regierung sah sich zu Stützungsaktionen für den notleidenden Sektor veranlaßt. Vor allem illustriert Chiles Salpeter auch das soziale Risiko der Exportspezialisierung. Vor dem Kriegsausbruch arbeiteten rund 50 000 Arbeiter in den Salpeterfeldern. Die Krise machte die Mehrzahl von ihnen arbeitslos, und da die nördlichen Provinzen keinerlei alternative Beschäftigungsmöglichkeiten boten, wurden Tausende von Arbeitern in die mittleren und südlichen Provinzen gebracht, wo sie zum Teil die ohnehin schon niedrigen Löhne der Landarbeiter drückten und im übrigen vom Staat unterhalten werden mußten. Erst im Sommer 1915, nach dem Übergang zum Stellungs- und Materialkrieg in Europa, änderte sich die Konjunktur. Es entwickelte sich eine stürmische Nachfrage nach Chilesalpeter, der jetzt zum größten Teil in die Pulver- und Sprengstoffindustrie und nicht mehr in die Landwirtschaft gelangte. Man kann diese Entwicklung für andere Stapelgüter wie Getreide und Fleisch, Gummi und Kaffee verallgemeinern[51]. Nachdem die Krise der ersten Kriegsmonate überwunden war, setzte eine lebhafte Nachfrage nach Lebensmitteln und Rohstoffen ein.

Bei längerer Kriegsdauer ließ sich die europäische Nachfrage allerdings nur teilweise realisieren, ab 1916 erkennt man den Effekt der Transportraumknappheit und wahrscheinlich auch der verschärften Blockade. Die Mittelmächte waren praktisch völlig abgeschnitten von überseeischen Lieferungen, die europäischen Alliierten konnten aus Mangel an Schiffen nicht so viel importieren, wie sie wollten. Während sich in Europa die Rationierung verschärfte, gingen die lateinamerikanischen Lebensmittelexporte real zurück. Bei der Getreideausfuhr machte sich 1917 noch dazu die Mißernte bemerkbar. In Argentinien verhängte Präsident Irigoyen zeitweilig ein Getreideembargo; Weizen nach Großbritannien wurde nur gegen entsprechende

[51] Vgl. J. H. Williams, *Latin America's Foreign Exchange and International Balances During the War*. In: Quarterly Journal of Economics 33 (1918/19).

Ausgleichslieferungen australischen Weizens exportiert[52]. Steigende Preise sorgten dafür, daß die Exporterlöse trotz rückläufiger Mengen steigen konnten. Weizen stieg von 10 Pesos per 100 kg im Juli 1914 auf 19 Pesos im Juni 1917, Wolle von 7–12 Pesos im Juli 1914 auf 8–18 Pesos im März 1917 und 20–32 Pesos im Januar 1918. Den Salpeterpreis brachte die Spekulation von 7 Shilling per Zentner (101,41 lbs.) im Jahre 1914 auf 17 Shilling Ende 1917, bis dann Anfang 1918 Absprachen zwischen der chilenischen, britischen und US-amerikanischen Regierung den Preis wieder auf ein niedrigeres, kontrolliertes Niveau herunterbrachten. Da die Importe durchweg

Tabelle 30. Lateinamerika: Export von Stapelgütern 1913–1917 (Mengen).

	Argentinien und Uruguay		Brasilien		Chile	
	Fleisch Mio. t	Getreide Mio. t	Kaffee Mio. Sack	Gummi Mio. t	Salpeter Mio. t	Kupfer Tsd. t
1913	—	—	13,3	36,2	2,7	41
1914	8,2	5,8	11,3	33,5	1,8	45
1915	8,0	8,3	17,1	35,2	2,0	54
1916	8,8	6,5	13,0	31,5	3,0	72
1917	7,6	2,2	10,6	34,0	2,8	78

Quelle: J. H. Williams, *Latin America's Foreign Exchange and International Balances During the War*. In: Quarterly Journal of Economics 33 (1918/19), S. 436–59. – 1 Sack Kaffee = 132 lbs.

langsamer stiegen als die Exporte, erzielten die lateinamerikanischen Länder beträchtliche Exportüberschüsse. Die aktive Handelsbilanz führte zu einer Verbesserung der Wechselkurse: Gegen Ende des Krieges standen der argentinische Peso um 13 Prozent, der uruguayische Peso um 28 Prozent über der Dollarparität. Der vorher stets unterwertige chilenische Papierpeso näherte sich der Parität (18 d.), das Disagio des brasilianischen Milreis gegenüber dem Dollar ging von 31 Prozent zeitweilig bis auf 12 Prozent zurück. Die starke Währungsposition Argentiniens und Uruguays kann man auch daran ermessen,

[52] Williams, *Latin America's Foreign Exchange*, S. 437.

Tabelle 31. Lateinamerika: Außenhandel 1914–1919. Mio. Pesos (Argentinien, Chile, Uruguay) bzw. Mio. Pfund Sterling (Brasilien).

	Argentinien		Brasilien		Chile		Uruguay	
	Exp.	Imp.	Exp.	Imp.	Exp.	Imp.	Exp.	Imp.
1914	403	323	47	35	309	270	58	37
1915	582	305	54	30	335	152	73	41
1916	573	366	56	40	523	223	74	53
1917	550	380	63	45	723	339	104	67
1918	801	501	61	53	811	395	116	101
1919	1031	656	130	78	331	387	147	113

Quelle: League of Nations (Hrsg.), *Memorandum on Balances of Payments and Foreign Trade Balances, 1910–1924.* 2 Bde. Genf 1925. Bd. 2, S. 467, 515, 692. – Währungseinheit in Argentinien Goldpesos, in Chile Pesos (18 d.), in Uruguay Pesos. Die brasilianischen Außenhandelszahlen wurden in eigener Währung (Milreis) und in britischen Pfund veröffentlicht. Nach der Parität entsprach ein Pfund Sterling 8,9 Milreis.

daß die Regierungen dieser Länder mit den Alliierten Kreditabkommen schlossen. Nach der »Grain Convention« vom Januar 1918 gewährte Argentinien an Großbritannien und Frankreich, später auch an die USA, Regierungskredite bis zu 240 Mio. US-Dollar zum Ankauf argentinischen Weizens. Uruguay räumte den USA und Großbritannien bis zu 115 Mio. US-Dollar Kredit ein. Die brasilianische Währungsposition blieb demgegenüber vergleichsweise schwach, weil die Exportüberschüsse hinter denen der Nachbarrepubliken zurückblieben, und weil der Milreis-Kurs bis 1914 sehr stark durch Kapitalimporte gestützt worden war, die während des Krieges fortfielen.

Die Kriegskonjunktur hat die lateinamerikanischen Regierungen vorübergehend der Sorge um die Exportdiversifizierung enthoben, da die traditionellen Stapelgüter sich unversehens wieder als tüchtige Devisenbringer erwiesen. Die Kautschukgewinnung in Brasilien und in Peru, die 1914 gegenüber dem asiatischen Plantagenkautschuk bereits stark in der Defensive war, erhielt durch den Krieg noch eine Schonfrist. Erheblich ausgebaut wurde die Gewinnung von Bodenschätzen: Bergbau in Bolivien, Chile, Ekuador, Mexiko und Peru, Erdölgewinnung in Peru und Mexiko. Erstmals erschlossen wurden im Ersten Weltkrieg die großen Erdölvorkommen Venezuelas[53]. Daß die Probleme der Exportspezialisierung freilich durch den Krieg meist nur aufgeschoben und nicht gelöst wurden, ist bekannt. Deutlich zeigte es sich an Chile, dessen auf den Rüstungsrohstoff Salpeter aufgebaute Exportkonjunktur mit dem Waffenstillstand zusammenbrach. Der chilenische Papierpeso, der im Sommer 1914 bei 7–8 d. stand, dann bis September 1918 auf 17 d. stieg und damit fast die Parität (18 d.) erreichte, fiel in kürzester Frist bis Dezember 1918 wieder auf 9–10 d. zurück[54].

Parallel zur Exportkonjunktur gab es in Lateinamerika infolge des Krieges eine breite Welle der Importsubstitution. Wie sehr eigene Produkte Importe verdrängten, zeigt am besten der Markt für Baumwollwaren in Brasilien. Gegen Ende des Krieges wurde der brasilianische Markt zu 75 bis 85 Prozent mit Baumwollwaren inländischer Produktion beliefert, einfache und mittlere Qualitäten wurden auch exportiert, und nur mehr die besten Qualitäten wurden noch aus

Tabelle 32. Brasilien: Import und Inlandsproduktion von Baumwolltuch, 1911–1920.

	Import	Produkt.		Import	Produkt.
	1000 kg	Mio. Met.		1000 kg	Mio. Met.
1911	6781	378,6	1916	2004	474,3
1912	4913	400,0	1917	2128	548,1
1913	3631	385,0	1918	2395	494,4
1914	1208	314,3	1919	1616	584,4
1915	1092	470,8	1920	3455	587,2

Quelle: S. J. Stein, *Brazilian Cotton Textile Industry, 1850–1950*. In: S. Kuznets, W. E. Moore, J. Spengler (Hrsg.), *Economic Growth: Brazil, India, Japan*. Duke University Press, Durham 1955.

[53] Vgl. zum Vorstehenden Wythe, *Industry in Latin America*. Zu Peru auch Rowe, *Early Effects of the War upon the Finance, Commerce and Industry of Peru*. In Venezuela hatte Erdöl 1921 bereits einen Anteil von 9 Prozent am Exporterlös; vgl. International Bank for Reconstruction and Development (Hrsg.), *The Economic Development of Venezuela. Report of a Mission Organized by the International Bank for Reconstruction and Development at the Request of the Government of Venezuela*. Johns Hopkins Press, Baltimore 1961, S. 482.

[54] Williams, *Latin America's Foreign Exchange*, S. 444, 448.

Großbritannien eingeführt. Die Kriegskonjunktur förderte auch die kleineren Textilindustrien in Argentinien, Kolumbien, Ekuador, Peru und Venezuela; in Peru wurde während des Weltkrieges das Fabriksystem auch in die Wollspinnerei und -weberei eingeführt. Es blieb aber nicht bei der Textilindustrie. Die erzwungene Isolierung von den europäischen Produzenten führte dazu, daß in Argentinien, Brasilien und einigen anderen Ländern ad hoc eine Vielzahl von »Ersatzindustrien« entstand bzw. gefördert wurde, für Farben, Seife, Bier, Schuhe, Möbel und so fort; ab 1916 wurden in Argentinien sogar Autos montiert. Kristallisationskerne für neue Fabrikationen waren häufig Warenhäuser, die vorher die entsprechenden Importwaren vertrieben hatten[55].

Der langfristige Effekt des Industrialisierungsbooms wird jedoch aus heutiger Perspektive eher vorsichtig beurteilt. Viele Neugründungen boten »Ersatz« minderer Qualität zu hohen Kosten und vermochten der nach dem Krieg wieder einsetzenden europäischen Konkurrenz nicht standzuhalten. Beim Aufbau einer modernen Industrie fehlte es vor allem an den schwerindustriellen Grundlagen. Erwähnenswert war hier eigentlich nur die brasilianische Eisenindustrie, die aber 1916 auch erst 4267 t Roheisen im ganzen Jahr produzierte[56]. Der Rückgang der Investitionsgüterimporte war drastisch: Brasilien z. B. importierte 1913 Textilmaschinen im Gewicht von 13000 t, 1917 nur mehr 2000 t. Etwa die Hälfte der Ausrüstungen der brasilianischen Textilindustrie von 1945 war vor 1915 installiert und in Betrieb genommen worden; allein dieses Faktum könnte eine Warnung sein, den Industrialisierungsimpuls der Weltkriegskonjunktur nicht zu überschätzen[57]. In bezug auf Argentinien wird die These vertreten, daß der Weltkrieg, indem er europäische Investitionsgüter fernhielt, die Industrialisierung insgesamt eher gebremst als gefördert habe[58]. Lateinamerika erreichte trotz der stimulierenden Exportkonjunktur und trotz gewisser Ansätze zur Importsubstitution im Ersten Weltkrieg kein sich selbst forttragendes industrielles Wachstum.

[55] Vgl. C. F. Diaz Alejandro, *Essays on the Economic History of the Argentine Republic*. Yale UP, New Haven 1970; A. Dorfman, *Evolucion industrial Argentina*. Ed. Losada, Buenos Aires 1942; G. Wythe, *Manufacturing Developments in Argentina*. Government Printing Office, Washington 1934; Wythe, *Industry in Latin America*.

[56] W. Baer, *The Development of the Brazilian Steel Industry*. Vanderbilt UP, Nashville 1969, S. 56ff.

[57] Vgl. Stein, *The Brazilian Cotton Manufacture*, S. 103.

[58] Diaz Alejandro, *Essays on the Economic History of the Argentine Republic*.

10. Kapitel
Das Erbe des Weltkriegs

Es gibt Einschnitte im Geschichtsablauf, die gleichzeitig ökonomische, soziale und politische Bedeutung haben. Dazu gehört sicherlich der Weltkrieg, dessen Charakter als Zeitwende schon von zeitgenössischen Beobachtern erkannt wurde und rückblickend nur bestätigt werden kann. Andererseits gab es strukturelle Bedingungen in der Weltwirtschaft, die vom Weltkrieg allenfalls vorübergehend und jedenfalls nicht grundlegend berührt wurden. Die folgenden Schlußbetrachtungen versuchen, anknüpfend an das erste Kapitel, an einigen Punkten Kontinuität und Wandel in der Weltwirtschaft aufzuzeigen. Es sind natürlich nur Bemerkungen provisorischen Charakters, die Hypothesen werden mehr behauptet als belegt. Die Auswirkungen des Weltkrieges erfordern, genau wie die imperialistische Entwicklung zum Kriege hin, eigene sorgfältige Untersuchungen.

Unmittelbar nach dem Krieg wollte man es genau wissen und versuchte, in einer runden Summe auszudrücken, was der Erste Weltkrieg die Welt gekostet habe. Professor Bogart, der im Auftrag der Carnegie-Stiftung die gründlichste Untersuchung dieser Art anstellte, unterschied sechs Kostenelemente: die staatlichen Kriegsausgaben (»direkte Kosten«); die Verluste an Menschen; Zerstörung von Sachkapital zu Lande und zur See; Produktionsausfall; Kriegsunterstützungen, soweit diese nicht in den staatlichen Budgets enthalten waren; Kriegskosten bzw. Kriegsverluste der Neutralen[1]. Die Kriegsausgaben der involvierten Staaten schätzte Bogart als Differenz zwischen den gesamten Staatsausgaben und dem extrapolierten letzten Vorkriegsbudget, und kam dadurch auf 186 Mrd. Dollar[2]. Die Menschenverluste rechnete Bogart in Geldwert um, indem er die zu erwartende Produktionsleistung eines durchschnittlichen Arbeiters auf die Gegenwart diskontierte, unter Berücksichtigung des Standes der Produktivkräfte im jeweili-

[1] Vgl. E. L. Bogart, *Direct and Indirect Costs of the Great World War*. 2. (rev.) Aufl. Oxford UP, New York 1920. Vgl. auch das Resumé bei A. S. Milward, *The Economic Effects of the World Wars on Britain*. Macmillan, London 1970, S. 12–16.

[2] Die verschiedenen Währungen rechnete Bogart jeweils nach der Vorkriegsparität in US-Dollar um.

gen Land. Für einen getöteten US-Soldaten nahm Bogart z. B. einen »Barwert« von 4720 Dollar an, für einen getöteten russischen, serbischen oder türkischen Soldaten 2020 Dollar. Insgesamt bezifferten sich die militärischen und zivilen Menschenverluste danach auf 67 Mrd. Dollar. Die Kapitalverluste durch Kriegseinwirkungen wurden zu Lande auf 30 Mrd. Dollar, zur See (Schiffe und Ladung) auf 7 Mrd. Dollar geschätzt. Da der Staat die mobilisierten Soldaten fast gar nicht entlohnte, entsprachen die Rüstungsausgaben nicht der tatsächlichen Beanspruchung der Produktionsfaktoren für den Krieg. Die Produktionseinbußen mußten als »opportunity costs« gesondert veranschlagt werden, Bogart schätzte sie pauschal auf 45 Mrd. Dollar. Kriegsunterstützungen wurden mit 1 Mrd. Dollar und die Verluste der Neutralen mit 2 Mrd. Dollar angesetzt. Insgesamt kostete der Erste Weltkrieg danach 186 Mrd. Dollar an »direkten« und 152 Mrd. Dollar an »indirekten« Lasten, zusammen 338 Mrd. Dollar.

Die Problematik der Kriegskosten-Berechnung wurde schon im Zusammenhang mit der Kriegsfinanzierung angeschnitten. Bogarts Schätzung der staatlichen Kriegsausgaben ist nicht besser und nicht schlechter als spätere Berechnungen dieser Art, obwohl er kurz nach dem Krieg natürlich mit unvollständigem Material arbeitete. Wenn man die Berechnung der »direkten« und »indirekten« Kriegskosten nicht nach dem jeweils neuesten Material verfeinert hat, so offensichtlich deshalb, weil der ganze Ansatz inzwischen als unzweckmäßig erkannt wurde. Die wirtschaftliche Bedeutung des Weltkrieges wird letztlich nicht klarer dadurch, daß man ihn in einer Summe Geld ausdrückt.

Sinnvoller ist der Ansatz, den W. A. Lewis verwandte, um die Unterbrechung der wirtschaftlichen Entwicklung durch den Weltkrieg zu messen[3]. Seine Fragestellung lautet: Um wieviel Jahre früher wäre das Produktionsniveau von 1929 erreicht worden, wenn sich die Weltwirtschaft ab 1913 mit den gleichen durchschnittlichen jährlichen Wachstumsraten wie von 1890 bis 1913 weiterentwickelt hätte? Nach Lewis' Berechnungen betrug die Verzögerung in der Lebensmittelproduktion 5,2 Jahre, in der Industrieproduktion 4,5 Jahre,

[3] Vgl. W. A. Lewis, *World Production, Prices and Trade, 1870–1960.* In: The Manchester School of Economic and Social Studies 20 (1952). Für eine Übertragung des Ansatzes auf Europa, vgl. I. Svennilson, *Growth and Stagnation in the European Economy.* United Nations Commission for Europe, Genf 1954, S. 19.

und in der Rohstoffproduktion 1,25 Jahre; anders ausgedrückt: Bei Extrapolation der Vorkriegs-Wachstumsraten wäre das Welt-Produktionsniveau von 1929 bei Lebensmitteln schon 1923, bei Industriewaren 1924, bei Rohstoffen 1927 erreicht worden. Dieser Vergleich mißt recht anschaulich die »Bremswirkung« des Weltkrieges, obwohl natürlich die schwachen Punkte des Verfahrens nicht übersehen werden dürfen: Erstens werden die Veränderungen im Trend der wirtschaftlichen Entwicklung nach 1913 ausschließlich dem Weltkrieg zugeschrieben unter Vernachlässigung aller anderen Faktoren wie z. B. Bevölkerungswachstum, technischer Fortschritt, Wandel der Konsumentenpräferenzen. Zweitens, und dies hängt mit dem ersten Punkt zusammen, mißt die einfache Extrapolation nicht unbedingt einen wirtschaftlichen Verlust. Die größte »Bremswirkung« wird bei der Lebensmittelproduktion gemessen, trotzdem war das Angebot in den zwanziger Jahren im Verhältnis zur wirksamen monetären Nachfrage reichlich; die Wachstumsrate der Lebensmittelproduktion war schon vor 1913 so groß, daß sie zwar nicht den objektiven Bedürfnissen (denn es starben noch überall in der Welt Menschen an Hunger), wohl aber der kaufkräftigen Nachfrage vorauseilte, wie man am relativ sinkenden Preisniveau feststellen konnte.

Mehr Aufmerksamkeit als der quantitativen Bestimmung der wirtschaftlichen Verluste, die der Weltkrieg mit sich brachte, widmet man heute den vom Weltkrieg in Gang gesetzten oder beschleunigten Strukturveränderungen. Europas Gewicht in der Weltwirtschaft war nach dem Weltkrieg deutlich zurückgegangen. Der europäische Anteil an der Weltproduktion sank von 43 Prozent (1913) auf 34 Prozent (1923), der Anteil am Welthandel von 59 Prozent (1913) auf 50 Prozent (1924)[4]. Der Rückgang lag weniger an den Kriegszerstörungen, die bis 1924 im wesentlichen überwunden gewesen sein dürften, als am Wachstum der außereuropäischen Konkurrenten, insbesondere der USA und Japans. Außerdem wirkte die kriegsbedingte Isolierung Europas darin fort, daß die außereuropäischen Volkswirtschaften verstärkt untereinander Handel trieben, und schließlich ist nicht zu vergessen, daß Rußland, bis 1914

[4] League of Nations (Hrsg.), *Memorandum on Production and Trade, 1913 and 1923–1926*. Genf 1928, S. 29, 51. – Die Schätzungen für die Verteilung der Produktion beziehen sich auf die Produktion wichtiger Grundstoffe und sind natürlich ziemlich grob, und auch die Schätzungen des Welthandels darf man nicht übermäßig genau nehmen; es kommt auf den Trend an.

eine wichtige europäische Handelsnation, nach der sozialistischen Revolution aus dem Welthandel fast ganz ausschied[5]. Diese Dezentralisierung des Welthandels war insgesamt sicherlich eine positive Entwicklung, und auch im Hinblick auf die besondere Lage Europas braucht man keineswegs den in der zeitgenössischen Literatur vorherrschenden Pessimismus zu teilen. Da die Importe eines Landes proportional mit dem Sozialprodukt zu wachsen pflegen, bedeuteten Industrialisierung und Wirtschaftswachstum in Übersee für die europäischen Industrienationen langfristig nicht nur zunehmende Konkurrenz, sondern auch potentielle neue Absatzmärkte[6]. Ein in diesem Sinne denkbarer Austausch zwischen entwickelten Volkswirtschaften verlangte jedoch zunächst einmal Anpassungsprozesse von den europäischen Exporteuren, insbesondere

Tabelle 33. Produktion und Welthandel 1913–1924 (Regionale Verteilung in Prozent).

	Anteil an der Weltproduktion		Anteil am Welthandel	
	1913	1923	1913	1924
Europa	43	34	59	50
Nordamerika	26	32	14	18
Asien	20	21	12	16
Lateinamerika	7	8	8	9
Afrika	2	3	4	4
Australien	2	2	3	3

Quelle: League of Nations (Hrsg.), *Memorandum on Production and Trade, 1913 and 1923–1926*. Genf 1928, S. 29, 51. – Das reale Niveau von Weltproduktion und Welthandel ist nach den Schätzungen des Völkerbundes 1913 und 1923/24 ungefähr vergleichbar. Nach einer anderen, von Svennilson wiedergegebenen Schätzung wurde das Vorkriegsniveau des Welthandels erst 1926/27 wieder erreicht; vgl. I. Svennilson, *Growth and Stagnation in the European Economy*. United Nations Commission for Europe, Genf 1954, S. 292.

[5] Der Anteil Rußlands am berichteten Welthandel sank von 3,9 Prozent (1913) auf 0,5 Prozent (1924); vgl. League of Nations, Hrsg., *Memorandum on Balances of Payments and Foreign Trade Balances, 1910–1924*. 2 Bde., Genf 1925. Bd. 1, S. 90.

[6] Die positive Korrelation zwischen Industrialisierung und Welthandel-Volumen wird betont in einer Studie des Völkerbundes: League of Nations, Hrsg., *Industrialization and Foreign Trade*. o. O. 1945.

von Großbritannien. Der britische Export beruhte noch zum großen Teil auf den »industriellen Stapelgütern« des 18. und 19. Jahrhunderts, Textilien und Eisenwaren. Vor der zunehmenden europäischen Konkurrenz war Großbritannien auf überseeische Märkte ausgewichen, es hatte statt neuer Produkte für die alten Märkte neue Märkte für die alten Produkte gesucht. Diese Exportstrategie stieß nach dem Weltkrieg auf Schwierigkeiten, denn gerade bei den einfachen »industriellen Stapelgütern« war die Konkurrenz der neuindustrialisierten Länder zwangsläufig am stärksten spürbar. Brasilien, das früher beträchtliche Mengen britischer Baumwollwaren importiert hatte, deckte nach dem Krieg die Inlandsnachfrage fast vollständig aus eigener Produktion; in Südostasien hatte die japanische Baumwollindustrie mit dem Exportvorteil des niedrigen Lohnniveaus einen beträchtlichen Marktanteil gewonnen. Strukturelle Anpassungen an die veränderten Weltmarktbedingungen wurden für die europäische Wirtschaft nach dem Zusammenbruch der Nachkriegskonjunktur ein vorrangiges Problem.

Mindestens ebenso wichtig wie die Veränderungen im Warenhandel war der Strukturwandel in den internationalen Kapitalbewegungen: Europa, und insbesondere Großbritannien, verlor die beherrschende Gläubigerposition der Vorkriegszeit[7]. Während des Krieges liquidierte Großbritannien Auslandsanlagen in Höhe von rund 4 Mrd. Dollar, Frankreich rund 700 Mio. Dollar. Ungefähr zwei Drittel der britischen Verkäufe bestand aus US-amerikanischen Wertpapieren, hauptsächlich Eisenbahnanleihen. Die zusätzlichen Verluste aus Beteiligungen und Portfolio-Investitionen, vor allem Staatspapieren, in Mitteleuropa, Osteuropa und im Nahen Osten werden für Großbritannien auf 600 Mio. Dollar, für Frankreich auf 4 Mrd. Dollar geschätzt; die französischen Verluste waren besonders hoch, weil die Sowjetregierung die zaristischen Staatsschulden nicht honorierte. Insgesamt verloren danach Großbritannien und Frankreich Auslandsanlagen in Höhe von jeweils 4 bis [illegible] Mrd. Dollar; das wären etwa ein Viertel der britischen und die Hälfte der französischen Auslandsanlagen vor Kriegsausbruch[8]. Die deutschen Auslands-

[7] Vgl. United Nations (Hrsg.) *International Capital Movements during the Inter-War Period.* Lake Success 1949.

[8] Dies sind natürlich nur ungefähre Schätzungen. Nach anderen Angaben verloren während des Krieges Großbritannien rund 15 Prozent, Frankreich 55 Prozent der

anlagen, die vor dem Krieg rund 5,8 Mrd. Dollar ausmachten, gingen in der Kriegs- und Nachkriegszeit fast völlig verloren. Dagegen ging die Auslandsverschuldung der USA durch Repatriierung von Wertpapieren zurück, und ihre Auslandsanlagen, besonders in Kanada und Lateinamerika, stiegen, so daß die USA, vor dem Krieg noch Schuldner, nach dem Krieg als großer Gläubiger dastanden; die Brutto-Auslandsanlagen der USA betrugen 1914 etwa 3,5 Mrd. Dollar, 1919 etwa 7,0 Mrd. Dollar[9]. Diese Verschiebungen in der kommerziellen internationalen Kapitalverflechtung wurden überlagert durch die politischen Schulden. Die US-Regierung gab den europäischen Alliierten von 1917 bis 1921 Kriegs- und Wiederaufbaukredite von rund 10 Mrd. Dollar[10]. Großbritannien und Frankreich hatten ihrerseits den anderen Alliierten, besonders Rußland, Italien und Belgien, Kriegskredite gewährt. Die europäischen Alliierten richteten an die Mittelmächte, vor allem an Deutschland, die Reparationsforderungen von 132 Mrd. Mark oder rund 33 Mrd. Dollar. Daraus ergab sich dann das bekannte Dreieck der politischen Schulden zwischen Deutschland, den westeuropäischen Alliierten und den USA, das die Weltwirtschaft bis zur Großen Depression belastete.

Wie man schon vor 1914 absehen konnte, waren die USA und nicht etwa Deutschland der engste Rivale Großbritanniens um die Vormachtstellung in der Weltwirtschaft. Nach dem Krieg und zum guten Teil als direkte Folge des Krieges verschob sich das Zentrum der Weltwirtschaft von London nach New York. Nun brauchte eine Dezentralisierung der Weltwirtschaft keineswegs notwendig die Stabilität des multilateralen Gleichgewichtes zu bedrohen, sofern die USA die Verantwortung als wirtschaftliche Führungsmacht akzeptierten. Dazu fehlten aber wesentliche Voraussetzungen. Die Weltwirtschaft vor 1914 hatte auf der britischen Freihandelspolitik und der internationalen Orientierung des Londoner Geld- und Kapitalmarktes beruht. Dagegen waren die USA eher protektionistisch, und das internationale Kreditgeschäft war in den

Auslandsanlagen; vgl. W. Ashworth, *A Short History of the International Economy Since 1850*. 2. Aufl. Longmans, London 1962.

[9] C. Lewis, *Americas Stake in International Investments*. Brookings Institution, Washington 1938, S. 606. – Den Auslandsanlagen der USA standen ausländische Anlagen in den USA in Höhe von rund 2,7 Mrd. Dollar (1914) bzw. 4,0 Mrd. Dollar (1919) gegenüber. Ebd., S. 114.

[10] United Nations (Hrsg.), *International Capital Movements during the Inter-War Period*, S. 5.

USA trotz des Engagements einzelner New Yorker Banken insgesamt relativ unbedeutend, so daß es zwangsläufig an Interesse, Erfahrung und Kontinuität fehlte[11]. Tatsächlich vermochte man nach dem Weltkrieg weder das multilaterale Gleichgewicht noch den scheinbar mühelos funktionierenden Goldstandard der Vorkriegszeit zu restaurieren[12].

Dezentralisierung der Weltwirtschaft bedeutete konkret, daß der Schwerpunkt der Weltwirtschaft sich von Europa fort verlagerte, bedeutete damit aber noch nicht eine wesentlich gleichmäßigere Verteilung der wirtschaftlichen Aktivität über die Erde. Europa und Nordamerika zusammen konzentrierten nach dem Krieg wie vor dem Krieg rund zwei Drittel der Weltproduktion auf sich; ihr Anteil am Welthandel war von rund drei Vierteln auf zwei Drittel zurückgegangen, war damit aber immer noch dominierend. Die Industrialisierungs- und Wachstumsfortschritte in Afrika, Asien, Lateinamerika und Australien fielen statistisch noch nicht sehr ins Gewicht[13]. Ohnehin beschränkten sich die signifikanten Fortschritte auf Länder, die schon vor 1914 an der Schwelle zur Industriemacht standen, am deutlichsten Japan. Dezentralisierung bedeutete, mit anderen Worten, Verschiebungen innerhalb des »imperialistischen Lagers«. Die Polarisierung der Weltwirtschaft in dominierende Industriemächte und abhängige Primärländer (Rohstoff- und Lebensmittelproduzenten) hat sich durch den Weltkrieg nicht wesentlich geändert. Nach der kurzen Kriegs- und Nachkriegskonjunktur sahen die Primärländer sich wieder den alten Exportproblemen gegenüber: geringe Einkommenselastizität der Nachfrage nach Rohstoffen und Lebensmitteln, Überproduktion, sinkende terms of trade[14]. Industrialisierungsansätze stagnierten unter dem Druck der europäischen, nordamerikanischen und neuerdings auch japani-

[11] Auslandsanlagen machten 1913 0,3 Prozent und 1929 2 Prozent des Aktivgeschäfts der US-Banken aus; vgl. E. W. Goldsmith, *Financial Intermediaries in the American Economy Since 1900*. Princeton UP 1958, S. 143

[12] Vgl. H. W. Arndt, *Economic Lessons of the Thirties*. Oxford UP 1944. League of Nations (Hrsg.), *International Currency Experience. Lessons of the Inter-War Period* (verfaßt von R. Nurkse). O. O. 1944

[13] Vgl. League of Nations (Hrsg.) *Memorandum on Production and Trade, 1913 and 1923–1926*. Genf 1928.

[14] Setzt man nach der bereits im ersten Kapitel benutzten Statistik die *terms of trade* von Primärgütern zu Industriegütern von 1876–1880 gleich 100, dann waren sie bis 1911–1913 auf 93, und bis 1921–1925 auf 76 gesunken. Vgl. United Nations (Hrsg.), *Relative Prices of Exports and Imports of Underdeveloped Countries*. Lake Success 1949, S. 22.

schen Konkurrenz und unter dem Einfluß wirtschaftlicher und politischer Abhängigkeit. Denn Hand in Hand mit wirtschaftlicher Abhängigkeit – auch dies ein Faktor der Kontinuität – ging weiterhin die politische Abhängigkeit der Primärländer. Sicherlich hatte die Periode der territorialen Expansion Europas den Höhepunkt überschritten, wie sich an der politischen Dezentralisierung des britischen Empire, an der Diskussion der Kolonialfrage bei den Friedensverhandlungen und am Mandatsprinzip des Völkerbundes zeigte. Aber insgesamt gab es eher Vorboten als konkrete Resultate der beginnenden Dekolonialisierung. Vor seinem Ende sollte der Kolonialismus alten Stils sogar noch einen neuen Aufschwung in Japan und Italien erleben.

Es ist am Ende nicht überraschend, daß der Friedensschluß keinen der drei im ersten Kapitel erwähnten Konfliktsbereiche löste. Die imperialistische Konkurrenz um die Aufteilung der Welt war zwar vorübergehend dadurch entschärft worden, daß Deutschland, vor 1914 der aggressivste Konkurrent, zurückgedrängt wurde. Dafür intensivierten sich aber die Spannungen im Fernen Osten (Japan), und es war nicht zu übersehen, daß in Deutschland weiterhin die Tendenz bestand, innere Konflikte bei passender Gelegenheit wieder in territoriale Expansion abzulenken[15]. Die außenwirtschaftliche Rivalität der Industriemächte untereinander hatte sich gegenüber der Vorkriegszeit eher noch verschärft, weil nach dem Zerfall des multilateralen Weltwirtschaftssystems viele Länder mit Zahlungsbilanzproblemen zu kämpfen hatten. Es war symptomatisch, daß sich Großbritannien vom Freihandel löste. Die McKenna-Zölle von 1915, seinerzeit aus fiskalischen Gründen und zur Einsparung von Schiffsraum eingeführt, wurden nach dem Krieg als Schutzzölle beibehalten, der »Safeguarding of Industries Act« von 1921 führte neue Zölle ein. Die 1919 eingeführten Empire-Präferenzen zeigten, daß die Zollpolitik auch als Instrument der Außenpolitik nutzbar gemacht werden konnte[16]. Die USA hatten eine lange protektionistische Tradition, und die Zollpolitik der 1920 an die Macht gelangten Republikaner ging in den Tarifen von 1921 und 1922 noch

[15] Die Kontinuität des deutschen Weltmachtstrebens über 1918 hinaus wird z. B. betont bei F. Fischer, *Der Griff nach der Weltmacht. Die Kriegszielpolitik des kaiserlichen Deutschland 1914/18.* 3. Aufl. Droste, Düsseldorf 1964.

[16] Vgl. W. Ashworth, *An Economic History of England, 1870–1939.* Methuen, London 1960. Reprint 1969, S. 393f.

über das Vorkriegsniveau hinaus[17]. Am allerwenigsten konsolidierte der Weltkrieg die inneren sozialen Spannungen in den kapitalistischen Industrienationen. Im Gegenteil, der imperialistische Krieg brachte Klassenbewußtsein und objektive Klassenlage des Proletariats stärker in Übereinstimmung, als das vorher der Fall gewesen war. Wo die herrschenden Klassen den zunehmenden Druck durch Konzessionen aufzufangen suchten, mochte der Anschein einer tendenziellen Harmonisierung der Klassenbeziehungen entstehen. Dies ist der Ansatzpunkt für die von Andrzejewski und anderen Autoren entwickelten Theorien, daß eine positive Korrelation bestehe zwischen der Mobilisierung großer Massen für den Krieg und sozialem Wandel in Richtung auf eine Harmonisierung und Stabilisierung der gesellschaftlichen Beziehungen im Sinne des »Wohlfahrtsstaates«[18]. Dem liegt erklärtermaßen die britische

Tabelle 34. Währungsparitäten 1913 (Wert von Dollar und Pfund in ausländischen Währungen).

	1 US-Dollar	1 Pfund Sterlg.
Argentinien (Peso)	1,04	5,04
Brasilien (Milreis)	1,83	8,91
Chile (Peso)	2,74	13,33
Dänemark, Norwegen, Schweden (Krone)	3,73	18,16
Deutschland (Mark)	4,20	20,43
Frankreich, Schweiz (Franc) Italien (Lira)	5,18	25,22
Großbritannien (Pfund)	0,21	—
Japan (Yen)	2,01	9,76
Niederlande (Gulden)	2,45	12,11
Österreich-Ungarn (Krone)	4,94	24,02
Rußland (Rubel)	1,94	9,46
Uruguay (Peso)	0,97	4,70
USA, Kanada (Dollar)	—	4,87

Quelle: League of Nations (Hrsg.), *Memorandum on Balances of Payments and Foreign Trade Balances, 1910–1924.* 2 Bde. Genf 1925, Bd. 2.

17 Vgl. H. U. Faulkner, *Geschichte der amerikanischen Wirtschaft.* Econ, Düsseldorf 1957, S. 566–71.

18 Vgl. S. Andrzejewski, *Military Organization and Society.* Routledge & Kegan Paul, London 1954. Zur Diskussion dieser Theorien mit weiteren Literaturangaben A. S. Milward, *The Economic Effects of the World Wars on Britain.* Macmillan, London 1970, S. 21–24.

Erfahrung zugrunde, die keineswegs zu verallgemeinern ist. Auf dem Kontinent zeigte schon das Krisenjahr 1917, daß die bürgerliche Gesellschaft auf zunehmenden Druck von »links« statt mit Konzessionen ebenso gut, und vielleicht noch eher, mit einem Ruck nach »rechts« reagieren konnte. Von daher gesehen ist das Aufkommen des Faschismus nach dem Ersten Weltkrieg keine Überraschung, obwohl es zunächst unbequem sein mag, »Liberalismus« und »Faschismus« als alternative Formen bürgerlicher Herrschaft nebeneinander zu sehen. Zum Schluß sei die Aufmerksamkeit noch einmal darauf gelenkt, daß aus der Verschärfung der sozialen Spannungen die Sozialistische Oktoberrevolution in Rußland entstand, und damit die Polarisierung der Weltwirtschaft in ein sozialistisches und ein kapitalistisches Lager. Die Russische Revolution und ihre Folgen, von den Zeitgenossen außerhalb Rußlands und außerhalb der revolutionären Arbeiterbewegung kaum in ihrer epochalen Bedeutung erkannt, wird heute wohl allgemein als das wichtigste Ergebnis des Weltkrieges angesehen.

Verzeichnis der Tabellen

Bibliographie

Abbott, Edith: *English War Statistics of Pauperism.* In: Journal of Political Economy 33 (1925).

Abendroth, Wolfgang: *Sozialgeschichte der europäischen Arbeiterbewegung.* Suhrkamp, Frankfurt 1965.

Aereboe, F.: *Der Einfluß des Krieges auf die landwirtschaftliche Produktion in Deutschland.* Deutsche Verlags-Anstalt, Stuttgart / Berlin / Leipzig 1927.

Aftalion, A.: *L'industrie textile en France pendant la guerre.* Presses Universitaires de France, Paris 1924.

Albertini, Luigi: *The Origins of the War of 1914.* 2 Bde. Oxford UP 1952–53.

Albrecht-Carrié, René: *Italy at the Paris Peace Conference* (The Paris Peace Conference, History and Documents). Columbia UP, New York 1938.

Allen, G. C. und A. G. Donnithorne: *Western Enterprises in Far Eastern Economic Development, China and Japan.* Allen & Unwin, London 1954.

Anderson, B. M.: *Effect of the War on Money, Credit and Banking in France and the United States.* Oxford UP, New York 1919.

Andexel, Ruth: *Imperialismus – Staatsfinanzen, Rüstung, Krieg. Probleme der Rüstungsfinanzierung des deutschen Imperialismus.* Akademie-Verlag, Berlin 1968.

Andréades, André, u. a.: *Les effets économiques et sociaux de la guerre en Grèce.* Presses Universitaires de France, Paris 1928.

Andrews, I. O. und M. A. Hobbs: *Economic Effects of the World War upon Women and Children in Great Britain.* 2. Aufl. Oxford UP, New York 1921.

Andrzejewski, S.: *Military Organization and Society.* Routledge & Kegan Paul, London 1954.

Anweiler, Oskar: *Die Rätebewegung in Rußland 1905–1921.* Brill, Leiden 1958.

Antipa, G.: *L'occupation ennemie de la Roumanie et ses conséquences économiques et sociales.* Presses Universitaires de France, Paris 1929.

Antsiferov, Alexis N. und Eugene M. Kayden: *The Cooperative Movement in Russia During the War.* Yale UP, New Haven 1929.

Apostol, Paul N., Michael W. Bernatzky und Alexander M. Michelson: *Russian Public Finance During the War.* Yale UP, New Haven 1928.

Armeson, Robert B.: *Total Warfare and Compulsory Labor. A Study of the Military-Industrial Complex in Germany during World War I.* Nijhoff, Den Haag 1964.

Arndt, H. W.: *The Economic Lessons of the Nineteen-Thirties.* Oxford UP 1944.

Ashworth, William: *An Economic History of England, 1870–1939.* Methuen, London 1960.

Ashworth, William: *A Short History of the International Economy Since 1850.* 2. Aufl. Longmans, London 1962.

Astrov, Nicholas J. und Paul P. Gronsky: *The War and the Russian Government.* Yale UP, New Haven 1929.

Atallah, M. K.: *The Long-Term Movement of the Terms of Trade between Agricultural and Industrial Products.* Netherland Economic Institute, Delft 1958.

Augé – Laribé, Michel: *L'agriculture pendant la guerre.* Presses Universitaires de France, Paris o. J.

Bachi, Riccardo: *L'alimentazione e la politica annonaria in Italia.* Laterza, Bari 1926.

Baer, Werner: *Industrialization and Economic Development in Brazil.* Irwin, Homewood 1965.

Baer, Werner: *The Development of the Brazilian Steel Industry*. Vanderbilt UP, Nashville 1969.

Bakeless, John: *The Economic Causes of Modern War: A Study of the Period 1878–1918*. Moffat, New York 1921.

Bane, S. L. und R. H. Lutz (Hrsg.): *The Blockade of Germany after the Armistice, 1918 til 1919*. Stanford UP, Palo Alto 1942.

Baruch, Bernard: *The Making of the Reparation and Economic Sections of the Treaty*. Harper, New York 1920.

Baruch, Bernard: *American Industry in the War. A Report of the War Industries Board*. Government Printing Office, Washington 1921.

Baruch, Bernard: *The Public Years*. Holt / Rinehart / Winston, New York 1960.

Basler, Werner: *Deutschlands Annexionspolitik in Polen und im Baltikum 1914–1918*. Rütten & Loening, Berlin 1962.

Bauer, M.: *Der große Krieg in Feld und Heimat*. Osiander, Tübingen 1921.

Baumgart, Winfried: *Deutsche Ostpolitik 1918. Von Brest-Litowsk bis zum Ende des Ersten Weltkrieges*. Oldenbourg, Wien / München 1966.

Baumgart, Winfried: *Brest-Litovsk und Versailles. Ein Vergleich zweier Friedensschlüsse*. In: Historische Zeitschrift 210 (1970).

Bell, A. C.: *A History of the Blockade of Germany, Austria-Hungary, Bulgaria, and Turkey 1914–1918*. H. M. Stationary Office, London 1937.

Benians, E. A.: *The Empire in the New Age, 1870–1919*. In: E. A. Benians, J. Butler, E. E. Carrington (Hrsg.): *The Empire-Commonwealth 1870–1919 (The Cambridge History of the British Empire*, Bd. 3). Cambridge UP, 1959.

Bente, Herman: *Die deutsche Währungspolitik von 1914 bis 1924*. In: Weltwirtschaftliches Archiv 23 (1926) I.

Bertram, Gordon W.: *Economic Growth in Canadian Industry, 1879–1915: The Staple Model and the Take-Off Hypothesis*. In: Canadian Journal of Economic and Political Science 29 (1963). Rev. Nachdruck in: W. T. Easterbrook und M. H. Watkins (Hrsg.): *Approaches to Canadian Economic History*. Canadian Publishers, Toronto 1967.

Beveridge, William u. a.: *War and Insurance*. Oxford UP 1927.

Beveridge, William: *British Food Control*. Oxford UP 1928.

Birnbaum, Karl E.: *Peace Moves and U-boat Warfare. A Study of Imperial Germany's Policy toward the United States. April 18, 1916 – January 9, 1917*. Almqvist & Wiksell, Stockholm 1958.

Blanchard, R.: *Les forces hydro-électriques pendant la guerre*. Presses Universitaires de France, Paris 1924.

Blankart, Charles: *Die Devisenpolitik während des Weltkrieges (August 1914 bis November 1918)*. Füssli, Zürich 1919.

Bloomfield, Arthur I.: *Monetary Policy under the International Gold Standard, 1880–1914*. 2. Aufl. Federal Reserve Bank, New York 1964.

Boelcke, Willi A. (Hrsg.): *Krupp und die Hohenzollern in Dokumenten*. Athenaion, Frankfurt 1970.

Bogart, Ernest L.: *Direct and Indirect Cost of the Great World War*. 2. (rev.) Aufl. Oxford UP, New York 1920.

Bonnefous, Georges: *Histoire politique de la Troisième République*. Bd. 2: *La grande guerre 1914–1918*. Presses Universitaires de France, Paris 1957.

Borck, Fritz: *Die Industrialisierung der Britischen Dominions und die Rückwirkung auf ihre weltwirtschaftliche Stellung*. In: Weltwirtschaftliches Archiv 35 (1932) I.

Boulding, Kenneth: *The Role of the War Industry in International Conflict*. In: The Journal of Social Issues 23 (1967).

Bowley, Arthur: *Prices and Wages in the United Kingdom 1914–1920*. Clarendon Press, Oxford 1921.

Bowley, Arthur und Josiah Stamp: *The National Income 1924. A Comparative Study of the Income of the United Kingdom in 1911 and 1924.* Clarendon Press, Oxford 1927.

Bowley, A.: *Some Economic Consequences of the Great War.* Thornton Butterworth, London 1930.

Brand, Carl F.: *British Labour's Rise to Power. Eight Studies.* Stanford UP und Oxford UP 1941.

Brand, Carl F.: *The British Labour Party. A Short History.* Stanford UP 1964.

Brand, R. H.: *War and National Finance.* Arnold, London 1921.

Braunthal, Julius: *Geschichte der Internationale.* 3 Bde. Dietz, Hannover 1961–71.

Brown, William A.: *The International Gold Standard Reinterpreted, 1914–1934.* 2 Bde. Ams Press, New York 1940.

Bruneau, Pierre: *Le rôle du Haut Commandement au point de vue économic de 1914 à 1921.* Berger-Levrault, Nancy / Paris / Strasbourg 1924.

Bry, Gerhard: *Wages in Germany 1871–1945.* Princeton UP 1960.

Buenger, Siegfried: *Die sozialistische Antikriegsbewegung in Großbritannien. 1914–1917.* Deutscher Verlag der Wissenschaften, Berlin 1967.

Burchardt, Lothar: *Friedenswirtschaft und Kriegsvorsorge. Deutschlands wirtschaftliche Rüstungsbestrebungen vor 1914.* Boldt, Boppard 1968.

Burchardt, Lothar: *Walther Rathenau und die Anfänge der deutschen Rohstoffbewirtschaftung im Ersten Weltkrieg.* In: Tradition 15 (1970).

Bureau International du Travail (Hrsg.): *L'accroissement de l'effectiv des syndicats au cours des années 1910–1919.* Genf 1921.

Bureau International du Travail (Hrsg.): *Fluctuations des salaires dans différents pays de 1914 à 1921.* Genf 1922.

Bureau International de Travail (Hrsg.): *Fluctuations des salaires dans différents pays de 1914 à 1925.* Genf 1926.

Burnett, Ph. M.: *Reparation at the Paris Peace Conference. From the Standpoint of the American Delegation (The Paris Peace Conference, History and Documents).* 2 Bde. Columbia UP, New York 1940.

Carmichael, Joel: *Die Russische Revolution. Von der Volkserhebung zum bolschewistischen Sieg, Februar–Oktober 1917.* Rowohlt, Reinbek 1967.

Carnegie, David: *The History of Munitions Supply in Canada 1914–1918.* Longmans/Green, London 1925.

Carr, E. H.: *The Bolshevik Revolution 1917–1923.* 3 Bde. Macmillan, London 1951–53.

Chamberlin, W. H.: *Die russische Revolution 1917–1921.* Bd. 1. Europäische Verlagsanstalt, Frankfurt 1958.

Chang, John: *Industrial Development of Mainland China, 1912–1949.* In: Journal of Economic History 27 (1967).

Chang, John: *Industrial Development in Pre-Communist China. A Quantitative Analysis.* Aldine, Chicago 1969.

Chardon, Henri: *L'organisation de la République pour la paix.* Presses Universitaires de France, Paris 1926.

Cheng, Yu-Kwei: *Foreign Trade and Industrial Development of China.* UP of Washington 1956.

Cherniavsky, Michael (Hrsg.): *Prologue to Revolution. Notes of A. N. Iakhontov on the Secret Meetings of the Council of Ministers, 1915. Prentice-Hall, Englewood Cliffs 1967.*

Chesneaux, Jean: *The Chinese Labour Force in the First Part of the Twentieth Century.* In: C. D. Cowan (Hrsg.): *The Economic Development of China and Japan. Studies in Economic History and Political Economy.* Allen & Unwin, London 1964.

Clark, J. M., W. H. Hamilton und H.G. Moulton (Hrsg.): *Readings in the Economics of War.* University of Chicago Press 1919.

Clark, John Maurice: *The Cost of the World War to the American People*. Yale UP, New Haven 1931.

Clarkson, Grosvenor B.: *Industrial America in the World War: The Strategy behind the Line, 1917–1918*. Houghton Mifflin, Boston / New York 1923.

Claus, Rudolf: *Die Kriegswirtschaft Rußlands bis zur Bolschewistischen Revolution*. Schroeder, Bonn / Leipzig 1922.

Clémentel, Etienne: *La France et la politique économique interalliée*. Presses Universitaires de France, Paris 1931.

Cohn, Einar: *Danmark under den Store Krig*. Gad, Kopenhagen 1928. Rev. engl. Übersetzung in: H. Westergaard (Hrsg.): *Sweden, Norway, Denmark and Iceland in the World War*. Yale UP, New Haven 1930.

Cole, G. D. H.: *Labour in the Coal-Mining Industry, 1914–1921*. Clarendon Press, Oxford 1923.

Cole, G. D. H.: *Trade Unionism and Munitions*. Clarendon Press, Oxford 1923.

Cole, G. D. H.: *Workshop Organization*. Clarendon Press, Oxford 1923.

Cole, G. D. H.: *A History of the Labour Party from 1914*. Routledge & Kegan Paul, London 1948.

Collinet, Paul und Paul Stahl: *Le ravitaillement de la France occupée*. Presses Universitaires de France, Paris 1928.

Conférence économique des gouvernement alliés. Programme, procès-verbaux des séances et actes de la conférence. Imprimerie Nationale, Paris 1916.

Consett, Montagu W. W. P.: *The Triumph of Unarmed Forces (1914–1918)*. Williams & Norgate, London 1923.

Court, W. H. B.: *The Years 1914–1918 in British Economic and Social History*. In: W. H. B. Court (Hrsg.): *Scarcity and Choice in History*. Arnold, London 1970.

Cruttwell, C. R. M. F.: *A History of the great War 1914–1918*. 2. Aufl. Oxford UP 1940.

Crowell, Benedict und Robert F. Wilson: *The Giant Hand: Our Mobilization and Control of Industry and Natural Resources, 1917–1918*. Bd. 1. Yale UP, New Haven 1921.

Cuff, Robert, D.: *A »Dollar-A-Year Man« in Government: George N. Peek and the War Industries Board*. In: Business History Review 41 (1967).

Cuff, Robert D.: *Bernard Baruch: Symbol and Myth in Industrial Mobilization*. In: Business History Review 43 (1969).

Cunnison, J. und W. R. Scott: *The Industries of the Clyde Valley during the War*. Clarendon Press, Oxford 1924.

Danaillow, Georges T.: *Les effets de la guerre en Bulgarie*. Presses Universitaires de France, Paris 1932.

Daniels, Robert V.: *Red October. The Bolshevik Revolution of 1917*. Scribner, New York 1967.

Davis, J. S.: *World Currency Expansion during the War and in 1919*. In: Review of Economic Statistics 2 (1920).

Davis, J. S.: *Recent Developments in World Finance*. In: Review of Economic Statistics 4 (1922).

Deane, Phyllis und W. A. Cole: *British Economic Growth 1688–1959*. 2. Aufl. Cambridge UP 1967.

Dearle, N. B.: *The Labour Cost of the World War to Great Britain, 1914–1922. A Statistical Analysis*. Yale UP, New Haven 1940.

Delbrück, Clemens von: *Die wirtschaftliche Mobilmachung in Deutschland 1914*. Verlag für Kulturpolitik, München 1924.

Delemer, Adolphe: *Le bilan de l'étatisme*. Payot, Paris 1922.

Demangeon, A.: *Le déclin de l'Europe*. Payot, Paris 1920.

Diaz Alejandro, Carlos Federico: *Essays on the Economic History of the Argentine Republic*. Yale UP, New Haven 1970.

Dobb, Maurice: *Soviet Economic Development since 1917*. Rev. Edition. International Publishers, New York 1968.

Dorfman, Adolfo: *Evolucion industrial Argentina*. Ed. Losada, Buenos Aires 1942.

Dulles, Eleanor Lansing: *The French Franc, 1914–1918*. Macmillan, New York 1929.

Dumesnil, Alexandra: *Les milieux ouvriers russes et la déclaration de guerre en 1914*. In: Revue de l'Histoire de la Guerre Mondiale 12 (1934).

Driscoll, David Daniel: *Anglo-Swiss Relations 1914–1918. With Special Reference to the Allied Blockade of the Central Powers*. Diss. University of London 1968.

Dunning, John, H.: *Studies in International Investment*. Allen & Unwin, London 1970.

Easterbrook, W. T. und H. G. J. Aitken: *Canadian Economic History*. Macmillan, Toronto 1956.

Einaudi, Luigi: *La guerra e il sistema tributaria italiana*. Laterza, Bari 1927.

Einaudi, Luigi: *La condotta economica e gli effetti sociali della guerra italiana*. Laterza, Bari 1933.

Einzig, Paul: *World Finance since 1914*. Kegan Paul, London 1935.

Einzig, Paul: *The History of Foreign Exchange*. Macmillan, London 1962.

Einzig, Paul: *Foreign Exchange Crises. An Essay in Economic Pathology*. Macmillan, London 1968.

Ellsworth, P. T.: *The International Economy. Its Structure and Operation*. Macmillan, New York 1950.

Emin, Ahmed: *Turkey in the World War*. Yale UP, New Haven 1930.

Ernst, D.: *Entwicklung durch importsubstituierende Industrialisierung?* In: Das Argument, Nr. 79 (1973).

Fainsod, Merle: *International Socialism and the World War*. Harvard UP, Cambridge, Mass. 1935.

Fairlie, John A.: *British War Administration*.Oxford UP, New York 1919.

Faulkner, Harold U.: *Geschichte der amerikanischen Wirtschaft*. Econ, Düsseldorf 1957.

Fay, Sidney, B.: *The Origins of the World War*. Macmillan, New York 1930.

Fay, Victor (Hrsg.): *La révolution d'octobre et le mouvement ouvrier européen*. Etudes et Documentation Internationales, Paris 1967.

Fayle, C. Ernest: *Seaborne Trade (History of the Great War, by Direction of the Historical Section of the Committee of Imperial Defense)*. 3 Bde. Murray, London 1920–24.

Fayle, C. Ernest: *The War and the Shipping Industry*. Oxford UP, 1927.

Fearon, Peter: *The Formative Years of the British Aircraft Industry, 1913–1924*. In: Business History Review 43 (1969).

Feis, Herbert: *The Diplomacy of the Dollar, 1919–1932*. Johns Hopkins Press, Baltimore 1950.

Feis, Herbert: *Europe the World's Banker, 1870–1914*. Yale UP, New Haven 1930. Reprint: Norton, New York 1965.

Feldman, Gerald: *Army, Industry and Labour in Germany 1914–1918*. Princeton UP 1966.

Ferro, Marc: *La révolution de 1917. La chute du tsarisme et les origines d'octobre*. Aubier, Paris 1967.

Feuerwerker, Albert: *China's Early Industrialization. Sheng Hsuan-huai (1844–1916) and Mandarin Enterprise*. Harvard UP, Cambridge, Mass. 1958.

Feuerwerker, Albert: *China's Nineteenth Century Industrialization: The Case of the Hanyehping Coal and Iron Company, Limited*. In: C. D. Cowan (Hrsg.): *The Economic Development of China and Japan. Studies in Economic History and Political Economy*. Allen & Unwin, London 1964.

Fieldhouse, David K.: *Die Kolonialreiche seit dem 18. Jahrhundert.* Fischer, Frankfurt 1965.

Fischer, Fritz: *Der Griff nach der Weltmacht. Die Kriegszielpolitik des kaiserlichen Deutschland 1914/18.* 3. Aufl. Droste, Düsseldorf 1964.

Fischer, Fritz: *Weltmacht oder Niedergang. Deutschland im Ersten Weltkrieg.* Europäische Verlags-Anstalt, Frankfurt 1965.

Fischer, Fritz: *Krieg der Illusionen. Die deutsche Politik von 1911 bis 1914.* Droste, Düsseldorf 1969.

Fisk, H. E.: *The Inter-Ally Debts. An Analysis of War and Post-War Public Finance, 1914–1923.* Bankers Trust Comp., New York/Paris 1924.

van der Flier, M. J.: *War Finances in the Netherlands up to 1918.* Clarendon Press, Oxford 1923.

Flux, A. W.: *Our Food Supply before and after the War.* In: Journal of the Royal Statistical Society 90 (1930).

Fontaine, Arthur: *L'industrie française pendant la guerre.* Presses Universitaires de France, Paris o. J.

Friedman, Milton und Anna Jacobson Schwartz: *A Monetary History of the United States.* Princeton UP (National Bureau of Economic Research) 1963.

Fuchs, Rudolf: *Die Kriegsgewinne der verschiedenen Wirtschaftszweige in den einzelnen Staaten an Hand statistischer Daten dargestellt.* Diss. Zürich 1918.

Furtado, Celso: *The Economic Growth of Brazil. A Survey from Colonial to Modern Times.* University of California Press, Berkeley/Los Angeles 1963.

Furtado, Celso: *Economic Development of Latin America. A Survey from Colonial Times to the Cuban Revolution.* Cambridge UP 1970.

Gankin, Olga Hess und H. H. Fisher, (Hrsg.): *The Bolsheviks and the World War. The Origin of the Third International.* Stanford UP 1940. Reprint 1960.

Garrett, Paul W.: *Government Control over Prices.* (War Industries Board Price Bulletin, No. 3.) Government Printing Office, Washington 1920.

George, Oswald und Bernard Mallet: *British Budgets, 1913/14 to 1920/21.* Macmillan, London 1929.

Geyer, Dietrich: *Die Russische Revolution. Historische Probleme und Perspektiven.* Kohlhammer, Stuttgart 1968.

Gibson, R. H. und Maurice Prendergast: *The German Submarine War 1914–1918.* Constable, London 1931.

Gide, Charles: *Des projets d'entente financière après la guerre.* In: Revue d'Economie Politique, 32 (1918).

Gide, Charles und William Oualid: *Le bilan de la guerre pour la France.* Presses Universitaires de France, Paris 1931.

Gilbert, Charles: *American Financing of World War I.* Greenwood, Westport, Conn. 1970.

Gilbert, Martin: *First World War Atlas.* Weidenfeld & Nicholson, London 1970.

Goebel, Otto: *Deutschlands Rohstoffwirtschaft im Weltkrieg.* Deutsche Verlags-Anstalt, Stuttgart/Berlin/Leipzig 1930.

Goldsmith, Raymond W.: *Financial Intermediaries in the American Economy since 1900.* Princeton UP 1958.

Gossweiler, Kurt: *Großbanken, Industriemonopole, Staat. Ökonomie und Politik des staatsmonopolitischen Kapitalismus in Deutschland 1914–1932.* Deutscher Verlag der Wissenschaften, Berlin 1971.

Gottlieb, W. W.: *Studies in Secret Diplomacy during the First World War.* Allen & Unwin, London 1957.

Gratz, Gustav und Richard Schüller: *Die äußere Wirtschaftspolitik Österreich-Ungarns. Mitteleuropäische Pläne.* Hölder-Pichler-Tempsky, Wien 1925.

Gratz, Gustav und Richard Schüller: *Der wirtschaftliche Zusammenbruch Österreich-Ungarns*. Hölder-Pichler-Tempsky, Wien 1930.

Graubard, Stephen: *British Labour and the Russian Revolution, 1917–1924*. Harvard UP, Cambridge, Mass. 1956.

Grebler, Leo und Wilhelm Winkler: *The Cost of the War to Germany and Austria-Hungary*. Yale UP, New Haven 1940.

Grinewitsch, W.: *Die Gewerkschaftsbewegung in Rußland*. Verlagsgesellschaft des Allgemeinen Deutschen Gewerkschaftsbundes, Berlin 1927.

Groener, Wilhelm: *Lebenserinnerungen. Jugend, Generalstab, Weltkrieg*. Vandenhoeck & Ruprecht, Göttingen 1957.

Gross, Nachum: *Industrialization in Austria in the Nineteenth Century*. Diss. University of California, Berkeley 1966.

Grubbs, Frank L.: *The Struggle for Labor Loyalty: Gompers, the A. F. of L., and the Pacifists, 1917–1920*. Duke UP, Durham 1968.

Günther, Adolf: *Die Folgen des Krieges für Einkommen und Lebenshaltung der mittleren Volksschichten Deutschlands*. Deutsche Verlags-Anstalt, Stuttgart/Berlin/Leipzig 1932.

Guichard, Louis: *Histoire du Blocus Naval (1914–1918)*. Payot, Paris 1929.

Guilhon, Raymond: *Les consortiums en France pendant la guerre*. Librairie Générale, Paris 1924.

Guinn, Paul: *British Strategy and Politics 1914 to 1918*. Oxford UP 1965.

Gunzenhäuser, Max: *Die Bibliographien zur Geschichte des Ersten Weltkriegs. Literaturbericht und Bibliographie*. Bernard & Graefe, Frankfurt 1964.

Gunzenhäuser, Max: *Die Pariser Friedenskonferenz 1919 und die Friedensverträge 1919–1920. Literaturbericht und Bibliographie*. Bernard & Graefe, Frankfurt 1970.

Gutsche, Willibald: *Erst Europa – und dann die Welt. Probleme der Kriegszielpolitik des deutschen Imperialismus im Ersten Weltkrieg*. In: Zeitschrift für Geschichtswissenschaft 12 (1964).

Haimson, Leopold: *The Problem of Social Stability in Urban Russia, 1905–1917*. In: Slavic Review 23 (1964) und 24 (1965).

Hall, H. Duncan: *The British Commonwealth and the Founding of the League Mandate System*. In: K. Bourne und D. C. Watt (Hrsg.): *Studies in International History*. Longmans, London 1967.

Hallgarten, G. W. F.: *Imperialismus vor 1914. Die soziologischen Grundlagen der Außenpolitik europäischer Großmächte vor dem Ersten Weltkrieg*. 2. Aufl. 2 Bde. Beck, München 1963.

Hallgarten, G. W. F.: *Das Schicksal des Imperialismus im 20. Jahrhundert. Drei Abhandlungen über Kriegsursachen in Vergangenheit und Gegenwart*. Europäische Verlags-Anstalt, Frankfurt 1969.

Hancock, W. K.: *Four Studies of War and Peace in this Century*. Cambridge UP 1961.

Hardach, Gerd: *Französische Rüstungspolitik 1914–1918*. In: H. A. Winkler (Hrsg.): *Organisierter Kapitalismus. Voraussetzungen und Anfänge*. Vandenhoeck & Ruprecht, Göttingen 1973.

Harmaja, Leo: *Effects of the War on Economic and Social Life in Finland*. Yale UP, New Haven 1933.

Haupt, Georges: *La Deuxième Internationale 1889–1914. Etude critique des sources. Essai bibliographique*. Mouton, Paris/La Haye 1964.

Haupt, Georges: *Der Kongreß fand nicht statt. Die Sozialistische Internationale 1914*. Europa-Verlag, Wien/Frankfurt/Zürich 1967.

Heckscher, E. (Hrsg.): *Bidrag till Sveriges ekonomiska och sociala historia under och efter väldskriget*. Norstedt, Stockholm 1926. Rev. engl. Übersetzung in H. Westergaard

(Hrsg.): *Sweden, Norway, Denmark and Iceland in the World War.* Yale UP, New Haven 1930.
Helfferich, Karl: *Der Weltkrieg.* 3 Bde. Ullstein, Berlin 1919.
Helfferich, Karl: *Das Geld.* 6. Aufl. Hirschfeld, Leipzig 1923.
Henderson, Hubert D.: *The Cotton Control Board.* Clarendon Press, Oxford 1922.
Henderson, W. O.: *Walther Rathenau. A Pioneer of the Planned Economy.* In: Economic History Review 4 (1951/52).
Henning, Heinz: *Der Aufbau der deutschen Kriegswirtschaft im ersten Weltkrieg.* In: Wehrwissenschaftliche Rundschau 6 (1956).
Henry, Albert: *Le ravitaillement de la Belgique pendant l'occupation Allemande.* Presses Universitaires de France, Paris 1924.
Herzfeld, Hans: *Die deutsche Rüstungspolitik vor dem Weltkrieg.* Schroeder, Bonn/Leipzig 1923.
Herzfeld, Hans: *Der Erste Weltkrieg.* dtv, München 1968.
Hesse, Friedrich: *Die deutsche Wirtschaftslage von 1914–1923. Krieg, Geldblähe und Wechsellagen.* Fischer, Jena 1938.
Hibbard, Benjamin: *Effects of the Great War upon Agriculture in the United States and Great Britain.* Oxford UP, New York 1919.
Hirst, F. W. und J. E. Allen: *British War Budgets.* Oxford UP 1926.
Hirst, Francis W.: *The Consequences of the War to Great Britain.* Oxford UP 1934.
History of the Ministry of Munitions. 12 Bde. o. O. 1921–22.
Hobsbawm, Eric: *Trends in the British Labour Movement since 1850.* In: *Labouring Men. Studies in the History of Labour.* Basic Books, New York 1964.
Hobson, J. A.: *Der Imperialismus.* 2. Aufl. Kiepenheuer & Witsch, Köln/Berlin 1970 (erstmals 1902).
Hoffmann, Lutz: *Importsubstitution und wirtschaftliches Wachstum in Entwicklungsländern. Unter besonderer Berücksichtigung von Argentinien, Brasilien, Chile und Columbien.* Mohr, Tübingen 1970.
Hoffmann, W., F. Grumbach und H. Hesse: *Das Wachstum der deutschen Wirtschaft seit der Mitte des 19. Jahrhunderts.* Springer, Berlin/Heidelberg/New York 1965.
Hou, Chi-Ming: *External Trade, Foreign Investment, and Domestic Development: The Chinese Experience, 1840–1937.* In: Economic Development and Cultural Change 10 (1961/62).
Hubbard, G. E.: *Eastern Industrialization and its Effect on the West.* Oxford UP 1935.
Humbert-Droz, Jules: *Der Krieg und die Internationale. Die Konferenzen von Zimmerwald und Kienthal.* Europa-Verlag, Wien/Frankfurt/Zürich 1964.
Hurd, Archibald: *The Merchant Navy (History of the Great War, by Direction of the Historical Section of the Committee of Imperial Defense).* 3 Bde. Murray, London 1921–29.
Hurwitz, Samuel J.: *State Intervention in Great Britain. A Study of Economic Control and Social Response, 1914–1919.* Columbia UP, New York 1949. Reprint: Cass, London 1968.
Huston, J. A.: *The Allied Blockade of Germany 1918–1919.* In: Journal of Central European Affairs 10 (1950).

Imlah, Albert H.: *Economic Elements in the Pax Britannica. Studies in British Foreign Trade in the Nineteenth Century.* Harvard UP, Cambridge, Mass. 1958.
Institut für Geschichte an der Deutschen Akademie der Wissenschaften (Hrsg.): *Revolutionäre Ereignisse und Probleme in Deutschland während der Periode der Großen Sozialistischen Oktoberrevolution 1917/1918.* Akademie-Verlag, Berlin 1957.
Institut für Marxismus-Leninismus beim ZK der KPdSU (Hrsg.): *Geschichte der Kommunistischen Partei der Sowjetunion.* 6 Bde. Verlag Progress, Moskau o. J.

International Commission for the Teaching of History (Hrsg.): *The Two World Wars: Selective Bibliography*. Pergamon Press, Oxford 1964.

Ionesco-Sisesti, G.: *L'agriculture de la Roumanie pendant la guerre*. Presses Universitaires de France, Paris 1929.

Istituto Centrale di Statistica (Hrsg.): *Sommario di Statistiche Storiche Italiane*. Istituto Poligrafico dello Stato, Rom 1958.

Jèze, Gaston: *Les dépenses de guerre de la France*. Presses Universitaires de France, Paris 1926.

Jindra, Z.: *Über die ökonomischen Grundlagen der »Mitteleuropa«-Ideologie des deutschen Imperialismus*. In: K. Obermann (Hrsg.): *Probleme der Ökonomie und Politik in den Beziehungen zwischen Ost- und Westeuropa vom 17. Jahrhundert bis zur Gegenwart*. Rütten & Loening, Berlin 1960.

Katkov, George: *Russia 1917. The February Revolution*. Longmans, London 1967.

Kaulisch, Baldur: *Die Auseinandersetzung über den uneingeschränkten U-Boot-Krieg innerhalb der herrschenden Klassen im zweiten Halbjahr 1916 und seine Eröffnung im Februar 1917*. In: F. Klein (Hrsg.): Politik im Krieg 1914–1918. Akademie Verlag, Berlin 1964.

Keilhau, Wilhelm: *Norge og Verdenskrigen*. Aschehoug, Oslo 1927. Rev. engl. Übersetzung in: H. Westergaard (Hrsg.): *Sweden, Norway, Denmark and Iceland in the World War*. Yale UP, New Haven 1930.

Keith, Arthur Berriedale: *War Government of the British Dominions*. Clarendon Press, Oxford 1921.

Kendall, Walter: *The Revolutionary Movement in Britain 1900–1921. The Origins of British Communism*. Weidenfeld & Nicholson, London 1969.

Kerchove de Denterghem, Charles: *L'industrie belge pendant l'occupation Allemande, 1914–1918*. Presses Universitaires de France, Paris 1927.

Kester, Randall B.: *The War Industries Board, 1917–1918. A Study in Industrial Mobilization*. In: American Political Science Review 34 (1940).

Keynes, John Maynard: *The Economic Consequences of the Peace*. (Collected Writings, vol. 2.) Macmillan, London 1971.

Keynes, John Maynard: *A Revision of the Treaty*. (Collected Writings, vol. 3.) Macmillan, London 1971.

Keynes, John Maynard: *A Tract on Monetary Reform*. (Collected Writings, vol. 4.) Macmillan, London 1971.

Keynes, John Maynard: *The General Theory of Employment, Interest and Money*. Macmillan, London 1951.

Kindleberger, Charles P.: *Economic Growth in France and Britain, 1851–1950*. Harvard UP, Cambridge, Mass. 1964.

Klein, Fritz (Hrsg.): *Politik im Krieg 1914–1918. Studien zur Politik der deutschen herrschenden Klassen im ersten Weltkrieg*. Akademie-Verlag, Berlin 1964.

Klein, Fritz (Hrsg.): *Deutschland im Ersten Weltkrieg*. 3 Bde. Akademie-Verlag, Berlin 1970.

Kleine-Natrop: *Devisenpolitik in Deutschland vor dem Kriege und in der Kriegs- und Nachkriegszeit*. Preiss, Berlin 1922.

Klöss, Erhard (Hrsg.): *Von Versailles zum Zweiten Weltkrieg. Verträge zur Zeitgeschichte 1918–1939*. dtv, München 1965.

Knox, F. A.: *Canadian War Finance and the Balance of Payments, 1914–1918*. In: Canadian Journal of Economics and Political Science 6 (1940).

Kobayashi, Ushisaburo: *Military Industries of Japan*. Oxford UP, New York 1922.

Kobayashi, Ushisaburo: *The Basic Industries and Social History of Japan, 1914–1918*. Yale UP, New Haven 1930.

Köhler, Ludwig von: *Die Staatsverwaltung der besetzten Gebiete*. Erster Band: *Belgien*. Deutsche Verlags-Anstalt, Stuttgart/Berlin/Leipzig 1927.

Köhler, S.: *Die russische Industriearbeiterschaft von 1905–1917*. Teubner, Leipzig/Berlin 1921.

König, Helmut: *Lenin und der italienische Sozialismus*. Böhlau, Köln/Graz 1967.

Kohn, Stanislas und Alexander F. Meyendorff: *The Cost of the War to Russia*. Yale UP, New Haven 1932.

Koistinen, Paul A. C.: *The »Industrial-Military Complex« in Historical Perspective: World War I*. In: Business History Review 41 (1967).

Kommission der Historiker der DDR und der UdSSR (Hrsg.): *Die Oktoberrevolution und Deutschland*. Akademie-Verlag, Berlin 1958.

Kriegel, Annie: *Aux origines du communisme Français, 1914–1920*. 2 Bde. Mouton, Paris/La Haye 1964.

Kruck, Werner: *Geschichte des Alldeutschen Verbandes 1890–1939*. Steiner, Wiesbaden 1954.

Krüger, Peter: *Deutschland und die Reparationen 1918/19*. Deutsche Verlags-Anstalt, Stuttgart 1972.

Kuczynski, Jürgen: *Der Ausbruch des Ersten Weltkrieges und die deutsche Sozialdemokratie*. Akademie-Verlag, Berlin 1957.

Kuczynski, Jürgen: *Zur Frühgeschichte des deutschen Monopolkapitals und des staatsmonopolistischen Kapitalismus. (Die Geschichte der Lage der Arbeiter unter dem Kapitalismus*, Bd. 14.) Akademie-Verlag, Berlin 1962.

Kuczynski, Jürgen: *Studien zur Geschichte des staatsmonopolistischen Kapitalismus in Deutschland 1918 bis 1945. (Die Geschichte der Lage der Arbeiter unter dem Kapitalismus*, Bd. 16*)* Akademie-Verlag, Berlin 1965.

Kuczynski, Jürgen: *Darstellung der Lage der Arbeiter in Deutschland von 1900 bis 1917/18. (Die Geschichte der Lage der Arbeiter unter dem Kapitalismus*, Bd. 4.*)* Akademie-Verlag, Berlin 1967.

Lademacher, Horst (Hrsg.): *Die Zimmerwalder Bewegung. Protokolle und Korrespondenz*. 2 Bde. Mouton, Den Haag/Paris 1967.

Landes, David: *Der entfesselte Prometheus. Technologischer Wandel und industrielle Entwicklung in Westeuropa von 1750 bis zur Gegenwart*. Kiepenbeuer & Witsch, Köln 1973.

Lank, R.: *Der Wirtschaftskrieg und die Neutralen 1914–1918*. Junker & Dünnhaupt, Berlin 1940.

Lapp, K.: *Die Finanzierung der Weltkriege 1914/18 und 1939/45 in Deutschland. Eine wirtschafts- und finanzpolitische Untersuchung*. Diss. Nürnberg 1957.

Laqueur, Walter: *Mythos der Revolution. Deutungen und Fehldeutungen der Sowjetgeschichte*. Fischer, Frankfurt 1967.

Larigaldie, Pierre: *La politique économique interalliées. Les organismes interalliés de controle économique*. Longin, Paris 1926.

Lary, Hal B.: *The United States in the World Economy*. Government Printing Office, Washington, D.C. 1943.

Laurens, Adolphe: *Le blocus et la guerre sous-marine, 1914–1918*. Colin, Paris 1924.

Laurens, Adolphe: *Histoire de la guerre sous-marine allemande (1914–1918)*. Société d'Editions Géographiques, Maritimes et Coloniales, Paris 1930.

League of Nations (Hrsg.): *Memorandum on Balances of Payments and Foreign Trade Balances, 1910–1924*. 2 Bde. Genf 1925.

League of Nations (Hrsg.): *Memorandum on Currency and Central Banks, 1913–1924*. 2 Bde. Genf 1925.

League of Nations (Hrsg.): *Memorandum on Production and Trade*. Genf 1926.

League of Nations (Hrsg.): *The Network of World Trade*. Genf 1942.

League of Nations (Hrsg.): *Agricultural Production in Continental Europe during the 1914–18 War and the Reconstruction Period*. Genf 1943.
League of Nations (Hrsg.): *Europe's Overseas Needs 1919–1920 and How They Were Met*. Genf 1943.
League of Nations (Hrsg.): *International Currency Experience. Lessons of the Inter-War Period*. O. O. 1944.
League of Nations (Hrsg.): *Industrialization and Foreign Trade*. O. O. 1945.
League of Nations (Hrsg.): *Raw Material Problems and Policies*. Genf 1946.
League of Nations (Hrsg.): *The Course and Control of Inflation. A Review of Monetary Experience in Europe after World War I*. Genf 1946.
Lenin, W. I.: *Ausgewählte Werke in zwei Bänden*. Dietz, Berlin 1959–60.
Lenin, N. und G. Sinowjew: *Gegen den Strom. Aufsätze aus den Jahren 1914–1916*. Verlag der Kommunistischen Internationale, o. O. 1921.
Lewis, Cleona: *Americas Stake in International Investments*. Brookings Institution, Washington, D.C. 1938.
Lewis, W. A.: *Economic Survey 1919–1939*. Allen, London 1949.
Lewis, W. A.: *World Production, Prices and Trade, 1870–1960*. In: The Manchester School of Economic and Social History Studies 20 (1952).
Lloyd, E. M. H.: *Experiments in State Control*. Oxford UP 1924.
Lloyd George, David: *War Memoirs*. 6 Bde. Nicholson & Watson, London 1933–36.
Lockwood, William W.: *The Economic Development of Japan. Growth and Structural Change 1868–1938*. Princeton UP 1954.
Lockwood, William W.: *The Scale of Economic Growth in Japan, 1868–1938*. In: S. Kuznets, W. E. Moore und J. Spengler (Hrsg.). *Economic Growth: Brazil, India, Japan*. Duke UP, Durham 1955.
Loewenfeld-Russ, Hans: *Die Regelung der Volksernährung im Kriege*. Hölder-Pichler-Tempsky, Wien 1926.
Lotz, Walther: *Die deutsche Staatsfinanzwirtschaft im Kriege*. Deutsche Verlags-Anstalt, Stuttgart / Berlin / Leipzig 1927.
Luckau, Alma: *The German Delegation at the Paris Peace Conference. (The Paris Peace Conference, History and Documents.)* Columbia UP, New York 1941.

Manen, Charlotte A. van: *De Nederlandsche Overzee Trustmaatschappij. Middelpunt het Verkeer van Onzijdig Nederland met het Buitenland tijdens den Wereldoorlog, 1914 tot 1919*. Nijhoff, Den Haag 1935.
Mantoux, P. (Hrsg.): *Les Délibérations du Conseil des Quatre*. 2 Bde. C.N.R.S., Paris 1955.
March, Lucien: *Mouvement des prix et des salaires pendant la guerre*. Presses Universitaires de France, Paris 1925.
Martini, P. A.: *Blockade im Weltkrieg*. Dümmler, Berlin / Bonn 1932.
Marx, K. und F. Engels: *Manifest der Kommunistischen Partei*. In: K. Marx, F. Engels: *Werke*, Bd. 4. Dietz, Berlin 1969.
Mauersberg, Hans: *Deutsche Industrien im Zeitgeschehen eines Jahrhunderts*. Fischer, Stuttgart 1966.
Mayer, A. J.: *Political Origins of the New Diplomacy, 1917–1918*. Yale UP, New Haven 1959.
Mendel, Arthur P.: *Peasant and Worker on the Eve of the First World War*. In: Slavic Review 24 (1965).
Mendelssohn-Bartholdy, Albrecht: *The War and German Society. The Testament of a Liberal*. Yale UP, New Haven 1937.
Mendershausen, Horst: *The Economics of War*. Prentice-Hall, New York 1941.
Meyer, Henry Cord: *Mitteleuropa in German Thought and Action 1815–1945*. Nijhoff, Den Haag 1955.

Meynell, Hildemarie: *The Stockholm Conference of 1917*. In: International Review of Social History 5 (1960).
Middleton, Thomas Hudson: *Food Production in War*. Clarendon Press, Oxford 1923.
Milward, A. S.: *The Impact of the World Wars on the British Economy*. Macmillan, London 1970.
Mitchell, B. R.: *Abstract of British Historical Statistics*. Cambridge U. P. 1962.
Mitchell, Wesley C.: *International Price Comparisons*. Government Printing Office, Washington, D.C. 1919.
Mitchell, Wesley C. u. a.: *Income in the United States. Its Amount and Distribution 1909–1919*. Harcourt Brace, New York 1921.
Mitrany, David: *The Land and Peasant in Rumania. The War and Agrarian Reform (1917–1921)*. Oxford UP 1930.
Mitrany, David: *The Effect of the War in South-Eastern Europe*. Yale UP, New Haven 1936.
Mommsen, Wolfgang: *Das Zeitalter des Imperialismus*. Fischer, Frankfurt 1969.
Morgan, E. V.: *Studies in British Financial Policy, 1914–1925*. Macmillan, London 1952.
Moulton, H. G. und C. E. Mc Guire: *Germany's Capacity to Pay. A Study of the Reparation Problem*. McGraw-Hill, New York 1923.
Moulton, Harold G. und Leo Pasvolsky: *World War Debt Settlements*. Macmillan, New York 1926.
Moulton, Harold G. und Leo Pasvolsky: *War Debts and World Prosperity*. Brookings Institution, Washington, D.C. 1932.
Müller, Alfred: *Die Kriegsrohstoffbewirtschaftung 1914–1918 im Dienste des deutschen Monopolkapitals*. Akademie-Verlag, Berlin 1955.
Munitions Industry. Final Report of the Chairman of the United States War Industries Board to the President of the United States. Government Printing Office, Washington, D.C. 1935.

Neck, Rudolf (Hrsg.): *Arbeiterschaft und Staat im Ersten Weltkrieg 1914–1918*. Europa-Verlag, Wien 1964.
Nelson, Harald I.: *Land and Power. British and Allied Policy on Germany's Frontiers 1916–1919*. Routledge & Kegan Paul, London 1963.
Newbolt, Henry: *Naval Operations. (History of the Great War, by Direction of the Historical Section of the Committee of Imperial Defence.)* Bd. 4–5 Longmans, London 1928–31.
Nogaro, B. und L. Weil: *La main-d'œvre étrangère et coloniale pendant la guerre*. Presses Universitaires de France, Paris 1926.
Nolde, E.: *Russia in the Economic War*. Yale UP, New Haven 1928.
North, Douglas: *International Capital Movements in Historical Perspective*. In: Raymond F. Mikesell (Hrsg.): *U. S. Private and Government Investment Abroad*. University of Oregon Books, Eugene 1962.

Ochsenbein, Heinz: *Die verlorene Wirtschaftsfreiheit 1914–1918. Methoden ausländischer Wirtschaftskontrollen über die Schweiz*. Stämpfli, Bern 1971.
Ogawa, Gotaro und Kakujiro Yamasaki: *The Effect of the World War Upon the Commerce and Industry of Japan*. Yale UP, New Haven 1929.
Olson, Mancur: *The Economics of the Wartime Shortage. A History of British Food Supply in the Napoleonic War and in World Wars I and II*. Duke UP, Durham 1963.
Oualid, William und Charles Picquenard: *Salaires et tarifs. Conventions collectives et grèves*. Presses Universitaires de France, Paris 1928.

Parker, R. A. C.: *Das Zwanzigste Jahrhundert I, 1918–1945*. Fischer, Frankfurt 1967.
Parmelee, Maurice: *Blockade and Sea Power. The Blockade, 1914–1919, and its Significance for a World State*. Hutchinson, London 1924.

Passelecq, Fernand: *Déportation et travail forcé des ouvriers et de la population civile de la Belgique occupée*. Presses Universitaires de France, Paris 1928.

Picard, Roger: *Le mouvement syndical durant la guerre*. Presses Universitaires de France, Paris 1927.

Pigou, A. C.: *The Political Economy of War*. Revised Edition. Macmillan, London 1940.

Pinot, Pierre: *Le contrôle du ravitaillement de la population civile*. Presses Universitaires de France, Paris 1925.

Pinot, Robert: *Le Comité des Forges de France au service de la nation. (Août 1914 – Novembre 1918)*. Colin, Paris 1919.

Pirenne, J. und M. Vauthier: *La législation et l'administration allemandes en Belgique*. Presses Universitaires de France, Paris 1925.

Plachetka, Manfred Günther: *Die Getreide-Autarkiepolitik Bismarcks und seiner Nachfolger im Reichskanzleramt*. Diss. Bonn 1969.

Pommery, Louis: *Aperçu d'histoire économique contemporaire (1980–1939)*. Médicis, Paris 1952.

Popovics, Alexander: *Das Geldwesen im Kriege*. Hölder-Pichler-Tempsky, Wien 1925.

Pribićević, B.: *The Shop Stewards' Movement and Workers' Control, 1910–1922*. Blackwell, Oxford 1959.

Radkey, Oliver H.: *The Agrarian Foes of Bolshevism. Promise and Default of the Russian Socialist Revolutionaries, February to October 1917*. Columbia UP, New York 1958.

Rathmann, Lothar: *Stoßrichtung Nah-Ost 1914–1918. Zur Expansionspolitik des deutschen Imperialismus im Ersten Weltkrieg*. Rütten & Loening, Berlin 1963.

Ratner, Sidney: *Taxation and Democracy in America*. Science Editions, New York 1967.

Reader, W. J.: *Imperial Chemical Industries: A History*. Vol. I: *The Forerunners 1870 til 1926*. Oxford UP 1970.

Reboul, C.: *Mobilisation industrielle*. Tome 1: *Les fabrications de guerre en France de 1914 à 1918*. Berger-Levrault, Nancy / Paris / Strasbourg 1925.

Redmayne, R. A. S.: *The British Coal Mining Industry during the War*. Clarendon Press, Oxford 1923.

Reichsarchiv (Hrsg.): *Kriegsrüstung und Kriegswirtschaft*. Erster Band: *Die militärische, wirtschaftliche und finanzielle Rüstung Deutschlands von der Reichsgründung bis zum Ausbruch des Weltkrieges*. Mit Anlagen. 2 Bde. Mittler, Berlin 1930.

Reisberg, Arnold: *Lenin und die Zimmerwalder Bewegung*. Dietz, Berlin 1966.

Renouvin, Pierre: *Les formes du gouvernement de guerre*. Presses Universitaires de France, Paris 1925.

Renouvin, Pierre: *Les Crises du 20e siècle: De 1914 à 1929*. (*Histoire des relations internationales*, Bd. 7.) Hachette, Paris 1957.

Renouvin, Pierre: *La crise européenne et la première guerre mondiale*. 5. Aufl. Presses Universitaires de France, Paris 1969.

Renouvin, Pierre: *Die Kriegsziele der französischen Regierung 1914–1918*. In: W. Schieder (Hrsg.): *Erster Weltkrieg. Ursachen, Entstehung, Kriegsziele*. Kiepenheuer & Witsch, Köln / Berlin 1969.

Répaci, F. A.: *La finanza Italiana nel ventento 1913–1932*. Einaudi, Torino 1934.

Répaci, F. A.: *Il costo finanziaro in Italia della prima guerra mondiale*. In: *Studi in Onore di Gaetano Pietra*. Cappelli, Rocca San Gasciano 1955.

Reubens, Edwin P.: *Foreign Capital and Domestic Development in Japan*. In: S. Kuznets, W. E. Moore und J. Spengler (Hrsg.): *Economic Growth: Brazil, India, Japan*. Duke UP, Durham 1955.

Richter, Werner: *Gewerkschaften, Monopolkapital und Staat im ersten Weltkrieg und in der Novemberrevolution (1914–1919)*. Verlag Tribüne, Berlin 1959.

Riedl, Richard: *Die Industrie Österreichs während des Krieges*. Hölder / Pichler / Tempsky, Wien 1932.

Rist, C. und Ph. Schwob: *Vingt-cinq ans d'évolution dans la balance des paiements française.* In: Revue d'Economie Politique 53 (1939).
Riste, Olav: *The Neutral Ally: Norway's Relations with Belligerent Powers in the First World War.* Universitetsforlaget, Oslo, und Allen & Unwin, London 1965.
Ritchie, H.: *The »Navicert« System During the World War.* Carnegie Endowment for International Peace, Washington, D.C. 1938.
Ritter, Gerhard: *Staatskunst und Kriegshandwerk. Das Problem des Militarismus in Deutschland.* 4 Bde. Oldenbourg, München 1960–68.
Robbins, Lionel: *The Economic Causes of War.* Jonathan Cape, London 1939.
Roberts, B. C.: *The Trade Union Congress, 1868–1921.* Allen & Unwin, London 1958.
Roesler, Konrad: *Die Finanzpolitik des Deutschen Reiches im Ersten Weltkrieg.* Duncker & Humblot, Berlin 1967.
Rosmer, Alfred: *Le mouvement ouvrier pendant la guerre.* Band 1: *De l'union sacrée à Zimmerwald.* Librairie du Travail, Paris 1936. Band 2: *De Zimmerwald à la Révolution russe.* Mouton, Paris / La Haye 1959.
Rothwell, V. H.: *British War Aims and Peace Diplomacy, 1914–1918.* Clarendon Press, Oxford 1971.
Rowe, L. S.: *Early Effects of the European War upon the Finance, Commerce and Industry of Chile.* Oxford UP, New York 1918.
Rowe, L. S.: *Early Effects of the War upon the Finance, Commerce and Industry of Peru.* Oxford UP, New York 1920.
Rowell, N. W.: *Canada and the Empire, 1884–1921.* In: E. A. Benians, W. P. M. Kennedy, A. P., Newton und J. H. Rose (Hrsg.): *Canada and Newfoundland. (The Cambridge History of the British Empire,* Bd. 6.) Cambridge UP 1930.
Royal Institute of International Affairs (Hrsg.): *The Problem of International Investment.* Oxford UP 1937.

Salter, J. A.: *Allied Shipping Control. An Experiment in International Administration.* Clarendon Press, Oxford 1921.
Sarter, Adolph: *Die deutschen Eisenbahnen im Kriege.* Deutsche Verlags-Anstalt, Stuttgart / Berlin / Leipzig 1930.
Sartorius von Waltershausen, A.: *Die Umgestaltung der zwischenstaatlichen Wirtschaft.* Fischer, Jena 1935.
Saul, S. B.: *Studies in British Overseas Trade, 1870–1914.* Liverpool UP 1960.
Sauvaire-Jourdan, F.: *Les clauses économiques du traité de paix.* In: Revue d'Economie Politique 33 (1919).
Sauvy, Alfred: *L'inflation en France jusqu'à la dévaluation de 1928.* In: *Mélanges d'histoire économique et sociale en hommage au professeur Antony Babel.* Bd. 2. Genf 1963.
Schädlich, Karl-Heinz: *Der »Unabhängige Ausschuß für einen Deutschen Frieden« als ein Zentrum der Annexionspropaganda des deutschen Imperialismus im ersten Weltkrieg.* In: F. Klein (Hrsg.): *Politik im Krieg 1914–1918.* Akademie-Verlag, Berlin 1964.
Schieder, Wolfgang (Hrsg.): *Erster Weltkrieg. Ursachen, Entstehung und Kriegsziele.* Kiepenheuer & Witsch, Köln / Berlin 1969.
Schlarp, Karl-Heinz: *Ursachen und Entstehung des Ersten Weltkrieges im Lichte der sowjetischen Geschichtsschreibung.* Metzner, Frankfurt 1971.
Schorske, Carl E.: *German Social Democracy 1905–1917. The Development of the Great Schism.* Harvard UP, Cambridge, Mass. 1955.
Schröter, Alfred: *Krieg–Staat–Monopol 1914–1918. Die Zusammenhänge von imperialistischer Kriegswirtschaft, Militarisierung der Volkswirtschaft und staatsmonopolistischem Kapitalismus in Deutschland während des ersten Weltkrieges.* Akademie-Verlag, Berlin 1965.
Schultze, Ernst: *Die Zerrüttung der Weltwirtschaft.* Kohlhammer, Berlin / Stuttgart / Leipzig 1923.

Schulz, Gerhard: *Revolutionen und Friedensschlüsse 1917–1920*. 2. Aufl. dtv, München 1969.

Schumpeter, J. A.: *Konjunkturzyklen. Eine theoretische, historische und statistische Analyse des kapitalistischen Prozesses*. 2 Bde. Vandenhoeck & Ruprecht, Göttingen 1961.

Scott, J. B. (Hrsg.): *The Paris Peace Conference. History and Documents*. 6 Bde. Columbia UP, New York 1934–42.

Seidenzahl, Fritz: *100 Jahre Deutsche Bank. 1870–1970*. Frankfurt 1970.

Sharp, M. U.: *Allied Wheat Buying in Relationship to Canadian Marketing Policy 1914 bis 1918*. In: Canadian Journal of Economics and Political Science 6 (1940).

Shortt, Adam: *Early Effects of the European War upon Canada*. Oxford UP, New York 1918.

Sichler, Richard und Joachim Tiburtius: *Die Arbeiterfrage, eine Kernfrage des Weltkrieges. Ein Beitrag zur Erklärung des Kriegsausgangs*. Deutsche Verlags-AG, Berlin o. J.

Silberner, E.: *La guerre et la paix dans l'histoire des doctrines économiques*. Sirey, Paris 1957.

Simon, Matthew: *The Pattern of New British Portfolio Foreign Investment, 1865–1914*. In: A. R. Hall (Hrsg.): *The Export of Capital from Britain 1870–1914*. Methuen, London 1968.

Siney, Marion, C.: *The Allied Blockade of Germany, 1914–1916*. University of Michigan Press, Ann Arbor 1957.

Siney, Marion C.: *British Official Histories of the Blockade of the Central Powers during the First World War*. In: American Historical Review 68 (1963).

Siney, Marion C.: *The Allied Blockade Committee and the Inter-Allied Trade Committees: The Machinery of Economic Warfare, 1917–1918*. In: K. Bourne und D. C. Watt (Hrsg.): *Studies in International History*. Longmans, London 1967.

Skalweit, August: *Die deutsche Kriegsernährungswirtschaft*. Deutsche Verlags-Anstalt, Berlin/Leipzig/Stuttgart 1927.

Stamp, Josiah: *The Financial Aftermath of War*. Benn, London 1932.

Stamp, Josiah: *Taxation during the War*. Oxford UP 1932.

Stansky, Peter (Hrsg.): *The Left and War: The British Labour Party and World War I*. Oxford UP 1969.

Stegemann, Bernd: *Die deutsche Marinepolitik 1916–1918*. Duncker & Humblot, Berlin 1970.

Stein, Stanley J.: *Brazilian Cotton Textile Industry, 1850–1950*. In: S. Kuznets, W. E. Moore und J. Spengler (Hrsg.): *Economic Growth: Brazil, India, Japan*. Duke UP, Durham 1955.

Stein, Stanley J.: *The Brazilian Cotton Manufacture: Textile Enterprise in an Underdeveloped Area, 1850–1850*. Harvard UP, Cambridge, Mass. 1957.

Stern, Leo: *Der Einfluß der Großen Sozialistischen Oktoberrevolution auf Deutschland und die deutsche Arbeiterbewegung*. Rütten & Loening, Berlin 1958.

Stolper, G., K. Häuser und K. Borchardt: *Deutsche Wirtschaft seit 1870*. 2. Aufl. Mohr, Tübingen 1966.

Studenski, Paul: *The Income of Nations Theory, Measurements, and Analysis: Past and Present*. New York UP 1958.

Svennilson, Ingvar: *Growth and Stagnation in the European Economy*. United Nations Commission for Europe, Genf 1954.

Tawney, R. H.: *The Abolition of Economic Controls, 1918–1921*. In: Economic History Review 13 (1943).

Taylor, A. J. P.: *The War Aims of the Allies in the First World War*. In: R. Pares und A. J. P. Taylor (Hrsg.): *Essays Presented to Sir Lewis Namier*. Macmillan, London 1956.

Temperley, H. W. V. (Hrsg.): *A History of the Peace Conference of Paris*. Published under the Auspices of the Institute of International Affairs. 6 Bde. Oxford UP 1920–24.

Thorsteinsson, Thorsteinn: *Island under og efter Verdenskrigen*. Gad, Kopenhagen 1928. Rev. engl. Übersetzung in: H. Westergaard (Hrsg.): *Sweden, Norway, Denmark and Iceland in the World War*. Yale UP, New Haven 1930.

Tillman, P.: *Anglo-American Relations at the Paris Peace Conference 1919*. Princeton UP 1961.

Trask, D. F.: *The United States and the Supreme War Council. American War Aims and Interallied Strategy, 1917–1918*. Wesleyan UP, Middletown 1961.

Treue, Wilhelm: *Die Feuer verlöschen nie. August-Thyssen-Hütte 1890–1926*. Econ, Düsseldorf/Wien 1966.

Truchy, Henri: *Les finances de guerre de la France*. Presses Universitaires de France, Paris 1926.

Trumpener, V.: *Germany and the Ottoman Empire*. Princeton UP 1968.

Tsuzuki, Chushichi: *H. M. Hyndman and British Socialism*. Oxford UP 1961.

Ulam, Adam B.: *Die Bolschewiki. Vorgeschichte und Verlauf der kommunistischen Revolution in Rußland*. Kiepenheuer & Witsch, Köln/Berlin 1967.

Umbreit, Paul: *Der Krieg und die Arbeitsverhältnisse. Die deutschen Gewerkschaften im Kriege*. Deutsche Verlags-Anstalt, Stuttgart/Berlin/Leipzig 1928.

United Nations (Hrsg.): *International Capital Movements during the Inter-War-Period*. Lake Success 1949.

United Nations (Hrsg.): *Relative Prices of Exports and Imports of Under-developed Countries*. Lake Success 1949.

U. S. Department of Commerce, Bureau of the Census (Hrsg.): *Historical Statistics of the United States. Colonial Times to 1957*. Government Printing Office, Washington, D.C. 1961.

United States Senate (Hrsg.): *Special Committee on Investigation of the Munitions Industry. Preliminary Report on Wartime Taxation and Price Control*. Government Printing Office, Washington, D.C. 1935.

Urquhart, M. C. und K. A. H. Buckley: *Historical Statistics of Canada*. Cambridge UP 1965.

Vinacke, Harold: *Problems of Industrial Development in China*. Princeton UP 1926.

Viner, Jacob: *Who Paid for the War?* In: Journal of Political Economy 28 (1920).

Völkerrecht im Weltkrieg 1914–1918. Dritte Reihe im Werk des Parlamentarischen Untersuchungsausschusses. 4 Bde. Deutsche Verlagsgesellschaft für Politik und Geschichte, Berlin 1927.

Weber, F. G.: *Eagles on the Crescent. Germany, Austria and the Diplomacy of the Turkish Alliance, 1914–1918*. Cornell UP, Ithaca 1970.

Weber, Hellmuth: *Ludendorff und die Monopole. Deutsche Kriegspolitik 1916–1918*. Akademie-Verlag, Berlin 1966.

Wheare, K. C.: *The Empire and the Peace Treaties*. In: E. A. Benians, J. Butler und C. E. Carrington (Hrsg.): *The Empire-Commonwealth 1870–1919*. (*The Cambridge History of the British Empire*, Bd. 3.) Cambridge UP 1959.

Williams, J. H.: *Latin America's Foreign Exchange and International Balances during the War*. In: Quarterly Journal of Economics 33 (1918/19).

Williams, J. H.: *The Future of Our Foreign Trade: A Study of our International Balances in 1919*. In: Review of Economic Statistics 2 (1920), Supplement.

Winkler, H. A. (Hrsg.): *Organisierter Kapitalismus. Voraussetzungen und Anfänge*. Vandenhoeck & Ruprecht, Göttingen 1973.

Wohl, Robert: *French Communism in the Making, 1914–1924*. Stanford UP 1966.

Wohlgemuth, Heinz: *Burgkrieg, nicht Burgfriede! Der Kampf Karl Liebknechts, Rosa Luxemburgs und ihrer Anhänger um die Rettung der deutschen Nation in den Jahren 1914–1916*. Dietz, Berlin 1963.

Wolfe, Humbert: *Labour Supply and Regulation*. Clarendon Press, Oxford 1923.

Woodruff, William, *The Emergence of an International Economy 1700–1914*. (*Fontana Economic History of Europe*, Vol. 4, Section 11.) Collins, London o. J. (1972).

Woodward, Llewellyn: *Great Britain and the War of 1914–1918*. Methuen, London 1967.

Wrisberg, Ernst von: *Erinnerungen an die Kriegsjahre im Königlich Preußischen Kriegsministerium*. 3 Bde. Koehler, Leipzig 1921–22.

Wüest, Erich: *Der Vertrag von Versailles in Licht und Schatten der Kritik. Die Kontroverse um seine wirtschaftlichen Auswirkungen*. Europa Verlag, Zürich 1962.

Wythe, George: *Manufacturing Developments in Argentina*. Government Printing Office, Washington, D.C. 1934.

Wythe, George: *Industry in Latin America*. 2. Aufl. Columbia UP, New York 1949.

Wythe, George, R. A. Wight und H. Midkiff: *Brazil. An Expanding Economy*. Twentieth Century Fund, New York 1949.

Wythe, George: *Brazil: Trends in Industrial Development*. In: S. Kuznets, W. E. Moore und J. Spengler (Hrsg.): *Economic Growth: Brazil, India, Japan*. Duke UP, Durham 1955.

Zagorski, S. O.: *State Control of Industry in Russia during the War*. Yale UP, New Haven 1928.

Zimmermann, Waldemar: *Die Veränderungen der Einkommens- und Lebensverhältnisse der deutschen Arbeiter durch den Krieg*. Deutsche Verlags-Anstalt, Stuttgart/Berlin/Leipzig 1932.

Register

Eine Weltgeschichte des 20. Jahrhunderts in 14 Bänden

Gerhard Schulz:
Revolutionen und
Friedensschlüsse
1917-1920

dtv-Weltgeschichte
des 20. Jahrhunderts
Band 2

Hans Herzfeld:
Der Erste Weltkrieg

Gerhard Schulz:
Revolutionen und Friedensschlüsse 1917–1920

Helmut Heiber:
Die Republik von Weimar

Ernst Nolte:
Die faschistischen Bewegungen

Hermann Graml:
Europa zwischen den Kriegen

Gottfr.-K. Kindermann:
Der Ferne Osten

Erich Angermann:
Die Vereinigten Staaten von Amerika

Karl-Heinz Ruffmann:
Sowjetrußland

Martin Broszat:
Der Staat Hitlers

Lothar Gruchmann:
Der Zweite Weltkrieg

Thilo Vogelsang:
Das geteilte Deutschland

John Lukacs:
Konflikte der Weltpolitik nach 1945

Franz Ansprenger:
Auflösung der Kolonialreiche

Wolfgang Wagner:
Europa zwischen Aufbruch und Restauration

dtv-Weltgeschichte

dtv